Tiermythen und Fabeltiere

Yves Schumacher

Tiermythen und Fabeltiere

Mythologische Streifzüge durch die Tierwelt der Schweiz

Mit 36 Abbildungen

edition amalia

UMSCHLAGBILD: Johann Heinrich Füssli (1741–1825): *Titania erwacht, von aufwartenden Fairies umgeben und in Verzückung an den eselsköpfigen Bottom geschmiegt,* 1793/94, nach Shakespeare: *A Midsummer Night's Dream IV I.* Öl auf Leinwand, 169 x 135 cm, Kunsthaus Zürich, Vereinigung Zürcher Kunstfreunde

Herstellung mit freundlicher Unterstützung von:
MIGROS KULTURPROZENT
OERTLI-STIFTUNG, Zürich
PRO HELVETIA Schweizer Kulturstiftung

Yves Schumacher
Tiermythen und Fabeltiere
Mythologische Streifzüge durch die Tierwelt der Schweiz
Bern 2001

ISBN 3-905581-15-9

Erstausgabe 2001

Druck: Freiburger Graphische Betriebe GmbH & Co. KG., Freiburg i. Br.
Bildbearbeitung: Reproscan AG, Zürich

Inhalt

EINLEITUNG

Tiere sind schon darum merkwürdiger
als wir, weil sie ebenso viel
erlebt haben, es aber nicht sagen können.
Ein sprechendes Tier
wäre nicht mehr als ein Mensch.

Elias Canetti

Vor Jahren fiel mir auf einer Felswand in Kanada ein kleines, eingeritztes Rentier auf. Im norditalienischen Val Camonica begegnete ich ihm später wieder, diesmal gleich hundertfach. Es schien mir, als sei der gleiche Künstler am Werk gewesen. Und dann, wiederum ein paar Jahre danach, kam mir in einem Konstanzer Museum eine prachtvolle Renkuh entgegen, eingeritzt vor etwa 13 000 Jahren auf einem Rengeweih. Gefunden wurde das Werk in einer Höhle bei Schaffhausen. Spiel des Zufalls, Archetypen oder Diffusion eines mythologischen Stoffes von einer Kultur zur anderen? Je länger mich diese Fragen beschäftigen, desto weniger weiss ich eine eindeutige Antwort darauf. Offensichtlich ist nur, dass es schon in der Vorzeit kulturelle Parallelen gab, bei denen das Tier im Zentrum verschiedener Kulthandlungen stand.

Obwohl meine ursprünglichen Nachforschungen dem Steinkult im Alpenraum galten, stiess ich immer wieder auf mythologische Tierspuren, denen ich neugierig nachging. Hätte ich mich dabei nur auf die archäologische Fachliteratur verlassen, wäre ich zweifellos im Orient oder in Griechenland stecken geblieben. Berichte der historischen Volkskunde und Erkenntnisse der Erzählforschung führten mich indessen zu Fundgruben in den Alpenländern zurück. Ich fand vielerlei Bruchstücke, die sich mit der Zeit zusammenfügten und neue Perspektiven zeigen, deren Fluchtlinien wiederum zum Mittelmeerbecken und nach Nordeuropa weisen. Zu diesen Bruchstücken gehören auch Mythen, die unterschiedliche Positionen transportieren. Dieses Erzählgut dient uns als Distanzmesser, um die wechselhaften Einstellungen des Volkes gegenüber der Tierwelt einzuschätzen. Allerdings möchte ich hier einen Vorbehalt anbringen. Schweizer Sagen wurden seit Anfang des 18. Jahrhunderts immer wieder aus ideologischen Gründen instrumentalisiert. Beispielsweise dienten sie der Mystifizierung der Alpenwelt, indem auf vermeintlich unverfälschte historische Reminiszenzen hingewiesen wurde, die sich in der Abgeschiedenheit der Schweizer Berge erhalten haben sollen. Dass dem nicht so ist, hat die vergleichende Erzählforschung schon längstens aufgezeigt. In jüngster Zeit werden Sagen auch nach sozialpsychologischen Kriterien interpretiert. Aus dieser Optik dienten Sagen der unterprivilegierten Landbevölkerung zur Bewältigung ihrer sozialen Konflikte. So erhellend dieser Ansatz im Einzelfall auch sein mag, so problematisch ist es meines Erachtens, das Gros der Volkserzählungen auf einen Entlastungsnutzen zu reduzieren. Ein ganzer Schwall von Literatur deutet Volkserzählungen zudem aus der psychoanalytischen Warte. Diesen Aspekt habe ich bewusst ausgeklammert.

Die hier wiedergegebenen Sagen, Legenden und Märchen wollen nichts beweisen. Ihre Aussagekraft ist im Kontext gross genug, damit die Lesenden Zusammenhänge erkennen können. Für die Auswahl der Erzählungen waren primär thematische und motivische Kriterien ausschlaggebend. Ich war bestrebt, auf alle vorgestellten Tierfamilien und dazu gehörenden Glaubensvorstellungen mit mindestens einer repräsentativen Sage oder Legende einzugehen. Ausserdem ist es mir ein Anliegen, Aufzeichnungen von verschiedenen Sagensammlern vorzustellen und Erzählbeispiele aus allen Schweizer Landesgegenden zu einem Gesamtbild zusammenzufügen. Dass es mir leider trotzdem nicht ganz gelungen ist, eine flächendeckende und «demokratische» Auswahl an Erzählungen aus sämtlichen Kantonen zu treffen, hängt mit der unterschiedlichen Sagendichte in den einzelnen Regionen zusammen. In wenigen Fällen zog ich auch Sagen und Märchen aus Deutschland bei, sofern sie auch zur Schweizer Erzähltradition gehören. Nicht zuletzt habe ich Wert darauf gelegt, die Lesespannung durch ein breites Spektrum von verschiedenen Erzähltypen aus verschiedenen Epochen zu erhöhen.

Das Ziel dieser Streifzüge durch die mythologische Tierwelt der Schweiz ist ein doppeltes. Einerseits möchte ich eine Lücke schliessen und einer geschichtlich interessierten Leserschaft einen Einblick in einen mitteleuropäischen Tierpark vermitteln, der sich jenseits aller Realitäten erstreckt. Meine Exkursionen führten mich zu Stationen, wo sich der klerikale Nebel der letzten Jahrhunderte lichtet und sich magische Glaubensvorstellungen abzeichnen. Diese Einblicke möchte ich mit der Leserschaft teilen. Anderseits geht es mir um die Schärfung des Bewusstseins, dass sich unsere Beziehung zur Tierwelt im Laufe der Jahrhunderte weder vertiefte noch abflachte, sondern immer zwischen emotionaler Zuwendung und materialistischen Interessen pendelte.

Ich verstehe meine Sammlung von historischen Bruchstücken als Spurensicherung zum Abschluss des 20. Jahrhunderts, in dem noch ein Nachhall aus weit zurückliegenden Zeiten zu verspüren war. Was nun vorliegt, ist eine zwangsläufig unvollständige Bestandsaufnahme von Orientierungspunkten einer Beziehungsgeschichte, die so alt wie die Menschheit ist.

Eine Konstante dieser Untersuchung bilden abergläubische Einstellungen und deren Folgen für die Tiere. Ich verwende den Begriff «Aberglaube» sehr zögerlich und bezeichne damit nur sinnentleerte Rituale, die ausgesprochen naturfeindlich sind. Sprachliche Zurückhaltung scheint mir in diesem Zusammenhang deshalb angebracht, weil das Verhältnis zwischen Glauben und Aberglauben ausgesprochen labil ist und von der jeweils herrschenden Ideologie immer wieder neu bestimmt wird.

Um die Schlussfolgerungen gleich mit historisch unzulässigen Zeitsprüngen vorwegzunehmen: Wenn die Tiere jemals ein Paradies auf Erden hatten, dann sicherlich vor dem Einzug des Christentums. Solange sie den höheren Mächten geopfert wurden, waren sie durch einen magischen Bann geschützt, der sie mit den Menschen verband. Im Mittelalter hatten die Tiere aber bereits einen langen Leidensweg hinter sich – sie teilten ihr Los mit ebenso hart geprüften Menschen. Auch die Renaissance, der Humanismus und die Reformation waren, zumindest aus der Warte der Tiere, für die Katz. Und die Aufklärung war zwar alles andere als eine Befreiung der Tierwelt, aber eine erste entscheidende Wende: Der Kampf gegen dämonisch besetzte Tierseelen und die Werbung um die Gunst der Naturkräfte wich einer zunehmenden Naturentfremdung. Der Teufel wurde mit dem Beelzebub ausgetrieben. Auf der Strecke blieb einmal mehr das Tier.

Bräuche und Einstellungen sind hier, wenn immer möglich, mit Orts- und Zeitangaben ergänzt. Fehlen geografische Angaben, können die Lesenden davon ausgehen, dass sich der Hinweis auf den ganzen deutschsprachigen Raum bezieht. In diesen Fällen schweigen sich auch die beigezogenen Quellen über das genaue Verbreitungsgebiet aus.

Problematischer zeigte sich zum Teil die zeitliche Eingrenzung von Traditionen oder Glaubensvorstellungen. Leider konnte nicht jeder Hinweis auf einen in der ersten Hälfte des 20. Jahrhunderts noch lebenden Volksglauben oder Brauch vor Ort überprüft werden. In Zweifelsfällen müssen wir annehmen, dass diese Vorstellungen oder Traditionen zu Beginn des dritten Jahrtausends erloschen sind oder zumindest keine volkskundliche Bedeutung mehr haben. Sekundärinformationen sind deshalb immer in der Vergangenheitsform weitergegeben.

Die mit einzelnen Tierarten verbundenen Vorstellungen und Traditionen habe ich so weit wie möglich mit Sagen verdeutlicht. Zur Wiedergabe zog ich jeweils die älteste mir verfügbare Niederschrift bei.

Dieses Buch geht in erster Linie auf die ethnologisch-volkskundliche Bedeutung der einzelnen Tiere in der Schweiz ein. Bei der Gliederung der einzelnen Kapitel wurde deshalb auf eine systematische Einordnung der Tiere nach ihrer zoologischen Artzugehörigkeit verzichtet. Für die Suche nach Informationen über die mythologische Stellung bestimmter Tiere dient das ergänzende Tierregister.

Meine Streifzüge kamen nur mit Hilfe von Freunden und Fachleuten verschiedener Disziplinen zu Stande. Besonders verbunden bin ich meinem Verleger, dem Erzählforscher Dr. Kurt Derungs, der sich sehr sachkundig mit meiner Arbeit auseinander setzte. Grossen Dank schulde ich auch der Buchhändlerin Ursina Lüthi, die mir nach kritischer Durchsicht meiner Arbeit wertvolle Hinweise gab und mir den Zugang zu ihrer Sammlung von Märchen- und Sagenbüchern ermöglichte. Dr. Cäsar Claude, Ausstellungsleiter des Zoologischen Museums der Universität Zürich, danke ich für die kritische Prüfung meines Manuskriptes aus dem Blickwinkel des Zoologen. Mein Dank gilt auch den Mitarbeiterinnen und Mitarbeitern der Zentralbibliothek Zürich und der Grafikerin Anja Schulze, die meine Arbeit mit viel Gespür visuell umgesetzt hat. Nicht zuletzt danke ich meiner Mutter, Rita Schumacher-Hafner, die alles Unverständliche aus meiner ersten Manuskriptfassung getilgt hat.

Yves Schumacher, Frühjahr 2001

Wilde Tiere, Wilde Jagd

Wildbeuter jagen zur Existenzsicherung des Stammesverbandes. Ihr Überleben hängt von der Verfügbarkeit der Beute ab, die zur Ernährung und zum Kälteschutz verwertet wird. Deshalb opfern Jäger keine Tiere. Dazu sind sie auch viel zu sehr im magischen Bann eingeschlossen, der sie mit der Beute verbindet. Ihre Riten sind darauf angelegt, die Beziehung zwischen ihnen und der Beute direkt zu regeln. Weil sie keine Mittler brauchen, liegt ihnen auch der Gedanke fern, Gottheiten durch Opfergaben günstig zu stimmen. Motiviert werden die Riten durch einen Komplex von diffusen Ängsten. Sie fürchten sich vor der Rache der erzürnten Tierseele, die ihnen körperlich schaden könnten. Oder es ist ganz einfach die Befürchtung, das Tier könnte im Jenseits schlecht über den Jäger reden und seine Artgenossen dadurch abhalten, in die Jagdgründe zurückzukehren.

Im täglichen Existenzkampf erfuhr der Wildbeuter die Überlegenheit des Tieres. Wie schwach musste er sich gegenüber einem Bären fühlen, wie unbeweglich gegenüber einem Wiesel oder einem Rehbock! Er, der sich im Gebirge nur mühsam fortbewegen konnte, sah Adler über die höchsten Wipfel schweben und Fische, welche die Wasserfälle hinaufsprangen. Diese Tiere waren nicht seine Partner, sondern höhere Wesen, die er wohl bewunderte, aber zugleich fürchtete.

Unter russischen Jägern war es gang und gäbe, einen erlegten Bären vor dem Abpelzen zu entmachten. Dazu wurden dem Kadaver die Augen ausgestochen, die Zähne herausgebrochen und die gefährlichen Klauen entfernt. Diese Schutzhandlung dürfte in alten Zeiten auch im Alpenraum üblich gewesen sein.

Schindereien und grausame Tötungsbräuche kennen Jägervölker in der Regel nicht. Ihre Sorge um das dies- und jenseitige Wohlergehen des Wildes hat sie immer davon abgehalten, den Tieren absichtlich Leid zuzufügen. Ausnahmen bestätigen die Regel. Einzelne Jägervölker vermeiden den eigentlichen Tötungsakt und entlasten sich, indem sie dem Tier ihre Unschuld am Tötungsakt vorspielen. Sie beschränken sich darauf, die Beute lebensgefährlich zu verletzen, um sie anschliessend einsam verenden zu lassen. Der Respekt der Wildbeuter vor ihren Opfern darf nicht zum Schluss führen, dass die Jagd in allen vorzeitlichen Kulturen verantwortungsvoll betrieben wurde. Gerade die herrschenden Schichten Babyloniens, Assyriens und Persiens pflegten eine äusserst grausame und naturfeindliche Jagd, bei der die Tiere in Haufen zusammengetrieben und im wahrsten Sinne des Wortes niedergemetzelt wurden. Mitleid gab es nicht. Die mit kurzen Stosswaffen und Rundschilden bewaffneten Nimrode des Orients jagten nicht zur Selbsterhaltung, sondern um ihren Mut unter Beweis zu stellen. So heisst es zum Beispiel von König Tigabalbileser I, dass er etwa 1050 v.Chr. über tausend Löwen eigenhändig abgeschlachtet haben soll. Ein anderer Potentat aus dem Zweistromland namens Assurnasipal (883–859 v.Chr.) protzt in seinem Tagebuch aus Ziegelplatten, dass er 30 Elefanten mit dem Bogen, 257 gewaltige Wildtiere vom Kriegswagen aus und 370 mächtige Löwen wie Vögel eigenhändig mit dem Speer getötet haben will.[1]

Römische Tierhetzen und Jagdbräuche

Die wohl älteste Abhandlung der Jagd auf dem Gebiete der heutigen Schweiz stammt aus der Feder des römischen Konsuls und Statthalters Flavius Arrian (um 95–175 n.Chr.). In seinem *Cynegeticus* liefert er eine genaue Beschreibung des Jagdwesens der Ackerbau treibenden Kelten, das sich von jenem der reinen Wildbeuter unterscheidet. Man nimmt an, die geschilderten Jagdmethoden seien schon in der La-Thène-Kultur (jüngere Eisenzeit, um 300 v.Chr.) angewendet worden. In Arrians Schilderung der keltischen Hasenhetze kommt eine jagdliche Einstellung zum Ausdruck, die ein völlig anderes Bild der gemeinhin als rohes Volk betrachteten Kelten zeichnet. «Es führen nämlich die echten Jäger wenigstens die Hunde auf die Jagd nicht zum Fange des Wildes, sondern zum Kampfe und Wettlauf und sind zufrieden, wenn der Hase das Versteck glücklich erreicht. Und wenn sie den in dünnes Dorngebüsch sich Flüchtenden auch angstvoll und ermattet sehen, so rufen sie die Hunde ab, zumal wenn er den Kampf gut bestanden hat.» Die Kelten entrichteten übrigens für jedes erlegte Tier einen Obolus in eine Gemeinschaftskasse. Mit dem gesammelten Geldbetrag kaufte die Jägerschaft ein Opfertier, das dann am Jahrestag der Jagdgöttin geschlachtet wurde. Die eine Hälfte des Fleisches wurde der Göttin gespendet, die andere zwischen den Jägern und den Jagdhunden verteilt.[2]

Die Romanisierung der Schweiz scheint die Jagdbräuche der Helvetier nicht gross berührt zu haben. Denn die Römer waren schliesslich

Soldaten und keine Jäger. Das Weidwerk war für sie Nebensache. Aber mit den Gladiatorenkämpfen führten sie in den eroberten Ländern einen neuen, ausschliesslich ihrem Vergnügen dienenden Umgang mit dem Grosswild ein. Nördlich des Gotthards wurden vor allem Stiere, Bären und Eber auf die zum Tode verurteilten Gesetzesbrecher gehetzt. Der kostspielige Schaukampf gegen Löwen und andere exotische Tiere galt zwar als die vergnüglichste aller Veranstaltungen, beschränkte sich aber auf die Arena der Metropole. So weihte Julius Caesar das Forum Romanum mit einem Riesenspektakel ein, bei dem gleich vierhundert Löwen abgeschlachtet wurden. Dargestellt ist eine derartige Tierhetze auf einer Glasschale, die 1969 «I de Hofwiese» am Kastellfriedhof von Burg bei Stein am Rhein (SH) ausgegraben wurde. Darin sind zwei Venetoren (= Jäger) abgebildet, die mit einem kurzen Jagdspiess zum Todesstoss gegen das angreifende Tier ausholen. Bei dem einen Jagdtier handelt es sich um einen Panter, beim anderen um einen Bären. Das wertvolle, praktisch intakte Glasgefäss ist im Museum zu Allerheiligen in Schaffhausen ausgestellt.[3]

Das Motiv des Panters bzw. Leoparden[4] stammt aus dem Kreis des römischen Bacchuskultes. Die Grosskatze wurden meistens von einem Gott beritten, der mit Weinlaub bekränzt war. Denn Wein war das bevorzugte Getränk der Römer. Während der Panter im Orient mit Pfeil und Bogen gejagt wurde, stellten ihm die Römer mit der Stosslanze nach.[5]

1459 n. Chr. wollten die Stadtväter von Florenz an die römische Tradition anknüpfen. 28 Löwen wurden bereitgestellt, um vor einer schaulustigen Menschenmenge auf eine nicht genannte Anzahl von Stieren losgelassen zu werden. Das mit grösstem Pomp inszenierte Schauspiel nahm aber eine klägliche Wende, bevor es eigentlich begonnen hatte; denn die satten Löwen schlichen gelangweilt um die Arena und schenkten den Stieren kaum Beachtung. Zu guter Letzt legten sie sich in den Schatten und schliefen ein.[6]

Den wilden Tieren stellten legionseigene Jäger nach. Auf der nördlichen Umfassungsmauer des Kastells von Turicum (Stadt Zürich, Lindenhof) wurde 1868 ein Votivstein gefunden, welcher Bärenjäger der Göttin Diana und der Waldgottheit Silvanus geweiht hatten. *Dea Diana et Silvao(o) ursari posuerunt ex voto*, lautet die Inschrift auf dem Opfergeschenk.[7] Der Stein war offensichtlich von Bärenjägern gespendet worden, die mit grösster Wahrscheinlichkeit im Dienste der Legion Vindonissa standen. Ob damit ein Dank für erfolgtes Jagdglück oder die Bitte um eine Vermehrung des Bärenbestandes in den Zürcher Wäldern ausgesprochen wurde, wissen wir nicht.

Einzelne weltweit verbreitete Jagdbräuche sind heute unerklärlich und weisen möglicherweise tief in die Vorzeit zurück. Dazu gehört die Sitte, das Opfertier mit Mehl oder Körnern zu bestreuen. Dieser Brauch wird heute noch bei der zeremoniellen Kaninchenjagd der Zuñi, einem Ackerbau treibenden Indianervolk Nordamerikas, gepflegt. Denkbar wäre, dass mit diesem sonderbaren Ritual ein Füttern der erlegten Tiere gemeint war. Jedenfalls würde diese Erklärung zum Hinweis eines französischen Ethnologen[8] passen, wonach die Huichol-Indianer in Kanada einem erlegten Hirsch Speis und Trank vorsetzten, ihn alsdann liebevoll streichelten und sich dabei bedankten, dass er sich habe jagen lassen.

Unter den vielen weidmännischen Traditionen, die sich bis ins 20. Jahrhundert erhalten konnten, gibt es noch Reste eines alten Jagdzaubers. Darunter fällt das Glückwunschverbot, das mit dem Gruss «Weidmannsheil!» umgangen wird. Durch den Zuruf «Hals- und Beinbruch!» dreht man den Wunsch gar ins Gegenteil um. In den Waadtländer Alpen konnte der Glückwunsch für jemanden, der gerade zur Jagd oder zum Fischfang ausging, sehr belastend sein. Man glaubte dadurch unfruchtbar zu werden. War der Weidmann ausgezogen, entschied der so genannte Angang, das heisst die erste unerwartete Begegnung des Tages mit einem anderen Menschen, über Glück und Unglück. Fortuna war dem Waadtländer Jäger hold, wenn er unterwegs einer verführerischen Frau begegnete oder sich mit ihr gar in anzüglicher Weise unterhielt. Allein der Gedanke an eine verführerische Frau liess seine Jagdchancen steigen. Kam ihm jedoch ein Mönch entgegen, musste er mit Unglück rechnen.[9] Der Aberglaube, dass die Begegnung mit einem jungen hübschen Mädchen dem Jäger Weidmannsglück bringt, scheint in der Schweiz bis auf den heutigen Tag verbreitet zu sein. Der Jagderfolg ist dann vollends gesichert, wenn ein unberührtes Mädchen am frühen Morgen über die Flinte oder Büchse springt. Läuft dem Nimrod indessen eine alte Frau über den Weg, wird ihr jeder Fehlschuss des Tages zur Last gelegt.[10]

Auch uralte Schlachtriten blieben bis ins 20. Jahrhundert erhalten. Dazu gehört beispielsweise der Brauch, Teile der zerlegten Beute auf rituelle Weise zu vergraben oder zu verbrennen und somit der Erde oder dem Himmel zurückzugeben. Im Lötschental (VS) war es bis vor kurzem üblich, Hörner und Klauen im Acker oder im Garten zu vergraben.[11] Und in der Gemeinde Trin (GR) wurden Gallenblase, Augen, Klauen und andere Schlachtabfälle in ein Stück Dickdarm verpackt, das begraben werden musste.[12] Der kultische Hintergrund dieser Handlungen ist nicht zu übersehen. Zweifellos hängen sie mit der heute verschütteten Vorstellung der Wiedergeburt des Tieres zusammen.

Der Basler Altphilologe und Volkskundler Karl Meuli (1891–1968) untersuchte im Zuge seiner Arbeit über griechische Totenbräuche die Sitten der Schweizer Metzger, die sich mit dem Brauchtum der französischen Jäger des Mittelalters auf erstaunliche Weise decken. Traditionsgemäss macht der Metzger im Appenzell nach dem Schlachten eines Schweins sofort einen Schnitt in die Oberlefze des abgeschnittenen Kopfes, steckt den Finger hinein, begibt sich, den Kopf so hochhaltend, auf einen wohl gelegenen Platz und ruft aus voller Kehle: «Wii her!» Der Bauer holt darauf Wein und bringt ihn dem Metzger. In Tschlin (GR) trinken Metzger und Helfer gleich nach dem Stechen «für die Seele des geschlachteten Schweines».[13] Meuli meint, dass die noch heute in manchen Gegenden der Schweiz beliebte Metzgerbreusi[14] in ihrer Zusammenstellung[15] exakt der homerischen Tradition entspricht. Was ebenfalls mit dem griechischen Opferbrauch übereinstimmt, ist die Gewohnheit, das Metzgerbräusi nach dem Schlachten sofort, das heisst noch während der Zubereitung der Würste zu geniessen.[16]

Die Herrin der Tiere

Durch die enge Verbundenheit mit der Natur und ihren dazumal unerklärlichen Kräften hatten die Weidmänner früherer Jahrhunderte ein geradezu mystisches Verhältnis zum Wald. Eine dort ansässige, übermenschliche Macht war es, die für Gerechtigkeit und Ordnung in der Wildnis sorgen musste. Sie war es, die den rücksichtslosen Wilderer mit Zeichen ermahnte und allenfalls auch mit dem Tod bestrafte. Sie beschützte das trächtige Wild vor den Schrotkugeln des Menschen und sorgte für das Wohlergehen des Jungwildes. Diese Naturmacht über Jagdglück und -unglück, über Leben und Tod manifestiert sich im Glauben an die Herrschaft der Tiere. Ein Jäger, der die Gesetze des Waldes befolgte und die Erlaubnis zum tödlichen Speerwurf oder Schuss einholte, hatte nichts zu befürchten. Aber wehe dem, der die Gesetze der Herrin der Tiere missachtete![17]

Eine der prachtvollsten Darstellungen der Herrin der Tiere ist auf dem Deckel eines 57 Zentimeter hohen Bronzegefässes zu sehen, das in einem keltischen Fürstengrab in Grächwil bei Meikirch (BE) gefunden wurde. Lange Zeit wurde über seinen Ursprung gewerweisst, da es altorientalische, kretische und mykenische Stileinflüsse aufweist. Objekte mit dem Motiv der geflügelten Göttin wurden aber auch manchenorts in Etrurien (Mittelitalien) ausgegraben. Deshalb könnte die Herrin der Tiere aus Grächen sowohl griechischen wie etruskischen Ursprungs sein.[18] Die Frauengestalt auf der Schulter des Wassergefässes hält in jeder Hand einen Hasen und ist von zwei Löwen flankiert. Auf ihrem kronenartigen Kopfputz steht ein Adler, der wiederum von zwei Löwen begleitet ist, deren Pranken auf zwei langen Schlangen mit aufgerichteten Köpfen liegen. Die geflügelte Frauengestalt trägt ein eng anliegendes Kleid mit geometrischen Mustern, und ihre grossen Augen blicken wie jene der Löwen weit in die Ferne. Dieses ausserordentlich wertvolle Objekt wird im Historischen Museum Bern verwahrt.[19]

Während der Glaube an die Herrschaft der Tiere bei uns nur in Mythen, Sagen und Märchen überleben konnte, bestimmt er auch heute noch den Alltag vieler Jägervölker. Ganz offensichtlich erfüllt dieses Motiv einen Entlastungsnutzen, lebt doch der Wildbeuter zwangsläufig einen permanenten Konflikt aus: Einerseits bewundert er das Tier und zollt ihm Respekt, anderseits muss er es töten, um selbst zu überleben. Die Herrin der Tiere hilft, diesen Widerspruch zu lösen, indem sie zwischen Jäger und Gejagtem vermittelt und für Gerechtigkeit sorgt.

Die Herrin oder der Herr der Tiere konnte ganz unterschiedliche Erscheinungsformen haben. Einmal war es eine alte Wildfrau oder ein graues Hutzelmännchen, das der Jäger im Gehölz erblickte, ein anderes Mal war es ein Bär oder ein halb tierisches Wesen, das über die anderen Waldbewohner erhaben war. Im Allgemeinen gibt es im Alpenraum keine dämonischen Figuren, die vom Volk selbst als Herr oder Herrin der Tiere bezeichnet wurden. Im Unterschied zu den Tierherren und -herrinnen anderer Kulturkreise, die als reine Wildgeister gelten, sind die alpinen Tierherrschaften kaum Abspaltungen von höheren Gottheiten. In der Schweiz verbindet sich das Motiv mit Geistersennen, das heisst armen Seelen, Nachtvolk, Doggeli, Zwergen, Erdmännchen oder gar mit Heiligen. Alle diese Gestalten haben aber primär eine andere Rolle, die Funktion als Herr oder Herrin der Tiere fällt ihnen gewissermassen als Nebenamt zu. Diese Fürsorge der Geistersennen für die Tiere kommt in der Berner Sage vom Engstlenbrunnen schön zum Ausdruck:

Auf den Bergen gibt es Brunnen, welche im Mai, sobald das Vieh auf die Weide getrieben wird, zu fliessen anfangen; werden sie aber von demselben verlassen, versiegt auch ihre Quelle wieder. Von ihnen erzählen die Hirten, dass sie von Bergmännchen oder den «Toggeli» gehütet werden, welche auf diese Art in den heissen Sommertagen für das durstige Vieh sorgen.

Einer der bekanntesten ist der auf der Engstlen-Alp im Amte Oberhasli [BE]. Dieser fliesst nicht nur vom Frühjahr an bis zum Herbst, sondern auch nur des Tages regelmässig zwei Mal, des Morgens früh um acht und des Nachmittags um vier Uhr, zu welcher Zeit man das Vieh zur Tränke zu füh-

ren pflegt. Von ihm heisst es unter anderem noch, dass, sobald man absichtlich etwas Unreines in sein Wasser wirft, dieses oftmals mehrere Tage lang ausbleibt, während der Unrat, welchen die Tiere selbst hineinfallen lassen, seinen Lauf nicht im Geringsten stört.[20]

Der Erzählforscher Lutz Röhrich (geb. 1922), der das Thema der Wildgeistersagen[21] aufgearbeitet hat, meint: «Aber nicht nur der Mensch frühzeitlicher Kulturen, sondern auch noch die Gegenwart kann angesichts der von ihm vollzogenen oder noch zu vollziehenden Tötung oder Schlachtung eines Tieres Schuld empfinden, d. h. es kann ihm auf leidvoll-schmerzhafte Weise bewusst werden, dass ein notwendiger Lebenszusammenhang irreparabel unterbrochen wird. Dies erklärt Beliebtheit und Fortleben der Erzählungen vom Herr der Tiere bis zur Gegenwart.»

Eine Sonderstellung bei den Herrinnen und Herren der Tiere nehmen die Gämsen ein. Während in den Ostalpen vielfach Frauen für das Wohl der Gämstiere sorgen, sind es in den Westalpen meistens männliche Gestalten. Die Entlastungsfunktion dieses Mythentypus ist offensichtlich: Indem der Jäger den Tierhimmel auf Erden zeichnet, baut er seine Schuldgefühle gegenüber dem erlegten Wild ab. Die Walliser Sage *Das Paradies der Tiere* ist hierfür charakteristisch:

Oben auf den hohen und unzugänglichen Felsen und Schneerücken des Mattenbergs [VS] soll ein gewisser Bezirk liegen, worin die schönsten

Das Paradies der Tiere. Aus Sebastian Münsters Kosmografie, 1538

Gemsen und Steinböcke, ausserdem aber noch andere Tiere wie im Paradies zusammen leben und weiden. Nur alle zwanzig Jahre kann es einem Menschen gelingen, diesen Ort zu betreten, und wieder unter zwanzig Gemsenjägern nur einem einzigen. Er darf aber kein Tier herunterbringen. Die Jäger wissen manches von der Herrlichkeit dieses Ortes zu erzählen, auch dass dort in den Bäumen die Namen vieler Menschen eingeschnitten ständen, die nach und nach dort gewesen wären. Einer soll einmal eine prächtige Steinbockshaut mit herausgebracht haben.[22]

Das Thema des Gebirgsjägers, den eine Gämse in eine andere, hehre Welt geleitet, wird in verschiedenen Erzählvarianten abgehandelt. Entweder gewährt das Tier seinem Verfolger einen kurzen Einblick in das hochalpine Jenseits oder es stösst ihn direkt in den tödlichen Abgrund. In diesem Sinne übernimmt die Gämse in den Bergen gewissermassen jene Totenführerfunktion, die in den Tälern dem Pferd zukommt. Von einem «Garten Eden» spricht unter anderem die Walliser Alpensage vom Paradies der Tiere im Krämerlital. Sie berichtet von einsamen, undurchdringlichen Wäldern auf den höchsten Wipfeln, in denen alte oder verletzte Tiere den ihnen nachstellenden Menschen entrinnen können.[23]

Der Luzerner Stadtschreiber Renward Cysat (1545–1614) spricht von den Gämsen als «ein heimsch Vych» und bezeichnet sie somit als zahme Haustiere. Gemeint ist aber nicht das Vieh der Bauern, sondern jenes der Toggeli und Schrätteli, das heisst der sagenhaften Erdmännli. Wie auch die Zwerge im Dienste der Gämsen stehen, zeigt ein Erzählbeispiel aus dem Berner Oberland:

Ein Gemsjäger stieg auf und kam zu dem Felsgrat. Immer weiter klimmend, stand plötzlich ein hässlicher Zwerg vor ihm, der sprach zornig: «Warum erlegst du mir lange schon meine Gemsen und lässt mir nicht meine Herde? Jetzt sollst du's mit deinem Blute teuer bezahlen!» Der Jäger erbleichte und wäre fast hinuntergestürzt, doch fasste er sich noch und bat den Zwerg um Verzeihung, denn er habe nicht gewusst, dass ihm diese Gemsen gehörten. Der Zwerg sprach: «Gut, aber lass dich hier nie wieder blicken, so verheiss ich dir, dass du jeden siebenten Tag morgens früh vor deiner Hütte ein geschlachtetes Gemstier hangen finden sollst, aber hüte dich vor mir und schone die andern.» Der Zwerg verschwand, aber der Jäger ging nachdenklich heim; jedoch die ruhige Lebensart behagte ihm wenig. Am siebten Morgen hing eine fette Gemse in den Ästen des Baumes vor seiner Hütte, davon zehrte er ganz vergnügt, und die nächste Woche ging's ebenso und dauerte ein paar Monate fort. Allein zuletzt verdross den Jäger seine

Faulheit, und er wollte lieber selber Gemsen jagen, als sich den Braten zutragen lassen, möge kommen, was da wolle. Da stieg er auf, und nicht lange, so erblickte er einen stolzen Leitbock, legte an und zielte. Und als ihm nirgends der böse Zwerg erschien, wollte er eben losdrücken. Da war der Zwerg hinterhergeschlichen und riss den Jäger am Knöchel des Fusses nieder, dass er in den Abgrund sank und zerschmetterte.[24]

In einer anderen Version schenkt der Zwerg dem Jäger ein Gämskäslein, damit er sein Leben lang genug zu essen habe. Der Jäger oder ein unkundiger Gast ass es aber einmal unvorsichtigerweise ganz auf. Aus bitterer Armut nahm er danach die Gämsjagd wieder auf und wurde vom Zwerg über die Fluh gestürzt.[25]

Bedeutungsvoll sind im Reich des Herrn der Tiere insbesondere die weissen Gämsen, die wohl nicht nur Fabeltiere, sondern sehr seltene Albinos sind. Das Erscheinen einer weissen Gämse kündigt den Jägern den baldigen Tod an. Aus Naters (VS) stammt die Sage vom grossen Lerjen, einem versessenen Gämsjäger und Freund des Dorfpfarrers. Als sich die beiden eines Tages bei Bigisch begegneten, erklärte Lerjen, dass er nach Gredetsch gehe, um das weisse Tier zu holen. «Nun, dann lebe wohl, wir sehen uns nie mehr», sagte der Pfarrer. Am Abend brachten Hirten die Nachricht, dass ein Jäger in den Gredetschbergen zu Tode gestürzt sei. Er habe sich von dem weissen Tier auf die gefährlichen Felspfade locken lassen und sei dort in den Abgrund gestürzt. Der unglückliche Lerjen soll völlig zerschmettert gefunden und in einem Leintuch zusammengebunden auf den Kirchhof nach Naters gebracht worden sein.[26]

In den Dreissigerjahren des 19. Jahrhunderts wurde eine weisse Gämse vom Jäger Vögeli an der Sandalp im Linthal (GL) geschossen. Deren Fleisch wollte aber kein Mensch kaufen.[27]

Dem alten Heini hier in Falchern [BE] kam eine weisse Gämse bis vor sein Haus. Nachdem er sie gesehen hatte, sagte er, würde der Tod, ein artiger Tod, auf ihn warten. Und so geschah es.[28]

Einem Gämsjäger aus Quinten am Walensee (SG) erging es in der Sage etwas besser. Als er in den Freibergen der Kurfirsten auf einen prachtvollen weissen Gämsbock mit fuchsroten Füssen schoss, flog sein Stutzer in vielen Stücken auseinander und verstümmelte ihm eine Hand auf grausige Art.[29]

Hinter der im Alpenraum weit verbreiteten Vorstellung, dass weisse Gämsen nicht geschossen werden dürfen, steckt ein alter Glaube.

Danach sind die weissen Gämsen keine normalen Tiere, sondern unschuldig verzauberte Menschen.[30]

Eine Bestätigung dieses alten Glaubens sah man 1889 im Freitod des 31-jährigen österreichischen Kronprinzen Rudolf. Er hatte ein Jahr zuvor tatsächlich eine weisse Gämse geschossen. In den Köpfen der österreichischen Gebirgsjäger im Inntal geistert auch eine Gämse mit goldenen Hörnern herum. Vor ihr solle man sich besonders in Acht nehmen, denn sie verkörpere den Teufel.

Die Gämsjäger trieben einen eigentümlichen Jagdzauber, und einige unter ihnen wurden als wahre Volkshelden gefeiert. Die Taten dieser leidenschaftlichen und besonders erfolgreichen Jäger – wir würden sie heute eher als rücksichtslose, schiesswütige Menschen bezeichnen – wurden in blumigem Jägerlatein mystifiziert. Eine herausragende, legendäre Gestalt war zum Beispiel der als «Jägerbaron» betitelte Gian Marchet Colani (1772–1837), der schon im Alter von 14 Jahren 60 Gämsen erlegt haben soll. Sein Lebenswerk bestand aus dem Abschuss von 2700 Gämsen, zwei Bären, zwei Wölfen und zwei Hirschen.[31]

Ein legendärer Jäger, der 14 Bären erlegt hatte, war auch Jakob Küng (1808–1876) von Scanfs-Salsana, «welcher sein frisches, gesundes Leben,

Herrschaftliche Bärenjagd, gestochen von Matthias Merian d. Ä.

den Bären nachjagend, aufrieb, und in Folge dessen heute arm und halb zum Krüppel geworden».[32] Seine Jagdabenteuer wurden 1871 mit der Absicht publiziert, dem «armen und hülflosen Manne eine kleine Unterstützung zuzuwenden». Diese Aufzeichnungen sind jagdgeschichtlich insofern sehr aufschlussreich, als der Autor einerseits die Ausrottung des Hirsches in den Zernetzer Alpen und Wäldern bedauert, anderseits den Bären als Ungeheuer sondergleichen porträtiert und den zunehmenden Nutzenkonflikt zwischen Schafzüchtern und Braunbären darlegt.

Zu diesen «wilden Jägern» wie Colani und Küng gehören auch die Glarner Heinrich Hitz und David Zwicky. Ihr Biograf, der naturforschende Pfarrer und Ständerat Friedrich von Tschudi (1820–1886), behauptet, Hitz hätte mit einer einzigen Kugel oft zwei Tiere auf einmal erlegt. Und von David Zwicky (1740–1796), einem Holzer und Schindelmacher aus Mollis, heisst es, er hätte insgesamt etwa 1300 Grattiere zur Strecke gebracht und damit ein Vermögen von 6000 Gulden geäufnet.[33]

Blutrünstige Geschichten von abenteuerlichen Bärenjagden in den Schweizer Alpen waren in der Romantik des frühen 19. Jahrhunderts beliebt. Selbst Friedrich von Tschudi, der sich um eine wissenschaftliche Beschreibung des *Thierlebens der Alpenwelt* bemühte, schreibt mit schwärmerischer Bewunderung von den gefährlichen Bärenkämpfen:

Im Glarnerlande (wo 1816 der letzte Bär erschossen wurde) griffen auf der Ruoggisalp zwei Männer eine solche Bestie an. Diese schlägt dem einen die Hellebarde weg, während sein Gefährte, Wala, zuspringt, ihr den Arm in den Rachen stösst, die Zunge packt und sie seitwärts aus dem Munde reisst. Bär und Mann rollen darüber die Halde hinunter, worauf Andere das Thier auf dem Jäger erstechen.[34]

Der sensationelle Hinweis auf die herausgerissene Zunge ist aus der Literatur wohl bekannt und deutet auf einen archaischen Jägerbrauch hin. Gottfried von Strassburg liess dieses Motiv 1210 in seinem Epos *Tristan und Isolde* einfliessen. Und in den Sagen finden wir die Drachenzunge als Beweisstück für den erfolgten Sieg über das Untier.[35] Eine in Silber gefasste Drachenzunge aus dem Kloster Wilten (Tirol, A) befindet sich im Landesmuseum Ferdinandeum in Innsbruck. Sie diente Jahrhunderte lang dazu, den Kampf des Ritters Heymo gegen einen Drachen zu belegen und somit die Gründungshistorie des Klosters zu festigen.[36]

Die letzte Konfrontation von Schweizer Jägern mit einem einheimischen Bären fand am 1. September 1904 statt. Damals brachten zwei

Jäger aus Graubünden im Val S-charl, im Gebiet des heutigen Nationalparks, den letzten frei lebenden Bären (es war eine Bärin) der Schweiz um. Danach mussten noch 58 Jahre vergehen, ehe der Braunbär in die Liste der geschützten Arten aufgenommen wurde.

Genauso schonungslos wurde in den Schweizer Alpen der Steinbock verfolgt. Die Gründe, die zur vollständigen Ausrottung des Steinwildes im Jahre 1850 führten, sind mannigfaltig. Zum Verhängnis wurden dem Steinwild vor allem die magischen Kräfte, die seinen Körperteilen zugeschrieben wurden. Aus Steinbockhörnern wurden unter anderem Fingerringe und Trinkbecher gefertigt, die dem Besitzer etwas von der Potenz des Tieres abgeben sollten.

Wem es gelang, einen Steinbock zu schiessen und seine Organe einem Apotheker zu verkaufen, war ein gemachter Mann. Das erlegte Steinwild wurde nämlich von Horn bis Fuss für volksmedizinische Zwecke verwertet. Das Horn – in Späne geschnitten, geschabt und zerstossen – boten die Apotheken als Mittel gegen Krämpfe, Koliken und Vergiftungen feil. Ausserdem galt das Hornpulver als sicherer Anzeiger von Gift in Getränken. Das Blut des Steinbocks wurde wegen seines Aufenthalts im steinigen Hochgebirge, dem Analogieglauben entsprechend, als wirksames Mittel gegen Blasenstein gepriesen. Begehrt waren auch die im Pansen (= erster Magen der Wiederkäuer) entstandenen, pelzigen Bezoarkugeln, die unter anderem als Medizin gegen Schwindel, Ohnmacht, Gelbsucht, rote Ruhr, Pest, Krebs und Melancholie in keiner Hausapotheke fehlen durften. Die feinen, kreuzförmigen Verknöcherungen der Aorta, so genannte Herzkreuzchen, wurden als Glücksbringer feilgeboten und das Fersengelenk diente dem Liebeszauber. Selbst die bohnenförmige Losung war heilsam, sie wurde von den Quacksalbern bei Blutarmut, Gicht und Schwindsucht verordnet.[37]

1875 stellte das Bundesgesetz über Jagd und Vogelschutz landesweite Massnahmen zum Schutz und zur Wiedereinbürgerung des Steinwildes fest. Der erste Schritt dazu erfolgte erst 1906, als im Jagdreservat des italienischen Königs Vittorio Emmanuele II im Gran Paradiso (Prov. Piemonte und Valle d'Aosta) drei Steinkitzen erworben und über die Grenze geschmuggelt wurden. 1911 gelang dann in den Grauen Hörnern im St. Galler Oberland die Wiedereinbürgerung von fünf Tieren.[38]

Jagdmagie in Graubünden

Die Bündner Hochwildjäger hielten das Blut der Grattiere für ein sicher wirkendes Zaubermittel gegen Schwindel und plötzliche Schwäche. Viele Gämsjäger führten deshalb ein ledernes Trinkgefäss mit sich, um gleich nach dem tödlichen Schuss den Schweiss (= Blut) des Tieres aufzufangen. Um die Büchse treffsicher zu machen, gab es verschiedene Kniffe. So soll Colani jede 77. Kugel[39] weggeworfen haben. Mit den «geraden» sei es nämlich so eine Sache. Es komme nicht von ungefähr, dass man oft zweimal hintereinander ein Tier verfehle und es erst mit dem dritten Schuss erlege. Wollte einer aber jederzeit eine «sicheren Schuss» haben, musste er zu stärkerem Zauber greifen. Im Prättigau gab man beim Kugelgiessen dem geschmolzenen Blei Uhufedern und Rehblut bei.[40] Und in der Innerschweiz steckte man ein Kügelchen aus einem gesegneten Rosenkranz in die Schrotpatrone.[41]

Ein Mann aus Furna kaufte einst einen Stutzen und ging damit ins Engadin auf die Jagd. Dort schoss er auf zwei Gemsen, von denen aber beide Mal nur ein Büschelchen Haare, so gross wie eine Kugel, zurückblieb. Der Jäger war sonst ein zuverlässiger Schütze und merkte deshalb sofort, dass es mit dem Stutzen seine Richtigkeit nicht hatte. Er wusste Rat. Unter Beobachtung von allerlei Förmlichkeiten mischte er einen Bissen Brot unter das Pulver. Darauf schoss er zur Probe nach einem Eichhörnchen, dem die Engadiner Jäger sonst gerne ausweichen. Und siehe da, er traf es, der Bann war gebrochen.[42]

Den Hinweis, dass die Engadiner Jäger den Eichhörnchen ausweichen, bestätigt auch Friedrich von Tschudi. Mit tiefer Verachtung schreibt der ansonsten jagdbegeisterte Naturforscher über die «langbeinigen Gecken, die den Tag des Herrn nicht besser zu brauchen wissen, als zu diesem blutigen Spielwerk, dem so wenig Bravour, so wenig weidmännische Noblesse liegt, sondern nur die bare, gewaltthätige Tölpelhaftigkeit. Das Eichhorn ist der Affe unser Wälder und steht dem südlichen Affen in Munterkeit und Possierlichkeit wenig nach, wohl aber ist es weniger dreist und nicht so boshaft wie dieser.»[43]

Das rötliche und blitzschnelle Eichhörnchen wurde früher als Personifikation des züngelnden Blitzes gesehen und soll dem Gewittergott heilig gewesen sein. Dass das Tierchen einen kultischen Stellenwert haben musste, zeigt sich im Brauch von Eichhörnchenjagden, die in einzelnen Gegenden Deutschlands am Osterfest und am Himmelfahrtstag veranstaltet wurden. Entweder jagte man das scheue Tier, bis es vor Erschöpfung tot umfiel, oder man fing es lebendig, um es beim Osterheischgang, bei dem jeweils um Eier gebettelt wurde, zu zeigen.[44] Der Religionswissenschafter Johann Wilhelm Emanuel Mannhardt (1826–1880) geht davon aus, dass man gefangene Eichhörnchen zuweilen lebend ins Osterfeuer warf. Deren Kohlen wurden dann zur Abwehr von Wildem Feuer

(= Krankheit[45]), Blitz und Unwetter von den Bauersleuten auf den Acker gestreut.[46]

In einem alten Walliser Schulbuch wird nicht die Wendigkeit, sondern eine andere Fähigkeit des Tierchens betont: «Das Eichhorn scheut das Wasser mehr als die Erde. Hat es jedoch ein Gewässer zu überqueren, nimmt es ein Stück Baumrinde als Boot, und sein Schwanz dient ihm als Steuer und Segel.»[47]

Erinnerungen an den Wilden Mann

In das Umfeld der Wilden Jäger gehören die volkskundlich etwas schwerer fassbaren Wilden Leute, die sich im vagen Grenzgebiet zwischen der menschlichen Gemeinschaft und der Tierwelt bewegen und gerne Kinder austauschen. Von einem derartigen *Salvegn*, den man sich im Graubünden als starkes, affenartig behaartes Wesen mit langen Nägeln vorstellte, berichtet die Sage *Der Rat des Wilden Mannes:*

Die Gemeinde Tenna, in Graubünden, fing einen grossen Bären, der ihr viel Schaden zugefügt hatte; sie wollte ihn dafür grausam bestrafen, um an dem wilden Brummer für immer ein Exempel zu statuieren; da trat ein wildes Mannli unter die Versammlung und sagte: «s'grusigst ist, lant e hürotha» (das Grausigste ist's, wenn ihr ihn heiraten lasst). Die Sentenz des wilden Mannlis wurde von nun an im Munde des Volkes zu einem Sprichwort.[48]

Angesiedelt wurden die Wilden im Prättigau (GR) am Fusse des Sassalbo, wo sie typischerweise in Höhlen hausten.

[...] Diese Wilden waren von ungewöhnlich grosser Natur und ungestalt. Sie hatten mehr Ähnlichkeit mit Bären als mit Menschen, und die Bewohner der umliegenden Dörfchen und Häuser redeten nur mit Schrecken von diesen Ungeheuern; das auch mit Recht, denn die Wilden waren auch Menschenfresser. – Äusserst selten zeigten sie sich menschenfreundlich und dienstfertig. Diese Wilden, im Volksmunde Salvanghi genannt, stiegen oft ins Thal herab, aber immer Nachts. Als Stock dienten ihnen Tannen, die sie gleich Grashalmen, sammt den Wurzeln aus dem Boden rissen.[49]

Karl Meuli meint, dass die spielerische Hatz nach dem Wilden Mann in den Kantonen Wallis und Uri sowie in Samnaun (GR) Abwandlungen der fasnächtlichen Bärenjagden Nordeuropas sind. Mit der Jagd nach dem mythischen Wilden Mann wurden alte Fehler ungeschehen gemacht und Kräfte für einen Neuanfang gesammelt. Der Wilde wurde verhaftet, gerichtet, mit allen Sünden dieser Welt belastet und schliesslich zum Tode verurteilt. In verschiedenen Spielarten wurde der Wilde Mann von seiner Verlobten, einer Hexe, einem Narren oder einem Barbier begleitet.[50]

Kämpfe mit den Wilden Männern waren anscheinend ein beliebter Bühnenstoff. 1512 wurde Heinrich VIII ein wildes Schauspiel in Greenwich vorgeführt. Aus einer Waldkulisse sprangen acht Wilde Männer heraus, alle in Moos gehüllt, aber mit seidenen Ärmeln; sie hatten fürchterliche Masken und fochten mit hässlichen Waffen gegen acht Ritter, Mann gegen Mann. Nach langem Kampf trieben die Ritter die Wilden Männer aus der Halle heraus.[51]

Meuli wirft die Frage auf, ob der Schratt, dieses durch das altschweizerische Maskentreiben geisternde dämonische Wesen, das sich im Volksglauben auf fantastische Weise einmal in eine Elster und ein anderes Mal schnell in einen Fuchs oder eine schwarze Katze verwandeln kann, ursprünglich eine dem Wilden Mann ähnliche Figur gewesen sei.[52] Interessant ist auf jeden Fall die Tatsache, dass vielen eidgenössischen Freischaren eine Fahne vorausflatterte, die einen Wilden Mann zeigte. Der Wilde, dem Drachen, Basilisken und andere bedrohliche Naturkräfte nichts anhaben konnten, war offenbar eine Identifikationsfigur der jungen Haudegen. Keulenbewehrte Wilde Leute sind mitunter auf altdeutschen Wandteppichen im Regensburger Rathaus (Bayern) und auf verschiedenen Schweizer Familienwappen zu sehen.[53] Nach dem Wilden Mann sind auch Orte wie das Wildenmannlisloch im Toggenburg (SG) und über ein Dutzend Gasthäuser[54] in der ganzen Deutschschweiz benannt.

Die Wilden Leute der Sagen sind nach Ansicht des Wissenschaftlers Leander Petzoldt entschieden urtümlichere Gestalten als die Wilden Männer und Frauen der mittelalterlichen Dichtung oder Fasnachtsvergnügungen. Er schliesst nicht aus, dass die Vorstellung von den Wilden Leuten aus der mittelalterlichen Praxis entstand, Geisteskranke und Aussätzige aus der menschlichen Gemeinschaft auszuschliessen und sie dadurch zu zwingen, ihr Leben in den Wäldern zu fristen.[55]

Um das Wildenmannlisloch (SG) ranken sich verschiedene Sagen, die von «Wilden Mannli» erzählen:

Das Wildenmannlisloch führt 170 Meter in den Berg hinein; weiter vorwärts kann man nicht wegen der Öffnung. Da wohnten ehedem die wilden Männlein; diese halfen den Alpknechten und Talbewohnern oft arbeiten, waren dienstfertig und kamen hin und wieder ins Tal. Ein Senn stellte diesen Leutchen aus Dankbarkeit einmal ein Essen vor; ein anderer wollte ihnen Kleider geben; von da an sah man die Männchen nicht mehr.[56]

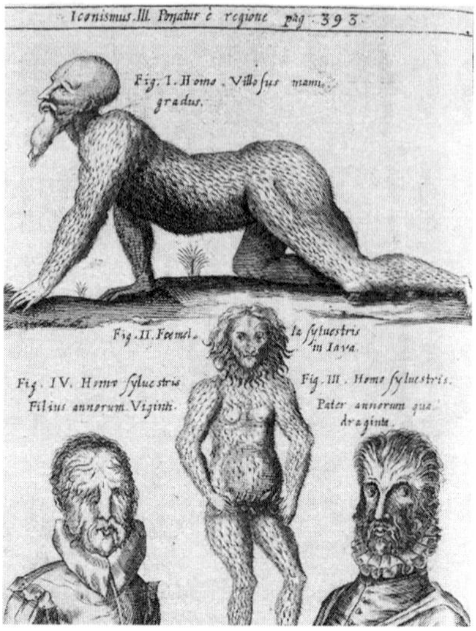

Wilde Männer – halb Mensch, halb Tier – illustriert ein anthropologisches Werk aus dem 17. Jh.

Der Flurname «Wildenmannlisloch» erscheint erstmals in einer Publikation[57] aus dem Jahre 1819. 25 Jahre später wird tatsächlich ein «wilder Mann» gefangen genommen, der zumindest kurzfristig in der entsprechenden Lehmhöhle gehaust hatte. In seiner tragischen Biografie weisen Einzelheiten darauf hin, dass er als Kleinkind ausgesetzt wurde:

Im Sommer des Jahres 1844 bemerkten die Sennen auf der Alp Selun, dass einige Kühe von fremder Hand gemolken worden waren. Sie stellten deshalb Wachen auf, und einer der Sennen erspähte den Milchdieb. Es war ein unheimliches, nacktes Wesen, das aus der Höhle kam, sich an eine Kuh heranmachte und an den Zitzen saugte. Der Senn konnte aber nicht erkennen, ob es sich um einen Menschen oder um ein Tier handelte. Das stark behaarte Wesen, das die Hirten am nächsten Tag gefangen nahmen, war ein junger Mann, dessen Alter auf 16 bis 20 Jahre geschätzt wurde. Er wurde nach Alt St. Johann gebracht, wo er auf den Namen «Johannes Seluner» getauft und in das Armenhaus von Nesslau abgeschoben wurde. Der «Wilde Mann» lernte zeitlebens nie reden, er gab nur tierische Laute von sich.

Johannes Seluner verbrachte 54 Jahre im Armenhaus und verstarb am 20. Oktober 1898. Diese düstere Geschichte fand aber erst 1926 ein Ende. Der Zürcher Anthropologieprofessor und Rassenhygieniker Otto Schlaginhauf (1879–1973) kam dazumal auf die abstruse Idee, die Gebeine des Unglückseligen exhumieren zu lassen, um festzustellen, ob der Wilde

Mann allenfalls Merkmale des Neandertalers aufweise. Die erhoffte Sensation blieb aus.

Johannes Seluner ist kein historischer Sonderfall. Da die Bezeichnung «Wildenmannlisloch» schon mindestens 25 Jahre vor seiner Existenz gebräuchlich war, kann man annehmen, dass andere Kinder sein Schicksal geteilt hatten. Gibt es zwischen den Ortsnamen «Wildenmannlisloch», «Wildhaus» und «Wildkirchli» einen Zusammenhang?

Das Thema des Wilden Mannes, der Wildfrau oder des Wilden Kindes beschäftigt die Menschen seit Jahrhunderten. Immer wieder wurde die Frage aufgeworfen, ob ein ausgesetztes Menschenkind unter Umständen von einer Bärin oder wie Romulus und Remus von einer Wölfin aufgezogen werden könnte.

Mythische Bärenhochzeiten

Bei Schweizer Fasnachtsbräuchen sind sie kaum zu übersehen, die erdenschweren Bären, welche täppisch durch die Menge tanzen und für allgemeine Erheiterung sorgten. In den Kantonen Bern, Aargau und Thurgau hiessen sie Stroh- oder Fasnetsbären.

Im Oberaargau und im Emmental (BE) waren die allgegenwärtigen «Bäremani» eine beliebte Volksbelustigung. Insbesondere im Unteremmental mischte sich der Fasnachtsbär unter die Chudermannli, Schnäggehüsler, Chachelstückler, Mehlbabi und Zhingerfübabi. Der Bursche, der den Bären darstellte, präsentierte sich von Ort zu Ort anders. Meistens war er mit Stroh umwickelt. In Wasen im Emmental soll er gar eine richtige Bärenhaut getragen haben. In Rohrbach war indessen alles sehr einfach. Der Bärenführer, der ein gerusstes Gesicht und einen langen Bart aus Flechten hatte, führte den Bärendarsteller herum und sammelte Geld. In Langenthal, wo der «Bär» in grobes Sacktuch gehüllt war, bildete er zusammen mit dem «Bäseneisi» oder «Bäsenbethi», dem «Eselidoktor» und mehreren anderen Darstellern eine ganze Bärenbande. Angeführt wurde sie von einem Trommler, der den Tschämelermarsch schlug. Das hexenartige Bäreneisi trieb die Schaulustigen mit dem Besen zurück oder kehrte, wohl einen Abwehrzauber ausführend, Kot und Schnee vor den Haustüren weg, derweil die Gümper Geld sammelten. Zu guter Letzt wurde der Bär in einen Brunnen geworfen. Der Lehrer und Volkskundler Melchior Sooder (1885–1955) sieht diesen Bärentod im Zusammenhang mit dem Wesen des Bären als Vegetationsdämon.

In Wasen und Langenthal liess man zur Fasnacht den Bär jeweils los. Das Volk hetzte das «Tier», bis es eine Erschöpfung mimte, auf den

Rücken fiel und alle viere von sich streckte. Dann begann der Einsatz des herbeieilenden «Eselidoktors», der dem Bär einen hochprozentigen Trank einflösste. Am Ende eilte noch die resolute «Beseneisi» herbei und versuchte vergebens, das tote Tier mit heftigen Schlägen auf die Beine zu bringen.[58]

Berühmt war im Kanton Bern auch die bis 1967 alljährlich nach der Ernte und Emdet (= zweiter Grasschnitt) durchgeführte Bärenjagd von Konolfingen-Dorf (BE). Es war ein eigentliches Volksfest mit allerlei Belustigungen wie Sackhüpfen, Grimassenwettbewerben und Gänseköpfen. Höhepunkt war die Verfolgung des Mitspielers im Bärenkostüm, der von der brüllenden und mit blinder Munition knatternden Jägerschaft vom Waldrand zum Dorf gehetzt wurde. Der erlegte Bär wurde aldann auf einem schön bekränzten Heuwagen aufgebahrt und feierlich zum Chilbiplatz (= Kirchweihe) getragen.[59]

Dass der Bär zur Berner Fasnacht gehörte, versteht sich von selbst. Nachdem der Fasnachtsbrauch in der zweiten Hälfte des 19. Jahrhunderts in einen hundertjährigen Tiefschlaf gesunken war, wurde er 1982 wieder zum Leben erweckt. Und mit dem neu erstarkten Volksfest, das sich mittlerweile zu einem Grossanlass entwickelt hat, sind auch die alten Bärenhautträger wieder auf die Strassenbühne getreten. Die Bärenhautträger hatten früher ihren Auftritt zu verschiedenen Terminen. In Zweisimmen zum Beispiel trat der Mutz jeweils an den Hirsmontagspielen (= erster Montag nach Aschermittwoch) nochmals auf. Und in Bad Ragaz (GR) heisst er «Maibär», obwohl er ursprünglich im Februar herumgeführt wurde. Als Frühlingsbote ist er über und über mit Laub bedeckt, was wohl zeigt, dass er früher auch in Rätien mit den Fruchtbarkeitsriten zu tun hatte.

In alten Zeiten wurden vielerorts spielerische Bärenjagden wie in Langenthal oder Konolfingen veranstaltet. In Österreich und in Skandinavien werden entsprechende Bräuche zum Teil noch in unseren Tagen gepflegt. Die eindrücklichste Bärenjagd, dessen Höhepunkt eine Persiflage ist, findet Jahr für Jahr in Arles-sur-Tech im Roussillon (Dép. Pyrénées-Orientales, F) statt. Dieses Bärenfest lässt Rückschlüsse auf das vergessene Brauchtum in der Alpenregion zu. Der *Bal del Matrimoni* findet jeweils am 2. Februar zu Maria Lichtmess statt. Wenn im Tal die Mimosen blühen und der Schnee von der Bergkämmen der Pyrenäen weggeblasen ist, erwachen die Bären im Vallespir aus dem Winterschlaf. Drei junge Männer sind die Hauptdarsteller des karnevalesken Schauspiels: die Bärenbraut namens Rosetta, der Brautführer und selbstverständlich der Bär selbst. Die Zuschauer sind zum Teil maskiert, unter anderem als

Jäger mit roten Pappnasen und Holzgewehren. Der Brautführer wird von der adretten, weiss geschürzten Rosetta begleitet. Sie führen den zottigen Braunbären an einer Kette mit.

Zur Mittagszeit, während die Leute beim Karnevalsmahl zu Tisch sitzen, verschwindet der Bär aus der Stadt. Nach dem Essen geht die Hetze los, der im Gestrüpp versteckte Bär wird aufgestöbert. Ist er eingefangen und angekettet, formiert sich ein Zug, der mit dem wild tanzenden Bären zum Städtchen zurückkehrt. Auf dem Platz angekommen, entführt der Bär Rosetta in seine Höhle, ein Hühnerhaus. Dort bewirtet er sie mit Wein und Kuchen.

Nach der symbolischen Vermählung zeigt sich der Bär wieder auf dem Platz und nimmt eine lange Rute. Er geht wütend auf merkwürdig maskierte Männer mit Helmen los, die er «fertig machen» muss. Deshalb drischt er auf die behelmten Köpfe ein, bis daraus Sägemehl rinnt und die Knoblauchhaare herumfliegen. Die gespaltenen Schädel liegen am Boden, der Bär hat gesiegt. Zum Abschluss des Tages, einem ganzen Bärenjahr, muss das Tier sterben. Der rituellen Hochzeit folgt der rituelle Tod. Ein Schuss kracht, der Bär fällt auf den Rücken und streckt seine Tatzen in die Luft. Der zottelige Leichnam wird weggetragen, derweil das Volk ein traditionelles Klagelied singt.[60]

Die britische Ethnologin Violet Alford sieht in diesen in den Pyrenäen verbreiteten Masken die Erinnerung an eine doppelköpfige Gottheit, die den Tag von der Nacht und den Sommer vom Winter trennte.

Die Bärenhochzeit ist eine symbolische Rechtshandlung, die in Form einer Scheinhochzeit vollzogen wird. Diese Analogiehandlung ist für den agrarischen Fruchtbarkeitszauber typisch. Bis ins frühe Mittelalter lieferte die Vermählung mit einem Bär auch eine Erklärung für die Geburt eines bärenstarken mythologischen Geschlechts. Beispielsweise wurde die Stärke der Goten von einer derartigen mythischen Verbindung zwischen einem Volksführer und einem «Bärenmädchen» abgeleitet.

Bärenhochzeit wird auch in Volkserzählungen gefeiert. So zum Beispiel im Aargauer Märchen vom *Bärenprinzen.* Allerdings geht es nicht um eine mythische Vereinigung von Tier und Mensch, sondern um die Erlösung aus der Verzauberung.

Ein Kaufmann wollte seinen drei Töchtern etwas besonders Begehrenswertes vom Markte heimbringen. Die beiden älteren wünschen sich Eitelkeiten, die jüngste aber eine Traube. Durch die Weisung eines kleinen Männleins gelangt er zu einem grossen Weinberg, welcher von einem weissen Bären bewacht wird, der garstig brummt. Der Bär gestattet ihm, eine Traube zu pflücken, aber nur unter der Bedingung: dass er ihm zu eigen gebe, was ihm als das erste begegne, wenn er nach Hause zurückkehre. Dieses jedoch ist seine jüngste Tochter; und er muss sie trotz aller Ausflüchte schliesslich an den Bären ausliefern, als dieser nach einem Jahre kommt, um sie abzuholen. So führt der Bär die Jungfrau auf sein Schloss als Gemahlin heim. Da er ihr alles zuliebe tut, vergisst sie fast darüber, dass er doch nur ein Bär ist. Nur verwundert sie sich immer wieder, dass er des Nachts kein Licht leiden will und dass er sich stets so kalt anfühlt. Nach einem Jahre unternimmt er mit ihr eine Reise zu ihrem Vater. Voller Freude erzählt sie daheim von ihrem Schicksal. Einzig, dass sie des Nachts kein Licht anzünden darf, bleibt als Rätsel bestehen. Deshalb steckt ihr der Vater beim Abschied heimlich Zündhölzer zu. Aber als der Bär dieses bemerkt, droht er, sie zu verschlingen. Somit spielt es sich auf gleiche Art drei Jahre nacheinander ab. Beim dritten Male jedoch fasst die junge Frau den Mut, als er gerade eingeschlafen ist, das Licht anzuzünden. Aber was entdeckt sie neben sich? – Einen schönen Jüngling mit goldener Krone, der ihr für ihre erlösende Tat dankt.[61]

Dieses Aargauer Märchen erinnert an die griechisch-römische Erzählung von *Amor und Psyche.* Der Gattin des Bären ergeht es wie Psyche, die trotz des Verbots eine Lampe über ihrem schlafenden Geliebten anzündet und zu ihrem Erstaunen einen Götterjüngling entdeckt.

Die fast in Vergessenheit geratene Tradition der Bärenfeste wurde in der Mitte des 20. Jahrhunderts im Kanton Genf, insbesondere in den Gemeinden Cartigny und Satigny, neu belebt. Dort heisst ein bärenhaftes Wesen, dessen Kleid aus Weinblättern besteht, *le feuillu* (= der Blättrige). Es tritt jeweils am ersten Sonntag im Mai als Laubpuppe auf und wird mit der Maikönigin zusammen auf einem Karren durch die Strassen gezogen. Dass der Umzug mit dem Frühjahrsbrauch der Brunnenwaschung und -bekränzung zusammenfällt, ist wohl kein Zufall und unterstreicht den Zusammenhang der bärenhaften Maskengestalt mit einem früheren Wasser- beziehungsweise Fruchtbarkeitskult.[62]

Vorzeitliche Bärenkulte

Vor 25 Millionen Jahren lebten im heutigen Alpenraum kleinwüchsige Vorfahren der Grossbären. Daraus entwickelte sich der vor etwa 500000 bis 20000 Jahren lebende Höhlenbär. Kurz vor seinem Aussterben, in der mittleren Warmphase innerhalb der letzten grossen Eiszeit, machte der Höhlenbär mit dem Neandertaler Bekanntschaft, der ihm mit Lanzen, Pfeilen, Wurfsteinen und Knüppeln nachstellte oder ihn mit

Feuerbrand in die Enge trieb. Eine intensive Verfolgung des Bären hat es jedoch kaum je gegeben, zumal es in den Jagdgründen der Steinzeitmenschen wesentlich leichtere Beute gab. Die Jagd auf den Bär ist auch für den modernen Weidmann, der mit Jagdgewehr und Zielfernrohr auf die Pirsch geht, kein leichtes Spiel.

Dass Höhlenbären gewaltige Kolosse von über zwei Metern waren, bezeugen unter anderem die Kratzspuren, die sie mit ihren scharfen Klauen auf den Lehmwänden vieler Höhlen hinterliessen. Forscher, die erstmals solche Spuren anfangs des 20. Jahrhunderts in den Höhlen von Altamira (Prov. Santander, E) und Bétharram bei Lourdes (Dép. Hautes-Pyrénées, F) entdeckten, rätselten darüber, ob der Höhlenbär damit seine Klauen an den Wänden schärfte oder er ob ganz einfach im Dunkeln nach dem Höhlenausgang suchte.

Der Höhlenbär war alles andere als eine reissende Bestie. Darauf lassen wissenschaftliche Untersuchungen von fossilen Gebissen schliessen, die Tessiner Höhlenforscher im Monte Generoso zu Tage förderten. Die ausgeprägten hinteren Backenzähne mit gerundeten Kronenhöckern und breiten Kauflächen zeichnen den Höhlenbären als Pflanzenfresser aus. Ausserdem sind die Zahnkronen der erwachsenen Tiere stark abgenutzt, was auf eine intensive Kautätigkeit von Pflanzenmaterial hinweist. Die schwach ausgebildeten vorderen Backenzähne und die kurze Schnauze unterscheiden den Höhlenbär vom alles fressenden Braunbären.[63]

Der einzige Ort, wo Knochen von Höhlenbären und Spuren des Neandertalers zusammen aufgefunden wurden, ist die Höhle St-Brais II im Berner Jura. Was von den Bärenjägern darin übrig blieb, war allerdings nur ein einziger Schneidezahn.

Als 1991 in der Grotte du Bichon bei La Chaux-de-Fonds (NE) im Jahre 1956 begonnene Grabungsarbeiten wieder aufgenommen wurden, stiessen die Archäologen auf eine aussergewöhnliche Grabstätte. Sie fanden darin das Skelett eines etwa 20- bis 25-jährigen Mannes aus der Azilien-Kulturstufe (vor etwa 11600 Jahren), das neben jenem einer Braunbärin mit ihren Jungen lag. Wurde allenfalls der Leichnam des jungen Mannes in den Armen einer Bärin beigesetzt, während sie im Winterschlaf versunken war? Mit diesem denkbaren Ritual mochten sich seine Stammesangehörigen vielleicht erhofft haben, dass er im Frühjahr wie die Jungtiere aus dem todesähnlichen Winterschlaf erwachen würde. Oder musste der junge Mann gar als Bitt- oder Sühneopfer sterben?[64] Der Archäologe Philippe Morel sah in diesem einmaligen Fund weniger die Spuren einer rituellen Bestattung als vielmehr das Überbleibsel eines Jagdunfalls, bei dem der Jäger und sein Opfer etwa gleichzeitig ums

Leben kamen.[65] Der Schweizer Mediziner Hanspeter Seiler widerlegt diese Hypothese unter anderem mit dem Hinweis, dass das gefundene menschliche Skelett keinerlei Knochenbrüche aufweist, die normalerweise bei Bärenangriffen durch Prankenschläge oder durch die tödliche Umklammerung entstehen. Seiler vergleicht den Fund aus der Grotte du Bichon mit verschiedenen Mensch-Bär-Begräbnisplätzen im Ausland.[66] In Regourdou bei Montignac sur Vézère (Dép. Dordogne, F) zum Beispiel grub der Landwirt Roger Constant nach einem neuen Zugang zum Höhlensystem von Lascaux. 1954 fand er unter einem tonnenschweren Steinblock das Knochengerüst eines Neandertalers, das knapp einen Meter neben jenem eines Braunbären lag. Das Tierskelett war zerlegt und die Knochen wiesen Schnitt- und Schabspuren auf. Und dem 70 000-jährigen Menschenskelett fehlte merkwürdigerweise fast das ganze Beinskelett. Dafür bildeten zwei Bärentibien (= Schienbeine) die untere Verlängerung seines Körpers. Man könnte sich vorstellen, dass der Tote mit Bärenbeinen ausgestattet wurde, um ihm dadurch die Qualitäten eines «Bärenmenschen» zu geben. Als solcher würde er im Frühling, nach dem Winterschlaf, mit neuen Kräften wieder auferstehen können.[67]

Das Stichwort «Bärenkult» spaltet die Fachwelt. Funde in Wildkirchli (AI), in der Drachenlochhöhle und im Wildenmannlisloch (SG) wurden von einer ganzen Generation von Paläontologen, Archäologen und Ethnologen als unmissverständliche Hinweise auf einen steinzeitlichen Bärenkult in der Schweiz betrachtet. Stichhaltige Beweise eines vorgeschichtlichen Bärenkultes gibt es allerdings keine, zumal kultische Handlungen wie Beten, Tanzen und Singen keine sichtbaren Spuren hinterlassen.

Eine Person, die das Wildkirchli weltberühmt gemacht hat, ist Emil Bächler (1868–1950), Konservator am Naturhistorischen Museum St. Gallen.[68] Bächler hatte zahlreiche Bärenzähne unter die Lupe genommen, die im 19. Jahrhundert im Wildkirchli gefunden worden waren. Er zog 1903 auf die Ebenalp und verfolgte die Spuren der Höhlenbären. Was der 35-jährige Konservator bei den Grabungen zu Tage brachte, stellte die Erkenntnisse der Fachwelt auf den Kopf: Überbleibsel von zehn verschiedenen Säugetierarten. Neben Gebeinen von Höhlenbären waren es unter anderem auch Knochen von Höhlenlöwen, Höhlenpantern, Höhlenhyänen und Wölfen. Kein Mensch hatte es bis damals für möglich gehalten, dass diese Tierarten einst auf fast 1500 Meter Höhe gelebt hatten. Aber nicht genug der Überraschungen: Neben den Höhlenbärenschädeln fand Bächler drei merkwürdig bearbeitete farbige Steine, die sonst nur im 600 Meter tiefer liegenden Schwendetal gefunden werden. Er betrachtete sie als Artefakte aus der «Werkzeugkiste» der Neandertaler. Menschen und Bären teilten sich den Funden nach, auch wenn nicht unbedingt gleichzeitig, die Behausung in der Felswand.[69]

Noch grössere Wellen als die Ausgrabungen im Wildkirchli schlugen prähistorische Funde im Drachenloch. Der beschwerliche Fussweg zu dieser auf 2 445 Meter Höhe liegenden Höhle führt von Vättis aus steil zum Gelbberg und von dort zur Ostwand des Drachenberges hinauf. Der Wanderer begegnet dem Drachen indessen schon in Vättis selbst, wo er auf der Fahne mit dem Gemeindewappen flattert. Nichts mehr zu sehen ist indessen vom ehemaligen Bärengraben, der einst die Siedlung Vättis umfriedete. Offensichtlich waren Bären im Pizolgebiet besonders häufig anzutreffen. Davon zeugen auch schriftliche Aufrufe der Sarganser Äbte, den bedrohlichen Bären und Wölfen nachzustellen. Die verschiedenen klösterlichen Mementi blieben meistens unerhört, zumal die Treibjagden für die Lokalbevölkerung viel zu aufwändig waren.

Der Vättiser Volksschullehrer Theophil Nigg folgte anfangs des 20. Jahrhunderts einem Aufruf Emil Bächlers an die Lehrerschaft der Kantone St. Gallen und Appenzell, in allen Höhlen Nachschau nach Knochen zu halten. Im Drachenloch entdeckte er eine massenhafte Ansammlung von Bärenknochen. Als Emil Bächler von Nigg ein Päckchen mit Zähnen und zerbrochenen Knochen von Höhlenbären erhielt, setzte er sich sofort mit ihm in Verbindung und organisierte gemeinsame Ausgrabungen. Im geräumigen vorderen Teil der etwa siebzig Meter langen Höhle lagen nur einzelne, meistens zertrümmerte Knochen herum. Die Werkzeuge, die Bächler in der Folge aus dem Drachenloch geholt hatte, waren durchwegs flachkantige Scherben des Höhlengesteins aus Seewerkalk. Vermutlich sind sie beim Abwittern der Höhlendecke entstanden. Im hinteren Teil der Höhle fand Bächler jene Beweisstücke, wonach er gesucht hatte: Die Fundschicht enthielt angeblich Höhlenbärenknochen in rauen Mengen, Stein- und Knochenwerkzeuge sowie die verkohlten Überreste einer Feuerstelle. An der südlichen Seitenwand zeigte sich nach Bächlers Beschreibung eine auffällige Auslese und Anordnung: In einem Abstand von vierzig bis sechzig Zentimetern von der Felswand waren etwa achzig Zentimeter hohe Platten des Höhlengesteins zu einem über fünf Meter langen Trockenmäuerchen aufgeschichtet. Der Raum zwischen diesem Mäuerchen und der Felswand war mit grossen, weitgehend intakten Gliedmassenknochen von verschiedenen Höhlenbären aufgefüllt. An einer Stelle lagen 21 Ellen, fein säuberlich neben- und übereinander angeordnet. Für Emil Bächler stand fest: Vor ihm lag ein Knochenmagazin, das die Höhlenbewohner für bestimmte, vermutlich kultische Zwecke eingerichtet hatten.

Im August 1920 kamen noch viel merkwürdigere Dinge zum Vorschein. Hinter dem Durchgang zur dritten Höhlenkammer stiess man auf eine geschlossene Feuerstelle, die mit Gesteinsbrocken umrahmt und mit einer Felsplatte zugedeckt war. Gleich daneben soll es eine zweite «Steinkiste» gegeben haben, die mit sieben perfekt erhaltenen Bärenschädeln gefüllt war. Sie alle sollen mit der Schnauze zum Höhleneingang gezeigt haben. Verwunderlich war auch, dass bei allen Schädeln der Unterkiefer fehlte. Bei der Ausräumung der dritten Kammer begegnete Bächler, nach eigenen Aussagen, weiteren, kleineren «Steinkisten», die meistens auf allen vier Seiten mit senkrecht stehenden Kalkplatten eingerahmt und mit einer Platte zugedeckt waren. Einer der daraus geborgenen Bärenschädel war ein besonderes Exemplar: Unter dem rechten Jochbogen sei ein vollständiger Oberschenkelknochen so durchgesteckt gewesen, dass er nur mit einer komplizierten Drehbewegung herausgezogen werden konnte. Links und rechts des Schädels sei ein Schienbein gelegen.[70]

Für Bächler war es undenkbar, dass diese Anordnung durch natürliche Vorgänge entstanden sein konnte. Die grosse Frage war für ihn nur, warum wohl Jäger aus der Altsteinzeit ein derart seltsames Knochenmagazin im hintersten Teil ihrer Höhle eingerichtet hatten. Die Antwort lieferte er in seiner ersten Veröffentlichung selbst: «Es unterliegt keinem Zweifel, dass wir es hier mit einer absichtlichen Aufspeicherung von Jagdtrophäen durch den urgeschichtlichen Menschen zu tun haben, die ganz in den Rahmen des primitiven Jagd- und Opferkultes gehört, [dem wir] sogar noch bei heutigen Naturvölkern [...] begegnen.» Für Bächler war die Schädelbeisetzung ein Ausdruck des bereits erwachten höheren Seelenlebens, das schon in den Bereich der geistigen, das heisst spirituellen Kultur gehört.[71]

Manchen Urgeschichtsforschern schien Bächlers Theorie allzu kühn. Für die einen Wissenschaftler hatten die steinzeitlichen Jäger ganz einfach ein Frischfleischlager in der Drachenhöhle angelegt. Andere meinten, die Höhlenbewohner hätten im Drachenloch die Gehirnmassen der Höhlenbären aufbewahrt, um diese unter Zugabe von Leber zum Gerben der Tierhäute zu verwenden.

Bächler stützte seine These auf ethnologische Berichte von Opferbräuchen. Insbesondere Samojeden, Tungusen, Korjaken, Ainu und einzelne Inuitstämme pflegten Schädel und Röhrenknochen der erlegten Rentiere und Bären an einer geweihten Stelle niederzulegen, um die ihres Erachtens wertvollsten Teile der Beute, nämlich Hirn und Mark, dem «höchsten Wesen» in Form eines Erstlingsopfers zu spenden. Für Karl Meuli sind die Schädel- und Langknochenfunde hingegen auf eine rituelle Tierbestattung zurückzuführen. Er ging von der starken Verbundenheit der Wildbeuter und Hirten mit den Tieren aus und zog Berichte über das Jagdverhalten von sibirischen Bärenjägern bei. Von diesen ist bekannt, dass sie sich beim Bären entschuldigten, bevor sie ihn töteten, und alle möglichen Listen anwandten, um selbst den bereits erlegten Bären nicht anmerken zu lassen, wer ihn umgebracht hatte. Nachdem die Jäger dem Tier das Fell abgezogen und das Fleisch von den Knochen gelöst hatten, setzten sie namentlich den Schädel und die grösseren Knochen – die immer noch für das Tier als ganzes Wesen stehen – feierlich bei. Indem die Jäger dem Tier alles zurückgaben, was es in ihrer Vorstellung für ein zweites Leben benötigte, versöhnten sie sich wieder mit dem Opfer und veranlassten es, den Menschen wohlgesinnt in die alten Jagdgründe zurückzukehren.

Bächlers Publikationen erregten in der Fachwelt immer mehr Skepsis. Das Misstrauen verstärkte sich, weil sich zwei seiner Veröffentlichungen über die Anordnung der Bärenknochen im Drachenloch widersprachen. Vollends ins Wanken gerieten Bächlers Aussagen nach seinem Tod. Die Basler Archäologieprofessorin Elisabeth Schmid (1912–1994) liess sich von Theophil Nigg ins Drachenloch begleiten, um dort Nachgrabungen anzustellen. Was sie feststellen konnte, stand zum Teil in krassem Gegensatz zu Bächlers Wunschvorstellungen.[72]

1984 wurde im Rahmen von Nachforschungen Holzkohle neu datiert, die Bächler den Feuerstellen im Drachenloch entnommen hatte. Das Alter dieser Probe steht heute zweifelsfrei fest. Sie ist 52 0000 Jahre alt. Damit besteht kein Zweifel mehr, dass das Drachenloch im Paläolithikum von Menschen aufgesucht wurde.[73]

Archäologen, die den Aussagen über mitteleuropäische Bärenkulte ablehnend gegenüberstehen, weisen auf das in den Höhlenmalereien vergleichsweise selten vorkommende Bärenmotiv hin. In den Pyrenäen wurden auf den Wandmalereien der Jungsteinzeit 54 Bärenmotive gezählt. Dazu kommen noch etwa 50 verschiedene Objekte der prähistorischen Kleinkunst, die Bären repräsentieren. Die Tatsache, dass Rentiere, Bisons, Pferde oder Mammuts viel häufiger als Bären abgebildet wurden, beweist aber gar nichts. Möglicherweise hatte der Eiszeitkünstler eine gewisse Scheu, den Bären zu porträtieren. Es könnte auch durchaus sein, dass die Darstellung des mächtigen Tieres nur jenen Künstlern vorbehalten war, die eine bestimmte Initiation erfahren hatten. Einzelne Abbildungen in Frankreich zeigen den Bären in einem eindeutig magischen Zusammenhang mit dem Menschen. Befremdend sind dabei Malereien, bei denen der Kopf des Tieres fehlt. Auf einem Felsen in

Ekain (Prov. Guipùzcoa, E) sind beispielsweise zwei einander folgende kopflose Bären abgebildet. Dass der Künstler die Köpfe absichtlich wegliess, zeigt der hintere, kleinere Bär, dessen Hals mit einer Umrisslinie bewusst geschlossen wurde. Hatten die Eiszeitjäger dermassen Respekt vor dem Bären, dass sie es nicht wagten, seinen Kopf darzustellen?

Die grosse Ehrfurcht, die Jäger dem Bären entgegenbringen, zeigt sich auch in der Angst vieler Völker, ihn beim Namen zu nennen. Wenn die Kelten, Germanen, Slawen oder Balten von ihm sprachen, nannten sie ihn respektvoll «den Braunen». Die von Furcht geprägte Achtung vor dem Bären erklärt vielleicht, warum ihm in einzelnen Höhlenmalereien der Kopf eines fremden Tieres aufgesetzt wurde. Versuchten ihn die Jäger zu überlisten oder hatten sie einfach Angst davor, ihn mit seinem eigenen Abbild zu erzürnen?

Das spektakulärste Relikt eines Bärenkults entdeckte Norbert Casteret (1897–1987) in der Höhle von Montespan (Dép. Haute-Garonne, F). Zu diesem Kultplatz gelangte er 1922, nachdem er sich durch zwei Wassersiphons durchkämpft hatte und durch enge Gänge etwa zweihundert Meter tief in den Berg hineingerobbt war. In einem kleinen Saal stand er einer etwa meterlangen Bärenskulptur aus Lehm gegenüber, die von anderen Gebilden umgeben war. Eigenartigerweise ist diese Bärenplastik kopflos. Da der Schnitt am Hals genauso verwittert ist wie der übrige Körper, kann man davon ausgehen, dass er bewusst ohne Kopf gestaltet wurde. Zwischen den Vordertatzen fand Casteret den Schädel eines jungen Bären. Eine Spur an der Halspartie lässt vermuten, dass der Schädel ursprünglich mit einem Holzdübel an der Plastik befestigt war.[74] Lange Zeit glaubte man zu wissen, dass das Lehmwerk jeweils mit einem Bärenfell überzogen wurde, bevor es von den Jägern in einem rituellen Kampf mit Lanzenstichen oder Speerwürfen an lebenswichtigen Stellen getroffen wurde. Man stellte sich diese Szene vor: Zuhinterst in einer langen Höhle, im rauchigen Schummerlicht brennender Fackeln tanzen die Jäger beschwörend und singend um das idolhaft nachgebildete Beutetier.

Archäologen stellen diese aus ihrer Sicht romantische Vorstellung mittlerweile stark in Frage. Sie konnten nachweisen, dass der Lehmbär schon in der Bronzezeit als Tonlieferant herhalten musste. Die Löcher im Bärenleib wären demnach nichts anderes als Spuren eines punktuellen Materialabbaus.[75] Diese Feststellung beantwortet aber noch keineswegs die Frage, warum diese sonderbare Bärenplastik Tausende von Jahren früher geschaffen wurde.

Rituale um den Bären sind nicht nur als Jagdzauber zu deuten. Meister Petz spielt bei verschiedenen Völkern auch im Fruchtbarkeitskult eine

Rolle, zumal er zu den wenigen Säugetierfamilien gehört, die einen Penisknochen haben und ihre Kopulation manchmal bis eine halbe Stunde in die Länge ziehen. In der südfranzösischen Höhle von Mas d'Azil wurde eine Knochenscheibe gefunden, auf der eine menschenähnliche Gestalt mit Tiergesicht eingraviert ist. Gleich neben dem erigierten Penis dieser Gestalt ist eine Bärentatze zu sehen. In der Beziehung einzelner Indianerstämme zum Bären kommen sexuelle Projektionen und Übertragungen zum Ausdruck. Warum sollen nordamerikanische Jäger und Sammler einen anderen Umgang mit Beute haben, als vor 10000 Jahren unsere Eiszeitjäger?

Für den Nachweis eines Bärenkultes bei den Kelten gibt es anschauliche Anhaltspunkte. Beispielsweise wurden im Mai 1836 bei Grabungsarbeiten im Pfarrhausgarten von Muri (BE) die Einzelteile einer kleinen gallo-römischen Weihgabe aus Bronze gefunden, welche in der Zusammensetzung die Begegnung eines Braunbären mit der Göttin Artio zeigt. Die hinteren Tatzen des Tieres stehen am Fusse eines schütteren Maulbeer- oder Eichenbäumchens. Der Bär ist im Verhältnis zum Baum und zur menschlichen Gestalt übermächtig, und die sitzende Göttin scheint sich respektvoll zurückzulehnen. Da Artio auch eine Gottheit des Überflusses war, schenkt sie dem mit ihr verbündeten Bären Früchte. Artio beschützt die Bären vor den Jägern und die Jäger vor den Bären. Artio ist eine Lateinisierung des keltischen Wortes Artus[76], was Bär heissen soll. Somit verkörpert die Gruppe den Bären gleich zweimal. Einmal durch die naturalistische Darstellung des Bären, ein anderes Mal in der menschlichen Gestalt der Bärengöttin. Während der Stil des Bildwerkes, namentlich das Faltenkleid der Göttin und die Inschrift *Deae Artioni Licinia Sabinilla* auf dem Sockel, eindeutig römisch ist, gehört es inhaltlich zur keltischen Überlieferung. Nicht auszuschliessen ist, dass die Frau mit dem Füllhorn die Fruchtbarkeit der Erde symbolisiert und zu den zahlreichen Muttergöttinen des kelto-römischen Kulturraumes gehört.[77] Der Verfasser der *Mythologie de la Suisse ancienne* – der Westschweizer Paläoethnograf Raymond Christinger (1917–1981) – meint, dass die mysteriöse Bärenfrau sowohl die rein lokale Ausprägung einer Erdgöttin wie *Dea Genava* oder *Dea Mogitia* sein könnte, wie auch die kosmische Erscheinungsform der Grossen Mutter.[78] Die in Mainz lehrende Archäologin Annalis Leibundgut weist indessen darauf hin, dass die *Dea Arto* auch im Raum Trier (Rheinland-Pfalz, D) verehrt wurde und somit keine lokale Göttin sein konnte. Einig ist man sich heute, dass die seinerzeit vom Schweizer Archäologen Salomon Reinach (1858–1932) gewagte These, wonach ein Zusammenhang zwischen dieser Statuette und der

Namensgebung der Stadt Bern bestehen könnte, sicher keinerlei historische Berechtigung hat.

Die Doppelbedeutung der Bronzegruppe aus Muri ist für die keltische Bildersprache typisch. Der Dualismus spiegelt sich in der keltischen Welt auch im Symbolismus des Wildschweins wider. Auf der einen Seite stellte es als wildes und unzähmbares Wesen den Krieg dar, auf der anderen Seite repräsentierte es den Wohlstand, weil Schweinefleisch zum Höhepunkt eines keltischen Festschmauses gehörte. Von der menschengestaltigen Ebergottheit Arduinna existiert übrigens eine Bronzestatue aus einem unbekannten Fundort, die im Musée des Antiquités Nationales in Saint-Germain-en-Laye (Dép. Yvelines, F) ausgestellt ist.

Bezeichnenderweise siedelt das Christentum die Bären und Schweine im Reich der Toten an. In der nordspanischen Kathedrale von Jaca (Prov. Huesca, E) zum Beispiel stehen auf dem Westportal zwei majestätische Löwen als Symbol des rettenden und richtenden Christus. Während der eine Löwe seine Pranken auf einen sündigen Ritter setzt, schlägt sie der andere auf einen kleinen Bären und einen Basilisken. Denn der Bär gehört in der Romanik, wie wir später sehen werden, zu den Ausgeburten des Teufels. Das bezeugte jedenfalls der Zisterziensermönch Caesarius von Heisterbach (ca. 1180–1240), der den Leibhaftigen in diesen abscheulichen Verwandlungen sah. Diese Verteufelung stand ganz im Widerspruch zu vielen volkstümlichen Heiligengeschichten, die den Bären als treuen Gefährten von frommen Einsiedlern erwähnen. Vom edlen und gottesfürchtigen Dasein der Eremiten tief beeindruckt, soll Meister Petz für sie verschiedene alltägliche Arbeiten selbstlos verrichtet haben.

Auch im russischen Volksglauben spielte der Bär eine ausgesprochen edelmütige Rolle. Die Bauern waren überzeugt, dass der Bär die Schwachen in Schutz nimmt. Jäger, Pilzsammler und Kräuterfrauen würden vom Bären ritterlich verschont, wenn sie sich bei einer überraschenden Begegnung sofort auf den Boden werfen würden und ihn aus Respekt nicht anstarrten.

Angenommen, Bächler machte sich und der Fachwelt etwas vor. Und gesetzt den Fall, die Höhlenbärenknochen im Wildkirchli, im Wildenmannlisloch und im Drachenloch seien tatsächlich nur durch ein Spiel des natürlichen Zufalls in vermeintliche Ordnungsschichten verfrachtet worden: Nichts beweist, dass Emil Bächler in seinem theoretischen Ansatz Unrecht hatte. Genügend Funde in anderen prähistorischen Höhlen lassen auf Rituale schliessen, die von Jägervölkern der nördlichen Hemisphäre bis in die Jetztzeit weitergeführt werden.

Für die in kalten Gefilden lebenden Jäger steht der Bär in Beziehung zu Sonne und Mond. Wenn die Tage im Herbst immer kürzer werden und die Sonne ihre Wärme verliert, verkriecht sich der über die Sommermonate fett gewordene Bär in eine Höhle und bleibt während der düsteren Jahreszeit unsichtbar. Im Frühjahr, wenn sich die wärmende Sonne wieder bemerkbar macht, kriecht der Bär aus seinem Loch hervor. Die Bärin spielt dann mit ihren in der Winterhöhle zur Welt gebrachten Jungen. So wie die Sonne im steigenden Jahresbogen immer stärker wird, kommt auch der Bär zu immer grösseren Kräften.[79]

Der Glaube an die Macht des Bären wurde während Jahrtausenden von einer Generation auf die andere weitervererbt. Der rituelle Umgang verschiedenster Jäger- und Sammlervölker mit erlegten Bären ist ethnologisch belegt und das Motiv vieler Mythen. Schamanistische Gesellschaften von Nordeuropa über Nordasien bis nach Kanada verehren den Bären als Boten, dessen Seele nach dem Ableben zum Sternbild des grossen Bären oder in die Geisterwelt geschickt wird, um dort Gutes über das Volk zu berichten. Das gilt sowohl für die Finnen und Samen (= Lappen), als auch für die Minderheiten Sibiriens, die Ainu in Japan und die Indianer Nordamerikas.[80]

Fuchs und Dachs: Ein Duo für die Ärzte

Während man dem Bären überall Respekt zollte, wurden Fuchs und Dachs verachtet. Zoologisch haben die beiden nichts gemeinsam. Der Fuchs gehört zur Familie der Hunde und der Dachs zu jener der Marder. Doch mythologisch haben Reineke und Grimbart einige Berührungspunkte, weil sie beide Karnivoren (= Fleischfresser) sind und einen unterirdischen Bau bewohnen. Alfred Neckam berichtete im 12. Jahrhundert in seinem Werk *De naturis rerum* von der ingeniösen Art des Dachses, seinen Bau auszuheben: Ein alter Grimbart legt sich auf den Boden, streckt die Beine in die Luft und wird von den anderen Dachsen mit der ausgehobenen Erde bedeckt. Dann wird er an den Beinen aus der Röhre gezogen.[81] Neckam prägte auch das Bild vom listigen Fuchs, der sich im Dachsbau wie ein Kuckuck im fremden Nest breit macht und schliesslich den peinlich sauberen Grimbart durch Ablegen seiner Losung aus der eigenen Burg vertreibt. Dass die Vorstellung der «Vertreibung aus dem eigenen Haus» zumindest unter Jägern lange anhielt, zeigt *Brehms Tierleben.* Das grosse Standardwerk aus dem 19. Jahrhundert zerstreut dieses Vorurteil mit dem Hinweis auf neuere Beobachtungen.[82] Tatsache ist aber, dass verlassene Dachsburgen tatsächlich oft von Füchsen bewohnt werden.

Eine reizvolle Darstellung des listigen Fuchses, der sich tot stellt und die Beine in die Luft streckt, um Vögel herbeizulocken, liefert eine der ältesten, erhaltenen Ausgaben des *Physiologus.* Sie stammt aus der karolingischen Zeit (anfangs 9. Jahrhundert n. Chr.) und befindet sich in der Burgerbibliothek Bern. Ein dicker Band umfasst 35 Miniaturen, die in spätrömischem Genre mit einem pastosen Farbauftrag gemalt sind.[83]

Im Vergleich zum Fuchs ist der Dachs ein zwar höchst merkwürdiges, aber volkskundlich eher belangloses Tier. In Mittel- und Norddeutschland galt er als elbisches Seelentier. Typisch für seinen Ruf ist die folgende deutsche Sage:

Ein Bauer fängt einen Dachs und steckt ihn in einen Sack. Plötzlich fragt eine Stimme: Sind wir alle beieinander? Darauf antwortet eine andere Stimme: Es fehlt nur noch der dreibeinige Dachs.[84]

Die Deutung liegt auf der Hand: Der Dachs gehört zum Wilden Heer. Offensichtlich ist er immer der Letzte im Zug. Er hat nur drei Beine und ist deshalb weniger wendig als die anderen. Diese Vorstellung hängt vielleicht auch mit dem französischen Volksglauben zusammen, dass die Vorderfüsse des Dachses auf der einen Seite kürzer seien.

Selbst der Zoologe Alfred Edmund Brehm (1829–1884) meint: «Die Bewegungen des Dachses sind langsam und träge, und man glaubt, eher ein Schwein als ein Raubtier vor sich zu sehen.»[88] Brehm kolportiert damit einen Vergleich aus Konrad Gessners Naturgeschichte aus dem Jahr 1563, wonach es zwei unterschiedliche Dachstypen gäbe, die sich an ihren Füssen unterscheiden: der «Hundsdachs», der Aas (auch solches von «todte schelmen») fresse, und den «Sauwdachs», der sich von «wurtzen und anders das die seüw frässen» ernähre.[85]

Früher war auch die Meinung verbreitet, der Dachs rolle sich im Herbst zusammen und stecke seine Schnauze in eine Tasche an seinem Hintern, um von seinem eigenen Fett zu zehren.[86] Auch die Menschen schätzten sein Fett. Gebratenes Dachsfleisch galt in den vergangenen Jahrhunderten als ein exquisites Wildgericht. Besonders gefragt war die «Dachslumme». Dieses Filetstück war dermassen beliebt, dass die Winterthurer Obrigkeit im 15. Jahrhundert den Metzgern verbot, Dachsfleisch an Auswärtige zu verkaufen. Und «Dachsschmer» wurde in der Stadt Zürich noch anfangs des 20. Jahrhunderts als Mittel gegen Erfrierungen der Hände feilgeboten.[87] Diesem Schmalz wurde eine ähnliche Wirkung zugeschrieben wie dem Murmeltierfett, das in den Bergen noch in unseren Tagen als Universalmedizin unter der Hand verkauft wird. Die im Volksglauben tief verankerte Überzeugung von der medizinischen Wirksamkeit des «Munggefetts» hängt mit der Vorstellung zusammen, dass das Murmeltier den Winter dank seiner Fettreserven überlebt, die es mit der Einnahme von erlesenen Heilkräutern aus dem Hochgebirge angelegt hat. Das Fleisch wurde deshalb auch gerne Wöchnerinnen verabreicht.[88]

Alpenmurmeltiere werden von Wilderern bis heute oft auf verwerfliche Art gejagt: Sie graben sie ganz einfach aus ihren Winterbauen heraus. Für die Jäger früherer Jahrhunderte waren die kleinen Nager indessen nicht ganz ungefährliche Tiere. Denn wie bei den Füchsen, Katzen, Hasen, Gämsen oder Eulen konnte es sich bei ihnen um verwandelte Hexen handeln. In einer Urner Sage aus dem 19. Jahrhundert zerplatzte deshalb einem Jäger die Flinte, als er auf ein Murmeltier schoss, «das lange Haare wie ein Weibervolk auf dem Grind hatte». Als er aus seiner Ohnmacht erwachte, war weit und breit keine «Murmete» mehr zu sehen.[90] Ein anderer Jäger aus dem Kanton Uri hatte ein gleichermassen unheimliches Jagdabenteuer:

In Meien ging einer auf die Jagd, auf Murmeten los. Und richtig, sobald er auf dem Platz war, kam ein Murmeltier nach dem anderen aus ihrem Loch hervor, und er konnte sie niederknallen, dass es eine wahre Freude war. Doch als er sie auflesen wollte, war keine einzige mehr da.[91]

Viele Volkserzählungen zeugen von Respekt und Liebe, die Bergler den drolligen Alpennagern entgegenbringen. Pfarrer Moritz Tscheinen bringt diese Haltung 1872 in der Sage[92] *Die Murmeltiere des Saastales* zum Ausdruck. In der Einleitung erörtert der Geistliche die Frage, ob die standorttreuen Murmeltiere mehr zu den Haustieren denn zu den wilden Tieren gehören.

[...] Vor ungefähr 60 Jahren [ca. 1818] starben in der «Gletscheralpe» in Fee alle Murmelthiere aus, entweder durch ungünstige Witterungszufälle oder durch Krankheiten. Die Leute erzählen freilich, ein Landstreicher aus Italien habe in Geheim mit einer Lockspeise diese Thiere alle, gross und klein, wegzufangen verstanden. Auf gewöhnlichen Wegen konnte diese, von Gletschern ganz umschlossene Alpe nicht mehr mit Murmelthieren bevölkert werden. Darum grub ein besorgter Murmelthiervater, Johann Baptist Ruppen, der im Frühjahr oft, wenn der Schnee zu langsam schmolz, seine lieben Pflegebefohlenen mit mühsam auf seinem Rücken getragenem Futter fütterte, in einem anderen Berge ein junges Paar Murmelthiere auf, überwinterte die schlafen-

den Jungen in einem frischen Keller und brachte sie im Frühjahr in die leere Alpe, wo er sie, mit Futter wohl versehen, in eine ausgestorbene Höhe einführte. Und das Ding gedieh vortrefflich; nach wenig Jahren pfiffen die Murmelthiere wieder munter und tanzten zahlreich in der Alpe herum. Als vor dreissig Jahren im Wallis in der Gesetzgebung alles neu wurde, erschienen in Saas rohe Burschen, fast wie Landstreicher, die mit einem Papierfetzen – Jägerpatent geheissen – gross thaten und mit Pulver und Blei die harmlosen Murmelthierherden kühn und grausam überfielen. Da knallten die Büchsen, zischten die Ballen, pfiffen die erschrockenen Thiere grell und jammerten die Leute laut auf. Die hohe Regierung selbst liess sich zum Mitleiden und Erbarmen für die so grausam verfolgten Murmelthiere stimmen und traute sie wieder der väterlichen Fürsorge der Thalgemeinden an. Noch in letzter Zeit kamen viele Überfälle wieder vor und die Gemeinden erneuerten ihre Klagen. Mit welchem Erfolg, weiss Schreiber dieses nicht anzugeben.[93]

Hinter den Murmeltieren her waren mitunter mausarme Savoyardenbuben, die wie viele Tessinerjungen ein Auskommen als Schornsteinfeger und Hausierer finden mussten. Sie sperrten ihre Beute in Käfige und zogen damit in die Städte des Flachlandes, wo sie die alpinen Pelztierchen auf den Jahrmärkten gegen ein bescheidenes Entgelt zum Tanzen brachten. Der Volkskundler Rudolf Schenda (1930–2000) weist in seinem vergnüglichen *ABC der Tiere* darauf hin, dass dieses erbärmliche Bild der Schaustellerei von gleichermassen entfremdeten Tieren wie Kindern in Schulbüchern, Literatur, Operetten und Liedern Einzug fand.[94]

Im Gegensatz zum fetten Murmeltierfleisch war Fuchsfleisch nie begehrt. Es galt auch in alten Zeiten als stinkend und ungeniessbar. Das einzige, das die Jäger am toten Fuchs interessierte, war sein Fell. Das Aas überliessen sie den Ärzten, und diese verabreichten ihren Patienten einzelne Organe wie Lunge und Leber, die magische Wirkungen versprachen. In der Westschweiz schrieb man den Fuchszähnen einen besonders heilsamen Effekt zu. Deshalb fertigte man daraus Halsketten an, die den Kleinkindern das Zahnen erleichtern sollten.[95]

Im Wallis wurde den Füchsen menschliche Intelligenz zugeschrieben. Man dichtete ihnen sogar an, den Feldhasen und Wildkaninchen in Form von eigentlichen Treibjagden nachzustellen: Der Fuchs verfolgt das Wild kläffend wie ein Hund, während ihm von einem Artgenossen am Wegrand oder am Eingang des Baues aufgelauert wird. Anschliessend teilen sich die beiden Wilderer die gemeinsam erlegte Beute.[96]

Für Reineke soll der Igel ein ganz besonderer Leckerbissen sein. Auch diese Mär kursierte zumindest im Wallis: «Wenn sich das gewarnte Opfer zusammenrollt, erinnert sich der Fuchs an Menschen, die sich in diesen Fällen mit einer Giesskanne zu helfen wissen. Also bedient sich der Fuchs seines eigenen Spritzapparates, um den Igel zu öffnen.»[97]

Dem Jäger war der Fuchs nie geheuer. Blitzgescheit und verschlagen, schmeichelnd und heimtückisch konnte Reineke Fuchs auch den arglosen Weidmann ins Verderben führen. Denn das listige Tier entpuppte sich nicht selten als verzauberte Hexe. Frauen in Fuchsgestalt sind im Schweizer Sagengut jedenfalls reichlich vertreten.

Peter Geel aus Vild kam einmal spät in der Nacht von Mels [SG] her über die Felder und ging beim Städtchen vorbei. Beim Kreuz kam ein Fuchs auf ihn zu, der sich ganz zahm zeigte. Peter, nicht faul, steckte ihn in einen leeren Sack, den er bei sich hatte, und trug ihn auf dem Rücken fort. Wie er den steinernen Steg erreichte, hörte er eine Weiberstimme von der Wand hinunter gellen: «Gragörli, komm jetzt!» Da antwortete es: «Ich kann nicht, ich bin in Peter Geel's Sack drin.» Darauf warf Peter den Sack erschrocken zu Boden und liess den Fuchs laufen. Dieser nahm den Schwanz zwischen die Beine und rannte wie besessen auf die Wand zu.[98]

Das Bild des Fuchses wurde durch eine Mischung von Fakten und fantastischen Schilderungen aus den mittelalterlichen Bestiarien geprägt, die ihrerseits wiederum von Fabeln aus der Antike stark beeinflusst sind. Eines der meistgelesenen Bücher des Mittelalters waren die Fabeln von Reineke Fuchs. Heinrich von Gleissner verfasste sie in der zweiten Hälfte des 12. Jahrhunderts erstmals auf Mittelhochdeutsch. Dabei konnte er sich auf das lateinische Tierepos *Ecbasis captivi* [99] und das in Flandern entstandene Werk *Ysengrimus* stützen. 1498 erschien dann das politisch-satirische Tierepos *Reinke de Vos*, das sich unter anderem auf Gleissners Werk und den französischen *Roman de Renart* stützt. Als schliesslich Goethe 1793 seinen berühmten *Reineke Fuchs*[100] schrieb, konnte er auf unzählige volkssprachliche Mythen- und Fabelversionen zurückgreifen.

Ein mittelalterlicher Reineke Fuchs ist übrigens auf dem Fries in der Krypta des Basler Münsters zu sehen. Die Szene handelt vom betrügerischen Fuchs, der sich als Arzt ausgibt und dem Löwen ein heilsames Bad verordnet. Eine lange Tierprozession, die den scheintoten Fuchs zu Grabe trägt, wurde 1298 auch auf einen Pfeiler des Strassburger Münsters gemeisselt. Dem Klerus war aber diese Darstellung später ein Dorn im Auge, sie liess sie 1685 abschlagen.[101]

Verfemte Luchse

Wie der Fuchs gehört auch der Luchs in den grossen mythischen Wirkkreis des Wolfes. Die Protokolle der Jagdkommission des Kantons Bern verzeichnen, dass Melchior Blatter, Wildhüter zu Eisenbolgen, Amt Oberhasli, 1816 für die Erlegung eines Luchses die im Verhältnis zur damaligen Kaufkraft sehr hohe Prämie von 20 L. (= *Livres suisses* bzw. Schweizer Franken) ausgerichtet wurde. Geldspenden und Geschenke an Jäger, die missliebige Tiere erlegten, scheinen in verschiedenen Landesgegenden üblich gewesen zu sein.[102] 1872 wurde der letzte Luchs der Schweiz im Kanton Graubünden abgeschossen. Nachdem der Waldbewohner jahrzehntelang aus der Schweiz verbannt war, wurde er ab 1971 in den Alpen und im Jura wieder angesiedelt. Den Biologen zufolge sollte sich in einer Gegend, wo einem Luchs ein Territorium von mindestens 120 Quadratkilometern zur Verfügung steht, die Natur im Gleichgewicht halten. Nachdem sich aber ein Luchs erdreistete, bei Charmey (FR) ein paar Schafe zu reissen, geriet die Bevölkerung im Freiburgerland in Aufruhr. Der schuldige Luchs wurde zum Abschuss freigegeben. Doch das Tier stürzte Ende Juni 1999 zu Tode, als es vom Hunger geplagt am Jaunpass einer Beute nachgestiegen war.[103]

In der Absicht, die Debatte um die Daseinsberechtigung des Luchses zu entschärfen, veranlasste der Freiburger Staatsrat eine Umfrage bei der Bevölkerung. Das Resultat: 62 Prozent sind dafür, den Luchs zu jagen, wenn sein Bestand in den Voralpen steigen würde. Einzelne Stimmen sprachen sich gar für die Ausrottung des Luchses aus. Für diese Überreaktionen sorgt der zunehmende Nutzenkonflikt zwischen Mensch und Tier. Im Vordergrund stehen wirtschaftliche Interessen der Schafhalter und Sorgen der Revierjäger um «ihr» Rotwild. Doch hinter dem Aufruhr dürfte das Bild eines gefährlichen Raubtieres wirken, das uns in Form von unheimlichen Naturmythen vererbt wurde. Dass die Sennen den Luchs in früheren Jahrhunderten fürchteten, zeigt eine Sammlung von alten Volksliedern. Darunter ist ein schöner Alpsegen aufgeführt, der um Schutz der Menschen und Haustiere vor dem Luchs bittet.[104]

Früher wurde der Luchs wegen den absonderlichsten volksmedizinischen Anwendungen verfolgt. Im 17. Jahrhundert glaubte man zum Beispiel, in Silber gefasste Luchskrallen seien zur Heilung der Epilepsie geeignet.[105] Und 1819 wurde in Bayern Luchsfleisch gegen Schwindel verordnet. Da sich die mittelalterliche Medizin auf die römischen Naturforscher berief, dürfte sie einem zoologischen Irrtum gefolgt sein. Denn C. Plinius Secundus d. Ä. (23–79 n. Chr.) verwechselte den Luchs mit der Hyäne. Auch in der germanischen Mythologie sorgte der Luchs für

Konfusion. Den Quellen zufolge wurde er mit der Katze verwechselt. Und so mag es die Katzenliebhaber und -liebhaberinnen enttäuschen, dass der fliegende Wagen der germanischen Liebesgöttin Frija (auch Freyja genannt) möglicherweise gar nicht von zwei Katzen, sondern von Luchsen gezogen wurde. Warum wohl wurde das Herz des Luchses noch vor nicht allzu langer Zeit für den Liebeszauber[106] verwendet?

Bibergeil gegen den Wahnsinn

Jahrzehntelang war auch der Biber eine von den Jägern sehr begehrte Beute. Solange der Nager seine Burgen in den ehemaligen Auen bei Biberist[107] (SO), Bibern (SO, SH) oder Biberstein (AG) baute, wäre niemand auf die Idee gekommen, ihn als Schädling abzutun. Biberseen gehörten auch in der Schweiz zum Landschaftsbild. Konrad Gessner (1516–1565) bezeichnet den Biber als «wohlbekanntes Tier», das im Gebiet der Aare, Reuss und Limmat häufig sei. Man nimmt an, dass der Biber in der Schweiz zu Beginn des 19. Jahrhunderts ausgerottet wurde. Die letzten Exemplare wurden jedenfalls um 1820 im Wallis gesichtet. Wirklich angefeindet wird der «nagende Baumeister» aber erst seit den ersten Wiederansiedlungen im Jahr 1957.

Kaum bekannt ist, dass die gallische Bezeichnung für Biber – er wurde von den Galliern *bebros* genannt – verschiedene Siedlungs- und Flussnamen prägte. Dazu gehören zum Beispiel La Brévine (NE) oder Bevers (GR). In Oberitalien heissen zudem diverse Bergbäche *la bévera.* Anzunehmen ist, dass die Kelten einen Wasserdämon in Gestalt eines Bibers kannten. Darauf weist vor allem ein in Wales und Irland *abankos* genannter Wasserdämon hin. Auf Kymrisch und Bretonisch bezeichnet das Wort *avank* übrigens auch den wirklichen Biber.[1081]

Der flauschige Pelz des Bibers wurde bis vor wenigen Jahrzehnten hoch gepriesen, denn er zählt bis zu 20000 feinste Haare pro Quadratzentimeter. Die Kürschner verarbeiteten ihn vor allem zu schicken Hüten, die den Ruf hatten, die Trägerinnen und Träger vor allerlei Krankheiten zu schützen. Auf Millionen von Biberpelzen gründet der Reichtum einer der ältesten und erfolgreichsten Handelsgesellschaften Nordamerikas: die Hudson Bay Company in Kanada.

Biberfleisch war wie Aal ein Fastengericht, weil beide Tiere in der biblischen Zoologie zu den fischähnlichen Geschöpfen zählen. Der Biberbraten muss vielerorts ein erlesener Leckerbissen gewesen sein, zumal ein um das Jahr 750 von Papst Zacharias ausgesprochenes Biberfleischverbot für die Fasttage einfach überhört wurde. Den Zürchern indessen war der tranige Geschmack des Biberfleisches nie gut bekommen. Die

Jäger brachten es allenfalls den Apothekern, die es als Heilmittel weiterverkauften. Was den Weidmännern aber überaus schmeckte, war der fette Biberschwanz, den manche unter stetem Beträufeln mit Himbeersaft auf dem Holzfeuer brieten.[109] Die Jagd auf den Biber rief schon im Mittelalter kritische Stimmen hervor. Grundlage für diese Kritik war der *Physiologus* (= Der Naturkundige), auf den sich praktisch alle mittelalterlichen Naturbücher und späteren Hexaemeren (= Sechstagewerke) der Kirchenväter stützen. Entstanden ist das Manuskript im zweiten Jahrhundert in jüdischen Gelehrtenkreisen von Alexandrien als Produkt der ägyptischen und hellenistischen Tiersymbolik. Jedes der 55 Kapitel behandelt ein Tier, eine Pflanze oder einen Stein. Die mehr oder minder auf Naturbetrachtungen beruhenden Tierbeschreibungen sind mit lebhaften Fantasievorstellungen verquickt und schliessen mit einer allegorisierenden Umwertung dieser Eigenschaften ab, die an ein oder mehrere Bibelzitate anknüpfen. Das Kapitel über den Biber ist umso witziger, als es den Lesenden veranlasst, sich in die Haut des Nagetieres zu versetzen, das wegen seines als Wundermittel gegen Impotenz und Wahnsinn begehrten Bibergeils, das leider noch in unseren Tagen in der Parfümindustrie verwendet wird, schonungslos verfolgt wurde. Die Apotheken boten dieses Bibergeil, ein Sekret aus zwei in die Geschlechtsteile der Männchen mündenden Drüsen, unter der Bezeichnung *Castoreum* auch als krampfstillende und beruhigende Arznei bei Erfrierungen und Hirnschlägen feil. Alfred Brehm beschreibt das sagenhafte Sekret in seinem *Thierleben* als eine dunkle rotbraune, gelbbraune oder schwarzbraune, ziemlich weiche, salbenartige Masse von eigentümlich durchdringendem, starkem, nur wenig Leuten angenehmem Geruch und lange anhaltendem, bitterem, balsamischem Geschmack.[110]

Die Geschichte vom klugen Biber, der seine Hoden selbst abbeisst und sie so seinen Verfolgern opfert, weil er weiss, dass ihm deshalb nachgestellt wird, ist eine naturgeschichtliche Fabel aus dem Altertum, die bis weit in die Neuzeit hinein erzählt wurde.[111] Dieses Bild stand für den gläubigen Christen, der sich von der Fleischeslust trennt. Indem er das sündige Organ dem Jäger, das heisst dem Teufel hinwirft, rettet er seine Seele. Der *Physiologus* meint dazu:

Ist ein Wesen, heisst Biber, ganz sanft und ruhig. Seine Geschlechtsteile sind nützlich als Arzenei. Wenn er nun vom Jäger verfolgt wird und merkt, dass man ihn fassen werde, reisst er diese sich ab und wirft er sich auf den Rücken. Merkt nun der Jäger, dass der Biber keine Geschlechtsteile mehr hat, dann lässt er von ihm ab.

Auch du also, Bürger der Gemeinde, gib dem Jäger, was des Jägers ist. Der Jäger aber ist der Teufel, sein Eigentum jedoch sind Hurerei, Unzucht und Totschlag. So reiss dergleichen von dir ab und gib's dem Jäger, und er wird von dir ablassen, auf dass auch du sprechest: Meine Seele ist ein Vogel, der dem Netz der Vogelsteller entronnen ist.

Wohlgeredet hat also der Physiologus über den Biber.[112]

Wenn der *Physiologus* vom Vogelsteller spricht, liesse sich auch eine Satire über die Zürcher Vogeljagd hinzufügen. Denn im späten Mittelalter wurde dem Federvieh mit zwei besonders verwerflichen Methoden nachgestellt: den Leimruten und Kloben. Der Kloben bestand aus zwei parallelen Holzstäben, die mit Hilfe eines Schnurzuges zusammengeklappt werden konnten. Der Jäger verrichtete sein Handwerk von einer Traghütte aus. Setzten sich Vögel auf den Kloben, zog er an der Schnur und klemmte so dem Vogel die Krallen zwischen den Stäben ein. Mit dieser grausamen Methode wurde den Vögeln derart rücksichtslos zu Leibe gerückt, dass sich die Zürcher Regierung veranlasst sah, das Kloben während gewissen Jahreszeiten verbieten zu müssen.[113]

Namentlich die Deutschschweizer werfen den Italienern vor, Zugvögel mit Netzen und Leimruten einzufangen, um sie in die Kochtöpfe zu bringen. Das skrupellose Handwerk der Vogelfänger blühte im letzten Jahrhundert auch nördlich des Gotthards. In einem deutschen Kochbuch ist ein Rezept für die geschmackvolle Zubereitung von Lerchen und anderen feinen Sperlingsvögeln aufgeführt. Nach den Anweisungen zum fachgerechten Braten in Butter folgt der Zusatz «... übrigens ist es eine Unbill, so herrliche Singvögel zu verspeisen».[114]

Kinder raubende Geier

Unangenehm berühren einen heute auch Geschichten über die Adlerjagd. Im 19. Jahrhundert kreisten die Adler, namentlich die Steinadler, noch relativ häufig über den Gipfeln des Schweizer Hochgebirges. Der König der Vögel wurde bedenkenlos geschossen und die Jungtiere skrupellos aus dem Nest geraubt. Von einem Adlerhorst, der sich in Schwindel erregender Höhe an einem Felsen oberhalb des Sämptisersees (AI) befand, heisst es, dass er zwischen 1847 und 1865 nicht weniger als achtmal ausgenommen wurde. Die gefangenen Vögel wurden für die Beizjagd abgerichtet. Ein Sammelplatz der Steinadler waren zum Beispiel die Felszinnen des Tannhorns bei Ebligen am Brienzersee (BE). Die Ebliger Adlerjäger beizten in den Wintermonaten am Boden. Dazu nagelten sie Fleischstücke, vornehmlich gebratene Katzen, auf Holzpflöcke

Raubvögel, namentlich der majestätische Adler, gehören zur Ikonografie mittelalterlicher Tierbücher.

und verfolgten das Geschehen von ihren Wohnungen am Seeufer aus.[115] Gejagt wurden die Adler vor allem wegen der Unterschwanzdeckfedern und den Krallen. Diese Trophäen wurden insbesondere von den Oberbayern und Tirolern zu einem beliebten Trachtenschmuck verarbeitet. «Adlerflaum, auf den Hut gesteckt, schärft die Augen und hebt den Mut beim Raufen», lautete eine Redensart. Und die Zunge des Adlers, auf der Brust getragen, vertrieb die Atembeschwerden beim Bergsteigen.[116]

Der Bartgeier wurde auch Lämmergeier genannt, weil man überzeugt war, dass er junge Schafe schlage. Bis zur Renaissance sprach man vom Gyr. Geier oder Gyr war aber im Alpenraum eine allgemeine Bezeichnung für alle grösseren Raubvögel. Davon zeugen noch etliche Flur- und Ortsnamen wie Girsberg, Giregg, Gyrenbad oder Girenhalde. Und der Gipfel des Säntis (SG) hiess früher Girenspitz.[117] Belegt ist, dass Bartgeier manchmal die Knochen der Lämmer an den Felsen zerschellen lassen. Alfred Brehm erwähnt einen spanischen Jäger, der ihm 1858 berichtete, dass der Lämmergeier Knochen zerbricht, «... indem er sie aus bedeutender Höhe herab zur Tiefe fallen lässt, weshalb er bei ihnen auch ‹Knochenbrecher› *(Quebrantahuesos)* heisst».[118] Möglicherweise wurde die Fantasie der Erzählenden vom «Vogel Rock» aus der orientalischen Märchensammlung *Tausendundeine Nacht*[119] beflügelt, die sich nach der Übersetzung des grossen französischen Orientalisten Antoine Galland (1648–1715) in Europa schwunghaft ausbreitete. Das Motiv des Riesenvogels, der Felsbrocken und für seine Jungen ganze Elefanten vom Himmel hinunterdonnern lässt, dürften arabische Händler in Madagaskar aufgegriffen haben, wo sie vielleicht den riesenhaften, heute ausgestorbenen Madagaskar-Strauss zu Gesicht bekommen hatten.

Im Gegensatz zum edlen Adler schenkte man dem Aas fressenden Geier wenig Beachtung. Als 1866 das letzte Exemplar in der Schweiz abgeschossen wurde, empörte sich kaum jemand. Die einzigen, die sich seit dem Altertum für den seltsamen Vogel wirklich interessiert hatten, waren die Apotheker, Ärzte und Quacksalber. Sie betrachteten ihn als fliegende Selbstbedienungsapotheke. Selbst für Konrad Gessner, dem Zürcher Stadtarzt aus dem 16. Jahrhundert, hatte nahezu jedes Organ des Geiers eine vortreffliche Heilwirkung. Darum empfahl er sie als Ingredienzien für die Zubereitung einer Anzahl von Arzneien, die uns heute ausgesprochen widerlich anmuten.[120]

Dem Steinadler und vor allem dem Bartgeier[121] sagte man nach, sie würden auch kleine Kinder rauben. Rudolf Schenda, der Ordinarius für Europäische Volksliteratur an der Universität Zürich war, sieht in diesen Raubgeschichten in erster Linie Warnsagen, die Mütter davon abhalten sollten, Kleinkinder unbeaufsichtigt in den Feldern zu lassen.[122] Berichte von Kinderraub durch Bartgeier werden heute stark in Frage gestellt. Im 19. Jahrhundert wurden sie jedoch vorbehaltlos aufgezeichnet. Berühmt war unter anderem das wundersame Erlebnis der Geier-Anni, das im Kirchenbuch von Habkern (BE) verewigt wurde:

Im Berner Oberland wurde Anna Zurbuchen von ihren Eltern als dreijähriges Kind beim Heuen auf die Berge mitgenommen und in der Nähe eines Stalles auf die Erde gesetzt. Bald schlummerte das Kind ein. Der Vater bedeckte das Gesichtchen mit einem Strohhut und ging seiner Arbeit nach. Als er bald darauf mit einem Heubunde zurückkehrte, fand er das Mädchen nicht mehr und suchte es eine Weile vergeblich. Während dessen ging der Bauer Heinrich Michel von Unterseen auf einem rauhen Pfade dem Bergbach nach. Zu seinem Erstaunen hörte er plötzlich ein Kind schreien. Dem Tone nachgehend, sah er bald von einer nahen Anhöhe einen Lämmergeier auffliegen und eine Zeit lang über dem Abgrund schweben. Hastig eilte der Bauer hinauf und fand am äussersten Rand das Kind, das ausser am linken Arm und Händchen, wo es gepackt worden war, keine Verletzung zeigte, wohl aber bei der Luftfahrt Strümpfe, Schuhe und Käppchen verloren hatte. Die Anhöhe war etwa 1400 Schritte vom bewussten Stalle entfernt.[123]

Das Thema des Menschen raubenden Adlers findet sich in der Walliser Ursprungssage *Aroleid* wieder. Der Wortstamm «Aar» ist in diesem Zusammenhang etymologisch interessant. Denn das Wort «Adler» hat die ursprüngliche Bedeutung von «edler Aar». «Sperlings-Aar» bezeichnete den Sperber, weil sich dieser von Sperlingen ernährt. Und der Mäusebussard heisst mittelhochdeutsch «mûs-ar».[124]

In Zermatt heisst es an einer Bergschaft «Aroleid», was so viel bedeuten soll als, Leidwesen von einem Ari – Geier – oder grauen Adler verursacht. Dieser Name soll folgendem traurigen Ereignisse entnommen worden sein. Eine Mutter, welche das Vieh hütete, legte ihren Säugling in das Gras nieder, um dem Vieh nachzulaufen, das sich zu weit entfernte. Während ihrer Abwesenheit kam der Geier – d's Ari – und raubte ihr das Kind. Als sie zurückkehrte, sah sie einen grossen Vogel in der Luft, von dem eine lange Fäsche (Band) herunterhing. Die Unglückliche erriet schnell, was dies bedeute – erfüllte Berg und Tal mit ihrem Wehklagen, fand aber das liebe Kind nie wieder.[125]

Haus- und Opfertiere

Im Altertum war es keine Frage, dass auch Tiere eine Seele haben. Im Märchen- und Sagengut können wir diesen Glauben noch erkennen. Darin muss der Teufel, der nach einer Menschenseele trachtet, manchmal mit einer Tierseele vorlieb nehmen. Diese Schicksalsgemeinschaft von Mensch und Tier ist mitunter ein Grund, warum Haustiere über Jahrhunderte hinweg als eigentliche Familienangehörige betrachtet wurden. Im Emmental (BE) war es zu Jeremias Gotthelfs Zeiten noch Brauch, an Feiertagen, an denen jeweils fleissig gebakken wurde, dem Hund das erste Chüechli (= Gebäck) vom Tisch zu geben.

Früher war es in vielen Gegenden Deutschlands auch gang und gäbe, neu erstandene Haustiere in den Gutsbetrieb oder Bauernhof auf rituelle Weise einzuführen, um sie mit den Hausgeistern vertraut zu machen. Man verfuhr mit ihnen wie mit Hochzeitspaaren, Neugeborenen oder frisch eingestellten Dienstboten. Sie alle wurden dreimal um den Herd, um den Tisch oder um den Miststock geführt. Der uralte Ritus der Umwandlung, der in der Regel im Uhrzeigersinn erfolgt, wird im kirchlichen Bereich heute noch ausgeübt. Fast verloren gegangen scheint hingegen die Sitte, Tiere um bestimmte Gewässer, Bäume, Steine oder Feuer herum zu führen. In Baden-Württemberg zum Beispiel ging man mit einer unfruchtbaren Kuh um einen Kirschbaum herum. Ein Fruchtbarkeitskult zeigte sich auch darin, dass Kühe, die schwer trächtig wurden, dreimal um einen Grenzstein herum gehen mussten. Für diese rituellen Umführungen mit Haustieren gibt es auch viele Belege aus Skandinavien, Frankreich und Osteuropa.[1]

Weihnachten im Stall

Wie eng sich der Bauernstand mit dem Vieh verbunden fühlte, zeigte sich in einem Brauchtum, das die Haustiere weitgehend in die menschliche Lebensgestaltung einbezog. Viele naturmythische Vorstellungen und Handlungsweisen, die in der zweiten Hälfte des 20. Jahrhunderts verloren gingen, werden heute als finsterer Aberglauben belächelt. Mit der Auflösung des naturzentrierten Weltbildes konnte sich aber eine

Wirtschaftsideologie etablieren, die aus der natürlichen Viehzucht jene hormongesteuerte Lebensmittelproduktion machte, die in letzter Konsequenz zur Zerstörung unserer Umwelt führt.

An den Kalenderfesten war der Umgang der Bauern mit den Tieren geregelt. Von zentraler Bedeutung war in den letzten Jahrhunderten Weihnachten, weil dann im Stall Zeichen und Wunder geschahen. Ganz allgemein glaubte man in der Schweiz, das Vieh könne in der Heiligen Nacht sprechen. Im Berner Mittelland meinte man jedoch, dass diese Gabe nur die Pferde hätten. Wer ihnen zuhörte, konnte seinen eigenen Todestag erfahren. Und im Berner Jura erzählten sich die Bauern, dass auch im Bienenstock die wunderbarsten Dinge geschähen – die Bienen würden in der Heiligen Nacht singen. Die weihnachtliche Wunderkraft erfasste selbst den Hühnerhof. Im Kanton Bern bewahrte man das Federvieh vor Raubvögeln, indem man ihm in der Heiligen Nacht zwischen elf Uhr und Mitternacht die Flügel stutzte.[2]

In den Waadtländer Alpen galt es als höchst unvorsichtig, das Vieh am Weihnachtstag, an Neujahr oder am Dreikönigstag zur Tränke zu führen. Wer es trotzdem wagte, musste damit rechnen, dass das Vieh im Sommer von den Wölfen gerissen wurde. Glück im Stall erhoffte man sich im Kanton Zürich, wenn man die Kühe am Weihnachtsmorgen zur Tränke führte. Tranken die Menschen mit dem Vieh gemeinsam, wendeten sie im Kanton Bern für immer Zahnschmerzen ab. Und im Kanton Uri erhielt man das Vieh bei guter Gesundheit, indem man ihm am Heiligen Abend vor Mitternacht reichlich zu fressen gab oder ihm vom Nachbarn erbetteltes Heu verfütterte.[3]

Am Heiligen Abend war es Liebespaaren möglich, aus den Tierlauten im Stall die Zukunft zu deuten. Wenn sie zwischen elf Uhr und Mitternacht an der Türe des Schweinestalles horchten und ein Grunzen vernehmen konnten, wussten sie, dass sie im kommenden Jahr heiraten würden. In Frankreich klopfte man an die Türe des Schafstalles. Ertönte eine schwache Stimme, war der oder die Zukünftige von kleiner Statur. Hörte man indessen ein kräftiges Blöken, konnte man einen gross gewachsenen Ehepartner erwarten. Dieses Orakel war auch im Leberberg (SO) gebräuchlich. Hörte dort das Mädchen vor dem Schafstall ein Blöken, wusste sie, dass sich ihr Zukünftiger im nächsten Jahr bemerkbar machen würde.[4] Für ein ähnliches Orakel bot sich früher auch der Agathentag am 5. Februar an. Um zu erfahren, ob die Zukünftige eine Witwe oder eine Jungfrau sein würde, traten die heiratswilligen Männer um Mitternacht vor die Türe eines Schweinestalls, in dem sich ein Mutterschwein mit ihren Ferkeln aufhielt. Grunzte die Sau zuerst, war dies

Von gethier – Allegorie der Renaissance mit Tieren am Bauernhof

ein untrügliches Zeichen dafür, dass die Freier mit einer Witwe vorlieb nehmen mussten.[5]

Getreideernte und Tieropfer

Der schwedische Wissenschaftler Edgar Reuterskiöld (1872–1932), der sich ausführlich mit Fragen der Speisesakramente beschäftigte, vermerkt zu Recht, dass sich im Volksglauben die Macht immer im Letzten konzentriert, was von einem Objekt übrig bleibt. Diese Vorstellung liegt auch der allgemeinen Ehrerbietung zu Grunde, die dem Brot seit jeher entgegengebracht wird. Bis etwa 1890 wurde im Elsass der Brauch der «Weihnachtsgarbe» gepflegt. Während den Haustieren wie vielerorts an Weihnachten besseres Futter oder eine Zusatzration verabreicht wurde, gedachte man mit der «Weihnachtsgarbe» der wilden Tiere. In der Heiligen Nacht bettelten die Kinder auf den Bauernhöfen Ähren zusammen, die aus der «Glückshampfele», das heisst der letzten Garbe stammten. Diese Ähren wurden vom Messner eingesammelt und um einen

Stecken gebunden, den er alsdann im Kirchhof in den Boden pflanzte.[6] Die Beachtung, welche die Landbevölkerung dieser letzten Garbe entgegenbrachte, hängt mit der Vorstellung geballter Lebenskraft zusammen. In der Vorzeit war die Beschwörung dieser Wachstumskraft wohl eine wichtige Triebfeder zur Darstellung von Tier- und Vegetationsszenen.

War die letzte Garbe geschnitten, schlachteten die Bauern ein Geflügel. Der Körper wurde weggeworfen, Haut und Federn wurden indessen zusammen mit dem Korn der letzten Garbe gemahlen. Dieses Zaubermehl wurde zu Anfang der Saatzeit auf dem Acker verstreut. In vielen Gegenden war es auch Brauch, nach der Ernte einen Hahn auf dem Felde zu verzehren. Mit diesen Tieropfern wurde dem Boden gewissermassen die Potenz zurückgegeben.

Der Hahn, Inbegriff der männlichen Kraft und Attribut von Sankt Gallus, wehrt schliesslich alle Übel ab. Wen wundert es, dass das metallene Doppel des kraftvollen Hahnes – der Wächter, Tagankünder und Wetterprophet in Personalunion war – auch auf Kirchtürme und Häusergiebel gepflanzt wurde? Neben dem Hahn gäbe es freilich noch ein anderes Haustier, das auf dem Kirchturm sinnig platziert wäre: das Pferd. Denn der Wetterhahn hiess bei den Alemannen *Gûl*, was auch Ross bedeutet. Nach Publius Cornelius Tacitus (ca. 55–120), dem römischen Verfasser der geografisch-ethnologischen Abhandlung *Germania*, waren den Alemannen beide Tiere gleichermassen heilig. Während allerdings die Opferung von Hähnen, Gänsen und Böcken dem Gewittergott Donar vorbehalten waren, wurden Rosse für Tius[7] und Wodan ausersehen.

Im Christentum wandelte sich der Hahn zu einem Symbol für Christus, der aus der Finsternis zum Licht und aus dem Tod zum Leben ruft. Deshalb war er vorerst auf frühchristlichen Gräbern dargestellt und kam erst später auf die Kirchtürme. Bezeugt ist, dass schon im Jahr 923 ein Hahn auf dem Kirchturm der Stadt St. Gallen stand.

Der Zusammenhang zwischen Getreide und Tieren kommt auch im früher verbreiteten Glauben an die Korndämonen zum Ausdruck. Damit werden mythische Wesen bezeichnet, die als Fruchtbarkeitsgeist im Getreidefeld wohnen. Forschungsergebnisse des Volkskundlers Wilhelm Mannhardt aus der zweiten Hälfte des 19. Jahrhunderts lassen darauf schliessen, dass diese Vorstellung der Ackerbau betreibenden Völker bis in die Vorzeit zurückreichen. Durch eine breit angelegte Umfrage[8] unter der Landbevölkerung eruierte er, ob es einen besonderen Ausdruck dafür gäbe, wenn der Wind im Kornfeld Wellen schlägt. Am häufigsten wurden die Wellenbewegungen mit Schweinen und Wölfen assoziiert. In der ganzen deutschen Schweiz war der Ausdruck «Dä Wind säuiet im Chorn» geläufig. Die Auswertung der reichhaltigen Antworten zeigte unter anderem, dass sich noch viele Redensarten erhalten konnten, die den Zweck der Abschreckung der Kinder hatten. Um kleine Bauernkinder vom Verlaufen im Getreidefeld abzuhalten, sagte man in der Ostschweiz «der Hörndlimaa chunt». Unter den Kinder schreckenden Korndämonen in Tiergestalt dominierte im deutschsprachigen Kulturraum der Wolf. In Frankreich wurde der faulste Schnitter *le loup*[9] (= der Wolf) genannt. Und der blumengeschmückte Hammel, den man zum Erntefest stolz über die Stoppelfelder führte, hiess *le loup des champs* (= der Feldwolf).[10] Genannt wurden in Mannhards Untersuchung neben den Schweinen und Wölfen noch ein Dutzend weitere Korndämonen. Dazu gehören der Bär, der Fuchs, der Hund, der Bock, der Stier und der Kater.[11]

Geschichten, die auf keine Kuhhaut gehen

Alle Hirten, namentlich die Küher im Emmental, achteten streng darauf, dass nur kerngesundes Vieh auf die Alp kam. Deshalb liessen sie vor dem Alpaufzug Heilkundige kommen, die den Kühen über den Rücken fuhren. Aus dem «Chräschle» oder am «Ruutsche» der Haare konnten sie allfällige Krankheiten herausspüren. Dieses Streicheln wehrte auch eine dem Rauschbrand ähnliche, unspezifische Krankheit ab, die man dem Teufel zuschrieb. Zur Abwehr dieses Leidens schnitten die Küher oft die Haare ihrer Tiere an einer Stelle des Bauchfelles so zurecht, dass ein Kreuzzeichen entstand. Obwohl die Reformation das Emmental und das Berner Oberland in der ersten Hälfte des 16. Jahrhunderts gründlich erfasst hatte, blieb der Katholizismus der umliegenden Kantone nicht ohne Einfluss. Erkrankte das Vieh im Stall, glaubten die Bauern an das Spiel von finsteren Mächten. In solchen Fällen holte man, nach der Aufhebung der Klöster im Kanton Bern, die Mönche aus dem Kapuzinerkloster der Stadt Solothurn herbei. Diese bohrten ein Loch in den Türpfosten, stopften einen Auszug aus dem Johannesevangelium mit einigen Alraunwurzeln hinein und verschlossen das Loch im Namen der Heiligen Personen mit einem Holzzapfen. Auch in den Sagen werden Kapuzinermönche und andere Ordensmänner als Helfer gegen böse Mächte[12] dargestellt. Waren die Kapuziner zu weit entfernt, halfen sich die Küher selbst. Der Berner Professor Rudolf J. Ramseyer liess sich von einem Gewährsmann folgende Geschichte erzählen:

Einmal standen die Kühe neben dem vollen Barren; eine wollte einfach nicht fressen. Sie riss das Gras heraus, warf es herum, frass aber nichts. Wir dokterten und versuchten allerlei; aber die Kuh magerte ab – nichts half. Da holte meine Schwester jenseits der March [= Eigentumsgrenze] eine Schürze voll Gras und legte es der Kuh vor. Sie frass es mit wilder Gier. Nun war uns allen klar, dass die Kuh verhext war. Mein Vater riet mir, sie zu ihm zu führen – denn, wenn drei Wasser überschritten sind, hört die Zaubergewalt auf. Nur mit der grössten Mühe brachten wir die Kuh den Wassern zu. Wir glaubten schon, sie sterbe vorher; aber sie hielt durch, und kaum hatten wir den dritten Bach überschritten, brauchten wir nicht mehr zu zerren und zu ziehen! Die Kuh lief schneller als wir; auf diese Weise wurde sie gerettet.[13]

Wie sehr sich die katholischen Sennen auch mit den wilden Tieren verbunden fühlten, zeigte sich im Alpsegen. Wenn die Entlebucher Sennen abends die Folle[14] zur Hand nahmen, und das Schutzgebet riefen, knieten selbst die reformierten Küher im Emmental nieder und beteten ein Vaterunser. Der zweifellos schönste unter den Betrufen, wie der Alpsegen in der Schweiz genannt wird, stammt aus dem Raum Mels[15] in den Sarganser Alpen (SG). Da dieses Schutzgebet auch Bären, Wölfe und Luchse einschliesst, stammt es spätestens aus dem 18. Jahrhundert.

Ave Maria!
B'hüett's Gott und üser lieb Herr Jesus Christ,
Liber, Hab und Guet und alles, was hier um ist!
B'hüett's Gott und üser lieb Herr Jesu Christ,
Liber, Hab und Guet und alles, was hier um ist!
B'hüett's Gott und dr lieb heilig Sant Jöri [Georg],
Der wohl hier uf wachi und höri!
B'hüett's Gott und dr heilig Sant Marti,
Der wohl hier uf wachi und warti!
B'hüett's Gott und dr liebi heilig Sant Gall
Mit sinen Gottsheiligen all!
B'hüett's Gott und dr heilig Sant Peter!
Sant Peter! Nimm die Schlüssel wohl in die
rechti Hand:
B'schliess wohl uf dem Bären sin Gang,
Dem Wolf dr Zahn,
Dem Luchs dr Chnäuel [Klaue],
Dem Rappen dr Schnabel,
Dem Wurm [Drache] dr Schweif,
Dem Stein dr Spring!
B'hüet üs Gott vor solcher böser Stund,
Dass solche Tierli mögen weder krätzen noch biissen [...]

Vielerorts schleichen sich im Volksglauben des Nachts Schlangen an die Kühe heran, beissen sich an ihren Eutern fest und saugen die Milch aus. Dieser Aberglaube spielt allerdings nur dort, wo Schlangen auch tatsächlich verbreitet sind. Im Emmental wissen die Küher beispielsweise nichts von derartigen Milchsaugern. Für sie ist es allenfalls der Hermelin, der sich an die Euter macht.[16]

Über den Stalltüren hängen da und dort noch heute Kuhhörner. Die Schweizer Bauern und Hirten bestreiten, dass dieser Schmuck mit einem Abwehrzauber zu tun hätte. Die Hörner hätten nichts zu bedeuten, sie seien nur zur Erinnerung an gute Kühe da. Wenn aber ein Kalb nach dem andern stirbt, nageln die Küher einen Kalbs- oder Rinderkopf an den Firstbalken innerhalb des Hauses.[17] Dadurch verrichten sie jedoch eine Opferhandlung, die alle Merkmale eines Abwehrzaubers hat.

Einen aufschlussreichen Hinweis auf diesen Brauch gibt uns der aus Hessen stammende und später nach Österreich berufene Sagensammler und Volksschriftsteller Theodor Vernaleken (1812–1907), der von 1836 bis 1846 als Sekundarschullehrer in Winterthur wirkte. Er berichtet von zwei Heidenhäusern[18] in der Gemeinde Wahleren (BE), in denen im Dachgiebel ein ausgetrockneter Ochsenkopf aufgehängt gewesen sei. Ochsenköpfe seien auch an Häusern im Dörfchen Schöneck und bei Wattenwyl (BE) gehangen. «... Bei andern ist in Erinnerung an den wirklich vorhanden gewesenen natürlichen Ochsenkopf ein anderer als Ersatz an der alten hölzernen Grundlage ausgehauen, und es gilt derselbe als ein Abwender von Feuer und Blitz. In Radelfingen (BE) hatten mehrere der ältesten Häuser noch vor kurzem und haben zum Theil noch unter dem Strohdachfirst grosse Ochsenköpfe mit ihren Hörnern. Die Sage geht: Die Heiden hätten damit ihre Häuser vor Feuer sichergestellt.»

Kaplan Alois Lütolf (1824–1879) wusste aus den Gemeinden Erpolingen und Altbüron (LU) ebenfalls von Heidenhäusern mit Ochsenschädeln zu berichten. Die Köpfe seien noch vor nicht allzu langer Zeit gegen den «Bresten» (= Seuche bzw. Pest) im Dachstuhl an der Hochstud[19] gehangen. Und in Rüesslingen bei Buttisholz (LU) hätte eine Seuche das Vieh solange dahingerafft, bis die Bauern unter das Dachgebälk der Scheune einen natürlichen Rosskopf hängten.[20] «E Stierechopf unger d'Husfirist g'hänkt, isch guet gege d'Verhäxig vo der Waar», hiess es im Kanton Solothurn.[21] Ein derart luftgetrockneter Rindsschädel an einem alten Hause in Wolfwil im Aaretal (SO) ist auch fotografisch dokumentiert.[22]

Auch der in Aarau lehrende deutsche Sagensammler Ernst Ludwig Rochholz (1809–1892) kommt in seinen *Naturmythen* auf diesen Brauch zu sprechen: «... Nur hat sich dann das Naturmärchen ins Lügenmärchen von den Schildaern verkehrt, und dieses meint es ebenso wie unser Volksaberglaube: Es setzt an die Stelle der Gewittertiere entweder wirkliche Stalltiere, oder es lässt über See und Gebirge nicht den brünstig schnaufenden Stier schwarzer Donnerwolken, sondern den verwünschten Stier verwünschter, blitzerschlagener Sennen hereinstürmen. So schlagt auch unser Bauer gegen die Viehseuche einem Rinde seiner Herde den Kopf ab und hängt ihn unters Dach; doch der schönere Brauch ist uns weniger erinnerlich, dass neben diesem Opfer der Angst auch die Dankbarkeit ein gleiches Opfer schlachtete für Sonnenschein, Sommerweide und glückliche Viehzucht. Und doch liegen die Abzeichen solcher Opfer uns geschichtlich noch so nahe; denn nach der Gottheit dargebrachten Tieren waren einst die Harsthörner der Waldstätte benannt: Der Stier von Uri, die Kuh von Unterwalden und das Kalb von Schwyz.»[23]

In seiner Sammlung *Schweizersagen aus dem Aargau* führt Rochholz einige Beispiele von luftgetrockneten, Blitz abwehrenden Stierköpfen auf:

Peter Karlis Haus zu Dottikon im Freienamt liegt an der Strasse nach Anglikon, links am Aufwege nach dem Dorfe Hägglingen. Das Haus ist sehr alt, obschon es aussen jetzt einen frischen Bestrich hat. Als dem ehemaligen Besitzer einst all sein Vieh an einer Seuche fiel und der Ungeist im Stalle nicht weichen wollte, schlug man einem Stier das Haupt ab und hieng's an einem Eisenkettlein in einem Kasten im Estrich auf. Seitdem ist keine Seuche mehr über dies Haus gekommen. Der getrocknete Stierkopf ist daselbst noch vorhanden, wird aber weder hergezeigt, noch je von seiner Kette genommen.[24]

Aus vielen Gebieten des deutschsprachigen Raumes ist bekannt, dass zur Abwehr von grassierenden Viehseuchen jeweils ein krankes Haustier lebendig unter der Stalltüre begraben wurde. So ist der grausame Fall eines Farren (= junger Stier) überliefert, den man lebendig verscharrt hatte, um die Hornviehseuche abzuwehren. Gegen diesen Brauch wendet sich eine Lithografie aus dem Jahre 1796, die das Martyrium des Tieres zeigt. Eine beigefügte Schrifttafel kommentiert in ironischer Weise: «Ruhe sanft, Du armer guter Stier! Denn Du warst unsres Dorfes Zier. Heilend stinkt Dein Aas durch unsre Luft. Was Du warst, sind wir an Deiner Gruft. Jenseits (denn wir sind zu traute Brüder) sehn wir Ochsen uns als Ochsen wieder.»[25]

In Kärnten ist man früh dazu übergegangen, an Stelle des lebenden Tieres eine Nachbildung aus Eisen zu vergraben. Im Museum von Villach sind sechs eiserne Kühe und Schweine zu sehen, die in alten Ställen von St. Kanzian und Finkenstein gefunden wurden.[26]

Der Zusammenhang zwischen dem Vergraben von Tieren bei lebendigem Leib und der Krankheitsabwehr ist insofern kompliziert, als es sich sowohl um ein Opfer an den Krankheitsdämon als auch um das Vertreiben desselben handeln kann. Im ersten Fall soll er günstig gestimmt, im zweiten Fall abgeschreckt und vertrieben werden. Eine entsetzliche Aufzeichnung aus dem Toggenburg (SG) vermag diese These teilweise zu unterstützen:

«Im Jahr 1815 bekam eine fünfzehnjährige Tochter in Henau den Veitstanz, welche Krankheit sowohl die Eltern als auch andere Personen Teufelskünsten zuschrieben. Nachdem sie lange Rat und Hilfe bei Quacksalbern, Teufelsbeschwörern, Kapuzinern und Bettlern gesucht, wandten sie endlich folgendes letzte Mittel an. Sie nahmen ein Pferd, das ohnehin krank war, verbrannten eine Bürde Stroh, die sie ihm am Halse befestigt hatten, und verscharrten sodann das Tier noch lebendig mit allem gebrauchten Werkzeug in einer tiefen Grube.»[27]

Interessant ist der Zusammenhang zwischen Kirchen und Kuhhörnern. Theodor Vernaleken verzeichnete ein Beispiel aus Düdingen (FR). Die Bewohner des Örtchens, das mittlerweile mit der Stadt Freiburg zusammengeschmolzen ist, wollten in einem Krieg die Reliquien des heiligen Peter retten und banden sie deshalb einem jungen Stier um die Hörner. Das Tier wurde im Schlachtgetümmel und Lärm kopfscheu und ergriff die Flucht. Nach einigen Tagen fand man es auf einem kleinen Hügel wieder. Dieser Wink des Himmels hätte die Düdinger veranlasst, dort ihr Gotteshaus zu bauen. Und die Hörner des Stieres seien lange Zeit als Andenken in der Sakristei aufbewahrt worden, davon sei aber nur noch eines vorhanden.[28] Offenbar ist von der katholischen Pfarrkirche Peter und Paul die Rede, die vom 13. bis 14. Jahrhundert im Besitz der Herren von Düdingen war.

Reste vorchristlicher Viehopfer, die die Form von Naturalabgaben an den Pfarrer angenommen hatten, wurden am Grabmal vom Nationalheiligen Bruder Klaus in Sachseln (OW) verzeichnet. 1488 kam es dort zu einem Eklat zwischen dem Pfarrer und den Kirchpflegern «von wågen der gaben und oppfern, so dann erber fromm lutt geben hand und noch furhin geben werdend an bruder Claus grab oder an die pfarrkilchen do selbst». Der Streit wurde selbstverständlich zu Gunsten des Pfarrers geschlichtet, dem alle auf dem Altar geopferten Gaben, «es sy gelt oder lebendige oppfer, so die lutt mytt inen dar bringend», zugesprochen wurden.

Ein 1788 zur Engelweihe in Einsiedeln (SZ) vorgeführter Mastochse

Bei den lebendigen Opfern handelte es sich neben Hühnern, Kitzen, Lämmern auch um Kälber. Ein gewisser Hans Wolf soll «einen hübschen Stier an die Kilchen geben, vonwegen dass sin sun Balthasar Wolf von einem bösen Bruch by B. Clausen Grab erlediget worden.»[29]

Die geopferten Tiere wurden nicht getötet, sondern verkauft oder versteigert. Der Erlös floss selbstverständlich der Kirche zu. Sehr oft war es der Stifter selbst, der die Tiere zurückkaufte. Opfergaben von gemästeten Rindern und Schafen wurden im 18. Jahrhundert beispielsweise in der St.-Wendelin-Kapelle im jurassischen Ort Kleinblauen (BE) erbracht. Und aus dem Rheintal wurde berichtet, dass in Rüthi (SG) Hühner in speziellen Käfigen in der Kirche gehalten wurden, bis sie verkauft werden konnten.[30] Auch die in der Barockzeit zur Engelweihe – dem bedeutendsten Fest im Einsiedler Wallfahrtsjahr – vorgeführten Mastochsen sind im Zusammenhang mit den alten Tieropfern zu sehen. Im Stift wird das Bild eines gewaltigen Ochsen aufbewahrt, der dort am 13. September 1788 zur Schau gestellt wurde. Das Rindviech soll über zwei Meter hoch und 1500 Kilo schwer gewesen sein![31]

Kuhhäute hatten meist etwas mit dem Teufel zu tun. Denn die Kuh- oder Ochsenhäute wurden einst als grosse Pergamente für Aufzeichnungen benutzt. Insbesondere in Schwaben war der Aberglaube verbreitet, der Teufel zeichne das Sündenregister eines Sterbenden auf eine

Kuhhaut auf. In der romanischen St.-Georg-Kirche in Oberzell auf der Bodenseeinsel Reichenau (Baden-Württemberg, D) wurde bei Renovationsarbeiten ein Bild freigelegt, das zwei Frauen im Gespräch zeigt. Darunter ist eine Kuhhaut zu sehen, die von vier Teufeln gehalten wird; ein Fünfter schreibt darauf. Und im Bildergedicht *Der Kampf des bösen Weibes mit dem Teufel* aus dem Jahre 1620 heisst es: «Wenn ich dies Geschlecht alles beschreiben solt, ein Ochsenhaut ich brauchen wollt.»[32]

Im Sagengut ist manchmal von Menschen die Rede, die zur Strafe in eine Kuhhaut gesteckt werden. Meistens führt diese Verkleidung ins Verderben, denn darin gehen auch Geister und der Teufel herum. Dieses Bild kommt vor allem im Zusammenhang mit dem Wilden Heer und dem Wilden Jäger vor. Die Aargauer Sage *Der wilde Jäger im Wiggerntal* spricht unter anderem von drei Männern aus Zofingen, die einst in der Ruine Botenstein den Teufel um Geld beschworen.

[...] Der eine hing dazu eine Kuhhaut mit Hörnern um, der andere setzte sich mitten in den Kreis auf einen Hafen, und der dritte sagte dazu das Christoffelgebet her. Sie erhielten so wirklich Geld, aber einen blossen einzigen Rappen. In dem Streite, den sie über dessen Besitz erhoben, verlautete ihr Unternehmen, sie wurden eingezogen und der Rädelsführer musste in seiner Kuhhaut nach Bern ins Schellenwerk (Zuchthaus) marschieren.[33]

Ein besonderer Mythos begleitet die Kühe im Wallis. Zuweilen sprach man ihnen dort menschliche Intelligenz zu. So erzählten sich die Leute in Saint-Martin, dass gewisse Kühe nachts unbemerkt verschwinden, um Gras zu holen. Man erklärte sich dieses Phänomen mit der Fähigkeit des Viehs, seine Glocken auf der nächtlichen Spritztour stumm zu halten.[34]

Zu den ältesten Schweizer Kuhrassen gehören die tiefschwarzen Eringer aus dem Wallis.[35] Diese kleinen, aber bulligen Kühe sind kämpferisch veranlagt. Im Juni werden im Zentralwallis jeweils Kuhkämpfe veranstaltet, die sich in den letzten Jahren zu einer beliebten Touristenattraktion entwickelt haben. Bei diesem Kampf geht es um die Rangordnung innerhalb einer Viehherde. Diejenige Kuh, die alle anderen besiegt, wird zum Leittier. Und sie bleibt Königin, bis sie in einem späteren Jahr von einer stärkeren entmachtet wird.

Einer entthronten Königin schenkt man Zuwendung. Früher meinten die Bauern, die Verliererinnen seien zu Tode betrübt. Deshalb musste man sie trösten. Liess man die Königinnen mit ihrem Kummer alleine, konnten sie vor Gram sterben. Das erklärten Besitzer von Königinnen, welche nach dem Kampf an den Folgen einer möglichen Gehirnverletzung tatsächlich gestorben sind. Vielen Besitzern war auch jedes Mittel recht, um ihre Favoritinnen gewinnen zu lassen. Ein Einwohner von Riddes kam sogar auf die Idee, seiner Königin einen toten Hermelin in der Glocke zu verstecken. Mit dem bestialischen Gestank des toten Mardertieres sollten die Widersacherinnen vertrieben werden.[36]

In Martigny (VS) wurde 1883 ein etwas über fünfzig Zentimeter hoher gallo-römischer Stierkopf ausgegraben. Er gehörte zu einer Gruppe von spektakulären Grossbronzen, die zwischen dem 1. und 3. Jahrhundert n.Chr. bei der Basilika der römischen Siedlung Forum Claudii Vallensium standen.[37] Das besondere Merkmal dieses Stierkopfes sind seine drei Hörner. Vom mittleren Stirnhorn ist leider nur noch der Ansatz sichtbar. Über die Bedeutung dieses dritten Hornes – man kennt es auch aus rund vierzig anderen Darstellungen aus dem römischen Gallien[38] – kann man nur rätseln. Offensichtlich repräsentiert die Statue eine kraftvolle, vermutlich einheimische Gottheit, die im Weltbild der Kelten verankert war. Verblüffend ist, dass die Kopfform des Stiers für die Eringer-Rasse typisch ist. Dieses einzigartige Objekt ist in der archäologischen Sammlung der Fondation Pierre Gianadda in Martigny ausgestellt.

Eine weitere Stierplastik aus dem Rhonetal (VS) besitzt das Musée d'art et d'histoire in Genf. Im Gegensatz zur Grossplastik aus Martigny handelt es sich dabei um ein nur 7,5 Zentimeter hohes Kleinod aus Silber. Der Bulle hat dicke Halsfalten und wirkt deshalb ziemlich gemästet. Diese Plastik hatte zweifellos etwas mit dem römischen Opferkult zu tun. Bei besonderen Gelegenheiten wurden den Gottheiten nämlich bis zu hundert Rinder geopfert. Die Auswahl der Opfertiere erfolgte in einer strengen Prüfung *(probatio)*. Tiere, die einmal ins Joch gespannt gewesen waren, kamen als Opfer nicht in Frage. Auch kranke Tiere und solche mit einem Makel wurden ausgeschieden. Weisse Rinder standen grundsätzlich den himmlischen Göttern zu, während schwarze den finsteren Mächten der Unterwelt geopfert wurden. Und die rötlichen Rinder waren den Göttern des Feuers vorbehalten.[39]

Pferde als Totenführer

«Solltest du von jemandem hören, der den unsittlichen Brauch weiterpflegt, sich wie ein Pferd oder ein Hirsch herzurichten, so nimm ihn streng in Strafe»,[40] ermahnte Kirchenvater Augustinus (354–430 n.Chr.) in einer seiner Predigten. Diese kirchengeschichtliche Überlieferung weist darauf hin, dass der Brauch der Tiermaskierung offensichtlich noch im 5. Jahrhundert weit verbreitet war. In den Predigten des 7. Jahrhunderts hiess es wiederum:

«An den Tagen des Kalenden des Januars kleiden sich die Heiden mit Umkehr der Ordnung der Dinge in unverständige Missgestalten... diese elenden Menschen, und was noch schlimmer ist, einige Getaufte nehmen falsche Gestalt und monströse Gesichter an, worüber man sich schämen, dann aber vielmehr betrüben muss. Denn welcher Vernünftige sollte es glauben, dass Menschen, die bei Besinnung sind, sich, indem sie Hirsch spielen, in das Wesen von Tieren verwandeln wollen? Andere kleiden sich in die Felle ihres Viehes, andere setzen sich Tierhäupter auf, darüber sich freuend und ergötzend, dass sie sich so in die Gestalten wilder Tiere umgewandelt haben, dass sie nicht Menschen zu sein scheinen.»[41]

Dass kirchliche Ermahnungen die Bevölkerung von ihren Kulthandlungen nicht abbringen konnten, zeigt ein Brief von Bonifazius, den er im Jahre 742 an Papst Zacharias schickte. Der Heilige beklagte sich darin, dass er Ähnliches in Rom in der Nähe der Peterskirche gesehen hätte.

Archäologische Belege von frühen Pferdemaskierungen sind nirgends zu finden. Hinweise auf die Verehrung des Rosses als Mittler zwischen dem Diesseits und dem Jenseits sind hingegen im Erzählgut reichlich vorhanden. Eine Mythe berichtet zum Beispiel vom «Rossheiri». Nacht für Nacht karrt er Steine und Holz vom Siggenberg in die drei Aargauer Dörfer Würenlingen, Siggingen und Endingen. Dazu benutzt er vier Schimmel, die er jeweils entsetzlich fluchend und mit grossem Geschrei antreibt. Obwohl er seit Jahren tot ist, hindert ihn nichts daran, seinen nächtlichen Spuk weiterzutreiben und mit seiner Geistersippschaft Angst und Schrecken zu verbreiten. Wer dieser satanischen Kohorte begegnet, muss damit rechnen, schonungslos ins Jenseits befördert zu werden.[42]

Für Raymond Christinger und Willy Borgeaud gibt diese Sage einen Einblick in die Welt Eponas in der Schweiz, die sich ins 19. Jahrhundert hinüberretten konnte. Sie weisen nach, dass Epona, wie übrigens auch Fortuna, Venus oder Minerva, zu den verschiedenen Erscheinungen der Grossen Mutter gehört. Ihre Verkörperung als Göttin des Überflusses stellt nur einen Aspekt ihrer Macht dar und täuscht über ihre dunkle Seite hinweg. Epona war nämlich auch eine Gottheit der Unterwelt, die über das Reich der Toten herrschte.[43]

Geradezu makabre Züge trägt in vielen jurassischen Sagen ein «Gauvin» genanntes Pferd. Wer diesen unheimlichen Gaul reitet, kann jederzeit unverhofft einen Felsen hinuntergestürzt oder ertränkt werden. Und wem um Mitternacht das unheimliche Klappern seiner Hufe zu Ohren kommt, dem wird seine letzte Stunde innerhalb Jahresfrist schlagen. Um die Kinder zu erschrecken, verwandelt sich «Gauvin» zuweilen in einen Ziegenbock.[44] Hier verdeutlichen sich die Folgen der Christiani-

Das Vanitasbild aus dem 15. Jh. zeigt das Pferd des heiligen Johannes als Seelenführer neben einem «höllischen Löwenschlund».

sierungswelle: Indem das verehrte Pferd in den Dunstkreis des Leibhaftigen gerückt wurde, hat man Epona, die Repräsentantin des alten Glaubens, zum Teufel geschickt.

Epona, die keltische Schutzgöttin der Pferde, wurde im Christentum durch den Erzmärtyrer Stephanus und den heiligen Wolfgang abgelöst. Das hinderte die Menschen bis ins mittelalterliche Frankreich aber nicht daran, die alte Pferdegöttin auf kirchlichen Kapitellen darzustellen.[45]

Im rätoromanischen Sagengut erscheinen sowohl Rappen wie Schimmel als Jenseitstiere. Darauf verweist der Churer Bischof Christian Caminada (1876–1962):

«Zu Sartons-Obervaz kam eines Abends ein Reiter auf einem galoppierenden Schimmel hinter den heimkehrenden Arbeitsleuten nach und verschwand plötzlich, nachdem er von Grenzstein zu Grenzstein gerannt war, in der Erde, wie von ihr verschluckt.»[46]

Der galoppierende Schimmel erweist sich hier als Totenführer ins Jenseits. Kurt Derungs erinnert in diesem Zusammenhang an die schamanistische Symbolik des «Wegreitens».[47] Das Pferd ermöglicht dem Schamanen das Herbeiführen der Ekstase, das «Heraustreten aus sich selber». Weil die mystische Reise in Richtung Himmel geht und nicht in die Unterwelt führt, nimmt das Pferd in der Mythologie und im Ritual der Schamanen die Rolle eines toten- und seelengeleitenden Tieres ein.[48]

Das Todestier kann aber auch der Zauberverwandlung dienen. «Ein Hexenmeister verwandelt sich in ein Ross, das Ross in eine Taube, die Taube in einen Sperber, der Sperber in einen Ring, der Ring in ein Hirsenkorn, das Hirsenkorn wird ein Flachssämchen, fällt durch eine Fuge des Bretterbodens in den Keller und wird dort zu einem Fuchs, und dieser wurde ein stattlicher Mann.»[49]

Das Fest der Epona wurde von den Reitern der römischen Legionen um den 24. Dezember herum gefeiert. Der 26. Dezember (= Stephanstag) galt später als der «grosse Pferdetag», an dem in Deutschland vielerorts Flurumritte zu Ehren der Pferde stattfanden. Zu diesem Anlass wurden auch Salz und Hafer geweiht. Das Salz wurde dem Vieh zum Lecken verabreicht und die Bauern würzten damit ihre Suppe. Das soll die Tiere vor den Unbilden der Natur geschützt haben.[50] Im Kanton Luzern war es Brauch, am Stephanstag geweihten Wein zu trinken und anschliessend die Pferde zur Schmiede zu führen, wo man ihre Gesundheit mit einem Aderlass zu fördern glaubte.[51] In München fand der grosse Pferdetag indessen immer am 2. September statt. An diesem Datum wurde die Stephanskirche bis 1850 alljährlich von den Droschkenkutschern feierlich umfahren.[52]

Tiere begleiteten den heiligen Stephan noch lange über seinen Tod hinaus. Als seine Reliquien verloren gingen, war es eine Elster, die das Versteck anzeigte. Diese kleine Episode zeigt den feinen Unterschied zwischen den seelenführenden und den weisenden Tieren. Während die seelenführenden Tiere wie Pferde oder Tauben ein verbreitetes Motiv in den Sagen sind, gehören die weisenden Tiere, zum Beispiel Rabenvögel oder Hirsche, zu den mannigfaltigen Varianten eines mittelalterlichen Legendentypus.

Ein Heiliger, der den Pferden indirekt Beistand leistete, war Eligius. Er gilt als Schutzpatron der Schmiede.[53] Der heilige Leonhard indessen, der namentlich in der Deutschschweiz und in Süddeutschland angerufen wird, gesellte sich erst im ausgehenden Mittelalter zu den anderen Schutzpatronen der Pferde.[54] An den St.-Leonhards-Kapellen versammelten sich die Bauern am 6. November und umfuhren mit ihren Familien auf den Pferdegespannen dreimal die Heiligtümer.[55] Die österreichische Volkskundlerin Marie Andree-Eysn vermerkt zum Heiligenkult, der anfangs des 20. Jahrhunderts in den salzburgischen und bayrischen Alpen gepflegt wurde, dass dem heiligen Wolfgang Macht über den Wolf zugesprochen wurde, während die Fürsorge für das Vieh zwischen dem heiligen Wolfgang und dem heiligen Leonhard geteilt wurde. Dazu berichtet sie: «So eilten die Bauern mit ihren Pferden um die Leonhardskapellen, damit ihre Rosse vor Krankheit und Unglück bewahrt bleiben, das Gleiche geschieht auch bei den Wolfgangskirchen, und an deren Türen werden noch heute Hufeisen angenagelt. Wie man in antiker Zeit das Bild der Epona über die Pferdeställe setzte, so nagelt man heute ein dünnes Blechtäfelchen, auf welches der hl. Leonhard eingepresst ist, auf die Stalltür, oder das aus Blei gegossene durchbrochene Bildchen des hl. Wolfgang, das man in den Krambuden an seinen Wallfahrtsorten um wenige Pfennige erhält.»[56]

Das anfänglich vom Christentum verfemte Pferd näherte sich im Laufe der Jahrhunderte sinngemäss immer mehr der Kirche an. Diese Umwertung zeigt sich in der Schweiz unter anderem darin, dass verschiedene zu Gunsten der Pferde gegründete kirchliche Stiftungen über eigene vom Bodenzins befreite Futterwiesen verfügten.[57] Es lag dann auch in der Macht des Pferdes, die letzte Ruhestätte seines Herrn zu bestimmen.[58] Im Kloster Einsiedeln (SZ) findet übrigens im September, am Eidgenössischen Buss- und Bettag, alljährlich eine Pferdesegnung statt, zu der sich jeweils zwischen 100 und 200 Reiter und Bauern auf dem Klosterplatz einfinden.

Ein eigentlicher Pferdekult wird noch in unseren Tagen in der Bretagne gepflegt, wo die Pferdezucht Tradition hat. Die Liebe der Bretonen zu ihren Pferden kommt an den so genannten «Pardons der Veterinärheiligen» auf besondere Weise zum Ausdruck. Der *Pardon*[59] ist eine spezifisch bretonische Form der Prozession, die am Tag eines Lokalheiligen an den entsprechenden Gnadenorten durchgeführt wird. Als «Veterinärheilige»[60] werden ein halbes Dutzend Lokalheilige bezeichnet, die ihre schützende Hand über die Haustiere legen. So sind Saint Comély und Saint Herbot um die Rinder und Saint Ildut um das Geflügel besorgt. Für das Wohl der Pferde werden neben dem heiligen Eligius insbesondere Saint Gildas, ein britannischer Mönch des 6. Jahrhunderts, sowie Saint Solmon, Saint Envel und Saint Hervé angerufen.

An den Pardons der «Pferdeheiligen» begeben sich die frommen Bretonen in loser Formation zur Dorfkapelle. Das Bild, das die herausgeputzten Vierbeiner geben, ist einmalig. Ihr Fell ist frisch gestriegelt, die Schweife sind liebevoll geflochten und die Hufe auf Hochglanz gewichst. Üblicherweise beginnt die Zeremonie mit einem dreimaligen Umritt des Gotteshauses. Diese rituelle Umgehung, mit der magische Kräfte gesammelt werden sollen, findet nach uraltem, vorchristlichem Brauch immer in Richtung des Sonnenlaufes statt. Zum Umritt sind die Reiter barhäuptig und beten den Rosenkranz. Wenn sie jeweils bei der offenen Pforte der Kapelle vorbeitraben, bringen sie die Pferde dazu, den Heiligen mit einer Kopfbewegung zu grüssen. Nach dem Umritt treten die Wallfahrer in die Kapelle und bedanken sich für den Segen des Pferdeheiligen. Als Dankesgabe spenden sie Rosshaar, womit das Pferd gewissermassen selbst zum Spender wird. Höhepunkt des Pardons ist die Pferdesegnung nach der Vesper. Nach dem Gottesdienst galoppieren die Reiter zum *ti marc'h.* Damit wird ein Pferdehaus bezeichnet, das eine Statue des heiligen Eleus und ein Holzpferd beherbergt.

In der Regel begibt sich der Prozessionszug zu einem Brunnen, in dessen Nähe das Freudenfeuer lodert. Das Holz wird hierfür ein paar Tage im Voraus von den Gläubigen im Wald gesammelt und sauber aufgeschichtet. Angezündet wird das Feuer vom Pfarrer. Da geht der Tierkult eine einmalige Verbindung mit dem Feuer- und Wasserkult ein.

Der Dorfbrunnen spielt bei allen Pardons eine zentrale Rolle. Dort treffen sich die Reiter nach dem traditionellen Salutieren vor der offenen Kirchen- oder Kapellentüre. Meistens wird ein Armengenössiger dazu bestimmt, die verschiedenen Körperteile der Pferde mit dem heilsamen Wasser zu begiessen. Dieser aussergewöhnliche Brauch wird als Fruchtbarkeitsritus verstanden. Das vom Brunnen abfliessende oder versprengte Wasser bleibt wirksam, auch nachdem es sich in Lachen oder Tümpeln gesammelt hat. Darum werden später auch die Weiher im Umfeld der Kapelle dreimal umritten.

Die segensreiche Verbindung von Pferden mit Wasservorkommen beschränkt sich nicht auf die Bretagne. Schon Karl der Grosse soll, der Legende nach, durch einen Tritt seines Rosses die Heilquelle von Aachen zum Sprudeln gebracht haben. Auch den Pferden verschiedener Heiligen[61] werden in den Legenden die Erschliessung von Heilquellen verdankt.

Die bretonischen Pardons sind erst im 15. Jahrhundert zum heutigen Ritus ausgeformt worden. Aber sie sind fraglos eine Abwandlung der keltischen Kulte, indem das gallische Pantheon mit einem Heer von «Heiligen» neu besetzt wurde. Die Existenz vieler dieser Heiligen ist kirchengeschichtlich nicht verbrieft, sie bleiben hagiologische Unbekannte.

Die alte Tradition der Pferdesegnung wird auch in Deutschland gepflegt. Sie findet jeweils am 30. April in der Grenzregion zwischen Saarland, Frankreich und Luxemburg zu Ehren des heiligen Quirinus statt. Um diesen römischen Tribun, der 130 n. Chr. starb, gibt es einen üppigen Legendenkranz. Seine Gebeine sollen 1450 von Rom über das Elsass nach Neuss bei Düsseldorf (Nordrhein-Westfalen, D) überführt worden sein, wo ihn auch die gläubigen Schweizer kennen und verehren gelernt hatten.[62]

Im Quirinuskult dreht sich fast alles um die Brunnen; denn offensichtlich wurde in Neuss ein keltisches Quellheiligtum auf den römischen Tribun übertragen. Im Mittelalter wurde das Quellwasser mit einem Quirinuskopf genannten, silbernen Napf geschöpft und den Hilfe gegen Ausschlag und Halsleiden erflehenden Wallfahrern zum Trinken verabreicht. Mit der Ausdehnung des Quirinuskultes erbaten die Bauern auch Beistand für ihre Tiere. Deshalb findet heute beim traditionellen Quirinusritt in Perl bei Trier (Nordrhein-Westfalen, D), bei dem noch heute über hundert Reiter teilnehmen, eine Pferdesegnung statt. Angeführt wird der festliche Reiterzug von einem Quirinusdarsteller, der von zwei «Legionären» begleitet wird.[63]

Die Spuren des Kultes um das helvetisch-gallische Pferd sind weniger deutlich. Aber sie sind archäologisch einwandfrei belegt. Unter anderem durch eine Vielzahl von keltischen Münzprägungen, die die berittene Epona zeigen. In Sanzeno (Südtirol, I) wurden bronzene Votivgaben in Pferdegestalt gefunden. Sie tragen rätische Inschriften, die einen Sakralkult bestätigen.[64]

Das Pferd blieb, namentlich im deutschen Sprachraum, ein bevorzugtes Tiersujet der bildenden Kunst. Der Pferdekopf als Zauberabwehr und Dekorationsmotiv von Hausfassaden dürfte ein Nachklang der vorchristlichen Speiseopfer sein, nach und nach wurde er durch das Kreuz über der Haustüre abgelöst. Ein Beispiel aus dem Kanton Aargau führt Ernst Rochholz an: In Sisselen im Fricktal sei im Haus von M. Käser ein Rosskopf unter dem Strohdach aufbewahrt gewesen.[65]

Überlebt haben geschnitzte Pferdehäupter oder gehörnte Tierschädel, die im Hausgiebel hängen. Zu sehen sind derartige Pferdeköpfe mitunter an alten Engadiner Häusern im Kanton Graubünden. Zwei besonders schöne, gekreuzte Pferdeköpfe bilden die Dachpfetten eines Hauses in Celerina-Cresta, das 1777 erbaut wurde. Das Pferd wurde früher auch als Spender und Bewahrer des Feuers verehrt. Für die Gläubigen war es keine Frage, dass sich die wunderkräftige Wirkung eines abgeschnittenen Tierkopfes auf die entsprechende Holzplastik überträgt und somit den Hof beschützen würde. Die Frage, warum Pferdeköpfe zumeist paarweise auf den Dächern zu sehen sind, erklärt möglicherweise die antike Symbolik der Zweizahl. Sie stand für die «himmlischen Zwillinge» Kastor und Polydeukes. Laut spätgriechischen Autoren schuf ihnen Zeus einen Platz als Sternbild auf dem Himmelsgewölbe. Nachdem die Römer den

Dioskurenkult von den Griechen übernommen hatten, wurde das Zwillingspaar zu den Schutzheiligen des römischen Ritterstandes (*equites*).[66]

Rossopfer und Essenstabu

Auf eine andere Fährte des vorchristlichen Pferdekultes führt uns die Geschichte der Ernährungsgewohnheiten. Der deutsche Religionsethnologe Paul Herrmann (1866–1930), der römische Aufzeichnungen auf altdeutsche Kultgebräuche hin untersuchte, zählt Pferdefleisch zu den wichtigsten Opferspeisen ältester Zeiten.[67] Vor allem die Goten sollen es über alles geschätzt haben. Diese von allen germanischen Völkern neben dem Schweinefleisch bevorzugte Nahrung war den Römern hingegen ein Gräuel. Was ihnen vor allem schmeckte, war Eselfleisch.

Der Verzehr von Pferdefleisch muss in vorchristlichen Zeiten zweifellos auch einen kultischen Zweck erfüllt haben. Das lässt unter anderem das energische Einschreiten der Kirche gegen den Pferdefleischkonsum vermuten. 732 n.Chr. wandte sich Papst Gregor III schriftlich an Bonifazius, seinen Missionar in deutschen Landen, und missbilligte die kulinarischen Unsitten der Heidenvölker, wilde und noch viel mehr zahme Pferde zu schlachten und zu verzehren. Der Papst forderte den heiligen Bruder auf, dieses unreine und verabscheuungswürdige Tun zu unterbinden und die Frevler auf angemessene Weise zu bestrafen.

Diese direkte Einmischung der Kirche in die Essgewohnheiten des Volkes, von den Fastengesetzen einmal abgesehen, war dazumal ein Ausnahmefall. Denn Rom wusste sehr wohl, dass Speiseverbote die völkerübergreifende Mission nur behindert hätte. Das Edikt von Papst Gregor III dürfte auch nicht sonderlich wirksam gewesen sein. Nach der Jahrtausendwende scherten sich die Mönche in der Mensa des Klosters St. Gallen jedenfalls kaum mehr darum. Fleisch von wilden Pferden kam in reichlichen Mengen auf die Tafel. In einer Aufzeichnung des Mönchs und Schriftstellers Ekkehard IV (ca. 980–1060) ist die klösterliche Segnung von Pferdefleisch speziell hervorgehoben.[68]

1272 bestätigte der Vatikan unter Papst Gregor X das Verbot des Pferdefleischgenusses. Nach und nach folgten diesem Speiseverbot noch weitere kulinarische Einschränkungen. Speck, Krähen, Dohlen, Störche, Biber und Hasen wurden ebenfalls vom Speisezettel gestrichen[69]. Diese Speiseverbote konnten mit der alttestamentarischen Vorschrift begründet werden, die den Verzehr von Tieren mit ungespaltenen Klauen strikte verbietet.[70]

Dass der Konsum von Pferdefleisch im deutschsprachigen Kulturraum heute noch weitgehend verpönt ist, dürfte eine Nachwirkung dieser kirchlichen Verbote sein. Die landläufige Annahme, dass Rossfleisch aus sentimentalen Gründen abgelehnt wird, hat mit dem Ursprung dieser komplexen Tabufrage nur vordergründig etwas zu tun. In Frankreich gilt Pferdefleisch vor allem in unterprivilegierten Bevölkerungsschichten als Spezialität, die in vergleichsweise grossen Mengen konsumiert wird. Der Anthropologe Marvin Harris belegt in seiner Untersuchung der Nahrungstabus, dass dem nicht immer so war.[71] Er erklärt das Pferdefleischverbot und seine Aufhebung mit der militärischen und sozioökonomischen Entwicklung Europas.

Das Verbot des Pferdefleischkonsums von 732 n.Chr. fiel mit den Schlachten gegen die Araber bei Tours und Poitiers zusammen. Jedes Ross mehr, das von den Christen in den Kampf geführt wurde, erhöhte die Chance, die stark berittenen Ungläubigen zu besiegen. Das *Dschrid* der Araber, ein Zweikampf gepanzerter Reiter, muss den französischen Adel stark beeindruckt haben. Im 12. Jahrhundert wurden diese orientalischen Turnierspiele von den deutschen Rittern übernommen, die seit langem dem *Buhurt*, einen Scheinkampf zweier Reiterscharen, frönten.[72] Diese feierlichen Turniere begleiteten den Aufschwung des Ritterstandes. Das Pferd wurde zur *raison d'être* des schwer gepanzerten Ritters und zum Machtgaranten seines Lehnsherren. Zwischen den beiden Parteien bestand eine Art militärischer Vertrag. Der Ritter, dem der Grossgrundbesitzer Weideland und Arbeitskräfte zur Verfügung stellte, schuldete dafür seinem Herrn Kriegsdienste. Die schwere Kavallerie entwickelte sich zu einer militärisch entscheidenden Maschinerie, welche bald den Vorrang über die Fusstruppen erlangte. Damit drängte das ritterliche Schlachtross das Zugpferd zahlenmässig immer mehr zurück.

Pferd und Reiter gehörten zum standesgemässen Erscheinungsbild der herrschenden Schicht. Das Essen von Rossfleisch entsprach somit einem symbolischen Verzehr der Oberschicht. Die armen bäuerlichen Schichten mussten sich deshalb damit begnügen, unbrauchbar gewordene Pferde bei Nacht und Nebel zu schlachten und zu verwerten. Das kirchliche Pferdefleischtabu kam deshalb dem Machtanspruch des Adels entgegen.

Der Historiker Fernand Braudel[73] (1902–1985) weist nach, dass zwischen 1735 und 1780 – also im Vorfeld der französischen Revolution – eine Flut von königlichen Erlassen den Pferdefleischgenuss verbot und gleichzeitig die Bevölkerung vor der gesundheitsschädigenden Wirkung dieser Speise warnte. Nach der Revolution forderte das Volk sofort ein freier Fleischkonsum, das Adelssymbol brauchte nicht mehr geschützt zu werden. An der Spitze der Befürworter der freien Speisenwahl stand der Erfinder der Ambulanz, Baron Dominique Jean Larrey, oberster Stabsarzt im napoleonischen Heer. Was ihn zur Förderung des Pferdefleischkonsums bewog, war seine Feststellung, dass die hungrigen französischen Truppen in der Schlacht von Eylau (1807) Fleisch von gefallenen Rossen reichlich verzehrten, dabei zu neuen Kräften kamen und kaum noch unter Skorbut litten.

1843 äusserte sich Johann Conrad Troll, ehemaliger Rektor in Winterthur, über den Konsum von Pferdefleisch: «Der Glaube ist gewonnen und die Zusicherung gegeben, dass dieses Fleisch für den Menschen wirklich gesund, wahrhaft nahrhaft, ja gehörig zubereitet, sowohl gesotten als gedünstet und gebacken, wie auch geräuchert, besonders schmackhaft sei.» Offenbar wurde der Absatz von Pferdefleisch in dieser Zeit etwa in der gleichen Weise promoviert wie nach den Siebzigerjahren des 20. Jahrhundert Straussenfilets und später neuseeländisches Hirschfleisch. Troll weist darauf hin, dass «zu Wien, Berlin usw. grosse öffentliche Gastmahle und Probeessen mit Pferdefleisch veranstaltet wurden, denen Hochadelige und Kleinbürger, ja sogar Frauen, nicht kirgisischer, sondern deutscher Abkunft, beigewohnt».[74]

Tief verwurzelt scheint das Pferdefleischtabu bei den Zigeunern zu sein. Eine alte Fahrende erklärte dem Nomadenforscher Walter Starkie: «Merke dir, dass uns Zigeunern das Pferd heilig ist und wir sein Fleisch niemals essen dürfen, denn es ist uns verboten. Unsere Stämme beurteilen andere Menschen sogar nach dem Verhalten zum Pferde.»[75] Sind bei den Roma und Sinti sozioökonomische Zwänge als Ursache oder zumindest als Katalysatoren eines sehr alten indoeuropäischen Kultes zu sehen? Sicher spielen bei diesem Essenstabu rationale Gründe mit. Denn ein Nomadenvolk, das sein Transportmittel nicht schützt, wäre über kurz oder lang zur Sesshaftigkeit gezwungen. In das Pferdefleischtabu der Zigeuner spielen sicherlich auch mythologische Elemente hinein, die mit ihrer nach Indien zurückreichenden Stammesgeschichte zu tun haben.

Ein weiteres Relikt des Pferdekultes zeigt sich in bestimmten Bestattungsritualen. Beispielsweise weist die Aufzeichnung einer militärischen Beerdigung aus dem Jahre 1781 auf ein eindeutiges Pferdeopfer hin. Damals wurde der Kavalleriegeneral Frederick Kasimir nach dem Ritus des teutonischen Ordens in Trier (Rheinland-Pfalz, D) bestattet. Sein geliebtes Pferd, das im Leichenzug mitgeführt wurde, musste ihm in den Tod folgen. Nachdem man den Sarg des Verstorbenen versenkt hatte, wurde das Ross getötet und ins Grab des Generals gestossen. Der berühmte Religionsethnologe Edward Burnett Taylor (1832–1917) führt derartige Bestattungsriten auf die germanischen Pferdeopfer zurück.[76] Diese Tradition wurde in der Schweizer Armee weiter gepflegt. Bei militärischen Bestattungen von Kavallerieoffizieren war es bis vor kurzem noch üblich, das gesattelte und unberittene Pferd des Verstorbenen im Leichenzug mitzuführen. Ältere Generationen erinnern sich der Bilder des Pferdes an der Bestattung von General Henri Guisan im Jahre 1960.

Unter den wenigen Tiermasken der Schweiz ist das Pferd gleich nach dem Bären führend. Das Steckenpferd der Erwachsenen kommt in den verschiedensten Ausprägungen daher. Der «Gurri», das uralte Geisterross mit einem Schnappkiefer, lebt im Klausspiel von Stäfa und anderen Gemeinden des Zürcher Oberlandes weiter. Das «Junte-Rössli» springt in den Winterbräuchen der Kantone Basel, Aargau und Solothurn umher. In Samstagern (ZH) sind es die «Rossgrinde» und im Appenzellerland die zweibeinigen «Butza-» oder «Fasnachtsrössli», deren Leib als Attrappe umgehängt wird. Urnäsch (AR) kennt gar «Rössli», die Fasnachtsverse rezitieren.

Die Pferdemasken gehörten ursprünglich zum Gefolge des «Samichlaus» (= St. Nikolaus), der Heiligen Familie und der Heiligen Drei Könige. Diese Pferdchen haben sich allerdings zu «Esel-Schnappi» gewandelt, die in Embrach, Russikon und Lufingen (ZH) als gutmütige Grautiere herumschnappen.[77] In Bauma (ZH) ist die Beteiligung an den Lärmumzügen am 31. Dezember als «Esel-Schnappi» ein Vorrecht jener unbescholtenen Bürger, die ihre Steuern bezahlt haben. Dass mit dieser Maske ursprünglich Geisterrosse gemeint waren, bezeugt das uralte «Heugalt»[78] (= Heugeld).

Die britische Ethnologin Violet Alford hat das Phänomen der Tiermasken in ganz Europa erforscht. Sie kommt zum Schluss, dass die vielerorts verbreiteten Pferdemasken ihren Ursprung in vorchristlichen, sexualmagischen Praktiken haben. Darin liegt vermutlich der Grund, warum im mittelalterlichen Maskenwesen Esel die Pferde mehr und mehr verdrängten. Das «heidnische» Pferd musste durch die biblische Eselin Bileams[79] ersetzt werden. Das Grautier spricht schliesslich zum heidnischen Wahrsager und öffnet ihm die Augen. Bileam erkennt darauf den Engel, wirft sich zu Boden und folgt seinen Anweisungen.

Der Esel in der Kirche

An den Kirchenwänden hingen früher häufig merkwürdige Überreste von Tieren. Diese zoologischen Kuriositätensammlungen – eigentliche Vorläufer der Kuriositätenkabinette und Wunderkammern der Renaissance, aus denen sich unsere naturwissenschaftlichen Museen entwickelten – bestanden aus Weihegeschenken, die Wallfahrer aus dem Heiligen Land mitgebracht hatten. Darunter waren Gebeine und Panzer von Krokodilen zu bewundern, die als Überbleibsel von Lindwürmern galten und somit Stoff für wunderbare Legenden lieferten. Deshalb ist es auch nicht verwunderlich, dass von 1634 bis 1783 in der Wasserkirche der Stadt Zürich auch Kunst- und Naturseltenheiten ausgestellt waren, die zur dort eingerichteten Burgerbibliothek gehörten. An der Decke der Kirche hingen ein Krokodil und zwei grosse Fische. Auch die Rippe eines Wales war zu sehen, die aus dem Kloster Rüti (ZH) stammte und lange Zeit als Relikt der heiligen Katharina verehrt wurde. Zur Sammlung gehörten zudem in Weingeist eingelegte Reptilien und Amphibien. Diese Naturalien trugen dazu bei, dass die Stadtbibliothek Zürich als «eine der rühmlichsten, bequemsten und zierlichsten Bibliotheken, als man irgendwo antreffen möge» bezeichnet wurde.[80]

Ein wahrer Kult entstand um die Reliquien des Palmesels, die man in Verona zu besitzen glaubte.[81] Darin ist auch der Ursprung des insbesondere im mittelalterlichen England und in Frankreich verbreiteten Eselsfestes zu sehen, das Papst Innozenz III (1198–1216 i. A.) 1210 ausdrücklich untersagt hatte.

Das kirchliche Eselsfest war eine volkstümliche, allegorische Darstellung der Weihnachtsgeschichte, die trotz päpstlichem Verbot noch über 200 Jahre anhielt:

Ein schönes junges Mädchen aus guter Familie stellte die Jungfrau Maria dar. In einer Prozession mit dem Bischof und dem gesamten Klerus ritt sie mit einem Kind im Arm auf einem reich geschmückten Esel von Kirche zu Kirche. In der Kathedrale schliesslich wurde sie bis zu den Stufen des Altars geführt, wo sie auf der Evangelienseite Platz nahm. Die Messe vollzog sich dann wie gewöhnlich, nur dass Introitus, Kyrie, Gloria und Credo mit einem Mark und Bein durchdringenden Eselsgeschrei endeten und das *ite missa est* am Ende durch ein dreifaches «I-ah! I-ah! I-ah!» ersetzt wurde.[82]

Gegen diesen turbulenten, weihnachtlichen Mummenschanz, der aus dem Gottesdienst einen lebensfrohen, überbordenden Anlass machte, musste das Basler Konzil 1432 nochmals einschreiten. In der 21. Sitzung hiess es scharf verurteilend, dass «die einen in bischöfliche und priesterliche Gewänder gekleidet, den Segen erteilen, andere sich als Könige und Fürsten verkleiden, andere verlarvt Schauspiele aufführen, andere Tänze und Gelage abhalten, und zwar alles in der Kirche».[83]

Die Bedeutung des Begleittiers Christi zeigte sich vom Mittelalter an bis spät in die Neuzeit hinein vor allem dadurch, dass jeweils am Palmsonntag ein hölzerner Esel mit einer aufgesetzten Christusstatue durch die Gassen gezogen wurde. In Erwartung des herbeikommenden Erlösers warfen die Gläubigen, als Zeichen der Verehrung und Unterwerfung, geweihte Stechpalmenzweige[84] und Gewänder vor das sakrale Fahrzeug. Die Menschen rissen sich geradezu darum, den auf Rollen stehenden Esel zu ziehen, weil sie sich dadurch die Vergebung ihrer Sünden erhofften.[85] Brach in der Stadt ein Feuer aus, konnte sich der zauberkräftige Palmesel ebenfalls hilfreich erweisen.

Der älteste noch erhaltene Palmesel mit dazugehörender Christusstatue wurde um das Jahr 1200 geschaffen und stammt aus der Gemeinde Steinen (SZ). Diese prachtvolle Holzskulptur ist im Besitz der Musée Suisse Gruppe (Schweizerisches Landesmuseums) und befindet sich im Forum der Schweizer Geschichte in Schwyz.

Sicher ist, dass der Esel schon in der Antike ein sehr bedeutungsvolles Tier war. Im Dionysoskult nahm er jedenfalls einen wichtigen Stellenwert ein. Dieser Kult war mit der Fruchtbarkeit der Natur, dem Werden und Vergehen der Pflanzenwelt verbunden. In der Nähe von Kalandra (Mazedonien, GRE) lag einstmals die Stadt Mende, wo sich Dionysos und sein Esel grosser Wertschätzung erfreuten. Davon zeugen sorgfältig geprägte Münzen dieser Handelsstadt, die den Esel mit einem trinkenden Bacchus zeigen. Der neugriechische Spitzname für Esel lautet nicht zufälligerweise *Kyr Mendios*, das heisst «Herr aus Mende».[86]

Wie eng der Esel mit der Kirche verbunden war, zeigt sich in der Alpensage *Der Stubetiknabe als Esel* aus dem Kanton St. Gallen. Darin geht es um zwei schöne Mädchen am Murgerberg beim Walensee, die ein übles Hexenwesen trieben. Ein junger Bursche, der sich von der Nachrede nicht beeinflussen liess, wollte die eine zur Frau gewinnen. Als er bei ihnen einmal zur Stubete[87] erschien, wurde er von einem der Mädchen in einen Esel verzaubert und hatte alsdann seinen Dienst in einer Mühle zu tun. Eines Tages kam dem Unglücklichen zu Ohren, wie er sich erlösen könnte: Er musste sich am Fronleichnamstag nach dem Gottesdienst in die Kirche schleichen und vom frischen Laub der Myrtenbäumchen ein paar Blätter fressen.[88]

Trauernde Bienen

Die fleissigen Bienen sind, im Gegensatz zum Esel, keusch, tapfer, intelligent, friedlich und kunstsinnig. All diese menschlichen Tugenden wurden ihnen schon in der Antike zugeschrieben. Als vorbildlich galt auch ihr Gemeinwesen. Sie bilden Völker, haben einen eigenen Staat und eigene Gesetze. Zudem verfügen sie über eine klare Arbeitsteilung. Es gibt Wächterinnen, Soldaten, Arbeiterinnen, Ammen und eine Königin. Bis im 17. Jahrhundert war man indessen überzeugt, dass der Bienenstaat von einem König beherrscht würde.[89] Die Sittsamkeiten der kleinen Hautflügler wurden in der mittelalterlichen Exempelliteratur auf höchst differenzierte Weise hervorgehoben. Der Dominikaner Thomas von Cantimpré (1200–1270) verzeichnet in seinem Werk *Bonum Universale de apibus*, das sich unter anderem auf Plinus d.Ä. beruft, 57 komplexe Merkmale und Eigenschaften der Bienen.[90]

Die Biene hat in der Literatur nur eine Gegenspielerin, die ihr den moralischen Rang streitig machen könnte: die Ameise. Der am Basler Konzil engagierte Dominikaner Johannes Nider (ca. 1380–1438) nahm sich das Bienenbuch seines Ordensbruders zum Vorbild und verfasste den *Formicarius* (Der Ameisenhaufen), der die Gläubigen durch Zeichen Gottes am Beispiel der Ameisen erbauen sollte. Neben dem vorbildlichen Gemeinsinn der Ameisen brachte er auch den Umstand zur Sprache, dass die Tierchen ihre Toten begraben. Dieses natürliche Verhalten konnte als «religiös motivierte Handlung» gedeutet werden.[91] In der Emblematik der Barockzeit kippte das Sinnbild auf die negative Seite. Die emsige Ameise stand plötzlich für den eigennützigen Menschen, der nur auf sein eigenes Wohl bedacht ist. Obwohl die Inhalte der Exempelliteratur dem Volk von der Kanzel herab gepredigt wurden, lässt sich die Ameise im Schweizer Sagengut kaum auffinden. In Basel und in der Ostschweiz erzählte man indessen den Kindern, dass aus den Brotrindenkrumen, die sie in den Honig fallen liessen, Ameisen entstehen.

Auch die Biene ist in den Schweizer Sagen eine seltene Erscheinung. Eine Mythe stammt aus dem Wallis und bringt die alte Vorstellung zum Ausdruck, dass Honig besänftigend wirkt und liebesfähig macht: Es war zur Zeit, als das Land unter der Herrschaft Roms war. Da erschienen eines Tages wilde Horden, die Schrecken und Unheil verbreiteten. Eine junge Hirtin aus der Gegend von Octodurum [Martigny] wagte es, den Kriegern entgegenzutreten und ihnen eine Wabe mit Honig anzubieten. Die Krieger nahmen und assen davon, und ein Wunder geschah. Die noch vor wenigen Augenblicken wilden Gesellen wurden friedlich und fügsam und waren gebändigt. Wenige Zeit nachher nahm der Führer die mutige Hirtin zur Frau, und es heisst von ihm, er sei nur darum so grausam und wild gewesen, weil er noch nie Honig gegessen hätte.[92]

Bezeichnend für die Stellung der Biene im Christentum sind einige Legenden. Eine davon stammt aus Ruswil (LU) und wurde vom Kuratkaplan Egli in Littau aufgezeichnet:

Einmal vergass sich eine Frau so weit, dass sie beim Kommunizieren eine Partikel der heiligen Hostie aufbewahrte und ihren Bienen zu essen gab. Als darauf im Herbst die Waben sollten herausgenommen werden, war das Hochwürdigste noch unversehrt vorhanden, und die Bienen hatten ringsum aus Wachs eine kunstreiche Monstranz gebaut.[93]

In den Märchen der Brüder Grimm gehören die Bienen zu den hilfreichen Tieren. In der *Bienenkönigin* legt sich das Insekt auf die Lippe der von ihm gesuchten schlafenden Königstochter, welche Honig gegessen hatte. So hilft sie dem tierliebenden Dümmling, die schwierigste von drei Aufgaben zu lösen, um die Prinzessin zu erlösen und ein Schloss zu entzaubern.[94] Und im Märchen *Die beiden Wanderer* führen die dankbaren Bienen für das arme Schneiderlein einen Befehl aus, den ihm der König gegeben hatte: Die fleissigen Bienchen bauen aus Wachs ein Königsschloss im Miniaturformat nach.[95] Diese beiden Märchen sind umso interessanter, als sich das Motiv bereits in der Literatur des klassischen Altertums findet. Wie das Miniatur-Königsschloss wurde der zweite Apollontempel in Delphi aus Wachs und Federn gebaut. Bienen sassen zudem singend auf den Lippen des jungen Platons wie die Bienenkönigin auf den Lippen der schlafenden Königstochter. Die Überlieferung, wonach Bienen Honig auf die Lippen Platons strichen, um seinem Munde süsse Worte zu entlocken, stammt übrigens vom römischen Soldatenkaiser Valerius Maximus. Das Christentum übertrug die Legende fast unverändert auf seine Kirchenlehrer. Damit sollte der göttliche Ursprung ihrer Redegewandtheit und Weisheit belegt werden.[96]

Das Motiv des Grimm-Märchens *Die Bienenkönigin* fand im Kanton Graubünden seine eigene Ausprägung. *Die Ameise, die Bienen und die Enten*, nennt sich die rätische Version. Drei Söhne eines armen Mannes ziehen nacheinander in die Welt hinaus, um ihr Brot selber zu verdienen. Die beiden älteren Burschen haben kein Glück; der jüngere Bruder aber, den der Vater gar nicht fortziehen lassen wollte, erweist sich als der vom Schicksal Erkorene. Er wird für das tiefe Mitgefühl reichlich belohnt, das er allen Kreaturen gegenüber empfindet. Als er seinen zerlumpten und bettelnden Brüdern am Waldrand begegnet, will er ihnen beistehen. Im Gehölz stossen sie auf einen Ameisenhaufen. Die zwei älteren Brüder wollen ihn gleich zerstören, doch der Jüngste stellt sich schützend davor. Ähnlich ergeht es einem Bienenvolk in den Ästen einer Tanne, dem die Älteren Waben und Honig wegzunehmen versuchen. Schliesslich verhindert der Jüngste auch, dass seine Brüder auf einem kleinen See die Enten fangen, um sie zu verzehren. Wie im Grimm-Märchen geraten die drei Brüder anschliessend in ein verwunschenes Schloss und werden dort vor vier Prüfungen gestellt, die menschliches Vermögen übersteigen. Der

Jüngste besteht sie, weil ihm die Ameisen, Bienen und Enten schnell zu Hilfe eilen.[97]

Sowohl im Grimm-Märchen wie auch in der Bündner Erzählversion durchwandert ein gutherziger, aber von seinen Mitmenschen belächelter Jüngling die drei Weltsphären von Erde, Luft und Wasser. Als Vertreter dieser Elementarreiche erscheinen Ameisen, Bienen und Enten. Der «Dümmling» geht mit jedem dieser Repräsentanten einen moralischen Pakt ein, der auf gegenseitigem Respekt beruht.[98] Das Mitfühlen des Menschen mit den Tieren führt in eine gerechtere und friedvolle Welt, in der ein symbiotisches Verhältnis die Naturbereiche im Gleichgewicht hält.

Das Motiv der dankbaren Bienen wird unter anderem in einem zauberhaften Tierbuch aufgegriffen, das unter dem Titel *Die verständige Thierwelt. Eine Sammlung von Anekdoten zur Belehrung und Unterhaltung der Jugend* um 1830 in Zürich verlegt wurde:

Eine vornehme, bejahrte Dame lebte auf einem kleinen Gut unweit von Nantes; sie blieb dort die ganze schöne Jahreszeit über, und kehrte dann nach der Stadt zurück. Diese Dame liebte die Bienen sehr, besass deren eine grosse Menge, und fand ein unbeschreibliches Vergnügen darin, diesen Thierchen alle möglichen kleinen Annehmlichkeiten zu verschaffen. In den letzten Tagen des Mays wurde sie von einer Krankheit überfallen, weswegen sie nach Nantes zurückkehren musste, und bald darauf starb. Durch einen unbegreiflichen Instinkt getrieben, versammelten sich alle ihre Bienen auf ihrem Sarge, und verliessen ihn erst im Augenblicke der Beerdigung. Ein Nachbar dieser Dame, der die Ankunft des Schwarms bemerkt hatte, hegte einigen Zweifel, und begab sich sogleich nach dem Gute hin, wo er wirklich alle Bienenstöcke durchaus leer fand.[99]

Den Bienen werden aber mitnichten nur gute Eigenschaften zugeordnet. «Sie arbeiten, als ob sie ewig leben würden», meinte der griechische Philosoph und Naturforscher Demokrit (ca. 460–371 v.Chr.) und verglich sie mit den Geizigen. Auch in der Schweiz erzählte man sich die Legende, dass Bienen den süssen Rotklee meiden würden, weil der Herrgott ihnen zur Strafe für die Sonntagsarbeit die Ausbeutung dieser Tracht (= blühende Pflanzen) verboten habe.[100] Und in den Fabeln schreiben die Franzosen den Bienchen Hochmut zu. Nach ihrer Erschaffung hätten sie gleich verlangt, in goldenen oder silbernen Häusern leben zu dürfen. Gott bewillige ihnen aber nur solche aus Stroh oder Weidenruten...

Bienenschwärme sind in der Regel böse Omen. Sie künden Krieg, Seuchen, Bergstürze oder Unglücksfälle an. Die Ersten, die die Zerstörung der Bergeller Gemeinde Plurs (GR) durch den Bergsturz vom 4. September 1618 geahnt hatten, waren die Bienen. Deshalb sollen sie vor der Katastrophe alle weggeflogen sein. Ursache für den Untergang von Plurs war übrigens, gemäss einer anderen Bündner Sage, die frevelhafte Tat eines Mitgliedes einer reichen Hochzeitsgesellschaft, der zur Belustigung aller einem schwarzen Lämmchen das Fell bei lebendigem Leib abgezogen hatte.[101]

Liess sich ein Bienenvolk in einem Militärlager nieder, sagte ihre Ankunft den schmachvollen Ausgang der Schlacht voraus. Diese bittere Erfahrung machte 1386 Leopold von Österreich in der Schweiz. Nachdem sich Massen von Bienen auf seine Waffen gesetzt hatten, wurde sein Heer bei Sempach (LU) von den Eidgenossen geschlagen.[102]

Die Imkerei war in der Schweiz nie ein eigentlicher Beruf. Aber viele Bauern pflegten neben der Viehhaltung noch ein paar Bienenvölker. Der Bienenstock gehörte zum Bauernhof wie im Bernbiet das Stöckli (= kleiner Nebenbau als Alterssitz). Zur Belohnung des Bienenvaters gab es Wachs und Honig, ganz nach dem niedersächsischen Bienensegen[103] «den Honig für Menschenpreis – das Wachs zu Gottes Ehr und Preis».

Die Biene ist neben der Grille, die in China des Zirpens willen in kleinen Käfigen gehalten wird, das einzige Insekt, das zum Haustier geworden ist. Die aussergewöhnliche Zärtlichkeit, die man ihr entgegenbrachte, kommt in der Umgangssprache zum Ausdruck: Bienen fressen nicht, sondern essen. Bienen saufen nicht, sondern trinken. Bienen verrecken nicht, sondern sterben.[104]

Die Zugehörigkeit der Bienen zum Hof zeigte sich darin, dass ihnen der Tod des Meisters oder der Meisterin jeweils mitgeteilt wurde. Im Graubünden glaubte man, dass sie sonst ausfliegen und eine neue Heimat suchen würden.[105] In Frankreich ging man bei einem Todesfall mit den Bienenvölkern besonders liebevoll um. Vielerorts wurden vor dem Bienenstock Worte des Trostes gesprochen. Um sicher zu sein, dass die Botschaft von den fleissigen Tierchen richtig verstanden wurde, klopften die Übermittler der Nachricht mit einem Stäbchen gegen das Bienenhaus und warteten die summende Bestätigung ab. Im Departement Mayenne hingegen führte man die Honiginsekten hinters Licht. Man befestigte am Bienenkorb jeweils das schmutzigste Kleidungsstück des Verstorbenen, in der Hoffnung, den Tieren würde der Hinschied ihres Meisters dadurch nicht auffallen, weil sie ihm sonst in den Tod folgen könnten. Der französische Volkskundler Paul Sébillot (1843–1918) präzisiert, dass die französische Sitte, bei Todesfällen an den Bienenstöcken ein Zeichen der Trauer zu setzen, auch in der Westschweiz gepflegt wurde. In Romanisch-Bünden ist dieser Brauch ebenfalls mehrmals bezeugt. Melchior Sooder begegnete in Zorten (Obervaz, GR) noch im 20. Jahrhundert einer Frau, die ihm einen Magazinkasten zeigte, an dem ein Stück schwarzes Tuch hing, das sie beim Tode ihres Mannes angebracht hatte.[106] Im 17. Jahrhundert verhängte man beim Tod des Bienenvaters übrigens gleich den ganzen Korb mit einem schwarzen Tuch. Man tat dies aus der Sorge heraus, dass die hinterbliebenen Bienen, die keine Trauer tragen würden, aus Gram sterben könnten.[107] Ganz allgemein glaubte man in der Schweiz, dass Bienenvölker, denen der nahe Tod des Imkers angekündigt wurde, den Stock verlassen würden.[108] Diese an die Bienen gerichteten Todesanzeigen sind Ausdruck des Glaubens an ihre Vermittlungstätigkeit zwischen dem Dies- und Jenseits. Nicht, dass ihnen für ihre Rolle als geflügelte Boten Verstand zugeschrieben worden wäre; man betrachtete sie wohl vielmehr als Trägerinnen von Geistwesen.

Das Geschlechtsleben der Biene blieb den Menschen lange Zeit verborgen. In der Antike sprach man von der Urzeugung der Biene. Ovid erwähnt in seinen Metamorphosen vergrabene Stiere, aus denen die Bienen entstanden. Im 17. Jahrhundert veröffentlichte Magister Michael Herren ein Geheimrezept, das seine Wurzeln im antiken Griechenland hat: «Lass dir ein Häuslin machen, das zehen Ellen hoch und breit sei... darein mach' ein Thürlein und vier Fensterlein... in dies Häuslein führ' einen Stier, der dreissig Monate alt, wohl bei Leib und faist sei. Bestell' dann etlich starke Kerle, die den Stier mit dicken Knüppeln schlagen, so hart und übel, dass der Stier daran stirbt... das mag ihm wohl wehthun, aber es muss halt so sein.»[109] Im Laufe von vier Wochen sollten dann aus dem Kadaver Bienen entstehen.

Bis spät in die Neuzeit hinein glaubte man, dass sich die aus dem Stierkadaver entstandenen und unschuldigen Bienchen durch Parthenogenese (= Jungfernzeugung) fortpflanzen würden. Aus diesem Grund waren sie ein lebendes Sinnbild der Keuschheit. Diese Einstellung erklärt auch, warum auf vielen Andachtsbildern ein paar Bienenkörbe oder herumfliegende Bienen neben der thronenden Gottesmutter dargestellt sind. Noch heute soll erzählt werden, dass keusche Jungfrauen oder Jünglinge von Bienenstichen verschont bleiben.

Bis vor kurzem hielt man in der Schweiz ausschliesslich schwarze Bienen. In neuester Zeit wurden sie mit grauen Bienen aus der Ukraine eingekreuzt. Die erste Generation dieser Rasse sei sehr dankbar, die zweite würde jedoch aus wahren Teufeln bestehen.[110] Die Korbimkerei ist in der Schweiz noch nicht ganz verschwunden. Das Imkereimuseum in Grüningen (ZH) zeigt ein paar schöne alte Strohkörbe, die mit einem Mörtel aus Lehm und Kuhfladen verputzt sind. Dieser Auftrag hat keinerlei kultische Bewandtnis, er erfüllt einzig und alleine die Funktion eines Wetterschutzes.

Als Bienenhäuser dienten in alten Zeiten nicht nur Ruten- und Strohkörbe. Im Wallis und im Tessin verwendete man Bienenbehälter aus hohlen Baumklötzen. Und in den Kantonen Graubünden und Glarus sowie im Berner Oberland wurden, bevor im 18. Jahrhundert Strohkörbe und Magazinstöcke aufkamen, Holzkästen eingesetzt.[111]

Schöpfungssagen berichten, dass die Biene als Späherin Gottes beauftragt wurde, die An- und Absichten des Teufels auszuhorchen.[112] Dass die Bienen näher beim Herrgott sind als alle anderen Tiere und somit ohne Luft- und Nahrungszufuhr Jahrhunderte überleben können, war einer Zeitungsmeldung[113] aus dem Jahre 1828 zu entnehmen:

«Bei einer Ausbesserung der Dreieinigkeits-Kirche in Hull in England fand man beim Einreissen eines alten Gemäuers in der Mitte eines Steines, der wahrscheinlich dort fünfhundert Jahre lang eingemauert gelegen hatte, eine lebende Biene. Nachdem sie an die freie Luft gebracht worden war, ward sie allmählich matter, und am Abend des nächstens Tages war sie tot. Die Öffnung im Steine ist von der Grösse einer kleinen Birne und lässt nicht die mindeste Spur sehen, wo äussere Luft hätte hineinkommen können.»

In früheren Zeiten galt Bienenwachs als göttliche Substanz. Deshalb sicherten sich auch die Kirchen und Klöster in der Schweiz regelmässige Wachseinkünfte. Einen «Impizehnten» (*decimam apum*) legt ein St. Gallisches Gerichtsurteil aus dem Jahre 1464 fest, nachdem sich die Kirchgenossen von Kalcaren (= Kalchrain, TG) geweigert hatten, ihrem Plebanus, dem Bruder Johannes, den Zehnten in Form von Honig und Wachs auszurichten. Das Urteil forderte die Widerspenstigen auf, ihrer Verpflichtung in gebührender Weise nachzukommen. Diese süsse Steuer hatten die Talleute von Engelberg (OW) noch im 18. Jahrhundert dem «gnädigen Herrn», das heisst dem Abt, abzuliefern.[114]

Kerzen aus Bienenwachs wurden mitunter zur Abwehr der Pest abgebrannt. Um die Seuche abzuwenden, zog man 1363 in Montpellier (Dép. Herault, F) eine Bienenwachskordel, die die Länge der ganzen Stadtmauer hatte. 1400 schlugen die Gläubigen der Bischofsstadt Nevers (Dép. Nièvre, F) einen neuen Rekord. Sie rollten auf einer Holztrommel eine Kerze auf, die so lange war wie der äussere Umkreis der Stadt. Dieses Wachsopfer wurde 1673 zum fünften und letzten Mal erbracht.

Auch zum Schutz vor Stürmen legte man vielerorts das Gelübde ab, Wachskordeln zu ziehen, die so lang waren, dass sie sich dreimal um die Kirche oder den Friedhof legen legen lassen konnten.[115]

Die Liste aller Heilmittel, in denen Honig eine wichtige Ingredienz bildet, ist unendlich. Auch das Bienengift galt als heilsam und wurde insbesondere bei Rheumatismus angewendet. Deshalb liessen sich die Leidenden absichtlich von einer Biene stechen. Heute, wo die Homöopathie im Zuge der Alternativmedizin an Aktualität gewinnt, ist die heilsame Honigbiene wieder im Aufschwung. Für das Arzneimittel *Apis mellifica*, das namentlich bei akuten Entzündungen der Haut und der Schleimhäute helfen soll, werden Bienen als Ganzes zu Tinkturen verarbeitet. Und das reine Bienengift wird zum Arzneimittel *Apisinium* potenziert, das unter anderem Histidin und Histamin enthält. Verabreicht wird es beim so genannten Apisbild, das sich durch Brennen, Stechen, Rötung und Hitze der befallenen Körperregion auszeichnet.[116]

Rabiate Schweine im Wilden Heer

Im Gegensatz zur Imkerei gibt es über die Schweinehaltung in den Schweizer Alpen nur wenige historische Hinweise. Jedenfalls war sie in der ersten Hälfte des 19. Jahrhunderts noch gering. Schweine wurden von den Bauern und Hirten gleichsam nur nebenher gehalten.[117] Die Emmentaler Küher[118] führten zwar Schweine zur Verwertung der Schotten[119] mit auf die Alp, aber auf den Weiden waren sie von den Alpbesitzern nicht gerne gesehen. Die Küher bevorzugten die schwarz gescheckten «Länderschweine», die aus der Innerschweiz eingeführt wurden. Um die suhlenden Tiere davon abzuhalten, den Boden aufzureissen, klemmte man ihnen einen ungeschlossenen Metallring in die Nase.[120]

Die im Erdboden herumwühlenden Schweineherden haben auch in den dämonologischen Sagen von der Wilden Jagd viel Staub aufgewirbelt. Die Mythen zeichnen das Furcht erregende Bild einer wütenden Sau, die als Anführerin des Wuotisheeres schnaubend durch die Landschaft rast und verbrannte Erde hinter sich lässt. Der Sagenforscher Alois Lütolf schrieb im letzten Jahrhundert die Erzählung von der Türst-Sau im Kanton Luzern nieder:

Bei Hohenrain erschien der Türst als grunzende grosse Sau mit einer Horde wüst quietschender Ferkel. Diese Schweine sprangen den Zäunen entlang und frassen die Kinder, die sie überwältigen konnten.

Auch in der Gegend von Eschholzmatt bestanden die nächtlich jagenden Heere aus Schweinen, und man war der Meinung, dass die Leute, die in die

Spuren der Wilden Jagd gerieten, solange umher irrten, bis sie entweder von Bekannten beim Taufnamen gerufen wurden oder aber erschöpft niedersanken und den Geist aufgaben.[121]

Die Bedrohung der Bevölkerung durch den höllischen Jäger, die Personifizierung des Bösen durch das Schwein, die Verzauberung von Unschuldigen und die Entzauberung durch ein christliches Losungswort (Taufname) ist in dieser Legende auf wenige Zeilen verdichtet. Der Sagenkreis vom Wilden Heer aus rabiaten Schweinen beschränkt sich nicht auf die Innerschweiz. Im Kanton Neuenburg zum Beispiel führte der Berggeist Grobelhon jeden Weihnachtsabend einen Geisterzug an. Auf dem Rücken einer Wildsau, deren Schwanz ihm als Zügel diente, jagte er jeweils durch das eisige Val de Joux. Und bei der Pierre percée, einem berühmten Lochstein in der Ortschaft Courgenay (JU), zogen nächtlicherweile ebenfalls Wildschweinherden umher, die von einem mysteriösen schwarzen Reiter angeführt wurden.[122]

Heute finden sich in der Nord- und Westschweiz sowie im Malcantone (TI) wieder Wildschweinpopulationen, die ihre alten Lebensräume von Frankreich, Deutschland und Italien her wieder besiedelt haben. Die Rotten wandern auf den meist uralten Fernwechseln.

Dass das Schwarzwild in der Schweiz früher einmal allgegenwärtig gewesen sein musste, wissen wir aus Konrad Gessners *Thier-Buch*: «In der Eidgenossenschaft / vornehmlich bin denen so die Alpen bewohnen / werden noch viel wilde Schweine gejagd / und von mancher Obrigkeit zu jagen erlaubt / von deswegen / weil sie den Feldern schädlich sind.»

Jeder Bauer, der Hausschweine artgerecht hält, weiss, wie sauber[123] und anhänglich diese Tiere sein können. Um ihre Bindungsfähigkeit zu fördern, gab es in der Schweiz ein Treuemittel, das schon von Sextus Platonicus empfohlen wurde: «Ein Schwein so zahm zu machen, dass es einem nachläuft. Man soll ihm im Gespülicht das Gehirn von einem Raben oder daher ihm sonst zu fressen geben, so läufts dem nach, der es ihm gegeben hat.»[124] Offensichtlich konnten die affektiven Eigenschaften des Schweins mit dem Gehirn eines Raben – dem Seelensitzort des heiligen Tieres der römischen Gottheit Juno Sospita – potenziert werden.

Irgendwann erbarmte sich auch das Christentum der armen Schweine und stellte sie unter die Fürsorge der Heiligen. Denn das göttliche Schwein der Kelten musste schliesslich in den neuen Glauben integriert werden. Zum Patron der Haustiere, namentlich der Schweine, wurde Antonius der Grosse. Der Einsiedler aus der thebaischen Wüste, der angeblich 356 im 105. Altersjahr starb, ist die erste geschichtlich fassbare

Gestalt aus dem ägyptischen Mönchstum. Nach dem Jahr 1050 entstand ein wahrer Antoniuskult, der durch den Mönchsorden der Antoniter gefördert wurde. Den Antonitern verdankt der heilige Antonius sein grunzendes Attribut, denn der Orden betrieb neben der Krankenpflege eine vorbildliche Landwirtschaft und hatte das Privileg, seine Zuchtschweine, die ein Glöcklein um den Hals trugen, frei herumlaufen lassen zu dürfen.[125] Der Heilige wird deshalb des Öfteren in Begleitung einer Schweineherde oder eines einzelnen Schweins gezeigt, das er wie ein Hündchen mit sich führt.

Über die barmherzige Tätigkeit der Antoniter in der Schweiz berichtet der Jurist und Sagensammler Franz Niderberger (1876–1931):

[...] In einer Vorstadt von Basel besassen die Antönier schon 1304 einen «Tönierhof» mit einer Kapelle und einem Spitale. 1703 gründeten die Brüder eine Niederlassung in Uznach [SG] und wirkten von da aus in vielen Zweigniederlassungen in der alten Diözese Konstanz. Um 1400–1500 wurde eine Kapelle des hl. Antonius in Sarnen [OW] gebaut, wo auch ein Opferstock zu Gunsten ihrer pflegebedürftigen Kranken errichtet und daraus die milden Gaben alljährlich bezogen wurden, bis im 17. Jahrhundert diese Kapelle wegen dem geplanten Baue des Kapuzinerklosters an die jetzige Stelle verlegt wurde [...][126]

Die Krönung des Schweines – Sinnbild der Wollust in einer Augsburger Publikation von 1531

Neben Antonius gibt es noch über ein Dutzend weiterer Heiligen, die als Schutzherren der Schweine galten oder mit Schweineopfern bedacht wurden.[127] Nicht dazu gehört Antonius von Padua, der heute immer wieder mit Antonius dem Grossen verwechselt wird. Der vornehme S. Antonio di Padua ist auf den Andachtsbildern meistens im Ordensgewand und mit dem Jesuskind zusammen dargestellt. Weil ihm die ausserordentliche Fähigkeit zugeschrieben wird, verlorene Gegenstände wieder aufzufinden, geniesst auch der Einsiedler mit seiner Schweineherde den Ruf eines hervorragenden Finders. Er hat insbesondere die Gabe, verlaufenes Federvieh aufzuspüren.[128]

Der Jahrestag des «Säui-Antoni» oder des «Antonio Porco», wie der Heilige in der Schweiz genannt wird, fällt auf den 17. Januar. Zu seinen Ehren pflegte man mit Schweinsköpfen, Schinken und anderen Leckerbissen vom Schwein aufzuwarten.[129] Ulrich Jahn (1861 – 1900), ein bedeutender Sagensammler aus Pommern, meint, dass im «Schweineglück»[130] dieses Festtages die Fortsetzung früherer Schweineopfer zu sehen ist.[131] Im Wallis kamen auch die Schweine selbst zu einem Festessen; man bot ihnen Brot und Speck an. Weil der heilige Antonius für das ganze Vieh zuständig ist, wurden in Münster (VS) und in der italienischsprachigen Schweiz zum Fest des Säui-Antoni vielerorts Pferde geweiht.[132]

Schweine verkörperten im mittelalterlichen Weltbild oftmals Dämonen. Davon zeugt eine Legende aus dem Bezirk Waldenburg in der Basler Landschaft:

Eine Nonne hatte vor ihrem Eintritt ins Kloster ein lasterhaftes Leben geführt. Doch selbst im Kloster verfiel sie wieder dem Laster und musste es verlassen. Seit jener Zeit lebte sie in Arboldswil und trieb einen Handel mit Ferkeln.

Nach ihrem Tod hat man sie auch noch gesehen. Immer kam sie von der Chastelenfluh herunter, gefolgt von einer Herde von Ferkeln, lief gegen Arboldswil, wo sie durch die Gassen und selbst durch einen Hausgang lief.[133]

Dass das Schwein in der Schweiz zu den Korndämonen zählte, belegt das *Schweizerische Idiotikon.* Für die Getreideernte wurden Landarbeiter und -arbeiterinnen beschäftigt, die man ihrer Tätigkeit entsprechend «Schnitter» und «Schnitterinnen» nannte. In der Ostschweiz waren es oft Schwabenmädchen, die gedungen wurden.[134] Jener Schnitter, der die letzte Garbe erntete, hiess je nachdem Chorn-, Gerste-, Haber- oder Roggesau. Seine Rolle stellte er auch mimisch dar. Meistens wurde er an einem Seilchen nach Hause geführt und reichlich bewirtet. Dabei wurde die letzte Garbe, die Sau, mit der Sichel symbolisch getötet.[135] Karl Meuli schliesst nicht aus, dass wir es hier mit einem der frühesten Zeugnisse der Schweinemaske zu tun haben. Dabei verweist er auf eine Spur im Oberhallstein (Tirol, A), wo das fasnächtliche Scheibenschlagen von Rüge-, Spott- und Segenssprüchen begleitet wurde. Die Burschen würden dort eine gespenstische Sau mit ihren Jungen darstellen.[136]

Die Verbindung des Schweins mit der Ernte reicht bis in das Frühneolithikum zurück. Über Jahrtausende war die Sau das heilige Tier der Erde, weil es schnell heranwächst, fett wird und eine vielköpfige Nachkommenschaft hervorbringt. Dieser archaische Zusammenhang zeigt sich unter anderem in Tonschweinchen, in die Getreidekörner eingebrannt sind. Sie stammen aus der Linearbandkeramik[137] und der Cucuteni-Kultur (RO) aus dem 5. Jahrtausend v. Chr.[138]

In der Schweiz kam die Roggensau auch beim Dreschen zum Vorschein. Diese Arbeitsperiode dauerte bei reichen Bauern manchmal bis gegen Neujahr oder Lichtmess. Meistens waren es sechs Personen, die mit dem Flegel im Takt arbeiteten. Wenn von einer Getreidesorte die letzten Garben gedroschen wurden, gab der Meister das Zeichen zum Aufhören. Wer mit dem Flegel den letzten Streich tat, war «die Sau», und er musste ein Pfund Käse bezahlen. Das Ende der Dreschzeit, die «Pflegelhänki», wurde, wie auch die «Sichellegi» zum Abschluss der Erntezeit, mit einem kleinen Fest gefeiert.[139]

Die Vorstellung von dämonischen Schweinen hatte im Berner Oberland eigentümliche Ausprägungen. In Grindelwald sprach man von der «Rochelmore». Damit war ein lärmendes und gespenstisches Mutterschwein gemeint. Dieses soll oftmals mit einem fürchterlichem Geräusch und Grunzen durch die Lüfte gezogen oder den Leuten fühlbar um die Beine gestrichen sein. Zuweilen hatte man bei den Sennhütten Unheimliches gesehen: Ohne Grund seien die Schweine jeweils von ihrem Lager aufgeschossen, hätten wild geschnaubt und seien verwirrt ins Freie gejagt. Alsdann, hiess es, werde die Rochelmore gehört oder sie sei da.[140]

Die Rochelmore heisst eine der vielen antisemitischen Sagen, mit denen Hass gegen die Schweizer Juden geschürt wurde. Die Erzählung aus dem Berner Oberland ist umso diskriminierender, als darin jüdische Kinder in ein nach dem mosaischen Glaubensbekenntnis unreines und somit verachtetes Tier verzaubert werden.

In Grindelwald tobt und lärmt oftmals ein gespenstiges Mutterschwein, das verdammt ist, bis an den jüngsten Tag die Erde zu durchstreifen. Als nämlich unser Herr Jesus durch die Stadt Jerusalem nach Golgatha hinausge-

führt wurde, trieben übermütige Juden noch ihren Spott mit ihm. Buben verführten, als der Herr vorüber kam, einen bestialischen Lärm mit Grunzen, Quieken und Schreien. Ihre Väter aber fragten den Erlöser: «Weissage uns jetzt, was ist da drinnen in dem Stall?» «Eure Kinder sind's», antwortete der Herr. «Schweine sind's», entgegneten die Juden. Und der Herr erwiderte ihnen mit Ernst: «Sind es Schweine, sollen es Schweine bleiben!» Und so geschah es. Die Buben sind verdammt, im unseligen Banne als Schweine umherzuirren, Mensch und Vieh zu erschrecken.[141]

Schweine sind auch «Schatzfinder», suchen sie doch in der Realität wertvolle Trüffeln. In den Sagen und Märchen spüren sie zuweilen Goldschätze auf und in den christlichen Legenden führen sie zu einem magischen Platz, wo ein Gotteshaus zu bauen ist oder ein Heiliger gelebt haben soll. Die Sagen von «Sauglocken», die Schweine ausgraben, sind schwer zu deuten. Robert Wildhaber denkt, dass das Bild der von Schweinen aus dem Erdreich gewühlten Glocken möglicherweise in Zusammenhang mit dem Symbol der Gewitterwolke (Donnerglocke) und dem Wirbelsturm steht. Er schliesst nicht aus, dass den entsprechenden Sagen das Glöcklein des Antoniusschweins erst in der Neuzeit beigefügt wurde.[142]

Rosarote Schweinchenfiguren machten sich auch im früheren Maskentreiben bemerkbar. Sicherlich verkörperten sie mehr das Dämonische als das «Schweinische» im heutigen Sinne. Das Museum Rietberg in Zürich besitzt eine aussergewöhnliche Schweinekopfmaske aus der Innerschweiz. Das Werk aus dem 19. Jahrhundert ist sehr schlicht und deshalb umso eindrücklicher. Das glatte Gesicht hat die Form eines Kegelstumpfes. Die beiden kleinen, mandelförmigen Schweinsäuglein sind eingeschnitten, die kreisrunden Pupillen aus den stechend weissen Augäpfeln herausgearbeitet. Die Schnauze ist realistisch ausgeformt und mit roter Farbe konturiert. Die Rüsselspitze mit den Atemlöchern wurde indessen weiss belassen. Die Maske trägt auf der Innenseite deutliche Tragspuren und auf dem Innenrand klebt eine vergilbte Etikette, auf der in Kurrentschrift «Gemeindeammann» steht.[143] Gehörte die Maske einem Gemeindeammann oder diente sie dazu, einen unliebsamen Beamten an der Fasnacht zu persiflieren?

Kirchenhühner und Wundertaten

Der 11. November, das Fest des heiligen Martin, markiert im alten Bauernkalender die Wende des Landwirtschaftsjahres zum Bauernwinter. Das Ende des Pachtjahres war auch Lostag, an dem die Zinsen bezahlt werden mussten. Dieses Kalenderfest wurde vielerorts mit einem üppigen Festessen gefeiert. In Tafers (FR) opferte man dem heiligen Martin Gänse und Hühner und «heilte dadurch Bauchgerinnen [innere Blutungen] und Brüche».

Zürcher Zünfte warten zum Martinitag heute noch mit einer so genannten Lichtgans auf. Diese Tradition geht auf alte Zeiten zurück, als der Meister seinen Gesellen zur Feier des Tages, an dem die Arbeit abends bei künstlichem Licht begonnen werden musste, eine Gans als Festessen spendierte.[144]

In Sursee (LU) gibt es zu Martini noch heute einen Brauch, der sich «Gansabhauet» nennt. Mit verbundenen Augen versuchen die als Sonne maskierten Mitglieder der Festgemeinde einer toten Gans, die an einem Seil baumelt, den Kopf abzuschlagen. Dieser Brauch des Gänse- und Hahnenschlagens war einst in weiten Teilen Europas verbreitet und gehörte zu den Ritualen des Erntedankes. Erwähnt wird die «Ganstötete» zum Beispiel von Jeremias Gotthelf in seinem Roman *Geldstag*, ohne jedoch auf den Brauch näher einzugehen. Gewissermassen als Vorspiel zum Wettkampf wurden im 16. Jahrhundert parodierte Gerichtsverhandlungen[145] aufgeführt, bei denen Tiere angeklagt waren. Bezeugt ist auch der in der Schweiz praktizierte und besonders grausame Brauch des Totwerfens des Hahnes mit Holzstöcken. Ulrich Meyer berichtet um 1550 davon in seiner Winterthurer Chronik: «Ein güggelnest hett er an ein phahl gebunden und hett drei bengel von erlinem holz trayer (= drechseln lassen), und welcher mit diesen bengeln zum güll hett wellen werfen, hett söllen ein costenzer pfennig geben von einem wurf, und welcher aller merst güll ze tod wurf, der soll die abentür gewonnen haben.»[146]

Das Schlussmahl der Erntezeit wurde im Kanton Zürich «Krähhahnen»[147] genannt. Die Bezeichnung weist auf die früheren mit den Erntebräuchen verbundenen Geflügelopfer zurück. Im Zürcher Oberland, wo mehr Gras- als Getreidewirtschaft betrieben wurde, feierte man statt der «Sichellegi» den «Heuhahnen». Noch anfangs des 20. Jahrhunderts gaben zum Beispiel die Bauern in den Gemeinden Fischenthal und Wald (beide ZH) den Heuern ein gutes Essen, wobei es oft bis zum Hahnenschrei fröhlich zugegangen sein soll.[148] Das Krähen des Hahnes ist übrigens arttypisch. Damit markiert er sein Revier auf akustische Weise. Wagt sich ein fremder Hahn in sein Territorium, gibt es einen blutigen Hahnenkampf.

Hühneropfer erinnern, zumindest was das Ritual betrifft, an die *Foires aux chats* in Nordfrankreich, die eigentliche Reiterturniere waren. Bei diesen Festlichkeiten wurden Leinen über die Strasse gespannt, an denen

Tontöpfe mit eingesperrten Katzen hingen. Die darunter vorbeigaloppierenden Reiter mussten die irdenen Käfige mit einem Stock zerschlagen und alsdann den verschreckten Tieren die Stoffbänder vom Leib reissen, mit denen sie vor dem Turnier herausgeputzt worden waren.[149]

Seit jeher gehören Hühner zu den Opfertieren der «kleinen Leute». Für Opferzeremonien in der Schweiz wählte man schon in römischen Zeiten stets schwarze Hühner, da ihnen eine besondere Beziehung zum Reich der Toten nachgesagt wurde. Das Bild der blutigen Geflügelopfer im südamerikanischen Voodoo-Kult ist den heutigen Fernsehzuschauenden und Weltreisenden wohl bekannt. Und in den USA[150] macht zurzeit die neureligiöse, afroamerikanische Santaria-Sekte von sich reden, die wegen ihren zeremoniellen Tierschlachtungen immer wieder angezeigt wird. 1999 wurden vom Bezirksgericht Horgen (ZH) fünf Jugendliche verurteilt, die schwarze Messen gefeiert hatten. Zu ihren Delikten gehörten Friedhofsschändungen und grausame Tieropfer. Sie hatten fünf gestohlenen Kaninchen den Kopf abgeschnitten, die Tiere aufgeschlitzt und ihre Herzen verzehrt, um die eigene Energie zu steigern.[151]

Hühner werden heute noch in der gotischen Kathedrale von Santo Domingo de la Calzada (Prov. de la Rioja, E) gehalten. Da diese Stadt zu den wichtigsten Stationen auf dem Jakobsweg nach Santiago de Compostela zählt, wurde die Geschichte von *Santo Domingo de la Calzada, donde cantò la gallina después de asada* (Santo Domingo des Weges, auf dem ein Huhn nach dem Braten noch gackerte) von den Pilgern weitergetragen und in die Schweiz gebracht. So stifteten Bauersleute aus Bösegg bei Willisau (LU) nach ihrer glücklichen Rückkehr aus Santiago eine Kapelle und liessen dort das Hühnermirakel «einschweizern».

Im 14. Jahrhundert pilgerte ein achzehnjähriger Bursche namens Hogonell mit seinen Eltern nach Compostela. In Santo Domingo brachte ihn ein Mädchen des Gasthauses in grosse Schwierigkeiten. Sie war dermassen eifersüchtig, dass sie Hogonell des Raubes bezichtigte. Obwohl unschuldig, wurde er vom Gericht zum Tode verurteilt, und er starb am Galgen. Die Eltern hörten die Stimme ihres Sohnes, der ihnen mitteilte, dass er noch lebe. Er sei auf Fürsprache des Heiligen befreit worden. Die braven Pilger eilten zum Stadtrichter und verkündeten ihm, was sie gehört hatten. Dieser erwiderte, dass ihr Sohn so sehr am Leben sei wie der Hahn und das Huhn, die schon gebraten auf dem Tisch lagen und in Kürze zerlegt werden sollten. Jedoch, o Wunder! In diesem Augenblick sprangen der Hahn und die Henne vom Teller, gingen auf dem Tisch des unglückseligen Richters spazieren und fingen zu gackern an.[152] Zur

Erinnerung an dieses Wunder wird in einer Nische der Kathedrale bis heute lebendes Federvieh gehalten. Ihr Krähen und Gackern wird von den Pilgern jeweils mit Freude erwartet.

Auch in der Volksmedizin spielte das Federvieh eine wichtige Rolle. In der französischen Schweiz stillte man Blutungen mit drei Eiern einer schwarzen Henne und einer Hand voll Salz. Diese Therapie wurde von bestimmten Besprechungsformeln begleitet.[153] Hühner, die ihre Eier immer an einem anderen Ort legten, waren nicht gern gesehen. Um sie zu bannen, gab es im Emmental ein probates Mittel. Man musste einige Strohbänder stehlen (!) und davon ein Nest machen. Darin kamen drei Federchen und drei Brotkrumen von oberen Brotrand. Von da an legten die Hühner ihre Eier immer am gleichen Ort.[154]

Weit verbreitet war die Vorstellung, dass das Hahnenhirn ein Antitoxin gegen Spinnen- und Schlangengift enthält. 1568 hiess es: «Hahnenhirn mit wasser vnd es sich vermengt vnnd pfäffer darzu gethan, ist denen seer nutz, so von einer Hecknatern verletzt sind.»[155]Anzunehmen ist, dass dieses deutsche Rezept, das antiken Medizinbüchern entnommen wurde, auch in der Schweiz bekannt war. Von der Aufklärung bis Mitte des 20. Jahrhunderts wurden diese volksmedizinischen Anweisungen von der Naturwissenschaft als unsinnige Produkte eines mittelalterlichen Obskurantentums abgetan. Doch in den letzten Jahrzehnten relativierte die Forschung dieses vernichtende Pauschalurteil. Skurrile Behandlungsmethoden entpuppten sich zum Teil als Massnahmen, denen eine therapeutische Wirkung nicht ganz abgesprochen werden kann. Um bei den Hühnern zu bleiben, sei als Beispiel das «Regiment, wie sich zu Zeiten der Pestilenz zu halten sei», erwähnt, das der Rat der Freien Reichsstadt Nürnberg als Anordnung zur Behandlung von Pestbeulen erliess: «Die ander aber gebrauchen auch dem Aderlass ein obgemelter Arznei, welches auch von den doctorn hoch berümt wird, dass sie einen jungen han hinden den Hindern ganz blutt berauffen, den schnabel zudrucken und mit dem Hindern auff das geschwür halten, und ob der Han von aussgezogener Gifft stürb, das mit einem andern oder mahr, bis einer lebendig bleibt, obgemelter mass zu thun, ist eine bequeme gute Ausziehung des Giffts. Probatum est!»

Der Hahn hat ein doppeltes Gesicht. Einerseits ist er ein Vogel der Fruchtbarkeit, anderseits kann er sich als Dämon zeigen. In der Sage und in der Volksrede ist er dann und wann ein Geistervogel, der den Wohlstand durch das Dach und das Kamin ins Haus hineinschüttet. Versäumt man aber, den roten Hahn zu pflegen und zu füttern, verwandelt er sich auf dem Dach in ein dem rothaarigen Feuergott geweihtes Feuertier und zündet das Haus an. Der Bescherer wandelt sich so zum Verzehrer. Im Märchen verschlingt dann der zum Ungeheuer gewordene Hahn sieben Ochsen und noch den Mühlstein dazu. Ernst Rochholz weist in diesem Zusammenhang auf eine alte Handschrift aus Brugg (AG) hin: «Jeder Güggel legt nach sieben oder neun Jahren einmal ein Ei; lässt man dieses ausgehen (zum Ausschlupfen) und unter Rossmist bebrüten, so kommt ein Drache hervor, der alles durch seinen Blick tötet. Darum nehme man dem Hahn das Ei vorher weg und lasse einen Zentnerstein drauf fallen.»[156]

Schreckliche Dorftiere

Unter dem Begriff «Sturmtiere» verstand man in Deutschland jene Sagentiere, zu denen hierzulande unter anderem so genannte Dorftiere, Dorfhunde, Bachkälber, Wassertiere, Mittagslämmer und Bachdachse zählten. Es waren vor allem wilde Tiere, die von einem grossen Regen aus den Wildbächen, Erdlöchern oder Schluchten getrieben wurden und unter jämmerlichem Gewinsel ihren Weg zu den nächstliegenden Dörfern suchen mussten. Der Schweizer Pfarrer Bartholomäus Anhorn äusserte 1665 in seiner Schrift über die Zornzeichen Gottes eine eindringliche Warnung vor diesen gefährlichen Tieren:

«Es werden noch viele Stätte gefunden, in denen an gewissen Orten sich schreckliche Gespenster erzeigen, welche etwa wie ein Kalb, oder wie ein Hund durch gewisse Gassen laufen, grewlich heulen und schreyen und ungesegneten gottlosen Leuten, die sie antreffen, Schaden zufügen.»[157] Die Rede ist hier von höllischen Rindern, denen grausame Metzger einst das Fleisch bei lebendigem Leib herausgeschunden hatten. Seither hätten diese Kreaturen jeweils nur noch aus einem Vorderleib bestanden, die hintere Körperhälfte mühsam als leere Haut nachschlepend. Im Volksglauben lebten sie im Winter auch unter der Eisdecke des gefrorenen Vierwaldstättersees, erfüllten die Täler meilenweit mit ihrem entsetzlichen Gebrüll, brachen dann das Eis mit ihren Hörnern auf und kündigten die Ankunft des Frühjahrs an. Später stiegen sie aus den Fluten, kletterten die Felswände empor und rafften an einem einzigen Tag ganze Viehherden dahin. Im Sommer verwüsteten sie die Berge.

Neben den nicht näher spezifizierten ungeheuerlichen Dorftierarten verursachten der Landbevölkerung auch Geschichten von zumeist schwarzen Dorfhunden mit rollenden Augen Hühnerhaut. Von ungeheuerlichen Dorfhunden berichten Mythen aus den Aargauer Gemeinden Muri, Obernussbaumen, Attelwil, Seon, Nesselnbach, Reitnau, Magden und Aarburg. Dass gespenstische Hunde in der Schweiz gefürchtet waren, zeigt die Sagensammlung des Priesters Josef Müller (1870–1929), die 45 Geschichten von Glasscheibenhunden und anderen ungeheuerlichen Rüden und Kläffern im Kanton Uri enthält.[158] Der Basler Volkskunde-Professor Eduard Hoffmann-Kreyer lobte 1929 Müllers Werk als die schönste aller Sagensammlungen.[159]

Das Thema der Dorfhunde beschäftigte auch einen anderen Geistlichen: Pfarrer Albert Daucourt (1849–1926) aus Miécourt, Archivar in Délémont (JU). Er hielt Sagen und Legenden aus dem Jura fest, deren Motive sich mit jenen der Aargauer Sagen decken. Dazu gehören auch Erzählungen über das Schloss von Soyhières. Unter anderem kommt darin ein schwarzer Hund mit Feueraugen vor, der «Augenbrand» hiess. Viele Einwohner von Soyhières hätten gesehen, wie er auf der Suche nach seinem Herrn, dem 1233 ermordeten Rodolphe de Sogren, ruhelos umherstrich. Andere hätten den mysteriösen Reiter – den Wilden Jäger – gesichtet. Im abendlichen Zwielicht würde er in dunkle Kleider gehüllt jeweils auf einem kleinen, schwarzen Pferd aus den berüchtigten Höhlen der «Teufelschuchi» herausreiten. Sein gedrungener Körper reiche kaum über den Sattelrand hinaus und sein breitkrempiger Hut liege fast auf den Schultern auf, sodass man sich fragen könne, ob er überhaupt ein Gesicht habe. Er galoppiere jeweils in Richtung Soyhières, und sein Tempo sei dermassen rasant, dass man hören könne, wie er die Luft durchschneide. Sein Pferd würde aber keinerlei Spuren hinterlassen, keinen Staub aufwirbeln und bei Regenwetter nicht einmal Wasser und Schlick aufspritzen lassen. Hingegen würden Stuten, die ihm auf dem Weg begegnen, vor Schreck wiehern und Reisende gingen ihm mit Entsetzen aus dem Wege. Der geheimnisvolle Reiter würde aber nie die alte Brücke von Soyhières überqueren, wo der Hund «Augenbrand» seine nächtlichen Runden drehe.[160]

In dieser Sage überschneiden sich drei Geistererscheinungen: das schwarze, unheilvolle Reitpferd; der schwarze, bedrohliche Dorfhund und der Wilde Jäger. Interessant ist der Hinweis auf den breitkrempigen Hut des Untoten. In einer St. Galler Sage[161] geht in der Mitte eines Zuges von schwarzen Gestalten ein grosser weisser Mann, der ebenfalls einen Schlapphut trägt. Haben wir es hier mit Glaubenserinnerungen an den germanischen Gott Wodan zu tun, der in den nordeuropäischen Sagen mit einem grossen Hut auftritt und deshalb auch «der Breithütige» heisst?

Sagen von Wilden Jägern beziehen sich oft auf bestimmte, meist adelige Jägerpersönlichkeiten, die nach ihrem Tod dazu verdammt waren, bis zum Jüngsten Tag in einem bestimmten Gebiet zu jagen. In der Regel büsst so der Wiedergänger eine Freveltat wie die Entheiligung eines Sonn- oder Feiertages. Diese Erzählungen entwickelten sich zweifellos aus den Ohnmachts- und Rachegefühlen von rechtlosen Bauern gegenüber Grundbesitzern heraus, die alle Jagdprivilegien hatten. Als spukender Dämon gehört der Wilde Jäger zu den eher harmlosen Luftgeistern. Vorstellungen der Wilden Jagd, die sich ursprünglich auf die Verfolgung von Menschen und Tieren bezog, verschmolzen später mit dem Bild eines wandernden Totenzuges.[162] Das Nachtvolk – im Wallis spricht man vom Gratzug und im Graubünden von der Nachtschar – besteht aus armen Seelen, die sich als betende Prozession menschengestaltiger Schattenwesen bemerkbar macht.

Häufig sind Sagenvarianten, in denen der Wilde Jäger zum Teufel wird. Sie gehen auf mittelalterliche Predigtexempel zurück, bei denen Funde von kleinen Hufeisen als Relikte von «Pfaffenköchinnen» gedeutet wurden, die als Reittiere des Teufels an der Wilden Jagd teilnahmen. Anlass zu diesen Vorstellungen von dämonischen Frauen boten vorzeitliche Beschläge von Saumtieren, die in den entsprechenden Alpenregionen ausgegraben wurden. In einer Wallfahrtskapelle oberhalb von Visperterminen (VS) befanden sich unter vielen Votivtafeln auch ein Hufeisen und eine Haarflechte.[163] Dazu findet sich in der Sammlung des Heimatdichters und Lehrers Johannes Jegerlehner (1871 – 1937) die entsprechende Geschichte, die wohl jungen Frauen als Warnsage erzählt wurde:

Eines Morgens liess dort in der Nähe ein fremder Reiter bei einem Hufschmied sein Pferd beschlagen. Das Pferd jammerte und sagte, er solle nicht so hart schlagen, denn es sei seine Tochter, die er verwünscht hatte und die nun der Teufel reite. Es sei der letzte Tag, an dem sie der Teufel allein lasse. Er solle sie freibinden. Sie werde nur frei, wenn sie, ehe der Böse sie wieder einhole, über neunundneunzig Friedhöfe setzen könne. Die ganze Familie betete nun für die Erlösung ihrer unglücklichen Tochter. Nach drei Tagen kehrte sie befreit heim. Der Satan habe sie auf dem letzten Friedhof eingeholt und am Schweif fest ergriffen. Den Schweif in den Händen des Satans zurücklassend, sei sie mit einem mächtige Kopfsprung hinübergesetzt und nun entzaubert und gerettet. Die Haarflechte[166] und das Hufeisen, die ihr vom Satan zornig hingeworfen wurden, hängen nun in der Waldkapelle. Daneben steht aber noch zu lesen, dass des Hufschmieds Tochter dem Teufel nicht hätte entgehen können, wenn sie nicht Jungfrau gewesen wäre.[164]

Von der Erscheinung eines Nachzehrers mit seinem Jagdhund berichtet eine Sage aus Safenwil (AG). Rochholz lokalisiert sie beim ehemaligen

Steinbruch auf dem Sudhubel, wo im 19. Jahrhundert römische Ruinen ausgegraben wurden. Die Bevölkerung betrachtete dort ein Loch als ehemaligen Sodbrunnen einer Burg, wo der Zwingherr von Scherenberg lebte. Er galt als leidenschaftlicher und rücksichtsloser Jäger. Mit seinem Tross soll er jeweils die Saat der Bauern zertreten haben. Dafür rächten sie sich und zerstörten, während der Tyrann in der Abtei Sankt Urban auf Besuch war, sein Schloss. Aus Wut darüber nahm er sich das Leben.

Bei jedem Wetterumschlag sahen ihn später die Leute mit zwei rot und weiss gefleckten Hunden aus dem Wäldchen des Brünneliberges herauskommen. Der Untote ging am Tag in grüner Tracht mit Büchse und Weidsack, aber ohne Kopf umher. In später Nacht jedoch fuhr er mit einer rasselnden Karosse über den Berg. Wer ihm begegne, erzählten die Leute, würde in den Sodbrunnen oder in eine Höhle stürzen.

Im nahe gelegenen Färbereigebäude hätte eine Sau die Gestalt eines ungeheuren Mannes angenommen, der mit langen Beinen und wie auf Stelzen schreitend in gewaltigen Schritten auf die Trockenböden hinaufging. Statt seines Kopfes hätte man nur den übergrossen Hut gesehen. Der Spuk hörte auf, als das Lokal umgebaut wurde.[165]

Die Sage enthält eine erstaunlich präzise, heute noch zutreffende Beschreibung des Sodhubels mit seinem geheimnisvollen Schacht. Vermutlich handelt es sich beim Scherenberger Zwingherrn um den 1382 verstorbenen Johannes von Scherenberg.[166] Bemerkenswert sind die naiven Sandsteinplastiken im Halbrelief, die im erwähnten ehemaligen Steinbruch stehen. Sie wurden vom Safenwiler Hilfsarbeiter und Mähmesserschleifer Hans Widmer während dem Zweiten Weltkrieg geschaffen. Die Skulpturen bilden ein rührendes Panoptikum, das einen brüllenden Elefanten, einen lieblichen Löwen unter Palmwedeln, Schwalben, Eulen, Schlangen und verschiedene andere wilde Tiere darstellt. Dazu sind einige patriotische Szenen in den Sandstein gehauen. Ob der sonderbare Künstler von den Sagen wusste und seine Tierwelt deshalb auf dem Sodhubel kreierte?

Hunde der Unterwelt

Sucellus ist ein bulliger, bärtiger Mann, der mit einem kurzen, gegürteten Rock und Stiefeln bekleidet ist. Nach den insgesamt sechs in Viège, Genf, Lausanne, Pully, Basel und Augst gefundenen Statuen zu schliessen, war er zur gallo-römischen Zeit die populärste Gottheit der Westschweiz. Auf den meisten Plastiken ist sie von einem kleinen, manchmal dreiköpfigen Hund begleitet. Raymond Christinger, der die mythologische Bedeutung des Hundes im Zusammenhang mit dem Sucellus-Kult erörterte, weist ihm die Rolle eines Vertreters der Unterwelt zu. Er ist Hüter des Geisterreichs und gleichzeitig ein zuverlässiger Führer, der einen zur Anderswelt geleiten kann. Die grosse Bedeutung des Hundes in der keltischen Kultur zeigt sich nicht nur in den bereits betrachteten Jagdbräuchen, sondern auch in der Vielzahl von merkwürdigen Personennamen, die aus dem keltischen Wort für Hunde abgeleitet wurden. So zum Beispiel *Cú Chulainn, Cú Roi* oder *Conan.*[167]

In der griechischen Mythologie bewacht der Höllenhund Cerberus den Eingang zur Unterwelt. Und in irischen Sagen ist «Hund» eine häufige Bezeichnung für Krieger. Cú Chulainn ist der Hauptheld im *Ulster-Zyklus*, der eine Gruppe alt- und mittelirischer Erzählungen aus der Zeit um Christi zusammenfasst. Darin findet sich auch eine Erklärung für seinen Namen, der «Hund von Cullan» bedeutet. In einem Heiligtum bei Nettleton Shrub (Gft. Wilshire, GB) wurde auch eine Gottheit gefunden, die den Beinamen Cunomaglus führt, was «Herr der Hunde» heisst.[168]

Die Identifikation der Krieger mit den Hunden übertrug sich von den Kelten auf das germanische Volk der Langobarden. In Verona sind auf den Totenmälern des einst mächtigen Fürstengeschlechts der Scaliger – zweifellos Nachfahren der Langobarden – Hunde mit Kronen und Flügeln, Hunde als Wappenhalter und Sargträger sowie Hunde als Helmzeichen zu sehen. Berühmtester Vertreter der Dynastie sind Cangrandes I. della Scala[169] (1291–1329). Sein Grabmal in Verona führt das Hundesymbol gleich doppelt. Gekrönte Hunde halten das Wappenschild, und er selbst trägt im Nacken einen hundekopfförmigen Helm.[170]

Magische Katzen - unsichtbare Menschen

Unsere Hauskatze stammt von der nordafrikanischen Falbkatze ab, die von den Ägyptern domestiziert wurde. Für die Unterwaldner verschuldeten nachlässige Sennen die Verwilderung der Katzen. «Lassen die Sennen in der Nähe der Sennhütte eine Katze zurück, so fährt ein Gespenst in sie und macht sie zur Wildkatze», wurde im 18. Jahrhundert berichtet.[171]

Weil eine Katze durch ihr Geschrei den heiligen Gregorius öfters beim Studieren gestört hatte, töteten die Schulknaben von Rapperswil [SG] alljährlich am Fest dieses Heiligen eine Katze. Bisweilen wurde dies in besonderer Weise vollzogen. Sie banden dem Tier aufgeblasene Schweinsblasen an den Hals und warfen es von einem Turm oder sonst einem hohen Gebäude hinunter. Die Katze fiel aber nicht zu Boden, sondern ruderte sich in der Luft zu Tode.[172]

Diese Sage geht auf die düstere Zeit der grausamen Bauopfer zurück. Menschen[173] und Tiere wurden eingemauert oder vom Bauwerk herabgestürzt. Bei diesen Opfern ging es entweder darum, die Bewohner vor Unheil zu schützen, oder eine lückenhafte Stelle, die trotz aller Anstrengungen nicht solide ausgebaut werden konnte, durch Zauberhandlungen in Stand zu stellen. Ernst Rochholz berichtet, dass die Einwohner des Dorfes Au (AG) früher mit den Übernamen «Katzen» geneckt wurden, weil sie beim Neubau ihrer Kirche eine Katze vom Turm hinuntergeworfen hätten. Ähnliches wird aus Zypern erzählt. Am Himmelfahrtstag Christi und Maria sollen dort jeweils Katzen von den Türmen hinabgestürzt worden sein.[174]

Lebend eingemauert oder eingegraben wurden im alten Europa vor allem Lämmer, Hunde, Fledermäuse und Hähne. Zahlreiche Knochenfunde in Grundsteinen, Fundamenten und Mauern belegen, dass die im Erzählgut überlieferten Andeutungen und Aussagen einer traurigen Realität entsprechen.[175] Bischof Christian Caminada erinnerte sich, bei der Restaurierung der Churer Kathedrale im Jahr 1926 Gerüstlöcher entdeckt zu haben, die mit Hühnereiern, Hühnergerippen und Kleintierskeletten besetzt waren.[176]

Der Nimbus des Magischen, der im Allgemeinen den Katzen anhaftet, prägte eine ganze Reihe von Schweizer Alpensagen. Sie alle haben einen unheimlichen Ausgang. Projektionen vermengen sich darin mit Beobachtungen von oft tatsächlich unerklärlichen, manchmal geradezu unheimlichen Verhaltensweisen dieser Haustiere.[177] Die Urner Sage von den tanzenden Katzen auf der Alp ist für dieses Genre charakteristisch:

Einstmals, an einem Seelensonntag, ging ein junger Senn nachts von den Süssbergen gegen die Haldi am Schattdorferberg. Da sah er in einer verlassenen Hütte in den Ribinen Licht. Neugierig lief er dorthin und sah in der Hütte eine grosse Zahl tanzender Katzen, darunter die Hauskatze seines Meisters, ein grosses schwarzes Tier, das man Hermann nannte und das lustig aufspielte. Als ihm am anderen Morgen diese Katze zu Hause über den Weg lief, fragte er sie: «So, Hermann, hast du dir's in der letzten Nacht lustig gemacht?» Da sprang die Katze wie wütend an ihm hinauf und verbiss sich in seinen Kleidern. Ohne die Hilfe anderer wäre er von dem Tier nicht losgekommen. Darauf verschwand die Katze und liess sich nie mehr im Hause blicken.[178]

Kaum eine andere Kreatur, und schon gar kein anderes Haustier, wurde zu Beginn der Moderne derart systematisch und auf so brutale

Weise verfolgt, gesteinigt, eingezwängt, verbrüht und verstümmelt wie die Katze. Tierquälerei galt vor dem 19. Jahrhundert nicht als moralisch verwerfliche Haltung einiger Psychopathen, sondern war eine allgemein tolerierte Lustbarkeit des Volkes. Am *dimanche des brandons* (Scheiterhaufen-Sonntag) in Semur (Dép. Saône-et-Loire, F) zum Beispiel vergnügten sich Kinder damit, Katzen auf Pfähle zu binden und am Scheiterhaufen zu rösten. Und zum Johannisfest war es in weiten Teilen Europas ein beliebtes Amüsement, eine «Katze im Sack» in die Flammen zu werfen und sich am Gekreische zu ergötzen, das die Tiere in ihrem Todeskampfe von sich gaben.

Häufig fielen Katzen magischen Praktiken zum Opfer. Man hielt sie wie die Hunde für geistersichtig. Mit einem Katzenherz konnten deshalb Geister abgewehrt werden.

In einem Hause zu Niederweningen [ZH] zeigten sich vor vielen Jahren unheimliche Erscheinungen. Es geisterte. Oft fuhr es durchs Haus wie der Blitz. Da riet jemand dem Eigentümer, er solle nachts um zwölf Uhr an einem Kreuzweg ein Katzenherz vergraben, und zwar müsse es während des Glockenschlages geschehen. Der Mann führte den Rat aus, und von Stund an hatte er Ruhe.[179]

In der finsteren Epoche des Hexenwahns hielt man Hexen für fähig, sich in Katzen zu verwandeln. Man glaubte, sie hätten in Miezengestalt ein leichtes Spiel, ihre unschuldigen Opfer mit einem bösen Zauber zu umgarnen. Im Volksglauben Frankreichs gaben sie sich mit Vorliebe am *Mardi Gras* (= Fasnacht) ein Stelldichein, um einen furchtbaren nächtlichen Hexensabbat abzuhalten. Unter Anleitung des Teufels, der selbst als riesenhafter Kater umherschlich, hätten die Katzen jeweils grauenhaft geheult, gefaucht und gerauft und in widerwärtigster Weise kopuliert. Um sich vor der Zauberei dieser «gottverdammten Biester» zu schützen, gab es eine wirksame Gegenmassnahme: Man musste sie verstümmeln. Nur wenn man ihnen die Ohren kupierte, ihren Schwanz abschnitt, ihr Fell versengte oder ein Bein zermalmte, war ihre böse Macht ein für alle Mal gebrochen. Denn eine mutilierte Katze war vom Verein der teuflischen Tiere ausgeschlossen; der Zugang zum Hexensabbat war ihr verwehrt.

Etwa vor tausend Jahren wohnte im Lomatthaus bei Stallikon [ZH] ein Weib, das in der schwarzen Kunst wohl erfahren war. Schwarz wie ihre Kunst waren auch Leib und Seele. Einzig die Haare standen ihr rot um ihr hässliches Gesicht, in welchem zwei funkelnde Triefaugen standen. Zur

Nachtzeit fuhr sie mit dem Teufel auf den Hexentanzplatz und half ihm dort bei jedem Firlefanz. Dafür tat ihr der schwarze Höllengeist zuliebe, was sie nur wollte. Doch zur bestimmten Zeit lief der Vertrag mit dem Bösen ab. Sie stand just hinter dem Haus beim Brunnen, als er heranfuhr, sie beim Schopfe nahm und ihr das Genick umdrehte. Seit da muss sie als Katze beim Lomattobel umgehen, sobald es dort abends zu dunkeln anfängt.[180]

Man mag sich fragen, wieweit die unzähligen aus Frankreich stammenden Aufzeichnungen von Katzenquälereien auch in der Schweiz praktiziert wurden. Unmenschlichkeit kennt keine Grenzen. Diese Form von Sadismus etablierte sich in allen Ländern Europas, die dem Hexenwahn verfallen waren. Die lokalen Eigentümlichkeiten zeigten sich allenfalls in den unterschiedlichen Schattierungen, in denen die kollektiven Perversionen ausgelebt wurden.

Ein besonders trauriges Kapitel bildet das berühmte Katzenmassaker an der Rue Saint-Séverin in Paris, das der Arbeiter Nicolas Contat als Augenzeuge niederschrieb.[181] Um 1739 organisierten die Lehrlinge und Gesellen einer Buchdruckerei eine unbarmherzige Katzenjagd. Mehrere Nächte hintereinander zogen sie mit Eisenstangen bewaffnet aus der Werkstatt, stiegen selbst auf die Dächer hinauf und massakrierten blindwütig alle Katzen, die ihnen über den Weg liefen. Jene Tiere, die sich durch einen Sprung durch das Fenster in die Offizin retten wollten, wurden in Säcken aufgefangen und anschliessend unter höhnischem Gelächter in einem «Prozess» zum Tod durch den Strang verurteilt.

Hinter diesem Massaker steckte auch ein menschliches Drama: die Ausbeutung von Schriftsetzern und Buchdruckern durch ihre Patrons. So wurden den Lehrlingen und Gesellen, die teilweise schon um vier Uhr morgens die Arbeit aufnehmen mussten, verdorbene Fleischbrocken zum Essen vorgeworfen, über die selbst Katzen die Nase rümpften. Die sozialen Realitäten waren in der Schweiz gleichermassen himmelschreiend wie im vorrevolutionären Frankreich. In den Akten der Société typografique de Neuchâtel (STN) aus der zweiten Hälfte des 18. Jahrhunderts sind traurige Zustände festgehalten, die mit Nicolas Contats Schilderungen weitgehend übereinstimmen. Das schändliche Massaker der Katzen an der Rue Saint-Séverin war ein Amoklauf gegen die Oligarchie der Druckereibesitzer. Denn Katzen wie später Schosshunde waren gerade wegen ihrer vordergründigen Nutzlosigkeit zu einem beliebten Statussymbol der neuen Klasse geworden. Die Liebe zu Tieren, von denen die aufkommende Bourgeoisie selbst keinen direkten Nutzen ziehen konnte, war Ausdruck ihrer Nonchalance und materiellen Sorglosigkeit. Die Arbeiter der Rue Saint-Séverin meinten den Sack und schlugen den Esel. «La grise», die Lieblingskatze der Meisterin, wurde in blindem Hass niedergeknüppelt, und damit war Madame selbst zur Hexe degradiert.[182] Die schändliche Tat war aber kein revolutionärer Akt und schon gar kein öffentlicher Skandal; sie bewegte sich in der gesellschaftlichen Norm einer Epoche, in der ein tiefer Graben zwischen ausgebeuteten Menschen und Tieren klaffte.

Schwarze Katzen sind nachts unsichtbar. Diese Binsenwahrheit führte zur Vorstellung, dass Katzen auch den Menschen dazu verhelfen können, unsichtbar zu werden. Der Traum vom gestaltlosen Jäger, der sich seinem Opfer unerkannt nähern kann, scheint universell zu sein. Die Micmac-Indianer im Osten Kanadas erzählen zum Beispiel heute noch die Geschichte vom Mädchen, das einen unsichtbaren Jäger heiratete.

Die Einbildung, mit Hilfe von Katzen den Zustand der Unsichtbarkeit erlangen zu können, führte zu Zauberhandlungen grausamster Art. Wer beispielsweise eine Katze zwischen elf und zwölf Uhr bei starkem Feuer so lange kocht, bis das Fleisch von den Knochen fällt, findet einen unsichtbar machenden Knochen. Im Raum Leberberg (SO) hiess es, man könne unsichtbar werden, wenn das Tier in der Weihnachtsnacht gekocht würde.[183] Zahlreich sind die Kochrezepte, bei denen vom Tier zum Schluss ein magischer Ring übrig bleibt. Um den Finger oder um den Hals getragen, mache dieser den Menschen unsichtbar.

Die Katze teilt ihre Fähigkeit, Unsichtbarkeit zu übertragen, mit den Fledermäusen. Viele Menschen glaubten tatsächlich, dass ein auf sich getragenes rechtes Auge des Flattertieres dazu verhelfen konnte, unsichtbar zu werden.[184] Auch schwarze Hennen, schwarze Hunde, weisse Wiesel, Kröten sowie Laubfrösche, Schlangen und Ameisen konnten scheinbar diesen Traum erfüllen. Verbreitet war zudem die Überzeugung, dass ein unter der Zunge getragenen Blendstein, den man im unsichtbaren Nest des Zeisig fände, einem vor dem Gesehenwerden bewahren könne. Die Menschen hofften, den Blendstein auch in den Nestern von Raben und Krähen, Elstern, Schwarzkehlchen und Wiedehopfen zu finden.[185] Dazu gibt es das hübsche Schweizer Märchen *Der Rabenstein.* Die Geschichte handelt von einem Hüterbuben, der im Spiegelbild eines Wassertümpels ein Nest mit drei Raben entdeckte. Als er auf den Baum kletterte, war nicht die Spur von einem Nest zu sehen. Er orientierte sich nach mehreren vergeblichen Versuchen am Spiegelbild und tastete den entsprechenden Ast ab. An der richtigen Stelle griff er zu und fand zu seiner Überraschung ein weisses Steinchen in der Hand. In diesem Augenblick wurde das Nest sichtbar. Als er seine Geissen singend durch das

Dorf trieb, sperrten die Leute im Dorf Mund und Augen auf. Der singende Geissbube war für sie unsichtbar. Zu Hause angekommen erzählte er seinem Vater vom seltsamen Fund im Rabennest. Doch auch der Vater konnte den Buben nicht sehen. Als dann der Vater den Stein in die Hand nahm, wurde auch er unsichtbar. Er sprang mit dem Steinchen aus dem Haus und warf ihn in den Sodbrunnen. Das löste in der Tiefe des Schachtes Blitz und Donner aus, als würden Himmel und Erde zusammenstürzen. Der Bub trauerte zeitlebens um den Zauberstein als um ein Kleinod und war seitdem nie mehr so lustig wie an dem Tage, als er das Steinchen gefunden hatte.[186]

Auch am Beispiel des Wiedehopfes zeigt sich, wie antike Vorlagen die mittelalterlichen Bestiarien beeinflussten und damit abergläubische Vorstellungen festigten. Der *Physiologus* meint: «...Wenn dessen Kinder ihre Eltern alt werden sehen, zupfen sie ihnen die alten Federn aus, und lekken ihnen die Augen, und sie hegen die Eltern unter ihren Fittichen, und machen, dass sie wieder frisch und jung werden. Und dabei sagen sie zu ihren Eltern: So wie ihr euch geplagt habt, als ihr mit Plage uns aufzoget, so tun auch wir desselbigengleichen an euch. Wie also mag es so unverständige Menschen geben, die nicht ihre eigenen Eltern lieben?»[187]

In der Universitätsbibliothek von Cambridge wird ein ausserordentlich wertvolles *Bestiarium* verwahrt. Das Manuskript wurde zu Beginn des 13. Jahrhunderts von Zisterziensermönchen in lateinischer Sprache geschrie-

Geliebt, verehrt – verachtet, geschlagen. Der Esel als Projektionsfigur für menschliche Tugenden und Unzulänglichkeiten fehlt in keiner Erzählgattung.

ben und mit prachtvollen Illustrationen geschmückt. Über den Wiedehopf erfährt man darin einiges:

«Wiedehopf (upupa) nennen ihn die Griechen, weil er sich mit dem menschlichen Kot abgibt und sich von stinkendem Mist ernährt, ein durch und durch schmutziger Vogel, mit einem hervorstehenden Kamm bewaffnet, immer in Gräbern und in menschlichem Kot herumwühlend, und wenn sich jemand mit seinem Blut beschmiert, sieht er, wenn er schlafen geht, Dämonen, die ihn erwürgen wollen. / Daher sagt Rabanus: Dieser Vogel ist ein Sinnbild für hartnäckige Sünder, Menschen, die sich unablässig am Schmutz der Sünden ergötzen. Vom Wiedehopf heisst es auch, dass er die Traurigkeit liebt, weil nämlich Traurigkeit den Tod des Geistes bewirkt. Daher muss jemand, der Gott liebt, immer frohen Mutes sein und ohne Unterlass beten und dankbar sein für alles...»[188] Anschliessend wird die moralisierende Textstelle über die ihren Eltern gegenüber fürsorglichen Wiedehopfe aus dem *Physiologus* getreulich zitiert.

Der Wiedehopf galt nicht nur im Orient, sondern auch im europäischen Verbreitungsgebiet als Stinkvogel.

Im Freiamt (AG) erzählte man sich, der Wiedehopf und die Rohrdommel seien einst Hirten gewesen. Der eine trieb seine Herde auf steiniges Land, damit sie nicht zu mutwillig umherlaufe und er mehr Ruhe beim Hüten habe. Infolgedessen magerten die Tiere ab, dass sie sich kaum mehr vom Boden erheben konnten. Zur Strafe wurde der schlechte Hirte in einen Wiedehopf verwandelt und muss nun auf den heutigen Tag sein «hüp-hüp» rufen, um die Tiere heimzutreiben. Der andere trieb nur in des Nachbars fette Wiesen, damit das Vieh schnell gedeihe und er sich nicht lange plagen müsse, immer frische Weideplätze aufzusuchen. Von dem guten Futter übermütig geworden, entsprang ihm die Herde und liess sich nicht mehr in den Stall bringen, obschon er mit Steinen und Holzblöcken nach ihr warf. Zur Strafe muss er sein Leben lang als Rohdrommel sein vergebliches «oha» erschallen lassen.[189]

Wachsame Gänse und Unglücksraben

Hausgänse wurden in Zürich zum ersten Mal im Jahre 1481 erwähnt.[190] Da Daunen für das Bettzeug und Gänsekiele[191] für die Schreibstuben sehr begehrt waren, liess man die Hausgänse bald zu Tausenden auf den Gemeindegründen weiden, wo sie sich an Süss- und Sauergräsern gütlich taten. Gezüchtet wurden in der Schweiz vor allem leichte Landschläge wie die Diepholzer Gans, weil sie willig sind, den Weg vom Produzenten zum Konsumenten im Gänsemarsch zurückzulegen. Zu den Gänseherden gesellten sich immer wieder wild lebende Graugänse, die heute aus dem Landschaftsbild verschwunden sind. Mit dem Aufkommen der neuen Schreibgeräte und des synthetischen Stopfmaterials schrumpften die grossen Gänseherden schnell zusammen.

Die Wachsamkeit dieser Seelentiere wird schon in der griechischen Mythologie gerühmt. Heilig waren sie deswegen aber nie, mit Ausnahme vielleicht der kapitolischen Gänse, die der Sage nach um das Jahr 390 v. Chr. das Kapitol durch ihr lautes Geschnatter vor den Galliern retteten. Nach Julius Beloch, einem Historiker des 19. Jahrhunderts, soll dieser Bericht eine Erfindung zur Erklärung des Beinamens von M. Manlius Capitolinus gewesen sein, der die Kelten zurückgeschlagen hatte.

Im Altertum war die Gans ein Sinnbild der Fruchtbarkeit und der ehelichen Liebe.[192] Diese Symbolik dürfte auf die Anhänglichkeit der Gänse zurückzuführen sein, die sich leicht auf den Menschen prägen lassen und deshalb besonders bindungsfähig sind.[193]

In Fabeln kommen Gänse häufig vor. Äsop[194] erzählte von einem Mann, dem Hermes eine Gans geschenkt hatte, die goldene Eier legte. Weil der Beschenkte glaubte, im Inneren des Vogels befinde sich ein ganzer Goldklumpen, schlachtete er ihn und zerstörte so durch seine Habgier die Quelle seines Glücks. In einer anderen Fabel aus dem *Hitopasesa* ruhte sich ein Wanderer unter einem von einer Gans und einer Krähe bewohnten Baum aus und wurde mit Vogelmist beschmutzt. Die ihm Schatten spendende Gans betrachtete er aber an Stelle der Krähe, die ihn beschmutzt hatte und inzwischen weggeflogen war, als Verursacherin des Übels und brachte sie auf der Stelle um.[195]

In manchen Sagen sind Gänse auch Schatzhüterinnen oder, selbst aus Gold, wandelnde Schätze. Der Märchenforscher Manfred Gräz meint, dass sich hier ein letzter Reflex auf die goldene Gans der Fabel zeigt. Auch spukende Gänse und Hexen in Gänsegestalt kommen vor. Fanden sich im Gelände Spuren von Gänse- oder Entenfüsschen, war dies ein Hinweis, dass sich vogelfüssige Zwerge in der Gegend aufhalten.

Das Städtchen Sargans (SG) führt seinen Namen auf eine Gans zurück. Als die ersten Bewohner in Verlegenheit waren, welchen Namen sie dem Ort geben sollten, begaben sie sich an das nahe Flüsschen Saar und beschlossen, die Ortschaft nach dem Wasserlauf und dem ersten Gegenstand zu benennen, der herabgeschwommen kam. Dieser war eine Gans.[196]

Dieser Sage setzt das Autorenpaar Ernst und Louise Gattiker die etymologische Erklärung entgegen, das die Endung von Sargans vom keltischen Wort *Gan* oder *Gant* abzuleiten ist, was Felsen bedeutet. Der

Name *Sar* ist ebenfalls keltisch und hat wohl denselben Ursprung wie die Freiburger Sarine/Sare.[197]

Sargans führt denn auch wirklich eine Gans im Wappen, welches über hundert Jahre mit anderen Fahnen zusammen über dem Hochaltar in Appenzell hing. Das alte Banner der Gemeinde soll 1405 in der Schlacht am Stoss verloren gegangen sein.[198]

Für den Schweizer Schriftsteller Pirmin Meier[199] ist es kein Zufall, dass am Pilgerweg zwischen Sankt Meinrad und der Teufelsbrücke im Etzelgebiet (SZ) seit Jahrhunderten Gänse gehalten werden. Die Legende erzählt, dass die Gänse vom Etzel[200] einst über Theophrastus Bombastus von Hohenheim – später Paracelsus genannt – herfielen und ihm die Hoden abfrassen. Auch Louis Charpentier erwähnt wachsame Gänse, die entlang des Pilgerweges nach Santiago de Compostela anzutreffen sind.[201]

Seelentiere auf der Wanderschaft

Ein archaisches Denkgebäude: Seelen verlassen den menschlichen Körper und nehmen die Gestalt von fliegenden oder kriechenden Tieren an. Auf diese Weise erscheinen Vögel, Schmetterlinge, Bienen und Hummeln, aber auch Schlangen, Mäuse, Ratten, Kröten oder Echsen. Es sind meistens Tierarten, die auch im natürlichen Geschehen unerwartet zum Vorschein kommen und plötzlich wieder verschwinden, als seien sie nie da gewesen. Diese Vorstellung von Seelentieren, die vielen alten Kulturen gemeinsam ist, war auch unter allen indoeuropäischen Völkern verbreitet.

Es heisst, die Seele entweiche dem Körper eines schlafenden Menschen, um dabei in Gestalt eines Tieres auf Wanderung zu gehen. Aus diesem Inkarnationsglauben erklärt sich, warum unsere Vorfahren Kröten, Schlangen und Igel als Haustiere hielten und ihnen viel Zuwendung entgegenbrachten. Die Materialisierung der Seele als Tier führte aber trotzdem nie dazu, dass der Unterschied zwischen Mensch und Tier gedanklich aufgehoben wurde. Was kreuchend und fleuchend den menschlichen Körper verliess, galt als geisterhafte Erscheinung.[1]

Der Glaube an die seelische Verbindung eines Menschen mit einem bestimmten Tier gehört zum facettenreichen Phänomen des Totemismus. Dieser komplexe religionsethnologische Begriff ist der Algonkin-Sprachgruppe Nordamerikas entlehnt und umfasst verschiedene Formen des Glaubens an die Verwandtschaft von Individuen oder Gruppen mit Tieren, Pflanzen oder Naturgegenständen. Die Verwandtschaft wird dabei nicht im biologischen Sinne verstanden, sondern als eine ewige, unlösbare Beziehung. Im Gegensatz zur landläufigen Meinung, der Totemismus sei eine primitive Glaubensvorstellung der Urvölker Nordamerikas und Australiens, sehen wir ihn heute als Untergrund der meisten entwickelten Religionsformen.

Totemistische Spuren sind auch in der Schweiz aufzuspüren. Beispielsweise haben die im Alpenraum relativ häufigen Rutschsteine eine entsprechende Bewandtnis. Frauen, die sich Kinder wünschten, suchten den körperlichen Kontakt zu bestimmten erratischen Blöcken und Felsen. So wie im zyklischen und ahnenorientierten Denken vereinzelter Stammesgesellschaften die Seelen von Verstorbenen in den Totemtieren weiterleben, um später als Menschen wieder geboren zu werden, waren für unsere Ahnen auch Steinblöcke Träger von Kinderkeimen.[2] Das Gleiche galt auch für Brunnen, Quellen oder Bäume, die als Lebensspender verehrt wurden.[3] Der Religionswissenschaftler Wilhelm Mannhardt erklärt: «Die Seele des Verstorbenen geht in den Baum über, erfüllt ihn gleichsam mit menschlichem Leben, so dass Blut in seinem Geäder umläuft. Zugleich lässt sie sich als Schatten in Tier- und Menschengestalt ausserhalb des Baumes oder in dessen Nähe sehen, und ihr Anschauen verursacht jene Krankheiten, mit welchen der unverhüllte Anblick von Geistern auch sonst bestraft wird.»[4]

Selbst der Churer Bischof Christian Caminada wagt anzudeuten, dass totemistische Spuren im Uristier, im Steinbock, im viel verehrten Pferd und im Adler (Doppeladler) zu entdecken wären.[5] Auszumachen sind entsprechende Reste vor allem im Sagengut. Aus alten Geschichten, die eine symbiotische Lebensverbindung von Menschen mit bestimmten Tieren zum Ausdruck bringen, lässt sich meistens ein totemistischer Kern herausschälen.

Das in den Sagen verdeutlichte Konzept der tiergestaltigen Seelenexkursion gehört zum Phänomen des Individual-Totemismus und wurzelt in einem schamanistischen Bereich der ausserkörperlichen Erfahrungen. Was Psychologen als *Alter Ego* oder «Anderes Ich» bezeichnen, nennt der Innsbrucker Volkskundler Leander Petzoldt (geb. 1934) «das Gesetz der Teilhabe». Lucien Lévy-Bruhl (1857–1939), der berühmte Religionsethnologe und Völkerpsychologe, spricht sehr treffend von der *participation mystique.* Gemeint ist in jedem Fall die Wechselbeziehung zweier Wesen, die, um einen Begriff von Ebermut Rudolph zu verwenden, im Lebensgleichlauf stehen. Der Glaube an das Seelentier basiert somit auf der Anerkennung des Prinzips eines synchronen und sich gegenseitig ergänzenden Lebens von Mensch-Tier-Paaren.

Ebermut Rudolph, der sich mit dem Thema der Mensch-Tier-Beziehung auf unkonventionelle Weise auseinander setzt[6], sieht in diesem Alter-Ego-Komplex eine Erlebnisform, die weder zeit- noch kulturgebunden ist. Indem er die Möglichkeit der Simultanexistenz von Mensch und Tier anerkennt und die Frage des Realitätsgehaltes entsprechender Berichte offen lässt, liefert er der Volkskunde Denkanstösse zu einer neuen Sichtung des Sagengutes. Einen von mehreren Schlüsseln zum Verständnis des paranormalen Erlebnisbereiches des «Anderen Ichs» in

Tiergestalt sieht er in der Bilokation, das heisst in der Verdoppelung des Körpers und somit in der gleichzeitigen Präsenz an zwei verschiedenen Orten. Eine parapsychologische Fähigkeit, die in der christlichen Überlieferung zum Beispiel dem heiligen Antonius von Padua zugeschrieben wurde.[7]

Alben, Doggeli und weitere Druckgeister

Die Vorstellung der frei schwebenden Seele ist auch mit der Angst vor dem Alb verknüpft. Der Glaube an Druden, Mahrten, Doggeli, Schreckli, Schrättli und andere Plaggeister[8], die den Menschen nachts auf der Brust sitzen und entsetzlich drücken oder reiten, schliesst die Einbildung ein, dass diese Dämonen herumirrende Seelen von an sich unschuldigen Frauen seien. Davon berichten viele Sagen, deren Ursprung sehr weit zurückreicht. Durch irgend ein dunkles Verhängnis, eine abartige Veranlagung oder durch Zauberei wären die unglücklichen Frauen zu ihrem dämonischen Tun genötigt worden. Deshalb hatte man mit den Druckgeistern Mitleid und versuchte sie zu erlösen.[9]

Vielfach verlassen diese Unglückseligen ihre menschliche Hülle in Form einer Maus oder eines anderen Tieres, um einen Menschen, einen Baum oder ein Pferd zu drücken, sodass dieser ächzend den Albtraum erleidet. «... Er kann sich zum Beispiel aus einer Maus in eine schwarze Katze mit haarigem Menschengesicht, aus einer Katze in einen Strohhalm oder in eine Schlange und wieder zurück, aus einer Schlange in einen Frosch und in einen Strohhalm verwandeln; er kann sich wie ein Blutegel zum Knäuel zusammenziehen oder riesenhaft ausdehnen; um dünn zu werden und durchs Schlüsselloch schlüpfen zu können, haspelt er sich die Gedärme aus dem Leib.»[10] Eine Urnerin berichtete dem Sagensammler Josef Müller:

Vom Toggeli habe ich früher eine Geschichte erzählen gehört. Aber ich weiss nur noch, dass es sich in ein Säulein, in ein Ross und in eine Kuh verwandelt hat.[11]

Je nach Gegend wechselt das Bild der Seelentiere, welche Schlafende verlassen. Während zum Beispiel in Württemberg vornehmlich Vögel und im Schwabenland Spinnen gesehen werden, kriechen in der Schweiz auch gerne Hummeln aus dem Mund der Schlummernden. Die Vorstellung von der Seele in Mausgestalt war indessen in ganz Europa verbreitet.[12] Man findet das Motiv bereits in der *Geschichte der Langobarden*, die von Paul Diacre im 7. Jahrhundert n. Chr. verfasst wurde.

Eines Tages, auf der Jagd, schlief König Guntram am Fusse eines Baumes ein, sein Kopf auf den Knieen eines treuen Vassalen gelegt. Aus seinem Mund entfloh ein Tierchen, das einen nahe gelegenen Bach zu überqueren suchte. Der Vassale schlug ihm mit seinen Degen eine Brücke, und er sah es in ein Bergloch verschwinden. Kurz darauf kam es zurück und kroch wieder in den Mund des Königs zurück. Als Guntram erwachte, erzählte er, wie er im Schlaf geglaubt hätte, eine Brücke zu überqueren, in einen Berg zu gehen und dort einen Schatz zu sehen. Der Vassale teilte ihm mit, was er gesehen hatte. Guntram liess in der Nähe des Loches graben, in dem das Tier verschwunden war, und entdeckte einen Schatz.[13]

Das Motiv wurde in der mittelalterlichen Literatur sehr häufig aufgegriffen. Der deutsche Erzählforscher Hannjost Lixfeld hat an die zweihundert Varianten analysiert, die zwischen dem Mittelalter und dem 20. Jahrhundert entstanden sind.[14]

Nachdem die Seele den Körper des Schlafenden in Tiergestalt verlassen hat, wandert sie über Berge, überquert Gewässer und sieht sonderbare Dinge, an die sich dann der Erwachende erinnern kann und als Traum wiedergibt. Voraussetzung ist aber, dass das Seelentier auf jeden Fall den Weg zum Körper zurückfindet. Wird das Seelentier an der Rückkehr gehindert, stirbt das Doggeli. Diese Katastrophe kann eintreten, wenn der Körper der Schlafenden in die Bauchlage gedreht oder sonst wie gestört wird. Die Bündner Sage *Die Biene* aus der Sammlung des Lehrers Arnold Büchli (1885–1970) geht auf diese Zusammenhänge ein:

Ein paar junge Burschen, die um Mitternacht zwischen Klein-Fetan und Gross-Fetan unterwegs waren, sahen im Mondlicht einen menschlichen Körper leblos in einer Wiese liegen.

Das Gesicht lag gegen den Boden gekehrt, und als sie den Körper umgedreht hatten, erkannten sie ein altes Weib aus Klein-Fetan. Sie hielten die Alte für tot, trugen sie in ein nahegelegenes Haus und legten sie dort in die Stube. Doch plötzlich flog eine Biene durchs offene Fenster, näherte sich der Leiche und flug in den Mund der Alten. Kaum war die Biene hineingeflogen, schlossen sich die Lippen. Die Alte richtete sich auf und fuhr die Burschen zornig an, das nächste Mal sollten sie ihren Körper liegen lassen, wenn sie wieder einmal wie tot in der Wiese liege.[15]

Der Alter-Ego-Komplex kommt in dieser Erzählung unmittelbar zum Ausdruck: Ein vermeintlich lebloser Körper wird umgebettet. Ein Tier kehrt in den Mund der reglosen Person ein. Die Person erwacht. Sie ermahnt die Störenfriede, ihren scheinbar leblosen Körper in Zukunft nicht mehr anzurühren.

Im Kanton Uri erzählte man vom Verhängnis eines Mannes, der seine starr am Boden liegende Frau auf den Bauch gedreht hatte. «Ihre Seele konnte nicht mehr zurückkehren, da sie auf dem Bauch lag», erklärt die Sage unumwunden. Und im Kanton St. Gallen riet man Leuten, die sich eines Doggelis entledigen wollten, die Schlafende in die Bauchlage zu versetzen. Alle entsprechenden europäischen Sagen und Aufzeichnungen stimmen in diesem Punkt überein: Das *Alter Ego* geht beim Mund ein und aus.[16] Diese Vorstellungen lassen Atem, Hauch und Seele zu einem diffusen Bild verschmelzen.

Zur Abwehr des Doggeli kannte man im Kanton Uri einen einfachen Zauber: Man brauchte es nur mit dem Taufnamen anzurufen.[17] Die Ahnung, dass die Seele den Körper eines sterbenden Menschen in Form eines Hauchs oder eines Tieres verlässt, erhellt auch die Funktion des Seelenlochs oder -fensters. Die Frontplatte der meisten Dolmen (= Steintische aus der Bronzezeit) weist nämlich ein kreisförmiges Loch auf. Eine Steinsetzung mit einer derartigen Öffnung ist beispielsweise die *Pierre percée* in Courgenay (JU).

Melchior Sooder machte auf Fünf- und Sechssterne aufmerksam, die im Kanton Bern auf alten Laubentüren eingekerbt sind und einem Abwehrzauber gegen die Doggeli dienten. Ihre Darstellung und Funktion entsprechen den in Deutschland «Drudenfüsse» genannten Schutzzeichen.[18]

Bis weit in die Neuzeit hinein wurden beim Häuserbau kleine Seelenfenster unter dem Dachfirst ausgespart. Sie wurden jeweils dann geöffnet, wenn im Anwesen ein Leichnam aufgebahrt war. Im Wallis soll noch Mitte des 20. Jahrhunderts ein Geistlicher dafür gesorgt haben, dass dieses in seinen Augen unhaltbare heidnische Relikt zugemauert wurde.[19]

In den Vorstellungskomplex der frei herumschwebenden Seele gehört auch der alte Brauch, nach Geburten oder Todesfällen das Fenster des Zimmers weit zu öffnen, damit die Seele ins Freie entweichen kann.

Heilige zähmen wilde Tiere

Einen Schlüssel zum besseren Verständnis des Seelentierbegriffs liefert die mittelalterliche Mystik. Sichtbarer Ausdruck dieser Spiritualität sind die zu den Klausen gehörenden Paradiesgärtchen, die den Einsiedlern Gelegenheit gaben, ihr besonders inniges Verhältnis zur Natur zu pflegen.

In der Idylle des Paradiesgärtleins herrscht die wieder hergestellte Ordnung der Natur. Die Einsiedler pflegten in dieser hehren Welt ein

Der Heilige bezähmt ein wildes Tier. Holzschnitt aus dem *Garten der Gesundheit*, 15. Jh.

besonders enges Verhältnis zur Tierwelt. Der durch den Heiligen Geist erneuerte Mensch steht, so wollen es die Legenden, in einer ungetrübten, einvernehmlichen Beziehung mit der Fauna des Waldes. Die Hirsche zum Beispiel verlieren ihre Scheu und helfen dem Waldbruder beim Pflügen des Paradiesgärtleins, Bären und Löwen vergessen bei seinem Anblick ihre Raublust und werden handzahm. In der Legende des heiligen Ägidius zum Beispiel – einem der vierzehn Nothelfer – ernährt sich ein Eremit gar von der kräftigenden Milch einer Hirschkuh. Und in einer alten Kantate[20], die zu Ehren von Saint Gens komponiert wurde, wird ein Wolf besungen, der auf Geheiss des Heiligen pflügen muss. Er hat diese mühsame Arbeit an Stelle eines Rindes zu verrichten, das er aufgefressen hatte.

Diese Sehnsucht nach dem Einswerden mit der Natur widerspiegeln viele Legenden aus der Frühzeit der Christianisierung, in denen Erinnerungen an den keltischen Cernunnos-Kult mitschwingen, auf den wir noch näher eingehen werden. Am deutlichsten sind diese Reste in der Vita des heiligen Ciaran von Saighir zu erkennen, in der die Tiere des Waldes als erhabene Wesen personifiziert werden. Ciaran, der fromme Mann aus Irland, zog sich im 5. Jahrhundert in die Wildnis zurück, um die Zelle eines zukünftigen Klosters zu bilden. Als erste Kreatur erschien ein Eber, der sich beim Anblick des Menschen fürchtete und sogleich die Flucht ergriff. Aber das Tier kam zurück und unterwarf sich dem Gottesmann. Der heilige Ciaran betrachtete den Eber als seinen ersten Mönch. Später gesellten sich ein Hirsch, ein Fuchs, ein Dachs und ein Wolf dazu, und sie fügten sich alle willig in die Gemeinschaft ein.

Das variantenreiche Legendenmotiv des bekehrten Wolfes war im ganzen christlichen Abendland verbreitet. Es belegte den Gottesfürchtigen auf besonders eindrückliche Weise, wie die heiligen Männer sogar den Wolf, das heisst «das böseste aller Tiere»[21], zu bekehren vermochten. Sie brachten ihn mit Gottes Hilfe sogar dazu, von allen Untaten abzulassen und sich dem Guten zuzuwenden. Derart segensreichen Einfluss auf Wölfe hatten insbesondere der heilige Hervé aus der Bretagne, der heilige Remaclus von Flandern, der heilige Genis aus dem Comtat (Dép. Vaucluse, F) und der heilige Mungo, Bischof von Glasgow. *Nomen est omen:* Auch der heilige Lupus, Bischof von Bayeux (Dép. Calvados, F), gehörte zu den machtvollen Wolfsbezähmern.[22]

Ein noch sichtbares Beispiel für die heile Welt der christlichen Asketen ist die Klause Egg[23] auf dem Hohrücken des Lingaus in der Nähe des Schlosses Heiligenberg (Baden Württemberg, D) am Bodensee, dessen Paradiesgärtlein heute mit Brennnesseln überwuchert ist. Ein derartiger *Hortus conclusus* ist in Form eines Gemüsegärtchens auch neben der Klause im hoch romantischen Verenatal bei Solothurn zu sehen, die noch heute von einem Einsiedler bewohnt ist.

Das Tier als Helfer der Heiligen ist ein häufig wiederkehrendes Legendenmotiv. Meistens zielt das der Alltagserfahrung widersprechende Geschehen darauf ab, eine über den Gesetzen dieser Welt herrschende Macht zu verdeutlichen.[24] Letztlich geht es aber immer um die Belehrung der christlichen Gemeinschaft, dass der den weltlichen Genüssen entsagende, in Zweisamkeit mit Gott lebende Mensch übernatürliche Fähigkeiten erlange und dem sündhaften Volk dadurch überlegen sei. Deshalb bezähmen viele in der Einsamkeit lebende Heilige in aller Selbstverständlichkeit wilde Tiere, die den Normalsterblichen lebensbedrohlich erscheinen.

Dem heiligen Blasius zum Beispiel, der sich zur Zeit der Christenverfolgungen in einer Höhle verstecken musste, näherten sich die wilden Tiere «einmütiglich». Er segnete sie und heilte ihre Verletzungen. Darauf fanden die Jäger kein Wild mehr, weil sich alle Tiere zum guten Blasius geflüchtet hatten.[25] Einmal machte der omnipotente Schutzpatron aller Tiere aus einem reissenden Wolf ein lammfrommes Geschöpf:

Eine sehr arme Frau besass nur ein einziges Schwein, das ihr auch noch ein Wolf geraubt hatte. Sie flehte den heiligen Blasius an, er möge ihr helfen, ihr

Schwein wieder zu bekommen. Blasius lächelte und sprach: «Sei nicht traurig, Frau, dein Schwein wird dir zurück gegeben.»
Sofort kam der Wolf und gab der Witwe das Schwein zurück.[26]

Wundervolle Pakte, die eine friedliche Koexistenz von Mensch und Raubtier besiegelten, wurden schon im Altertum geschlossen und wirken in verschiedenen Drachenmythen nach. In den christlichen Legenden betreffen sie fast ausschliesslich grössere Raubtiere. Davon spricht auch die Vita des heiligen Columban[27] d.J., der einmal Äpfel und Brombeeren mit einem Bären teilte. Das Tier zeigte sich gehorsam und nahm die redliche Teilung an. Auch Sankt Gallus wurde auf seinem Missionszug zum Bodensee von einem Bären begleitet. Als der Heilige in der Einöde des Steinachtals (Bayern) seine Zelle bauen wollte, schleppte das Tier willig Baumstämme für ihn herbei.

In vielen Volkserzählungen, nicht nur im Märchen, beherrschen Tiere die Sprache der Menschen. Diese fantastische Fähigkeit könnte dem Glauben an die Verwandlungsmöglichkeit des Menschen in Tiergestalten oder der Vorstellung eines Weiterlebens der menschlichen Seele im Tierleib entspringen.

Die Gottheiten der Antike waren meistens von Tieren begleitet, und ein Teil der göttlichen Allmacht oder Allwissenheit ging auf sie über. Im Laufe der Jahrhunderte verwandelte sich ihre Gestalt. Auf diese Weise sind drei der vier Evangelisten zu ihren tierischen Attributen gekommen. Lukas erhielt den Stier, Markus den Löwen und Johannes den Adler zugeordnet.

Die Rolle der tierischen Helfer wird im *Märchen von den drei Sprachen* der Brüder Grimm besonders gut verdeutlicht.[28] Kurt Derungs trug die vielen Schichten dieser variantenreichen Erzählung in seiner Strukturanalyse des Zaubermärchens[29] ab und stiess dabei zu einem schamanistisch-totemistischen Kern vor.

Eine Schweizer Variante dieses Märchens handelt vom dummen Sohn eines Grafen, der nichts lernen konnte. Der Vater schickte ihn zu einem Meister. Als er nach einem Jahr heimkam, erklärte er, dass er gelernt hätte, das Bellen der Hunde zu verstehen. Der Vater entsetzte sich und schickte ihn zu einem zweiten Meister, bei dem er die Sprache der Vögel lernte. Nachdem ihn der Vater zu einem dritten Meister geschickt hatte, berichtete der Junge, nun auch das Quaken der Frösche verstehen zu können. Darauf wollte ihn der Vater umbringen lassen. Doch der Sohn flüchtete und übernachtete auf seiner Reise in einer Burg, wo es menschenfressende Hunde gab. Ihm, dem Tiersprachenkundigen, taten sie

Das alte Motiv des weisenden Vogels illustriert das *Buch der Weisheit* aus dem 15. Jh.

jedoch nichts an. Er reiste nach Rom weiter und traf unterwegs auf Frösche, die ihm eine bedeutungsschwere Botschaft übermittelten. Als er endlich in Rom ankam, war gerade der Papst gestorben. Die Kardinäle beschlossen, dass der Nachfolger einer sein solle, bei dem sich ein göttliches Wunderzeichen offenbare. In diesem Moment trat der junge Graf in die Kirche, und plötzlich kamen zwei schneeweisse Tauben geflogen und setzten sich auf seine Schultern. Die Geistlichkeit erkannte darin das Zeichen Gottes und fragte ihn, ob er Papst werden wolle. Die Tauben redeten ihm zu. Er wurde gewählt, und damit erfüllte sich die Prophezeiung der Frösche. Als er seine erste Messe singen sollte, sassen die beiden Tauben auf seinen Schultern und sagten ihm das Latein vor, von dem er vorher noch kein Wörtchen gehört hatte.[30]

Der Held durchläuft in diesem Märchen einen Initiationsprozess. Er lernt die Sprache der Tiere, die ihm für die Jenseitsreise nützlich sein sollen. Dazu steigt er freiwillig zu den menschenfressenden Hunden herab. Kurt Derungs geht auch ausführlich auf das Froschmotiv ein, das die

Ahnin beziehungsweise die Göttin symbolisiert. Besteht ein Zusammenhang zwischen diesen Fröschen und der nachgewiesenen Verehrung von gallo-römischen «Quell-Nymphen» bei Acanum (= St-Maurice)? Zudem figurieren auf der im Wallis gefundenen gallo-römischen Votivhand neben Schlangen auch Frösche oder Kröten. Im Sabazioskult sorgten sie für die Abwehr des Bösen.

Offensichtlich ist im *Märchen der drei Sprachen* die Helferfunktion der Seelenvögel. In ihren *Anmerkungen zu den Kinder- und Hausmärchen der Brüder Grimm* [31] weisen die Forscher Johannes Bolte und Georg Polívka auf eine Überlieferung hin, wonach 1198, bei der Wahl des Papstes Innozenz III, drei Tauben in der Kirche herumgeflogen seien und eine weisse sich zur Rechten des Würdenträgers gesetzt hätte.[32] Das Totemtier ist im Märchen zum Symbol des Heiligen Geistes[33] transformiert worden. Die Taube ist übrigens 325 am Konzil von Nicäa zum gültigen Sinnbild des Heiligen Geistes erklärt worden.

Die Sprache der Nachtvögel

Das Bild des Geistlichen, der sich mit den wilden Tieren versteht und die Sprache der Vögel beherrscht, ist durch die in grossen Auflagen verbreiteten Legenden des heiligen Franz von Assisi, dem eine tiefe Naturliebe nachgesagt wird, stark geprägt worden. Das Kernstück seiner Vita, die Vogelpredigt von Bevagna, ist eine vom Christentum vollzogene Integration des alten Glaubens, in dem Geistliche schamanistische Praktiken ausübten, bei denen Tiere, namentlich Vögel, als Mittler zwischen dem Diesseits und dem Jenseits fungierten und somit die Rolle von Seelenführern ausübten.

In Allenwinden bei Kappel [ZH] lag im Sommer 1919 eine alte Frau schwer krank darnieder. Eines Nachts kam eine Wiggle[34] *in die Nähe des Hauses und vollführte ein klägliches Geschrei. Wie die Frau diesen Lärm hörte, sagte sie: «Diese Wiggle will mich holen!» Und wirklich starb die Frau in wenigen Tagen.*[35]

Was hier dem Käuzchen zugeschrieben wurde, galt auch für die anderen Eulen, insbesondere für den Uhu, der in der Schweiz auch «Schuhu», «Hu», «Goldeule», «Huivogel», «Tschuderheuel» oder «Heuel» hiess. Diese Hu- und Huri-Namen lassen sich auf den französischen Einfluss zurückführen. In welschen Mundarten heisst Uhu nämlich lautmalerisch *houhouhou, hourougou* oder *hourette.*[36] Das unheimliche Bild, das von der Eule gezeichnet wurde, diente bis ins 20. Jahrhundert als Kinderschreck.

Namentlich in der nördlichen Schweiz drohte man unartigen Kindern mit dem Erscheinen des bösen Nachtheuels (= Nachtvogel).[37]

In Bayern, im Tirol sowie in der Steiermark und in Kärnten kündigt eine Habergeiss[38] genannte gespenstische Eule die Todesfälle an. Wer sie nachahmt, heisst es in diesen Gegenden, wird von ihr misshandelt und zerrissen.[39] Genau von dieser Rache einer erzürnten Eule handelt das Tessiner Warnmärchen *Non dileggiare gli animali notturni*,[40] das ein alter Mann aus Arbedo (TI) dem Schweizer Sagensammler Vittore Pellandini Ende des 19. Jahrhunderts erzählt hatte und damit auch die Existenzängste der früher zuweilen darbenden Tessiner Bergbauern zum Ausdruck bringt.

An einem schönen Sommerabend sass ein Hirte vor der Tür seiner Sennhütte und ass Polenta und Milch. Eine Eule flatterte in den nahen Bäumen und rief in einem fort: «Orók, orók.» Der Hirte wollte sie verjagen und rief zurück: «Orók, orók.» Als er sah, dass sie nicht wegflog, begann er, sie herbeizurufen:

Orók ti,	*Eule du,*
Orók mi,	*Eule ich,*
Se tö manjáa	*Willst du essen,*
Vegu scià in sèma a mi	*So komm her zu mir*

Kaum hatte er so eingeladen, da erschien vor ihm ein Mann mit einem Eulenkopf und sagte zu ihm: «Du hast mich gerufen, da bin ich, was gibst du mir zu essen?» Der arme Hirte hatte wohl nicht solch einen Besuch erwartet; zitternd antwortete er: «Wenn du wirklich mit mir essen willst, hole ich dir gleich eine Schüssel Milch, Polenta ist dort im Kessel, iss davon, bis du satt bist.» Das Ungeheuer begann mit wilder Gier zu fressen, und in einem Augenblick war der Polentakessel leer. «Ich habe Hunger», sagte er zum Hirten «was gibst du mir zu essen?» – «Da hast du noch einem Eimer voll Schmelzkäse.» Augenblicklich war auch der Käse verschlungen. «Ich habe Hunger, was gibst du mir zu essen?» schrie wieder das Ungeheuer. «Da sind noch zwei Laibe Käse, iss dich damit satt.» Auch der Käse war im Nu im Bauch der Nachteule verschwunden. «Ich habe Hunger, was gibst du mir zu essen?» – «Mach den Schrank auf und iss das Brot, das Mehl, das Salz, den Zucker, den Kaffee, den Rest, alles, was du findest.»

Gesagt, getan; in einem Augenblick war auch der Schrank leer. Aber der Hunger der Nachteule wurde immer grösser. «Ich habe Hunger», schrie sie wütend, als hätte sie seit hundert Jahren nichts mehr gefressen, «was gibst du mir zu essen?» – «Da ist der Schlüssel, geh in die Milchkammer, trink die Milch aus dem Schaff und iss den Käse und die Butter, die auf dem Wandbrett sind.» Fünf Minuten später war das Untier wieder zurück, und gieriger als zuvor brüllte es: «Ich habe Hunger, was gibst du mir zu essen?» – «Geh hinunter in den Stall und friss das Schwein, die Ziegen, die Kühe.» – Im Nu waren alle Schweine, die Ziegen und alle Kühe ausser einer einzigen, die ein Madonnenbild auf ihrer Glocke hatte, verschlungen. Das Ungeheuer geriet in grössten Zorn darüber, dass er diese Kuh nicht fressen konnte, und schrie: «Was gibst du mir zu essen?» Der arme Hirte liess den Kopf sinken und sagte: «Jetzt habe ich nichts mehr.» – «Dann werde ich dich auffressen.»

Als der Hirte das hörte, rief er: «Jesusmaria, helft mir! Jesusmaria, helft mir!» und riss geschwind das Kruzifix, das über dem Kopfende seines Bettes hing, an sich. Da hat die Nachteule einen Schrei getan und stürzte wutentbrannt, Feuer und Flammen sprühend, zur Tür hinaus. Vor Schrecken fiel der Hirte zu Boden und verlor die Besinnung. Als er wieder aufwachte, fand er alles wieder an seinem Platz: die Polenta im Kessel, die Milch in der Schüssel, den Schmelzkäse im Eimer, die Käselaibe, wo sie immer gewesen waren, und auch die Sachen im Schrank; die Milch war wieder im Schaff, die Butter und der Käse auf dem Wandbrett, das Schwein, die Ziegen und die Kühe waren alle noch im Stall, jedes an seinem Platz. Aber seither verspottete er die Nachttiere nicht mehr.[41]

Der gefrässige Eulenmann ist durch und durch dämonisch. Er bestraft den Hirten, der die Eule in der Vogelsprache angesprochen und sich über sie lustig gemacht hatte, indem er dessen ganze Habe verschlingt und ihn somit zum Hungertod verurteilt. Nur christliche Insignien (Madonnenbild und Kruzifix) und die Anrufung des Göttlichen vermögen den dämonischen Bann in letzter Minute zu lösen.

Nach Mircea Eliade (1907–1986), dem rumänischen Altmeister der Religionsethnologie, konnte die Fähigkeit, die Vogelsprache zu erlernen, durch den Verzehr von Schlangen und anderen magischen Tieren erlangt werden. Diese alte Vorstellung war weltweit verbreitet. Ein Beispiel aus einer isländischen Mythe: Sigurd brät das Herz des von ihm getöteten Drachen Fafnir an einem Spiess. Dabei tropft heisses Drachenblut auf seine Finger. Er führt sie zum Mund und leckt das Blut ab. Plötzlich versteht Sigurd die Botschaft einer Meise, die ihn zirpend warnt.[42]

Dass der Genuss von Schlangenfleisch zum Verstehen der Tiersprachen befähigt, wird unter anderem in den *Kinder- und Hausmärchen* der Brüder Grimm zum Ausdruck gebracht. Die Schlange, von deren Fleisch ein Diener verbotenerweise aus der geheimnisvollen Schüssel des Königs kostete, war eben keine gewöhnliche Schlange, sondern eine weisse Schlange, das heisst eine Schlangenkönigin.[43]

In Isikon bei Hittnau (ZH) erzählte Becken Rägeli eine fantastische Geschichte ihrer Grossmutter, die diesen Zauber um die Mitte des 18. Jahrhunderts in Zürich miterlebt haben wollte, wo sie in einem herrschaftlichen Haus als Kindermädchen tätig war:

Der Herr hatte der Magd eines Tages etwas zum Kochen gebracht; es sah aus wie ein Fisch, war aber kein Fisch. Bei Leib- und Lebensstrafe dürfe sie nicht davon essen, sagte ihr der Herr, sonst gehe es ihr schlimm. Johann, der Kutscher, erfuhr von dieser seltsamen, verbotenen Speise und leckte insgeheim die Kelle ab. Als er am Nachmittag die Hausherrschaft spazieren fahren musste, begegneten sie einer Schar Enten. Mächtig erstaunt ist Johann gewesen, als er die Vögel reden hörte: «Wir müssen diesen Narren aus dem Wege gehen.» Weil Johann von dem Ding gegessen hatte, konnte er die Tiere reden hören. Das gekochte Tier soll eine Hausnatter gewesen sein. Wenn einer von einem solchen Geschöpf essen könne, so verstehe er alle Tiere, denn jedes habe eine Sprache.[44]

Der alte Wunsch des Menschen, die Tiersprache zu beherrschen, zeigt sich nicht nur im Märchen, sondern vereinzelt auch als Erzählmotiv im Schweizer Sagengut. In einer Sage aus der Innerschweiz verstopft ein Knecht seine blutende Nase mit Gras, worauf er so lange das Bellen eines Hundes versteht, als der Graspfropfen in seiner Nase steckt.[45]

Ein Seitenblick auf den 1182 geborenen heiligen Franziskus, zu dessen Fest[46] vielerorts Tiersegnungen vorgenommen werden, soll diesen Zusammenhang erhellen. Die berühmte Legende der Vogelpredigt von Bevagna erzählt, dass der heilige Franz einmal Hunderte von aufmerksamen Vögeln ermahnte, dem Schöpfer für ihre herrliche Federkleidung, ihre Freiheit und die göttliche Fürsorge dankbar zu sein.

Franziskus fand auf seinem Weg durch das Tal von Spoleto eine grosse Schar Tauben und Dohlen sitzen und ging zu ihnen. Da sie nicht davonflogen, grüsste er sie [...], freute sich, dass sie keine Furcht zeigten, und bat sie, dass Wort Gottes zu hören. Und die Vögel begannen ihrer Freude nach ihrer Art Ausdruck zu geben. Er aber ging zwischen ihnen hindurch, berührte sie mit seiner Kutte, segnete sie endlich mit dem Zeichen des Kreuzes und erlaubte ihnen, davonzufliegen. Von da ab begann er, alle Reptilien [!] und sogar die fühllose Kreatur zum Lobe und zur Liebe ihres Schöpfers aufzufordern.[47]

Die Voraussetzungen für diese Legendenbildung liegen in den Vorformen der griechischen Tierpredigten, wonach zum Beispiel Pythagoras die daunische Bärin durch Lehren dazu brachte, fortan nach seinen vegetarischen Prinzipien zu leben. Anderseits sind darin auch irische Einflüsse unverkennbar. Die schon früh von Irland auf den Kontinent gekommene Visionenliteratur vermittelt die Meinung, dass die menschlichen Seelen als Vögel im Paradies leben würden. In der Franziskuslegende, in der die herrlichen Vögel der irischen Literatur durch Tauben, Krähen und Dohlen ersetzt wurden, bricht auch ein Einfluss der germanischen Vorstellungswelt durch. Das Motiv ist schon bei Claudius Aelian (ca. 175–235) zu finden, der von einem wiederholten Waffenstillstand berichtet, den die Veneter zur Saatzeit mit den Dohlen geschlossen haben. Zu diesem Zweck brachten sie den Vögeln Kuchen aus Mehl, Öl und Honig dar. Einen vergleichbaren Brauch pflegten die Nordgermanen, die in der Julnacht eine Garbe für die Vögel in das Feld hinaussetzten, damit die Saat verschont bleibe.[48]

Elemente einer archaischen Weltanschauung kommen noch an einer anderen Stelle der Franziskuslegende zum Ausdruck. In der Todesstunde des Heiligen standen ihm die Tiere, namentlich seine geliebten Lerchen, aus Dankbarkeit bei. Bilder von Vögeln, die als mitleidende und mit den Menschen klagende Kreaturen das Sterben eines heiligen Mannes begleiten, waren sowohl im griechischen wie im germanischen Altertum bekannt: Den toten Daphnis beweinte nicht nur seine Herde, sondern alle Waldtiere; und in der nordeuropäischen Dichtung trauerten Tiere, Bäume und Pflanzen über den Hinschied Baldurs des Guten.[49]

Weniger bekannt als die Vogelpredigt ist die Geschichte vom heiligen Franziskus und dem Wolf. Als dieses wilde Tier wieder einmal einen Menschen gerissen hatte und dabei war, sein Opfer mit Haut und Haar aufzufressen, wollten es die aufgebrachten Einwohner der Stadt erschlagen. Der beherzte Franz schritt ein und sprach dem Wolf gut zu, in Zukunft nie mehr zu töten. Darauf verwandelte sich die reissende Bestie in ein zahmes Tier, und die Einwohner der Stadt sorgten fortan dafür, das es nie mehr Hunger leiden musste.

Szenen aus dem Leben des heiligen Franziskus, darunter die Vogelpredigt, sind übrigens auf einem Bilderzyklus der Chorverglasung in der Klosterkirche Königsfelden (AG) meisterhaft geschildert. Diese Glasmalereien sind zwischen 1325 und 1330 entstanden.

Die Vita des Heiligen kehrt die Vorzeichen um. Der Schamane kommuniziert mit den Tieren, um mit ihrer Hilfe in Verbindung mit dem Jenseits zu treten. Der Heilige spricht indessen zu den Tieren, um sie mit

Hilfe des Menschen in Gottesnähe zu bringen. Obwohl es in der Bibel an Zeugnissen von der Fürsorge Gottes für alle Geschöpfe nicht mangelt, ist die Lobpreisung der grossen Tierliebe des heiligen Franziskus ein kirchlicher Ausnahmefall. Die biblische Anweisung «Mach dir die Erde untertan» prägte ansonsten ein menschenzentriertes Weltbild und förderte eine vorwiegend negative oder zumindest indifferente Beziehung der Gläubigen zur Tierwelt.

Die starke Identifikation bestimmter Menschen mit den Vögeln zeigt sich auch in der Ausgestaltung der Schamanenröcke sibirischer, namentlich turksprachiger Völker mit Vogelfedern, Flügeln und Krallen. Damit eigneten sich die Schamanen und Schamaninnen einen «magischen Körper» an und übernahmen für die Dauer der Rituale die Wesenhaftigkeit gewisser Vogelarten. Die Vogelkostüme dominierten in Sibirien neben Bären- und Hirschgewändern mindestens bis zur russischen Revolution von 1917.

Einzelne Jägervölker pflegen die schamanistische Kommunikation mit der Tierwelt noch heute. Warum sollten unsere mitteleuropäischen Ahnen diese Techniken nicht auch beherrscht haben? Wir können annehmen, dass entsprechende Praktiken, die in den Mythen auf sublimierte Weise weiterleben, im Zuge der Christianisierung verschüttet wurden.

In den Themenkreis der christlichen Assimilation gehört auch ein Kult um Tierreliquien, der tief im klassischen Altertum wurzelt. Die Griechen kannten nämlich eine ganze Anzahl von Stätten, die sie für Tiergräber aus der Heroenzeit hielten. Das bekannteste «Grab» liegt auf dem thrakischen Chersonnes, wo die in einen Hund verwandelte Hekabe ruht.

Raubtiere als Seelentiere

Die erdnahen und flinken Wiesel, Hermeline und Frettchen gehören ebenfalls zu den Seelentieren. Von volkskundlich besonderem Interesse ist die erotische Bedeutung des Wiesels. Antike Vorstellungen über seine Empfängnis und Geburt verschafften ihm den zweifelhaften Ruf, ein widernatürlich lüsternes Wesen zu sein. So polemisierte zum Beispiel Aristoteles (384–322 v. Chr.) mit Anaxagoras über die Ansicht, dass das Wiesel im Ohr empfange und durch den Mund gebäre.[50] Möglicherweise geht diese alte Vorstellung von der Beobachtung aus, dass Wieselweibchen ihre Jungen manchmal tatsächlich im Maul von einer Stelle zur anderen tragen. Der etwas grössere Hermelin indessen war paradoxerweise wegen seines schneeweissen Winterpelzes ein Symbol der Reinheit und Unschuld. Sein begehrtes Pelzwerk durfte im Mittelalter vielerorts nur von Fürsten getragen werden.

Das Thema von Begattung und Geburt des Wiesels nimmt auch der *Physiologus* auf, doch erklärt er die Funktion von Mund und Ohr in umgekehrter Weise:

Das Gesetz spricht: Iss nicht das Wiesel, noch etwas, das ihm gleicht. Der Physiologus hat davon gesprochen, dass es folgende Art habe: Sein Mund empfängt vom Männchen, und wenn es schwanger geworden ist, gebiert es durch die Ohren. Übel aber gebären sie durch die Ohren.

Es gibt aber gewisse Leute, die essen unstät das himmlische und geistliche Brot in der Kirche; sind sie aber wieder auf sich selber gestellt, so werfen sie das Wort des Herrn aus ihren Ohren heraus, dem unreinen Wiesel gleich, und werden wie die taube Schlange, welche ihre Ohren verstopft. Darum iss nicht das Wiesel, noch das was ihm ähnlich ist.[51]

In Frankreich umschreibt man die Liebeskrankheit eines Menschen mit der Redensart *mourir du mal de la furette* (an Wieselkrankheit sterben). Und in Kärnten heisst es von einer Schwangeren, sie sei von einem Wiesel gebissen worden. In dieser Wendung schwingt noch ein Echo der antiken, totemistischen Vorstellung mit, dass Frauen, die vom Wiesel abstammen, besonders liebeshungrig seien.[52]

Ein Student[53] *aus Laufenburg, der 1598 in Luzern gefangen sass, hatte einen Wieselfuss. Wenn dieser von einem Mädchen berührt wurde, war dem Student der Liebesbann angetan.*[54]

Der Bericht über diesen Liebeszauber dürfte sich auf eine reale Wieselpfote beziehen, die früher gerne als Amulett um den Hals getragen wurde. Ansonsten galt das Wiesel als ungemein gefährliches Tier, das einen lebensbedrohenden Atem hatte. Mit seinem giftigen Hauch konnte es selbst den noch bösartigeren Basilisk umbringen. Vielleicht beruht diese Vorstellung auf der Beobachtung, dass sich Wiesel aus den Fängen selbst grösserer Raubvögel befreien können. In einem verbürgten Fall rettete sich ein Wiesel durch einen tödlichen Biss in die Schlagader des Entführers.[55]

Wenn jemand von einem Wiesel angefaucht wird, so schwillt sein Gesicht an, glaubte man. Stirbt der Mensch in der Folge eines solchen Angriffs nicht, so erblindet er im besten Fall. Vielerorts durfte das Wiesel auch unter keinen Umständen beim Namen genannt werden, da es sonst den Menschen verfolgen und anhauchen würde. Um dieses Verhängnis abzuwenden, sagte man in Deutschland zum Wiesel: «Schönes Dingel, behüt dich Gott.» Andernorts konnten die Mitglieder der Marderfamilie, wie übrigens alle chtonischen Tiere, auch Glück ins Haus bringen.[56]

Höchst eigentümlich mutet eine rätoromanische Sage aus dem Engadin (GR) an, die auf die enge Beziehung eines Kleinkindes zu einem Wiesel eingeht.

Zur Zeit der Roggenernte hatte eine Mutter ihren kleinen Knaben mit sich aufs Feld genommen und ihn am Fuss einer Böschung neben einem Garbenhaufen in den Schatten gesetzt. Während sie mit dem Schneiden des Roggens und dem Binden der Garben beschäftigt war, hörte sie, dass der Bub irgend etwas plauderte. Wie sie genauer hinhörte, verstand sie folgende Worte: «Minna, iss auch Brocken und nicht nur Milch!» Überrascht ging sie hinüber, um zu schauen, was los sei. Denn tatsächlich hatte sie dem Knaben einen Napf voll Milchbrocken hingestellt. Und siehe da! Ein Wiesel war neben dem Büblein und trank Milch, während ihm der Kleine mit dem Löffel auf den Kopf schlug und sagte, es solle auch von den Brotbrocken nehmen. Voller Schreck ergriff die Mutter ihren Knaben und eilte nach Hause, da sie fürchtete, die Milch könnte vergiftet sein. Der Bub jedoch blieb gesund und munter.[57]

Eine Variante dieser Erzählung ist das Grimmsche *Märchen von der Unke*[58], in dem ein Kind seine in Milch getunkten Brotbrocken mit einer Natter teilt. Auf die Frage, ob es sich hier um die Vorstellung eines Alter-Ego-Phänomens handelt, werden wir im Zusammenhang mit dem Unken-Märchen nochmals eingehen.

Mythologische Partnerschaften

Merkwürdig ist die mythologische Zusammengehörigkeit von Tieren verschiedener zoologischer Ordnungen. Was haben wohl Karnivoren und Unpaarhufer miteinander zu tun? Eine wahrlich sonderbare Beziehung besteht beispielsweise zwischen dem Dachs, der ebenfalls zur Familie der Marder gehört, und dem Pferd. Der Dachs stand nämlich im Mittelpunkt des Abwehrzaubers der Fuhrleute. Noch um 1950 war dieser früher weit verbreitete Pferdeschutz in der Stadt St. Gallen zu sehen. Er bestand in einem Dachsfell, das an der Kummet der Pferde angebracht war.[59] Mit dieser Massnahme schützten die Fuhrleute ihre Tiere in erster Linie vor dem Zauber der Hexen. In der Schweiz und in Süddeutschland schirmte das am Pferdehals befestigte Dachsfell insbesondere das rechtsgehende, vom Fuhrmann ungeschützte Pferd vor bösen Einflüssen ab. Möglicherweise hat dieser Brauch damit zu tun, dass das stark riechende Dachsfell

Fliegen vertreibt. Jedenfalls steht fest, dass der Dachs schon in den Augen der Römer besonders starke Abwehrkräfte hatte. Darum wurde in Spanien den Kindern bis vor kurzem eine Dachspfote als Amulett um den Hals gehängt. Als Abwehrzauber wurden übrigens auch andere tierische Bestandteile an der Kummet der Pferde angebracht. Das Schweizerische Landesmuseum besitzt seit 1907 ein prachtvolles, vermutlich aus der Ostschweiz stammendes Exemplar einer Kummet mit einem aufgesetzten Hirschgeweih und zwei auslaufenden, fein geschnitzten Löwenköpfchen.[60]

Dachsfell diente dem Abwehrzauber. Die Hirten überzogen damit gerne ihre «Weidaser» (= Jagdtaschen) und Brotsäcke, um sie gegen Regen und Schnee zu schützen. Und im alten Zürich fütterten die Jäger ihre Pfeilköcher und Hundehalsbänder mit Dachsfell aus. Damit schützten sie ihre Meute vor dem Biss wilder Tiere und wendeten gleichzeitig Behexung, Taubheit und Tollwut ab.[61] Zum Schutz gegen giftige Bisse diente ihnen indessen ein Wieselfell. Wiesel und die etwas grösseren, im Winter schneeweissen Hermeline wurden übrigens vielerorts, genauso wie Katzen und Füchse, mit Hexen in Verbindung gebracht.

Einst, so erzählte mir ein alter Jäger von Matt, sass ich auf der Berghöhe des Gulderstocks [GL]; bald brach ein Hermelin (Wiesel) unter einem Steine hervor; obwohl mein Vater, wie auch andere alte Jäger, mich gewarnt hatten, nie im Gebirge auf Hermeline zu schiessen, wollte ich doch dasselbe erlegen. Beim Losdrücken des Gewehrs sprang aber das Rohr, und in kurzer Zeit war ich von einer Menge von Hermelinen umgeben, und ich machte mich eiligst davon. Ähnliches hört man zuweilen von alten Jägern erzählen.[62]

Dachsfleisch galt, ganz im Gegensatz zu Fuchsfleisch, als ausgesprochener Leckerbissen. Besonders begehrt war der «Dachslumme». Dieses Filetstück war dermassen beliebt, dass die Winterthurer Obrigkeit im 15. Jahrhundert den Metzgern per Dekret verbot, das Dachsfleisch an Auswärtige zu verkaufen. «Dachsschmer» wurde in der Stadt Zürich von einzelnen Apothekern noch anfangs des 20. Jahrhunderts als Mittel gegen Frostbeulen an den Händen feilgeboten.[63] Diesem Schmalz schrieb man eine ähnlich heilsame Wirkung zu wie dem Murmeltierfett, das im Kanton Graubünden noch in unseren Tagen als Wundermittel gegen allerlei Erkrankungen unter der Hand verkauft wird.

Die Bekanntschaft mit der Familie der einheimischen Marder wäre nicht vollständig, wenn wir uns nicht auch kurz dem Otter und dem Iltis zuwenden würden.

Der Otter ist in der Schweiz ausgestorben. Schuld daran ist nicht nur die Trockenlegung vieler Gewässer, sondern vor allem Artikel 22 des schweizerischen Bundesgesetzes betreffend die Fischerei aus dem Jahre 1888. «Die Ausrottung von Fischottern, Fischreihern und anderen der Fischerei besonders schädlichen Tieren ist möglichst zu begünstigen», heisst es in diesem Paragrafen. Offensichtlich hatten die Fischer eine starke Lobby im Parlament; gelang es ihnen doch, auf diese Marderart auch ein Kopfgeld aussetzen zu lassen. Zwischen 1890 und 1900 wurden Prämien für hundert bis hundertfünfzig erlegte Otter ausbezahlt.[64] Viele Fischer klagten, dass unsere Gewässer früher viel fischreicher gewesen seien. Sie dachten aber nicht daran, dass der Otter vielerorts auch schon in alten Zeiten fleissig am Werk war.[65] Ausserdem wussten viele Sportfischer nicht, dass sich der Otter nicht nur von Fischen, sondern auch von Fröschen, Krebsen, Wasserratten und anderen kleinen Säugetieren ernährt.

Rudolf Schenda hat die interessante Frage aufgeworfen, ob derartige Prozesse der Ausrottung einer Tierart nicht auch mit den schlechten Eigenschaften zu tun haben könnten, die bestimmten Tieren seit eh und je zugedichtet wurden. *Nomen est omen*, sagen sich heute viele verantwortungsvolle Tierschützer und sprechen deshalb weder vom Fischotter, noch vom Fischreiher oder vom Lämmergeier. Für sie sind es Otter, Graureiher und Bartgeier.

Der ehrenwerte «Fischotter» wurde schon im *Physiologus* durch den Schmutz gezogen:

Ist ein Lebewesen, genannt Fischotter, hat die Gestalt eines Hundes, ist ein Feind des Krokodils. Wenn das Krokodil schläft, hält es den Mund offen. Nun geht der Fischotter hin und bestreicht seinen ganzen Leib mit Lehm; und wenn dann der Lehm trocken ist, springt der Otter in den Mund des Krokodils und zerkratzt ihm den ganzen Schlund und frisst seine Eingeweide.[66]

In dieser Parabel stellt das Krokodil den Teufel und der Fischotter den Heiland dar. Dennoch ist es dem Mardertier nie gelungen, seine schlechte Reputation als gefrässiges, stinkendes und schmutziges Tier abzustreifen. Sein diskriminierender lateinischer Name *lutra* stammt von *lutum.* Und *lutum* heisst «Lehm» oder «Kot».

Gejagt wurde der Otter vor allem wegen seines Pelzes und Fleisches. Als Wassertier galt er nämlich als Fastenspeise. Will man dem Wiener Autor Johann Christian Raff glauben, dürfte sich der Verzehr von Otterfleisch allerdings in Grenzen gehalten haben. «Mein Fleisch schmeckt nicht sonderlich, weil es stark nach Fischen riecht...», heisst es in Raffs Kinderbuch von 1791.[67] Um in das Sagengut aufgenommen zu werden, war der Otter offenbar zu unbedeutend. In der Volksmedizin wird er nur in einem einzigen Rezept erwähnt: Wenn man Warzen mit dem Zahn des Tieres zerkratzt, sollen sie wie durch ein Wunder verschwinden.[68]

Zum Iltis meint Konrad Gessner: «Dann obwohl alle Geschlechte der Wiesel / wenn sie zornig gemacht werden / stark riechen und stinken / so thut es doch der Iltis allen zuvor / daher es den Nahmen Putorium, à putore, das ist / fœtpre vom Gestanck / bekommen hat.»[69]

Das kleine Mardertier stinkt tatsächlich bestialisch, wenn es zur Abwehr seiner Feinde ein übel riechendes Analdrüsensekret ausspritzt. Obwohl der Iltis im Stall von den Bauern weit weniger gefürchtet war als der schnell in einen «Blutrausch» verfallende Marder, bildeten sich die Zürcher Bauern ein, der Iltis könne eine tragende Kuh zum Verwerfen ihres Kalbes bringen.[70]

So wie der Dachs etwas mit dem Pferd zu tun hat, gibt es im Volksglauben eine Bewandtnis zwischen Iltissen und Schlangen. Iltisfleisch soll gut gegen Schlangenbisse sein!

Christliche Schlangenrituale

Seit die Schlange den Sündenfall bewirkte, verkörpert sie im Christentum das Teuflische. Deshalb empfahl die katholische Kirche spezielle Beschwörungsformeln gegen Schlangen. Grundlage dieser lateinischen und deutschen Beschwörungen – die älteste stammt aus dem 9. Jahrhundert – bilden das Kreuzzeichen und die Namen der drei göttlichen Personen. Eine vortreffliche Wirkung schrieb man auch dem Weihwasser zu. Zwar nicht dem gewöhnlichen, sondern nur jenem aus der Hand der Priester, die aussergewöhnliche Gaben hatten. Mit diesem speziellen Wasser glaubte man sogar Fernheilungen von Menschen zu bewirken, die von einer Schlange gebissen worden waren.[71] Während die Kirche die Schlange als Inbegriff des Bösen sah, zählte sie neben dem roten oder grünen Löwen und dem Einhorn zu den bedeutendsten Symbolen der Alchemisten. Der Ouroboros, die Schlange, die sich selbst in den Schwanz beisst, bildete gewissermassen das westliche Gegenstück zum chinesischen Ying-Yang-Symbol[72]. «Mach aus Mann und Weib einen Kreis; wenn du das Haupt fügst zu dem Schwanz, so hast du die Tinktur ganz», lautet eine alchemistische Formel.[73] Und Pseudo-Eleazar, ein bedeutender Alchemist des 18. Jahrhunderts, meint zum Ouroboros: «Die (oberste) Schlange ist der Weltgeist, der alles lebendig machet, der auch alles tötet und alle Gestalten der Natur an sich nimmt. In Summa: er ist alles und auch nichts... Sie wird Ouroborus genannt. Im Koptischen bedeutet ‹Ouro› König, und ‹ob› heisst im Hebräischen die Schlange.»[74]

Die Schlange stand als wichtigstes Symbol der Alchemisten im Zentrum ihres geheimen Bestrebens, den höchsten Grad der menschlichen Vollkommenheit zu erlangen und dafür mit dem göttlichen Geheimnis des Goldmachens beschenkt zu werden. Diese esoterische Form der Schlangenverehrung, die nur einem kleinen Kreis von eingeweihten Personen zugänglich war, vermochte die Verbannung der Schlangenkulte aus der jüdisch-christlichen Welt nicht aufzuhalten.

Zwei Bräuche im südeuropäischen Raum blieben am Leben. In Cocullo, einem kleinen Bergdorf in den Abruzzen (Prov. L'Aquila, I) mit einer Einwohnerschaft von etwas über fünfhundert Personen, findet alljährlich am ersten Donnerstag im Mai eine Prozession zu Ehren von San Domenico, dem Schutzpatron des Ortes, statt.[75] Im Mittelpunkt der Prozession stehen Schlangen, die von den *Serpari*, den Schlangenfängern, in den ersten warmen Apriltagen auf rituelle Weise erbeutet wurden.

Der Heilige, eine mannshohe Barockstatue mit kindlichem Gesicht, wird von vier stämmigen Burschen aus dem Gotteshaus hinausgetragen und alsdann mit lebenden Schlangen bekränzt. Vornehmlich Vierstreifennattern und Zornnattern hängen dem Heiligen wie Spaghetti von den Schultern herunter und beginnen nach und nach den Bischofsstab und den Heiligenschein aus Drahteisen zu umwinden. Die Prozession bahnt sich einen Weg durch die Gassen. Die Vorhut bilden Serpari, die ihre lebenden Opfergaben mittragen. Dahinter marschieren die Träger mit der Heiligenstatue im Takt der wehmütigen Melodie einer Blechmusik.

Die zum Abschluss der Prozession folgende Messe wird als Hochamt mit sechs Priestern gefeiert. Die Gläubigen drängen zu den Reliquien des Heiligen. Dazu gehört sinnigerweise ein Zahn, der 1746 geweiht wurde. Wer ihn küsst, schützt sich vor Schlangenbissen, Zahnweh und Tollwut. Um Zahnschmerzen abzuwenden, gibt es in der Kirche auch ein silbernes Glöcklein. Damit kann der Heilige angerufen werden. Die Gläubigen beissen in den Kettenzug und bringen das Glöcklein durch Kopfnicken zum Bimmeln.

Noch vor wenigen Jahrzehnten wurden vor dem Altar auch Hirtenhunde gesegnet, um sie vor Tollwut zu feien. Dazu berührte der Pfarrer ihre Schnauzen mit einem alten Hufeisen, das vom Maultier des heiligen Domenikus stammen soll.

Früher bildeten die Serpari einen eigenen Berufsstand. Ihr Ansehen war mit jenem der Lupari, den Wolfsjägern, vergleichbar. Sie waren

Schlangenfänger, Schlangenbeschwörer und Heilkundige in einem. Man schrieb ihnen die ausserordentliche Fähigkeit zu, ganze Gebiete von Schlangen befreien zu können und Giftschlangenbisse unschädlich zu machen.[76] Das Fest des heiligen Domenico war jeweils der Höhepunkt des Ansehens der Serpari. Das öffentliche Hantieren mit ungiftigen Nattern bestätigte ihre Macht, die «gefährlichen» Tiere in Bann halten zu können. Das Fest des heiligen Domenikus war somit ein Wunder an und für sich. Deshalb ist nicht auszuschliessen, dass die Serpari dem Fest vor wenigen Jahrhunderten ihr eigentümliches Gepräge gaben.

Der Dorfpfarrer führt die Tradition der Schlangenprozession auf die vorchristlichen Kulte des altitalienischen Volksstammes der Marser[77] zurück. Er ist zugleich überzeugt, dass der heilige Domenico im 11. Jahrhundert nach Cocullo kam und die Cocullesen von der Schlangenplage befreite. Dieses Wunder hätte die Menschen veranlasst, den alten Kult mit einem neuen christlichen Inhalt weiterzupflegen.[78]

San Domenico, der Schutzpatron von Cocullo, ist nicht etwa der heilige Dominik aus Altkastilien (1170–1221), Begründer des Dominikanerordens, sondern ein relativ unbedeutender Benediktiner Abt († 1031) aus dem Königreich Neapel. In seiner Vita heisst beigefügt, dass an seinem Grab viele Wunder geschahen. Jedenfalls wurde er in der ganzen Ciociaria (Prov. Frosinone, I) zum Schutz gegen Bisse von Schlangen und wütenden Hunden angerufen.[79]

Schlangenbisse und Tollwut wurden früher auch anderswo im Zusammenhang betrachtet, da es sich in beiden Fällen um lebensbedrohende Tierbisse handelt. Die Heilkunde verschiedenster Völker setzt seit der Antike Schlangengalle als Heilmittel gegen den Biss tollwütiger Hunde ein.[80] Noch 1898 soll ein deutscher Arzt tierisches Gallenfett als Heilmittel gegen «Schlangen- und tollen Hundebiss» verordnet haben.[81]

Der zweite Schlangenkult hat auf der westgriechischen Insel Kephallenia (Ionische Inseln) alle Widerstände der griechisch-orthodoxen Patriarchen gebrochen. Der lokale Brauch wiederholt sich alljährlich am 16. und 17. August in den griechisch-orthodoxen Dorfkirchen von Arginia und Markopoulon. Dieser zur heiligen Messe zu Maria Himmelfahrt zelebrierte Brauch fängt eigentlich schon in den ersten Augusttagen an. Dann gehen die Dorfbewohner auf Schlangenjagd und bringen ihre Beute in die Kirchen, wo sie in Glasbehältern eingesperrt werden. Die Leute sind überzeugt, dass es sich bei diesen Tieren um lebensgefährliche Giftschlangen handle, die sich zwischen dem 6. und 15. August wundersamerweise harmlos zeigen. Der eigentliche Schlangenkult wird während der Vorabendmesse zu Maria Himmelfahrt sowie während dem Gottesdienst am Festtag selbst ausgeübt. Dann nämlich werden die Schlangen frei gelassen, sodass sie sich ungehindert um die Ikonostase winden und zwischen den Gläubigen herumkriechen können. Die Kirchgänger nehmen die sanftmütigen Tiere in die Hand und bewundern das Zeichen des Kreuzes auf der Schlangenstirn. Viele sollen die Schlangen gar liebevoll an ihre Brust drücken, über die geschlossenen Augenlieder halten oder in den Mund stecken, weil sie sich dadurch Heilung von diversen Leiden versprechen. Dem Volksglauben nach soll es sich bei diesen Kreaturen um verzauberte Nonnen eines von Seeräubern heimgesuchten Klosters handeln.[82]

Bei den bis zu einem Meter langen Schlangen mit grauer bis bräunlicher Rückenfärbung handelt es sich um die Europäische Katzennatter, deren Gift für den Menschen völlig ungefährlich ist und nicht einmal eine kleine Maus umbringen kann. Die Einheimischen betrachten aber ihre heiligen Schlangen irrtümlicherweise als gefährliche «Vipern»[83]. Offensichtlich liegt dem Wunder von Kephallenia eine Verwechslung mit der auf der Insel stark verbreiteten, giftigen Sandviper zu Grunde.

Der Hinweis auf das Schlangenorakel von Kephallenia ist umso aufschlussreicher, als diese Verehrung von heiligen Schlangen weit in die Antike zurückreicht. Schlangen können deshalb prophezeien, weil sie sowohl mit den finsteren Mächten der Erde als auch dem Seelenreich in Verbindung stehen und dadurch eine Mittlerfunktion haben. Da sie Zugang zum Innern des Erdreiches haben, also zur Unterwelt, herrscht sie in vielen Kulturen auch über die Bodenschätze. Davon berichten auch verschiedene Schweizer Sagen, die mit dem Motiv des Schatz hütenden Drachen verschmelzen.

Orientalische Kulte in der gallo-römischen Schweiz

Die religionswissenschaftlich noch ungenügend untersuchten Schlangenkulte von Cocullo und Kephallenia gelten in der christlichen Welt als einmalig. Es gibt allerdings Anzeichen dafür, dass früher ähnliche kirchliche Bräuche im Wallis gepflegt wurden.[84] Die Frage, ob es sich hierbei um christlich umgepolte Reste von römischen Kulten handelt, bleibe dahingestellt. Bildliche Erinnerungen an vorchristliche Zeiten, in denen die Schlange eine sakrale Bedeutung hatte, finden wir jedenfalls zur Genüge auf Kultobjekten und an Hausfassaden.

Archäologische Belege der Schlangenverehrung in der gallo-römischen Schweiz liefern Votivhände und Terracotta-Gefässe. Zwei Bronzenhände, die je drei Finger wie zum Schwur ausstrecken, stammen aus Aventicum/Avenches (VD) und von der Passhöhe des Grossen St. Bernhards

Schlangenbanner in einem mittelalterlichen Werk über orientalische Tierfabeln. Der Vogel auf dem Hausdach hält den Edelstein aus dem Schlangenkopf im Schnabel.

(VS). Während auf dem Handrücken der Bronze aus Aventicum eine Schlange liegt, die sich mit der Kopfpartie zwischen Zeig- und Mittelfinger zwängt, ist die andere Hand[85] mit einem ganzen *Bestiarium* geschmückt. Ausgestellt ist das Fundstück im Museum des Hospiz von Bourg-Saint-Pierre. Auf der Hand sind neben Schlangen auch Kröten, Eidechsen, Schildkröten und ein Widderkopf dargestellt. Auf der

Daumenspitze steht ein Föhrenzapfen. Diese Zierfiguren sind Attribute der Gottheit Jupiter Sabazios, deren Kult zwischen den Jahren 14 und 9 v. Chr. von Legionären aus dem Orient eingeführt wurde. Davon zeugt ein Bronzefund aus dem Garnisonslager von Dangstetten im südlichen Schwarzwald (Baden Württemberg, D), das in der erwähnten Zeitspanne von orientalischen Hilfstruppen kurz aufgesucht wurde.[86]

Zum Kult um diese thrakisch-phrygische Gottheit gehörten Reinigungsmysterien, bei denen sich die Mysten (= Eingeweihte) eine Schlange über den Schoss ziehen liessen.[87] Zu dieser und anderen orientalischen Religionen, zu denen auch der Mithraskult zählt, fühlte sich ein Teil der römischen Soldateska hingezogen, dem die im Ritus erstarrten etablierten Kulte nichts mehr zu bieten hatten. Die orientalischen Alternativen verhiessen den Frommen indessen ein glückliches Leben im Jenseits und eine mystische Verschmelzung mit ihrem Idol.

1991/92 stiessen Archäologen bei Grabungsarbeiten in Sutcrùn unweit von Zillis (GR) auf eine Höhle, in der sich etwa fünfhundert römische Münzen, Scherben von Gefässen, Gläsern, Öllämpchen und Knochenresten von Lämmern, jungen Ziegen, Vögeln und Fischen befanden. Zudem wurden darin drei Feuerstellen und Vasen mit Schlangenornamenten gefunden. Die Funde und insbesondere das Schlangenmotiv lassen darauf schliessen, dass dieser Kultplatz als Mythräum (= Kultraum) diente.[88] Weitere Zeugnisse der römischen Schlangenverehrung bilden zwei grosse, prachtvolle Tonvasen aus Vindonissa / Windisch (AG) und Isérables (VS). Das eine Kultgefäss aus Vindonissa, bei dem sich je eine Schlange um die Henkel windet, dürfte im Sabazios-Kult zur Wässerung von Wein gedient haben. Die andere Vase, deren flache Schlangenköpfchen sich über den Rand strecken und zu trinken scheinen, könnte eine Graburne gewesen sein.[89] Merkwürdigerweise sehen diese Köpfe wie jene einer erregten Kobra mit abgespreizten Halsrippen aus. Deshalb spricht man gelegentlich von der Schlange mit dem Widderkopf.

Die Schlangen aus gallo-römischen Zeiten haben sich auf Hausfassaden in die christliche Gesellschaft hinübergerettet. Zimmerleute haben das Schlangenmotiv von Generation zu Generation tradiert. Ein prachtvolles Beispiel liefert das «Schlangenhaus» in Werdenberg (SG), das sich am Westzipfel des Städtchens befindet. Auffallend an diesem Strickbau aus der ersten Hälfte des 18. Jahrhunderts sind zunächst die hübschen Rankenmalereien um die Fenster. Tritt man näher, zeigen sich zwei mächtige Schlangen, die sich fast auf der ganzen Länge der beiden Stotzwände hinunterwinden. Einzelne Kunsthistoriker deuten diese Malereien als Lindwürmer.[90] Dazu fehlen den Schlangen aber Beine, die Halbdrachen wie Lindwürmer von gewöhnlichen Schlangen unterscheiden. Vor den beiden Schlangen mit ihren weit aufgerissenen Mäulern steht je ein zierlicher Kranich. Die beiden Vögel halten ihrerseits wiederum eine kleine, sich ringelnde Schlange im Schnabel. Das Motiv, das aus dem uralten Sagenschatz der Menschheit stammt, war schon in der romanischen Bauplastik beliebt. Wie der Adler, der Todfeind der Schlange, nehmen auch die anderen guten Vögel – dazu gehört neben dem Kranich auch der Ibis und der Storch – den siegreichen Kampf gegen das Böse auf. Der unerbittliche Kampf des Storchs gegen die Schlange wurde schon von Kirchenvater Isidor von Sevilla (um 560–636) zur Sprache gebracht und hielt später Einzug in der spätmittelalterlichen Mariensymbolik.[91] Das Bild des Storchs als Schlangenfeind hat einen realen Hintergrund, da Störche tatsächlich Schlangen, ja selbst giftige Kreuzottern fressen. Grosse Nattern soll der Storch, bevor er sie verspeist, mit tödlichen Schnabelhieben traktieren. Deshalb glaubten die Menschen, dass der Storch über ein antidämonisches Gegengift verfüge. Wer Storchenblut trank, konnte mit einem langen, gesunden Leben rechnen.[92]

Dem Klapperstorch wollte man es nicht überlassen, mit der überall lauernden Schlangenbrut alleine fertig zu werden. Wie die Italiener hatten deshalb auch die Schweizer ihren Schutzheiligen, der auf Schlangenbisse spezialisiert ist. Zum Kampf gegen das «giftige Gewürm» delegierte man den heiligen Pirmin († 753), der als politisches Werkzeug der Karolinger im alemannischen und elsässischen Raum missionierte.[93] Seine Legende beteuert jedenfalls, er habe im Jahre 728 die Bodenseeinsel Reichenau von Schlangen und anderem Geschmeiss befreit.[94] Diese wundersame Befreiungstat des heiligen Primin ist auf einem Tafelbild aus dem Jahre 1624 dargestellt, das auf der Insel Reichenau im Marienmünster hängt.

Die Leichen des grausigen Getiers, das der Heilige in den See verbannte, sollen noch drei Tage lang die Wasseroberfläche bedeckt haben. Diese mirakulöse Tat erfolgte ganz nach dem Ausspruch, den Jesus an die ungläubigen und hartherzigen Elfen richtete: «In meinem Namen werden sie Dämonen austreiben; sie werden in neun Sprachen reden; sie werden Schlangen aufheben...»[95] Da aber kaum anzunehmen ist, dass die Bewohner des Bodenseeraums von Nattern und Ottern[96] je ernsthaft bedroht waren, stellt sich die Frage, ob die Schlangen und das Geschmeiss nicht auch in diesem Zusammenhang als Metapher für die Feinde der Kirche literarisch eingesetzt wurden. Waren damit die Anhänger des alten Glaubens gemeint?

Der heilige Pirmin war nicht der einzige, der Macht über die Schlangen hatte. Auch die Vita von Sankt Verena erzählt[97], wie die Thebäerheilige auf der Aare-Rhein-Insel bei Koblenz (AG) giftiges Gewürm mit dem Kruzifix vertrieb. Das wunderbare Geschehen ist auf einem Bild des barocken Bilderzyklus[98] *St. Verena und Maurizius* in der Zurzacher Burgkapelle zu sehen. Zwanghafte Vorstellungen von der Notwendigkeit, Massen von Schlangen unschädlich machen zu müssen, widerspiegeln Dutzende von Sagen, die vom Schlangenbann handeln.[99] Das Motiv war den alten Griechen bekannt und Aristoteles verfasste eine Variante. Eine Sage vom Schlangenbanner wird auch im indischen Mahabarata erzählt.[100] Charakteristisch für die alpenländischen Varianten dieses Erzähltyps ist die Walliser Sage *Der Schlangenbann im Saastal.*

In Saas machte der fahrende Schüler den Antrag, alle Schlangen aus dem Tale zu verbannen, wenn man ihm eine vollständige Kleidung von Kopf bis Fuss geben wolle. Die äusseren Talbewohner willigten nicht ein, die inneren aber waren einverstanden und gaben ihm die Kleidung.

Nahe bei den Grenzbächen stieg nun der Schlangenbanner auf einen hohen Stein und betete eifrig aus einem Buche. Den in langer Erwartung harrenden Zuschauern gab er den gemessenen Befehl, ihn sofort zu töten, wenn die dritte weisse Schlange kommen sollte; sein Leben sei dann verwirkt, und er wolle lieber von Menschen als von Schlangen den Tod erleiden. Bald krochen in langen Reihen die Schlangen heran und legten sich um den Stein des Schlangenbanners herum, die eine auf die andere sich häufend.

Und es kam die weisse Schlange mit grossem Gefolge, und die Schlangen türmten sich um den Stein immer höher hinauf. Aber auch die zweite weisse Schlange erschien, umgeben von einem grausig zischenden Schlangenheere. Gewaltig stieg die Schlangenmauer und drohte des Steines Spitze zu erreichen. Die Zuschauer waren starr vor Schrecken; selbst dem Schlangenbanner begann das Blut in den Adern zu stocken. Doch die grausigen Schlangenreihen lichteten sich allmählich. Bald folgten nur einzelne Nachzüglerinnen, die dritte weisse Schlange erschien nicht. Alsogleich verendeten alle die Schlangen und wurden als Schlangenhüllen von der Vispe fortgeschwemmt.[101]

In den meisten Versionen greift zum Schluss die weisse Schlange, die Herrin der Schlangen, den ortsfremden Schlangenbanner an und geht mit ihm in den Tod. Dafür ist die Gegend von der Schlangenplage befreit. Im Kanton Uri zeichnete Josef Müller zwei Sagen auf, in denen diese weissen Schlangenköniginnen wie Pfeile durch die Lüfte fliegen.[102]

Im Gegensatz zu den real existierenden weissen Gämsen, scheint es sich bei diesem Tierbild weder um eine Schlangenart noch um eine seltene Albinovarietät zu handeln. Wir haben es hier vielmehr mit der Erscheinung der weissen Gestalt zu tun. Offensichtlich ist der Zusammenhang zwischen der weissen[103] Schlangenjungfrau und der *dame blanche*, der «weissen Jungfrau», die als büssende Seele zum nächtlichen Umgehen verdammt ist und ihrer Entzauberung sehnlichst harrt. In beiden Sagensträngen büssen die verwunschenen Jungfrauen ihre hoffärtige, ehelose Lebensweise.[104]

Dass die Vorstellung von einem massenhaften Auftreten von Schlangen in früheren Zeiten eine obsessive Form annahm, belegt ein Schaffhauser Jagdbuch aus dem 18. Jahrhundert. Darin ist das Rezept einer Otter-Witterung[105] festgehalten: «Man siedet einen grossen, fetten Karpfen solange, bis man alles Fett, soviel man bekommen kann, oben abnimmt. Zu diesem thut man die Geilen von einem Otter-Weibchen, klein gemacht und lasst es wieder sieden, bis es steiff und gleichsam zu einer Gallerte wird. Mit dieser Witterung wird das Eisen, ehe es gelegt wird, bestrichen und die Otter geht stark danach, wird aber darüber gefangen, da sie sich dann selbst ersäufft, damit sie nicht lebendig in der Menschen Hände komme. Man fängt sie auch mit Netzen, welche man vor ihr Behältnis stellt. Wenn nun die Otter auf den Raub gehen will, laufft sie ins Netz, man muss aber hurtig mit ihr aus dem Wasser seyn und sie todschlagen, sonst beisst sie das Netz entzwey und entwütscht.»[106]

Der Zürcher Stadtarzt Johannes von Muralt (1645–1733) erstellte um 1706 ein Gutachten über das Vorkommen von Ringelnattern: «Im Schulhaus Stallikon hat es seit 50 Jahren Nattern, sie strecken die Köpf ob der Herdblatten hervor, so man die Speisen ob dem feur kochet.» Darauf gab es am 18. August 1706 einen Ratsbeschluss: «Die zaghafte Gemeinde hat nur die Eier und die jungen Schlangen vertilgt. Ein Ratsherr, der Pfarrer von Affoltern mit Zuzug von Doctor Scheuchzers und des hölzenen Werkmeisters werden kommen, um die Schlangennester auszugraben.» Offensichtlich war der Vernichtungsfeldzug der mächtigen Herren nicht sonderlich wirksam. Denn 1906, so unglaublich das auch klingen mag, soll das baufällige Schulhaus von Stallikon wegen der Natternplage abgebrochen worden sein.[107]

Die Nähe der Schlangen zum häuslichen Herd kommt in verschiedenen Erzählungen zum Ausdruck. Der Berner Sagensammler Melchior Sooder (1885–1955), ein Schulmeister und ehemaliger Älplerbub, erinnert daran, dass die Toten in der Vorzeit häufig unter der Feuerstelle begraben wurden, sodass der Herd zum Aufenthaltsort der Ahnen wurde. Nattern, die aus der Herdstelle oder dem Ofen hervorkriechen, sind deshalb keine Schlangen im zoologischen Sinne, sondern frei gewordene Seelentiere von verstorbenen Familienmitgliedern. Dazu kommt, dass die in den Erzählungen erwähnten Milchbrocken im Kontext des Ahnenkultes stehen. In alten Zeiten stellte man diese populäre Speise als Libation für die Verstorbenen beim Herd hin.

Schlangen und Kröten als Schatzhüterinnen

Die mittelalterliche Einstellung zur Schlange erhellt die bekannte Erzählung *Kaiser Karl und die Schlange zu Zürich.* Der Zürcher Chronist Heinrich Brennwald (1478–1551) zeichnete sie auf:[108]

Karolus Magnus hielt sich viel in Zürich auf, und zwar im Haus gleich neben dem Grossmünster, das zu jener Zeit «das Loch» genannt wurde und ein von ihm erbauter Chorherrenhof war. Damit arm und reich zu ihrem Recht kommen und niemandem der Zugang zur Stelle verwehrt werden konnte, wo die Stadtheiligen Felix und Regula enthauptet wurden, liess er eine Säule aufrichten, an der ein Glöckchen hing. War der Kaiser beim Mittagsmahl und hörte er das Bimmeln der Glocke, liess er einen Diener nachschauen, wer Eintritt und Recht begehrte. Als der Kaiser einmal zu Tisch sass, hörte er läuten. Sein Diener schaute nach, sah aber niemanden. Der Kaiser befahl, dort zu warten, bis das Glöckchen wieder anschlagen würde. Da sah der Diener eine grosse Schlange, die am Glockenseil hing und läutete. Als der Kaiser davon erfuhr, stand er auf und meinte, man solle dem unvernünftigen Geschöpf doch das gleiche Recht wie den Menschen einräumen. Dann begab er sich selbst zur Stelle. Die Schlange verneigte sich vor ihm, ging zu Boden und kroch auf eine Reuse im Wasser zu, in der sie ihre Eier gelegt hatte. Darauf sass eine grosse Kröte. Als dies der Kaiser und sein Hofgesinde bemerkten, dass die Schlange Rechts begehrte gegen die giftige Kröte, befahl er, die Kröte zu verbrennen.

Einige Tage nach diesem Vorfall, als der Kaiser wiederum zu Tisch sass, meldete sich die Schlange am Hofe. Er ordnete an, das Tier eintreten zu lassen und es in ihrem Vorhaben nicht zu behindern. Da bewegte sich die Schlange zum Kaiser hin, verneigte sich, kroch auf den Tisch, stiess den Deckel von seinem Trinkgeschirr hinunter und liess einen Edelstein hineinfallen. Dann verneigte sie sich wieder und zog von dannen. Dieses grosse Wunder und der Umstand, dass hier die Heiligen Felix und Regula wegen ihres Glaubens an Jesus Christus gemartert worden waren, bewegte den Kaiser zur Tat. Er liess an dieser Stelle zu Ehren Gottes eine Kirche bauen, die «Wasserkirche» genannt wurde. In der Gruft unter dem Altar befindet sich der Brunnen, bei dem die Heiligen wohnten und gefangen genommen wurden. Man nennt ihn deshalb den heiligen Brunnen.[109]

Eine Darstellung dieser Sage ist auf den Eckreliefs der Hausfassade der Münsterhäuser am Zürcher Limmatquai zu sehen.

Die in der Zürcher Erzählung aufgezeigte Verbindung von Schlange und Kröte ist kein Einzelfall. Lange Zeit glaubte man, beide Tiere würden einen zauberkräftigen Edelstein im Kopf tragen. Die der Kröte zugeschriebene Zauberkraft könnte auf die psychedelische Wirkung der Krötengifte[110] zurückgeführt werden. Obwohl vom Christentum dämonisiert (Karl der Grosse liess das Tier schliesslich verbrennen), wurde die Kröte mit sinnlicher Lust assoziiert. Deshalb galt sie vielerorts als Symbol der Gebärmutter. In den Basler Apotheken wurden unter dem Namen «Krötensteine» fossile Seeigel feilgeboten, die als Amulette gegen «Frauenbeschwerden» dienten.[111] In vielen Kirchen, so zum Beispiel in Wartensee bei Sempach (LU), sollen sich unter den Votivgaben auch Kröten aus Blech und Holz befunden haben.[112] Und in den Devotionalienhandlungen vor der Benediktinerabtei Einsiedeln (SZ) gab es noch vor kurzem gegossene Wachskröten zu kaufen. Man pflegte sie als Opfergabe bei der Kapelle aufzuhängen.[113]

Der erwähnte Krötenstein war ein gewichtiges Thema der mittelalterlichen Bestiarien. Aussagen über seine Herkunft sind freilich sehr vage. Konrad Gessner und die späteren Naturforscher der Neuzeit priesen seine Wirksamkeit gegenüber Giften. Sie stützten sich bestimmt auf den Theologen und Naturforscher Konrad von Megenberg (1309–1374), der vom 14. bis zum 16. Jahrhundert in gebildeten Kreisen grosse Beachtung fand. Zum Krötenstein meinte er:

«... Botrax heisst krottenstein / den tregt ein krot im haupt / und ist zweierlei / ein weis und der besser uns ist seltsam / der ander schwartz und tunckel und ist ein wenig geelfarb / der ist der best under den tunklen...»[114]

Die mythische Verwandtschaft von Schlangen und Kröten zeigt sich auf tragische Weise in Grimms *Märchen von der Unke.*[115] Als die Mutter bemerkte, dass ihr Kind die Unke mit einem Silberlöffelchen fütterte, erschlug sie das Tier. «Nicht lange», heisst es im Märchen, «so fing in der Nacht der Totenvogel an zu schreien, und das Rotkehlchen sammelte Zweiglein und Blätter zu einem Totenkranz, und bald hernach lag das Kind auf der Bahre.»

Zwischen dem Kind und der Unke besteht eine geheimnisvolle Allianz. Sie hängen auf Gedeih und Verderben voneinander ab. Leander

Petzoldt, Direktor des Instituts für europäische Ethnologie an der Universität Innsbruck, sieht in dieser Schlange einen Hausgeist. Er stellt klar, dass unter dem Begriff «Unke» meistens eine Ringelnatter gemeint ist. Sie wird auch «Hausotter» genannt und sorgt als guter Hausgeist und Seelentier dafür, dass den Hausbewohnern Gesundheit, Glück und Wohlergehen beschieden seien.[116] Zoologisch ist jedoch jede Verwechslung ausgeschlossen,[117] Kriechtiere und Lurchen haben nichts gemeinsam.

Der Schlangenkult ist bei den Germanen nachgewiesen. Die Legende des heiligen Barbatus (um 600–683), der in der italienischen Provinz Benevento unter den langobardischen Königen Grimoald und Romuald lebte, berichtet, dass die getauften Langobarden die Riten des alten Glaubens beibehielten und sich jeweils vor dem Bildnis der Schlangen verbeugten. Barbatus liess das goldene Schlangenbildnis des Königs einschmelzen, um daraus Schüssel und Kelch herstellen zu lassen. Vieles spricht dafür, dass mit diesem Schlangenbildnis ein Hausgeist der Germanen gemeint war.[118] In einer böhmischen Sage heisst es, in Merklin sei der Glaube verbreitet, dass in jedem Haus zwei grosse Schlangen verschiedenen Geschlechts wohnen, die auch Junge haben. Sie stellen die Familie des Hauses dar. Wenn die männliche Schlange totgeschlagen wird, stirbt der Hausvater, geht aber die weibliche Schlange ein, so stirbt die Hausfrau. Und wenn ein Junges zu Grunde geht, stirbt ein Kind im Haus.[119] Dieser Glaube gilt übrigens auch für die Wenden im Spreewald (Niederlausitz, D) und für Skandinavien, wo sich die Hausschlange insbesondere in Norwegen lange erhalten konnte.[120]

Ebermut Rudolph meint zu diesem in allen alemannischen Gebieten verbreitete Sagenmotiv: «Ein Bauernkind wächst mit einer Schlange zusammen in einem engen Vital-Konnex auf. Wird dieses Verhältnis respektiert, geht es dem Kinde gut. Wird die Schlange aber – etwa durch eine neu eingestellte Hausmagd, die von diesem Verhältnis nichts weiss – getötet, verweigert das Kind die Nahrung und kümmert dem Tode entgegen.»[121] Rudolph bezieht sich bei dieser Aussage offenbar auf den Zisterzienser Prior Cäsarius von Heisterbach (ca. 1180–1240), der behauptet hatte, dass die Schlange als Schutzgeist mit einem Kind auf die Welt komme und, dass das Leben des Neugeborenen an das ihre geknüpft sei.[122]

Das *Märchen von der Unke* hat sich auch an verschiedene Schweizer Ortschaften gebunden. So kursiert zum Beispiel im Berner Oberland die Sage *Das Kind und die Schlange*, die sich vom Grimm-Märchen kaum unterscheidet.[123]

Eine weitere Variante nennt sich *Das Kind und die Krönliotter* und spielt in einem alten Haus im Steig (SH). Die liebevolle Beziehung zwischen Vreneli und einer grossen Schlange aus dem nahe gelegenen Krebsbach wird, genau wie im Grimm-Märchen, von der Mutter hintertrieben. Allerdings gelingt es ihr nicht, das Milch trinkende Tier zu erschlagen; aber das Mädchen wird daraufhin für immer von der Otter fern gehalten. Als das inzwischen zur jungen Frau herangewachsene Vreneli einmal alleine zu Hause sass und die Bibel las, drang ein gefährlicher Einbrecher ins Haus. Darauf seien aus allen Löchern und Fugen Ottern hervor geschossen und hätten den Eindringling vertrieben. Seither werde das Haus im Steig «Otterngut» genannt.[124]

Ein Hinweis von Ernst Rochholz bestätigt, dass es auch in der Schweiz üblich war, Hausschlangen zu halten: «In dem Frickthaler Dorfe Magden vermuthet man fast in jedem Hauskeller eine Hausschlange, welche durchaus als freundlich und zahm gilt, sich aber nur bei ganz aussergewöhnlichen Fällen blicken lässt. Schon ihr blosses Klappern deutet auf einen Trauerfall in der Familie.» Und über einen Brauch im Emmental schreibt er: «Manchmal hat ein Wohnhaus ihrer zwei, die mit Hausvater und Hausmutter leben und sterben.»[125] Diese Aussage steht im Zusammenhang mit der von Rochholz publizierten Sage *Die Hausschlange*. Diese Variante zur Sage *Die Schlange schenkt eine Krone* aus Bützberg (siehe Seite 139) handelt von einer Magd in Maihausen (ein Weiler zwischen Menzikon und Münster, LU), die sich mit einer im Stall erscheinenden Schlange angefreundet hatte. Die Schlange besuchte das Mädchen täglich und schlief in seinem Bett. Am Vortag seiner Hochzeit erschien das Tier wieder und liess seine Krone auf dem Schoss des Mädchens zurück. Die junge Frau hätte später in Neuhausen (LU) gewohnt.[126]

Rochholz weist zum Motiv der Hausschlange eine Vielzahl von Quellen nach. Unter anderem zitiert er A. Keller, der 1357 zu den Fasnachtsspielen schreibt: «Von einem slangen in dem hûse gespîset.»

Die Zürcher Mythe von Karl dem Grossen und der Schlange nimmt die antike Vorstellung einer tierischen Polarität auf. Für den römischen Konsul und Statthalter C. Plinius Secundus d. Ä., der sowohl Kröten wie Frösche für giftige Kreaturen hielt, besass der Frosch einen Antagonisten gegen Schlangengift. Deshalb empfiehlt er in seinen Schriften Froschbrühe als Mittel gegen Vipernbisse.[127] Kröten wurden früher wie Schlangen zu den Hausgeistern gezählt. Im Glauben, dass eine Kröte im Keller das Geld nie ausgehen lässt, wurde sie manchmal jahrelang als Haustier gehalten. Man pflegte sie, indem man ihr mit einem Silberlöffel Milchtropfen zu lecken gab oder frisch gemolkene Milch in einem Zinnbecher hinstellte.[128] Erd- und Kreuzkröten wurden deshalb, von volksmedizinischen Anwendungen abgesehen, nur selten getötet. Das Volk war überzeugt, dass sowohl Kröten wie Frösche arme Menschenseelen verkörpern, die in dieser hässlichen Gestalt ihre Sünden[129] auf Erden abzubüssen hätten. Um die verwünschten Seelen zu erlösen, warf man im Kanton Obwalden Kröten auf die Hausdächer hinauf, in der Vorstellung, dass die Seelen später aus den sonnengedörrten Hüllen entweichen könnten[130]. Das Schicksal konnte die armen Seelen übrigens in jede erdenkliche Tiergestalt verbannen. «Das hed yser Vatter mangsmal gseit, mä sell kei Chrott, kei Fresch, iberhaut keis Tierli nie plagä, das syget armi Seelä», berichtete eine Urnerin dem Sagensammler Josef Müller.[131]

Frösche, insbesondere der früher in der Schweiz häufig vorgekommene braune Grasfrosch, gehörten zu den vielleicht am meisten verfolgten Tieren. 1844 schrieb Gerold Meyer von Knonau: «Unter dem harmlosen Völklein der Frösche werden in mehr als sechzig Gemeinden aller Bezirke des Cantons [ZH] jährlich grössere oder geringere Niederlagen [Fang] angerichtet. Früher wurden den lebenden Fröschen die Beine abgeschnitten und die verstümmelten Tiere weggeworfen, ohne sie vollständig zu töten. Diese grausame Sitte ist zwar oft getadelt worden, aber noch nicht ganz verschwunden. Weitaus der kleinere Teil der Froschfänger sind Eingeborene, besonders Katholiken aus den benachbarten Cantonen holen für die Fastenspeisbedürftigen ungehindert Froschschenkel aus unsern Gewässern. Nach Zürich und Winterthur werden viele Froschschenkel gebracht.»[132]

Sommerliche Froschkonzerte sind heute eine Seltenheit und beglücken jeden Naturfreund. In alten Zeiten waren sie indessen ein öffentliches Ärgernis. Verschiedenste Quellen berichten, dass leibeigene Bauern gezwungen wurden, während einer bestimmten Nacht im Jahr oder bei besonderen Gelegenheiten das Wasser des Teichs mit Ruten zu schlagen. Damit wurden die laut quakenden Frösche zur Ruhe gebracht, wenn der Herr zur Abwechslung im Dorf übernachtete, Hochzeit feierte oder die Schlossherrin im Kindbett lag.[133] Die Sagen vom *Fröschenbatzen* und vom *Fröschenzins* sind deshalb ziemlich realitätsnah.

In jenen Zeiten, als noch die Ritter in der Burg am Bichelsee [TG] hausten, bevölkerte eine Unmenge von Fröschen den Saum des sonst stillen Gewässers. In lauen Sommernächten veranstalteten die Frösche ohrenbetäubende Quakkonzerte, die die Burgherren um ihren Schlaf brachten. Die lärmgeplagten Ritter schickten jeweils ihre Untertanen in die Sümpfe, um den Fröschen mit Stecken und Ruten den Garaus zu machen. Weil es aber für die Bauern eine Plage war, in der stockdunklen Nacht durch die Sümpfe zu waten, beschlossen sie, sich von der Froschjagd loszukaufen. Die Herren von Bichelsee, die nie viel Geld hatten, waren mit dem Begehren einverstanden. Fortan hatte jede Familie einen Batzen Lösegeld zu bezahlen. Dieser Batzen hiess Fröschenbatzen. Als die Herrschaft Bichelsee an das Kloster Fischingen [TG] fiel, mussten die Bichelseer den Batzen noch lange an die Klosterbrüder entrichten, auch dann noch, als die Burg schon längstens verfallen war.[134]

Auch in Herten bei Ellikon an der Thur [ZH] erhob sich einstmals eine Burg, zu deren Füssen sich ein Froschteich befand. Weil das Edelfräulein den Froschlärm nicht mehr aushielt, befahl sie den Besitzern ihrer Höfe, des Nachts abwechselnd die Frösche zu verscheuchen oder zum Schweigen zu bringen. Mit der Zeit wurden die Leute von Herten dieser lästigen Nachtarbeit überdrüssig, und sie erwirkten, dass die Schlossherrschaft eigens zu diesem Zweck einen Wächter oder Scheucher bestellte, wogegen die Lehnbauern selbst eine jährliche Abgabe entrichten mussten, die man «Fröschenzins» nannte. Als die Burg später nicht mehr bewohnt war und der Burgstall in den Besitz des Klosters Ittingen [TG] gelangt war, taten es die Kartäuser den Benediktinern aus Fischingen gleich. Sie kassierten von den Hertener Bauern den Fröschenzins bis in neuerer Zeit weiter.[135]

Das grosse Froschkonzert findet an lauen Sommerabenden heute noch statt, und zwar gleich vor dem Eingang zum Kloster Fischingen.

Einen Hinweis auf den verbreiteten Glauben, dass Amphibien verzauberte Sünder sind, kommt auch aus der Westschweiz, wo den Kröten übrigens eine tödliche Feindschaft mit den Spinnen nachgesagt wurde. In Bonfol (JU) gab es Weiher mit Unmengen von Lurchen. Man erzählte dort den Kindern und Leichtgläubigen, dass an den Brückenpfeilern jeweils die grössten Kröten[136] angekettet seien. Diese *bats*[137] genannten Tiere seien vor dem Betreten der Brücken gefälligst zu grüssen.[138]

Liebessteine und Schlangenkrönchen

Sowohl Schlange wie Kröte fungieren im Sagengut häufig als Schatzhüterinnen. Der Edelstein, den die Schlange in den Trinkbecher Karls des Grossen fallen liess, hatte eine Zauberkraft, die noch lange nachwirkte. Die Sage hat Fortsetzungsvarianten, in die indirekt auch der Liebreiz der Kröte hineinspielt:

Der Edelstein, den die Schlange in den Trinkbecher fallen liess, ging in den Besitz der Kaiserin Fastrada über und wurde zu einem Liebestein. Als

Fastrada von der Zauberkraft dieses Edelsteines erfuhr, trug sie ihn unter ihrer Zunge verborgen, damit ihn niemand finden und das Herz ihres Gemahls erobern konnte. So starb sie und wurde mit dem Stein begraben. Der nun alleinstehende Kaiser fühlte ein derartiges Verlangen nach seiner verstorbenen Frau, dass er ihre Leiche 18 Jahre lang überall hin nachführen liess. Zuletzt wurde der Stein gefunden und nach Aachen gebracht, um dort mit den übrigen Reichskleinodien aufbewahrt zu werden. Der Kaiser vergass darauf den Stein. Aber dann gewann er Aachen so lieb wie früher Zürich, liess dort ein Münster und die Pfalz erbauen und wollte nur an diesem Ort begraben werden.[139]

Konrad von Megenberg bezeichnet diesen Stein als «Leutstein» oder *Allectorius.* Der eine sei der Schlange, der andere den Hähnen eigen. «Der Leutstein wirt aus eines menschen herz. den stein trug Alexander in purpur in undergürtel, und do er wieder kam aus Indian und über das wasser Eufraten kam, zoch er seine kleider ab, das er badet in dem wasser. do kam ein schlang und riss den undergürtel ab mit dem stein und liess in vallen in das wasser. das hat aristoteles geschrieben in ein buch von den schlangen. von dem stein spricht man, da er den menschen behüt vor dem wehen ende und das er nit ersterben müg, dieweil er den stein hab an seiner Hand.»[140] Und zum bohnengrossen *Allectorius* schreibt Konrad von Megenberg, dass er den Durst lösche, den Menschen sieghaft werden lasse, Frieden bringe und «macht er die frawen lieb ihren mannen».[141]

Das Motiv der dankbaren Schlange, die einem guten Menschen ein Juwel hinterlässt, findet sich unter anderem in einer Sage aus dem Kanton Bern wieder:

In alten Zeiten lebte in Bützberg ein reicher Bauer, dessen Magd alle Tage auf eine etwa eine Viertelstunde entfernte Matte [= Wiese] hinaus musste, um das Vieh zu melken. Da kam allemal eine grosse Schlange zu ihr auf die Matte und trank von der Milch. Nach einiger Zeit verheiratete sich diese Magd. Und als sie beim Hochzeitsmahle sass, kam dieselbe Schlange langsam zur Tür herein, und legte der Braut eine prächtige Krone vor die Füsse. Darauf machte die Schlange eine Verbeugung und wand sich wieder zur Tür hinaus.[142]

Auffallend an dieser Erzählung ist, dass die Schlange ausgerechnet zur Hochzeitsfeier erscheint. Der Zusammenhang mit der Fruchtbarkeit, die hier durch die Vermählung zum Ausdruck kommt, liegt auf der Hand.

Der Feuersalamander in einer hermetischen Allegorie aus dem 17. Jahrhundert.

Auch in diesem Falle ist die Schlange eine Schatzhüterin, schenkt sie doch der Magd eine goldene Krone.

Frosch- und Schwanzlurche gehören zur selben Klasse und sind beide Amphibien. Auch der Volksglauben gesellte die verschiedenen Molche und Salamander zu den Fröschen und Kröten. Sie galten als Seelentiere, die das Böse schlechthin verkörpern. Die Feuersalamander, aus denen Generationen von Alchemisten Gold gewinnen wollten, wurden als Feuerdämonen betrachtet. Man glaubte, dass sie mit Feuer nicht zu töten seien, weil sie angeblich das Feuer löschen. Der Salamander war für die Gläubigen eine Ausgeburt des Teufels, die einem mit durchdringendem Blick anschaut. Deshalb heisst er im Glarner Dialekt «Guggemannli» oder «Hecki» (= Hexe). Als gleichermassen unheimlich galten die heimischen Teich-, Berg-, Faden- und Kamm-Molche. Im Tessin hiess es, der «Röss» hätte von Gott die Wahl zwischen Schönheit und Augenlicht erhalten. Er hätte sich für das Erstere entschieden.[143] Dass Salamander und Molche Wollust symbolisierten, zeigt der gängige umgangssprachliche Ausdruck «Lustmolch». Verschiedene Quellen belegen Tierquälereien, die früher auch in Mitteleuropa zum Ritus des Regenmachens gehörten. Mit diesen Grausamkeiten sollten den für den Regen zuständigen Gottheiten Tränen abgerungen werden, die als Regentropfen auf die Erde fielen.

«Es goupet e Chrott über d'Strous, es chunnt ge regne», hiess es in der Schweiz. Die Kröte gehört neben dem Frosch zur langen Reihe von Wetterpropheten. Mit von der Partie sind unter anderem der Hecht, die Fliege und die Schwalbe. Diese ihnen zugedachte Rolle beruht auf einer genauen Naturbeobachtung: Man stellte fest, dass verschiedene Tierarten bei Schwankungen des Luftdruckes und der Luftfeuchtigkeit ihr Verhalten ändern. «Der Merteil der alten Scribenten halded... so die fröschen über die massen laut schreiend, sollend sy ein ungewitter und regen bedeuten. Bey uns halt man es dafür, dass sy den morndern tag schön bedeutend», meint Konrad Gessner in seiner *Historia animalium.* Neben der weltbekannten Wettervorhersage des im Glas eingesperrten Laubfroschs erfüllen Lurchen auch die magische Aufgabe des Regenmachens. Weil Frösche vor Niederschlägen besonders viel Lärm machen, brachte man sie durch Quälereien zum Quaken und hoffte dadurch Regenfälle auszulösen.

Stipendien für die Störche

Auch Adebar, der Schlangentöter, gilt als verlässlicher Wetterprophet. Der Hausstorch ist überhaupt ein merkwürdiger Vogel, der früher auf vielen Kirchtürmen und Dachfirsten im Umfeld der Flussläufe des Schweizer Mittellandes nistete. Als in Säckingen (Baden-Württemberg, D) Mitte des 19. Jahrhunderts ein Mann namens Storch starb, wollen die Bürger an die 24 Störche gesehen haben, die in das Städtchen geflogen kamen, während Herr Storch zu Grabe getragen wurde. Adebar, der Glücks- und Kinderbringer, soll im Aargau gleich verschiedene Stipendien bekommen haben. So in Lenzburg wie auch im Ruedertal, das sich zwischen Schöftland und Schmiedrued erstreckt, und im Uerkental. In Kölliken soll ein Mann eine so grosse Liebe zu den Störchen gehabt haben, dass er für sie ein Legat verbriefen liess. Mit dessen Zinsen musste nach seinem Willen Fleisch zur Fütterung von Störchen finanziert werden, die im Frühling zu zeitig ankamen und kein offenes Gewässer zum Froschfang finden konnten. Ebenso gut ging es einem Storch in Schöftland. Als dort eines Nachts im Schloss eine Feuersbrunst ausbrach, lag die einsame Burgfrau von Rued in tiefem Schlaf. Der Klapperstorch soll mit dem Schnabel so lange an das Fenster gepickt haben, bis die alte Dame erwachte und sich retten konnte. Darauf setzte die kinderlose Witwe von Rued den Storchen zu ihrem Universalerben ein. Aus Dankbarkeit soll er täglich ein Pfund Leber bekommen haben.[144]

Seit wenigen Jahrhunderten gilt der Storch in seinem europäischen Verbreitungsgebiet allgemein als Kinderbringer. Der «Glaube an den Storch» hat allem Anschein nach einen realen Hintergrund, weil Störche gerne weisse Lappen für den Nestbau verwenden. Offensichtlich gibt es auch zwischen Storch und Feuer eine Bewandtnis. 1431 schreibt Enea Silvio Piccolomini, der spätere Papst Pius II, aus Basel: «Die Basler sagen, dass wenn man den Störchen ihre Jungen nähme, brächten sie Feuer ins Haus.»[145] Tatsächlich besagt ein alter Volksglauben, dass wenn man dem Storch ein Junges raube, der alte Storch das Haus mit einer glühenden Kohle anzünde, während er sonst bei einem Brandausbruch mit dem Schnabel Wasser herbeitrage und das Feuer lösche.[146] Der Zusammenhang zwischen Storch und Feuer hat zweifellos etwas mit der feuerroten Farbe seines Schnabels und seiner Beine zu tun. Da Störche gerne glitzernde Fundgegenstände in ihre Nester tragen, kann es zudem durchaus sein, dass sie glühenden Kohlenstücken ab und zu Brände stifteten. Im germanischen Glauben war der Storch der Göttin Holda gleichermassen heilig wie die rötlich- oder rotgefiederten Vögel. Dazu gehörten das noch lange als Glücks- und Liebesstifter beliebte Rotkehlchen, der Rotschwanz, die Schwalbe, der Specht und der Kuckuck.[147]

Unsere Vorfahren hatten von den Wanderleistungen der Störche nur vage Vorstellungen. Ganz allgemein herrschte der Glauben vor, dass die Vögel im Herbst über die Wüsten bis hinter den Berg Sinai flögen, um sich dort in Menschen zurückzuverwandeln. Ist es ein Zufall, dass gleichzeitig die Araber im Irak überzeugt waren, dass Störche verzauberte Menschen waren?[148] Der Stuttgarter Dichter Wilhelm Hauff (1802–1827) verarbeitete diesen orientalischen Volksglauben in seinem Kunstmärchen *Kalif Storch.*

Dieses Motiv der Vogelverwandlung ist auch in einer Geschichte aus den Tierbüchern von Claudius Aelianus aus dem 3. Jahrhundert n. Chr. zu finden. Darin entfliegen die Störche, wenn sie alt geworden sind, zu den Inseln der Glückseligen.[149] In zahlreichen Versionen geht es um Erklärungsversuche für die mittlerweile erforschten und dennoch wunderbaren Migrationen der Zugvögel.

Gefiederte Todesboten

Auf dem alten Pilgerweg nach Maria Einsiedeln ist ein wichtiger Seelenbegleiter verewigt: der Rabe.[150] Im Gasthaus Sankt Meinrad auf dem Etzelpass zeigen Bildtafeln das Martyrium des heiligen Meinrads. Darauf sind, als Attribut des Heiligen, zwei Raben abgebildet. Der Legende nach waren diese zwei Vögel die einzigen Kreaturen, die das Leben des Heiligen im einsamen Bruderhaus teilten. Eines Tages wurde der Heilige von zwei Räubern in seiner Zelle meuchlings ermordet. Die Räuber flüchteten in Richtung Zürich, und die beiden aufmerksamen Raben flogen ihnen krächzend nach. Das Geschrei der Galgenvögel jagte den Übeltätern eine dermassen grosse Angst ein, dass sie im Wirtshaus zum Rappen[151] bei der Schifflände in Zürich geständig wurden, den Mord verübt zu haben. Sie wurden darauf vom Reichsvogt Adelbert in Zürich zum Tode auf dem Rad verurteilt. Dort, wo der Heilige ermordet wurde, steht heute das Kloster Einsiedeln. Deshalb zieren die beiden Raben das Gemeindewappen von Einsiedeln und das Bogenfeld über dem Hauptportal der Stiftskirche.[152]

Der Rabe ist auch das Attribut des heiligen Oswald, der in der Legende zum König von England gemacht wurde. *S. Oswald rex anglie* – dieses Prädikat steht auf dem Spruchband seiner Statue am Turm der spätgotischen St.-Oswald-Kirche in Zug. Als bei Oswalds Krönung das Chrisamöl fehlte oder ranzig geworden war, kam ein Rabe herbeigeflogen und brachte ihm ein Gefäss mit dem kostbaren Öl, das St. Peter für ihn geweiht hatte. Der heilige Oswald wurde als Schutzpatron der Schnitter und des Viehs angerufen und galt auch als Wetterherr. Deshalb richtete sich Saat und Ernte nach den Windverhältnissen am 5. August, dem Jahrestag des Heiligen.[153]

Dieser Zusammenhang ist für die Symbolik der Rabenvögel, namentlich der Aaskrähen, Saatkrähen, Kolkraben und Dohlen bezeichnend. In vielen Gründungslegenden erfüllen sie als weisende Tiere eine spezifische Aufgabe. Im Seelenglauben spielen sie indessen eine ausgesprochen ambivalente Rolle. Ihre tiefschwarze Farbe, ihr zuweilen massenhaftes Erscheinen auf kahlen Bäumen sowie ihr krächzender Ruf lassen sie auf der einen Seite den finsteren Mächten, dem Reich der Toten zuordnen. Der «Unglücksrabe» ist darum meistens ein Todesbote. In Horgen (ZH) fürchtete man sich, wenn sich Rabenkrähen auf den First eines Hauses setzten; es war ein böses Omen, dass bald jemand sterben müsse.[154] Wenn Rabentruppen in einer bestimmten Weise flogen, kündigten sie Katastrophen an. Das ausserordentlich intelligente Verhalten dieser Tiere und ihre Fähigkeit zu spotten, das heisst fremde Tierlaute und die menschliche Sprache nachzuahmen, machten sie auf der anderen Seite zu Glücksboten. Als solche galten sie am Rheinlauf in der Gegend von Landshut (Baden-Württemberg, D). Oder im Kanton Freiburg, wo ihr Erscheinen gar die Geburt eines Kindes ankündigte.[155] Seltsamerweise wenden die Unglücksvögel vielerorts das ansonsten böse Omen in eine glückliche Verheissung um, wenn sie zu zweit herbeifliegen. Warum dem so ist, bleibt eine offene Frage. Denkbar ist, dass das paarweise Erscheinen von Vögeln mit der Liebe assoziiert wurde und somit zu positiven Deutungen Anlass gab. Merkwürdig ist auch die Glück verheissende Verbindung von Schwein und Krähe. Schlachteten die Emmentaler Bauern eine Sau, freuten sie sich, wenn Krähen herbeiflogen.[156]

Die heute bei uns selten gewordenen Saatkrähen zogen früher zu Tausenden aus dem Osten zur Überwinterung hierher. Die bevorzugten Futterplätze dieser geselligen Tiere sind frisch bestellte Äcker, wo sie nach Schadinsekten suchen. Vielleicht spielen sie deshalb auch im Feldkult eine Rolle. Ihre Anwesenheit auf frisch bestellten Äckern liess die Bauern glauben, die Vögel würden sich von der Saat ernähren. Diese Fehlvorstellung trug ihnen den unrühmlichen Namen «Saatkrähe» ein.

Auf hohen Bauten wie Burgen oder Kirchtürmen nisten da und dort grosse Dohlenscharen. Vor einigen Jahren verliess einer dieser Rabenvögel den Kirchturm von Reichenburg (SZ) und flog schnurstracks zur Kathedrale von Notre-Dame in Paris, wo nach 1806 auch unzählige Innenschweizer Wallfahrer die dort aufbewahrte Dornenkrone Christi aufsuchten. Der «Pilgerflug» des weisenden Vogels aus der Innerschweiz, der wie eine neuzeitliche Legende klingt, ist eine prosaische Feststellung von Ornithologen. Nachdem nämlich die Dohlen von Reichenburg beringt worden waren, konnten in der Kathedrale von Notre Dame tatsächlich Innerschweizer Dohlen identifiziert werden. Jedenfalls wurden aus Paris Ringe von toten Dohlen zurück in die Schweiz geschickt.[157]

Der Nachtrabe hat in der Schweiz nichts zu suchen. Er ist in verschiedenen Gegenden Deutschlands heimisch, wo er als mythischer eiserner Vogel sein Unwesen treibt und nachts Kinder erschreckt.

Zur Familie der Rabenvögel gehören auch die Elstern. Wie die Raben, waren sie vielerorts Wetterpropheten. Wenn der Bauer beim Mähen rückwärts blickte und Raben auf den Heuschwaden gingen, so erwartete man schlechtes Wetter. Sah er indessen Elstern, war gutes Wetter angesagt, hiess es in Gossau (ZH).[158]

Im Allgemeinen sind Elstern Unglücksvögel. Selbst wenn sie im Traum erscheinen, sagen sie Schlamassel an, meint 1851 der *Historische Kalender von Bern.* Treten die Elstern in Massen auf, steht ein Krieg bevor, sagten sich die Leute in Sarmenstorf (AG). Und im deutschen Volksglauben ist die Elster ein elbisches Wesen, das in den heiligen Wäldern nicht nisten darf, weil es die Gestalt eines Waldgeistes hat.

«Elster, Agerste. / Elster, Elster, weiss und schwarz, / Wenn du eine Hexe bist, / So flieg auf deinen Platz!», lautet ein altes Sprichwort. Ein

Abwehrspruch aus dem Appenzell heisst: «Zigi Agerst, i ha drei Auge und du grad zwä!» Damit die Abwehr wirksam wird, muss man beim Sprechen ein Kreuz auf die Stelle zeichnen, auf der kurz zuvor eine Elster gesessen hat. Verwendet wird dieser Zauber, um Hühneraugen zu vertreiben, schreibt das *Appenzeller Monatsblatt* aus dem Jahr 1825.

Zigi Agerst (= Ziger-Elster) wurde der Vogel deshalb genannt, weil «Zigeraugen», das heisst entzündete und zusammengeklebte Augenlider, ein Werk der Hexen war.[159] Einen ähnlichen Abwehrzauber, aber gegen Warzen, kannte man in Horgen (ZH).

Auf ein Hexentier wie die Elster sollte ein Jäger nicht ohne besondere Vorkehrungen schiessen. Im Toggenburg (SG) warnte man, dass beim unvorbereiteten Schuss auf die Elster das Gewehr zerspringen könne. Die Schwaben hatten ähnliche Vorstellungen: Wird eine Elster mit einem Schuss getroffen, findet man eine verwundete Hexe vor.[160]

Vielleicht hat die Elster mit ihrem unermüdlichen Geschrei dazu beigetragen, dass der Vogel in den meisten Sprachen als Symbol der Geschwätzigkeit gilt. Aus dem italienischen Wort *la gazzera* (= die Elster) soll übrigens die *Gazetta*, die Zeitung, das heisst die «Schwätzerin» abstammen.[161]

Der Eichelhäher ist ein weiteres Familienmitglied der Rabenvögel. «Um diese Zeit kriegen die Egristen mit den Hähern in grosser Menge und mit wunderbarlichem geschrey / fechten und wütigen / geyssen. Es bedeutet künftigen Krieg des landes», schrieb der Chronist Johannes Stumpf im Jahre 1548.[162]

In der teils «unghürigen», teils Schicksal verkündenden Vogelwelt nimmt der Kuckuck eine Sonderstellung ein. Wann er im Frühjahr zum ersten Mal ruft, ist nicht ohne Bedeutung. Der Zeitpunkt seines Rufes sagte etwas über das kommende Wetter aus. Hörte man im Kanton Zürich den Kuckuck von der Biswindseite (= Nordosten), so bedeutete dies Glück. Wurde der Kuckucksruf aber vom Hinterwind (= Südwesten) zugetragen, stand Unglück bevor. Und wenn der «Gugger» vor dem Fenster eines Wohnhauses vorbeiflog, war ein Todesfall angesagt.[163] Seltsam ist auch die Verbindung des Kuckucks mit Geld. Wer im Frühjahr den ersten Kuckucksruf hört, wird vom Glück eingeholt werden. Hat die betreffende Person Geld oder Brot im Sack, wird es ihr das ganze Jahr nicht ausgehen.

Vielerorts bringt der Ruf des Kuckucks Unglück. Weil er auch als Ehebrecher gilt, verspricht sein Ruf jenen Unheil, die sich auf dem Weg zu ihren Liebsten befinden. Nachreden dieser Art waren schon bei den Langobarden verbreitet.[164]

In der Zentralschweiz ist eine alte Verwünschsage erhalten geblieben, die den Kuckuck als ungeheuerlichen Seelenvogel zeichnet:

Ein Knabe wollte einer Frau ein Brötchen abkaufen, aber den vorgeschlagenen Preis nicht bezahlen. Deshalb sagte die Frau: «So flüg uf und mach guggu!» Darauf flog der Knabe als Kuckuck davon.[165]

Mit der Bezeichnung «Gugger» wird im Allgemeinen eine Geringschätzung ausgedrückt. Das gilt auch für die Flurbezeichnungen «im Gugger». Meistens sind dies als unheimlich verschriene Orte wie «der Gugger» bei Richental (LU).[166] Wenn die Milch sauer wurde, war in der Schweiz der «Gugger» drin[167] und sie «guggerte». «Hol di d'r Gugger!» ist ein in der Deutschschweiz noch üblicher Euphemismus, um das Wort «Teufel» zu vermeiden. Die gängige Redensart «Weiss de Gugger ...» weist hingegen auf die Annahme hin, der Kuckuck hätte gegenüber den Menschen einen Wissensvorsprung. Möglicherweise hängt dieser Glauben mit der Tatsache zusammen, dass unser Kuckuck ein typischer Brutschmarotzer ist. Indem er seine Eier in die Nester von verschiedensten Singvogelarten legt, hat er Einblick in «fremde Häuser».

1859 berichtete die *Monatschrift des wissenschaftlichen Vereins Zürich* über einen alten Brauch: «Bei der Sennenkirchweih auf Emmetten haben sie einen Gugger auf einer Stange, der schreit, dass er die Alpen überwacht habe, und bringt dann aus, was er dort während des Jahres gesehen...»[168]

Rabenvögel verkörpern, genauso wie der Hahn und die Gans, die Wachstumskraft der Natur. Diese ausserordentliche Potenz wird auch einem guten Dutzend weiterer Tiere zugeschrieben: Hirsch, Hase, Schwein, Ziege, Schaf, Rind, Pferd, Esel, Bär, Wolf, Fuchs, Storch, Schwan und Drachen.[169] Welches dieser Tiere zur Verkörperung von Kraft und Macht von den Menschen jeweils beigezogen wurde, hing von den lokalen Gegebenheiten und der örtlich vorherrschenden Fauna ab.

Der Hahn war vielleicht deshalb dominierend, weil er einst zu jedem Landwirtschaftsbetrieb gehörte und immer greifbar war. Von den übrigen Vögeln hatten vor allem die Wachtel, der Spatz, der Wiedehopf und insbesondere der Zaunkönig und der Storch einen kultischen oder mythologischen Stellenwert. Dem Kranich und der Taube werden wir uns an einer anderen Stelle aus der kirchlicher Warte zuwenden.

Der Spatz war in der Vorstellung der Menschen von alters her sexuell aktiver als alle anderen Vögel. «Der gemeine Sperling ist ein sehr geiler Vogel, und wird gebraucht zum Beyschlaff, besonders besitzt das Gehirn dergleichen Kraft», heisst es in Dr. Joh. Schröders *Trefflich versehene Medicin-Apotheke*, die 1685 in Nürnberg erschien.[170] Diese angebliche Geilheit des Sperlings ist sicherlich nur ein Nachklang eines viel älteren Liebes- und Fruchtbarkeitszaubers. Hatte er doch wie die Taube, das Rebhuhn und das Perlhuhn als Opfertier im Kult der Venus-Aphrodite zu dienen. Von diesen alten sexuellen Konnotationen der Vögel leitet sich auch das vulgärdeutsche Wort «Vögeln» für Beischlaf ab.

Ein weiterer Unglücksvogel und heute seltener Gast ist der farbenprächtige Seidenschwanz, der in kalten Wintern vom Norden kommend in riesigen Schwärmen über ganze Gebiete Westeuropas herfallen kann. In Davos (GR) und im Haslital (BE) nannte man ihn Pestvogel. Die *Schweizerchronik* von Johannes Stumpf gibt uns ein Bild davon, wie sehr solche überraschenden Masseninvasionen von Vögeln die Öffentlichkeit beunruhigen konnten:

Anno domini 1413 kamend vil frömder ungewonlicher vögel in dieses Helvetische Land / die flügend namentlich an grossen hauffen also dick ineinander / dass man den himmel durch sie nit wol gesehen mocht. Der haufen dieser vöglen ward im flug geschätzt einer meyl wegs lang / und bei einem vierteil einer meyl wägs breit. Im Jahr 1570 kamen vil fremde vögel / darauf folgte grosse Kälte / Hungersnot und eine gefährliche Rebellion im Luzernischen. Man hat sie gesechen vor dem Concilio in Konstanz / desgleiche vor dem Waldmanischen Auflauf / 1628 erschien ein flammender Komet, Untergang von Plurs.

1806 fielen die Seidenschwänze in solchen Massen über die Schweiz her, dass sie der Fuhrmann mit der Geissel von den Alleebäumen herunterschlagen konnte.[171] Berichte über die Invasionen dieser «Kriegs- und Pestpropheten» decken sich mit einer Aufzeichnung des Luzerner Chronisten Renward Cysat (1545–1614).

1968 erfolgte eine auch in der Schweiz Aufsehen erregende Invasion von seltsamen Vögeln. Sibirische Tannenhäher verliessen die russische Taiga und überfluteten zu Abertausenden ganz Mitteleuropa. Derartige Massenimmigrationen werfen auch für die heutigen Ornithologen schwierige Fragen auf. Anzunehmen ist, dass es sich hierbei unter anderem um ein Regulativ von Überpopulationen in den angestammten Gebieten handelt.

Zu den unheimlichen Vögeln zählten auch die Amseln, denen man magische Kräfte zuschrieb. In einem Haus, in dem eine Amsel wohnte, konnte zum Beispiel kein Blitz einschlagen. Und wie die weisse Gämse galt auch die weisse Amsel als ganz besonderes Seelentier. *Être rare comme un merle blanc* (selten wie eine weisse Amsel), ist eine geläufige Redensart in der Westschweiz. Von diesen seltenen weissen Vögeln berichtet auch die hübsche Tessiner Sage *Wie die Amsel ein schwarzes Gefieder bekam:*

Der Januar eile seinem Ende entgegen. Da wurde die Amsel, die damals noch ein weisses Gefieder trug, übermütig und lachte über den Januar. «Jetzt scheiss ich auf den Jänner», sagte sie. Der Januar hörte das und wurde böse. «Lass mich nur machen», meinte er, «du musst dein Wort noch zurücknehmen. Einen Tag habe ich selber noch und zwei entlehne ich vom compèr fivrai.» Und richtig! Es wurde sehr kalt, und um sich vor der Kälte zu schützen, flüchtete sich die Amsel mit ihrem weissen Gefieder in ein Kamin, bis die Kälte nach drei Tagen vorbei war. Als sie wieder herauskam, war sie vom Rauch und Russ bis auf den Schnabel ganz schwarz geworden. Seitdem ist sie schwarz geblieben und nennt man die drei letzten Tage des Januar i tri di d'la merla.[172]

Tiermasken und Katzenmusiker

So vielseitig die Vögel im Volksglauben sind, so rar machen sie sich in Form von Tiermasken. Im Mummenschanz dominieren die Furcht erregenden Tiere.

Ein sehr urtümliches Maskenlaufen gibt es am «Spräggelenabend»[173], dem zweiten Freitag im Dezember, in Ottenbach (ZH). Hauptakteure sind Schnabelgeissen, die zwischen Marktständen auf dem Dorfplatz klappernd herumstolzieren.[174] Die weiss verhüllten Maskenträger betätigen mit einem Seilzug ihre langen, zylinderförmigen Holzschnäbel und versuchen sich gegenseitig an Lärm zu überbieten. Eine Woche vorher, an der «kleinen Spräggele», gehen die Schulbuben von Tür zu Tür und heischen Leckerbissen. Hätten die giraffenartigen Popanzen keine Kuhhörner aufgesetzt, wären sie eher Pferde denn Ziegen.

Eine der Schnabelgeiss ähnliche Gestalt, der «Schnappesel», erscheint jeweils am Sylvesterchlausen in Wald (ZH). In der formalen Verschmelzung der Pferdeköpfe mit Esels- oder Ziegenhäuptern zeigt sich, wie in einem über Jahrhunderte lebendigen Brauchtum eine Tierart zur anderen mutieren kann.

Die Pferdemaske blieb in Samstagern bei Richterswil (ZH) bis heute am Leben. Zum Vorschein kommt sie jeweils an der «Haaggeri», am zweitletzten Arbeitstag vor Sylvester. Im Mittelpunkt des Spieles, an dem sich etwa fünf bis zehn ledige Burschen beteiligen, steht der «Ross-

Katzenmaske aus dem Kanton Graubünden, von Albert Anton Willi geschnitzt

grind». Der Tierkopf aus Holz, Blech und Karton ist hohl und innen mit einem Licht versehen, sodass die Augen gespenstisch leuchten. Die verschiedenen Spielgruppen schleichen sich in der Nacht zu den Häusern und lassen den auf einer langen Stange befestigten «Rossgrind» überraschend vor den Fenstern auftauchen. Dazu veranstalten sie mit Peitschenknallen, Glockengeläute und Rufen einen «Heidenlärm». Die Hausbewohner lassen dann den erwarteten Obolus in eine im Pferdekopf integrierte Kasse fallen. Der Erlös wird später im Wirtshaus «Rössli» umgesetzt.[175] Für die Vertreter der historischen Volkskunde wurzeln auch diese Bräuche im Glauben an das Erscheinen der Toten. Sie weisen nach, dass diese Maskenläufe ursprünglich nichts anderes bezweckten als die Personifizierung der Toten oder Seelen.[176] Dafür spricht auch der Umstand, dass die Maskenträger wie jene sechs Gesellen aus Kleinbasel, die 1531 einen Totentanz aufführten, in weisse Tücher gehüllt sind oder, wie in Samstagern, zumindest weisse Kutten tragen. Diese Betrachtung unterstützt die These, wonach dem «Rossgrind» einst die Rolle eines Totenführers zukam.

Fast vergessen sind die *Charivari* mit ihrer ohrenbetäubenden Katzenmusik. Im Graubünden pflegten diese maskierten Knabenschaften, sich Hochzeitsgesellschaften anzuschliessen und ein Höllenspektakel zu veranstalten. Waren sie dem Hochzeitspaar wohlgesinnt, verzichteten sie darauf, ihre Schlage-, Heisch- und Rügerechte ernsthaft auszuüben, die den Festen eine dramatische Wende geben konnten. Charivari heisst auf Rätoromanisch *far cavals*, also «Pferd-Spielen». Trugen die Bündner «Katzenmusiker» einst Pferdemasken? Karl Meuli schliesst diese Möglichkeit nicht aus.[177] Vielleicht wurden zu den Charivari auch Katzenmasken getragen. Das Museum Rietberg in Zürich besitzt eine einmalige Katzenmaske aus der Werkstatt des Maskenschnitzers Albert Anton Willi (1862-1972) aus Domat/Ems (GR).[178]

Ein seltsamer Maskenbrauch wird in der Gemeinde Concise bei Corcelles (VD) gepflegt. Zum Abschluss des jährlichen Schützenfestes wird jeweils am letzten Montag im Juli die *Fête du chameau* (= Kamelfest) gefeiert. Die Mitglieder der Jugendgesellschaft verkleiden sich zu diesem Anlass als Beduinen und folgen einem Kamel. Das Gerippe der Maske besteht aus einer Leiter, zwischen deren Sprossen zwei Burschen den Kopf stecken. Darüber wird ein Gewebe aus Sacktuch geworfen, sodass die beiden Köpfe die Höcker des Kamels bilden. Früher haben die am Kamelumzug Beteiligten Lebensmittel geheischt, heute sammeln sie Geld für ein gutes Nachtessen. Ursprung und Alter dieses Heischumzugs sind den Dorfbewohnern indessen nicht bekannt.[179] Dass die Tiermaskierung in Concise eine ursprünglich kultische Bewandtnis hat, ist nicht anzunehmen. Denkbar wäre vielmehr, dass sie an einen frühen Orientreisenden erinnern.

Gottesgeschöpfe und Teufelswerk

Im Mittelalter wurde die Tierwelt ganz einfach zweigeteilt. Auf der Sonnenseite standen die Geschöpfe Gottes, auf der Schattenseite die misslungenen Kreaturen des Teufels. Dieses undifferenzierte, dualistische Tierbild – ein Produkt der einfachen Volksfrömmigkeit und fantasievoller Bibelinterpretation, vermengt mit Weltschöpfungsmythen – war für die scholastische Theologie unhaltbar. Dennoch wurde die Zweiteilung der Natur von der Kirche nie bekämpft. Im Gegenteil, zeitweilig wurde sie sogar gefördert.

Im 5. Jahrhundert benutzten die Kirchenväter die Sinnbilder der Tiere, um das Volk zur sittlichen Erneuerung aufzurufen und das Evangelium zu verbreiten. Die Fantasie der Menschen im frühen Mittelalter war in hohem Masse mit Tierbildern besetzt, sodass auch geistige Ermahnungen in Form von Tieraussagen übermittelt werden konnten. Deshalb war das Tierornament in der kirchlichen Kunst nicht einfach Zierrat, sondern eine zwar kodierte, aber allgemein verständliche Sprache.

Das dualistische Schöpfungsbild, wonach Gott und der Teufel in einem gegnerischen Wettstreit die Erde und die Gegenstände, die Lebewesen und die Pflanzen schufen, wurde durch eine Vielzahl von Volkserzählungen tradiert, die in fast ganz Europa verbreitet sind. Am bekanntesten ist die Mythe von der Erschaffung der Erde durch Gott aus dem vom Teufel aus dem Grunde des Urmeeres heraufgeholten Schlamm.[1]

Ein Kuriosum im protestantischen Zürich bildete der Affe auf dem Fischmarktbrunnen. Im 16. Jahrhundert stand er dort auf einer Säule mit einem Halseisen. Daran wurden jeweils «nicht todwürdige» Verbrecher angebunden und dem öffentlichen Hohn ausgesetzt. Kein anderes Tiermotiv hätte die Angeklagten mehr erniedrigen können als der diabolische, für die damalige Zeit geradezu obszöne Affe. Eine Ratsurkunde vom 12. Juli 1567 deutet darauf hin, dass gar eine ganze Affenhorde auf der Säule stand. Jedenfalls hatte der städtische Baumeister den Rat davon in Kenntnis gesetzt, dass die Frau des Bäckers Rudolf Bertschinger «die steininen Affen, so uff dem Halsysen gestanden, mit einem Seil, daran sy

Plunder ufgehangkt, abhin zogen» habe. Gleichzeitig bat er um Bescheid, «ob er ein anderen Possen, so zierlich syge, an den Affen statt uffstellen sölle». Der Rat beschloss, dass die drei Bauherren in der Steinhütte «einen andern Poss, der dem Platz wol anstande», machen lassen sollten. Den Frauen aus der Nachbarschaft vor dem Rüden und dem Schneggen[2] aber, welche ihre Wäsche auf dem Fischmarkt aufzuhängen pflegten, wurde befohlen, ihre Wäscheleine nicht mehr am Halseisen zu befestigen, sondern an dem Ring, der hierfür angebracht war. Offensichtlich war für die Zürcher Regierung nicht das Halseisen ein Schandfleck, sondern die Affenhorde.[3]

Paradoxerweise ist die Heraldik den teuflischen Tieren nie aus dem Weg gegangen. Die Gemeinde- und Familienwappen der Schweiz zeigen im Schild oder an seinen Seiten alle erdenklichen Wesen. Neben den majestätischen Löwen[4] und Leoparden[5], dem römischen Adler und dem göttlichen Hirschen zieht noch eine ganze Prozession von geächteten und gefürchteten Tieren durch die Wappenkunde. So finden wir unter anderem den Rüden, die schwarze Dogge von Toggenburg, das schwarze Widderhaupt der Familie Wilberg, die Krähe sowie den Basilisken der Familie Vink. Selbst Füchse und Wölfe sind in den Familienwappen vertreten. Auf dem Stuckaturgewölbe der St.-Stephans-Kapelle im Kloster Kappel (ZH) bilden das Schild und die Helmzier des Geschlechts Gessler von Brunegg ein reizvolles repetitives Muster. Kinder sehen in dieser Helmzier – ein archaischer Adlerkopf mit einem silbernen Schnabel, die Schweizer Comicfigur «Globi».[6]

Protz mit Vogelfedern

Viele Familienwappen mit Tiermotiven stammen aus der Zeit der Kriege und Ritterturniere des 13. Jahrhunderts, in denen sich die schwer gepanzerten Ritter mit einem individuellen Emblem zu erkennen gaben.[7] Die Wahl von teuflischen Tieren oder Seelentieren erfolgte wohl sehr bewusst. Das Abzeichen eines Ritters, das auf etwa 200 Schritte erkennbar sein musste, war Teil seiner Identität. Und das Motiv war sicherlich auch ein Mittel, Überlegenheit zu demonstrieren und dem Gegner Angst einzuflössen.

Zum männlichen Imponiergehabe gehörte bei uns auch der Körperschmuck mit Vogelfedern. In der Barockzeit hiessen weisse Federn «Hu-Federe»; sie wurden von jungen Männern als Zeichen der körperlichen Herausforderung getragen. Bis ins 19. Jahrhundert steckten sich insbesondere starke Schlägertypen eine Feder auf den Hut, damit sich jedermann vor ihnen in Acht nehmen sollte. Hans Georg Wackernagel vermerkt in einer historisch-volkskundlichen Untersuchung über die Kriegsbräuche in der mittelalterlichen Eidgenossenschaft, dass die siegreichen Fechter der römischen Gladiatorenkämpfe *pinnirapus* hiessen, weil sie den unterlegenen Rivalen die Helmfedern raubten, um sie auf den eigenen Helm zu stecken. Dazu zitiert er den Zürcher Sprachwissenschaftler Ludwig Tobler aus dem *Jahrbuch für Schweizer Geschichte* aus dem Jahre 1894: «An einigen Orten der alten Landschaft St. Gallen fand an der Kilbe unter Trommelschall ein Aufzug der jungen Mannschaft mit Seitengewehr statt, angeführt von einem Burschen mit einem Federhut, den ihm Burschen aus andern Gemeinden zu entwenden suchten, worüber oft blutige Schlägereien entstanden.» Etwas Ähnliches geschah 1648 am Jugendfest in Lenzburg (AG), wo junge Burschen mit weissen Federn auf den Hüten einander zum Kampf herausforderten.[8] Mit dieser Kraftprotzerei hat auch der frühere Kopfputz der Militäruniformen zu tun, dessen ornithologische Vielfalt schon 1555 in der Schlacht von Marignano die jungen Elitekrieger auszeichnete. Federschmuck gehörte auch in der österreichisch-ungarischen Doppelmonarchie zum Zauber der Montur. Ungarische Reitertruppen verwendeten als Helmzier ganze Federbüsche des heute seltenen Silberreihers. Anderseits schmückten Tiroler und Steirer Jäger ihre Hüte mit den Schwanzfedern der Birkhähne.[9] Und in der italienischen Armee gehört die grosse Hutfeder noch heute zum Stolz der *Alpini* (= Alpenjäger).

Die weltweit verbreitete Sitte, Vogelfedern zu Schmuck zu verarbeiten, degenerierte im Bürgertum des 19. Jahrhunderts zu einer beispiellosen Koketterie. Je grösser, bunter und ausgefallener die Federn waren, desto lieber wurden sie als Mittel weiblicher Verführungskunst auf die Damenhüte gesteckt. Millionen von Vögeln mussten für die menschliche Eitelkeit ihr Leben lassen. Die *Ornithologische Monatsschrift* aus dem Jahre 1878 spricht von einer Leipziger Firma, die jährlich 4,25 Millionen Lerchenflügel und 1,5 Millionen Schneehahnflügel aus Finnland importierte. Einer anderen Publikation aus dem Jahre 1898 zufolge erhielt ein Händler in London einmal eine Sendung von 6000 Paradiesvögeln, 400 000 Kolibris und 360 000 Vögeln der verschiedensten Arten.[10] Ernst und Luise Gattiker weisen in ihrer volkskundlichen Textsammlung über die Vögel im Volksglauben auf weitere Ungeheuerlichkeiten hin: So wurden ausgerechnet aus Spanien, wo ein altes Sprichwort das Töten einer Schwalbe dem Muttermord gleichsetzt, von den Pariser Modeateliers jährlich 200 000 Schwalben bezogen!

Ein der Identitätsbildung mit tierischen Attributen angrenzendes Thema ist die auffallende Häufung von Tierbezeichnungen in deutschen Geschlechtsnamen. Der sich mit den Personennamen der Germanen befassende Zweig der Philologie weist ein starkes Vorkommen von mythologisch bedeutsamen Tieren nach. Sicher deutet ein grosser Teil dieser Tierinsigna auf eine Identifikation der Namensträger mit angesehenen Tieren hin. Zu finden sind neben drei Dutzend Namensgruppen, die Adler, Bär und Wolf einschliessen, auch seltsam anmutende Geschlechtsnamen wie Wurm oder Birkhahn.

Eine deutliche Sprache sprechen die altgermanischen Geschlechter «Ylfingar» und «Wulfingas», die beide die Bedeutung von Wölfen haben. Ihre Freunde waren die «Hunde», die «Hundigar». Und «Vinnili», der ältere Name der Langobarden, bedeutet wahrscheinlich «wütende Hunde». Von ihnen heisst es, sie hätten rasende Krieger mit Hundeköpfen unter sich gehabt.[11]

Geheimnisvolle Tierbilder

Ein Beispiel für die kodierte Bildersprache des Mittelalters ist die Tierversammlung, die als Metapher des Friedens galt. In der Romanik wird dieses den Psalmen und dem *Physiologus* entnommene Bild vorzugsweise in ornamentalen Reihen oder als gedrängte Gruppen auf den Tympanons dargestellt. So wird auf dem Hauptportal der Abteikirche[12] des Klosters Rheinau (ZH) eine Tierversammlung unter Weinreben abgehalten. Die Teilnehmer gruppieren sich symmetrisch um eine Achse des Bogenfeldes, auf der das Lamm Gottes mit Kreuzstab und Kreismedaillon steht. Unter den Tieren befinden sich Vögel, Hasen, Löwen, verschiedene Drachen und gefährliche Basilisken. Das Lamm und ein bärtiger, männlicher Kopf sind, genau wie die Weinranken, Sinnbilder Christi. Das Teuflische bringen indessen die Basilisken zum Ausdruck. In der Komposition liess der Bildhauer diese diabolischen Boten von den göttlichen Sinnbildern abwenden und machte sie somit auch formal zu Vertretern des Bösen.[13]

Das Dualitätsprinzip, das in dieser Tierversammlung verdeutlicht wird, betrifft einen Grossteil der Tierwelt und wurzelt in vielen Schöpfungsmythen. Die Gegensatzpaare sind zahlreich: Gott schuf die Vögel, die unser Herz erfreuen. Der Teufel wollte ihn nachahmen und schusterte die Fledermäuse zusammen. Doch der Vater erbarmte sich dieser misslungenen Kreaturen und machte sie wenigstens flugtüchtig.

Während die Bienen am göttlichen Pol lieblich summen, brummen die Hummeln, Hornissen und Wespen am teuflischen Gegenpol. In Arth (SZ) wurde die satanische Hummel der verschrienen Sekte der Nikodemiten bildlich in den Mund gelegt. Nachdem diese Gruppe von Wiedertäufern zur Zeit der Zürcher Reformation blutig unterdrückt wurde, lebte sie im Geheimen weiter und sorgte im Jahre 1655 erneut für Unruhen. Ihr Führer Nikodemus sei nachts zum Heiland gekommen. Deshalb meinten seine Anhänger, auch sie müssten ihre Versammlungen nachts abhalten, und zwar in einem einsamen Haus der Gemeinde Arth (SZ), erzählte man sich in der Innerschweiz. Dieses «Hummelhof» genannte Anwesen stand noch zu Zeiten des Sagensammlers Alois Lütolf, das heisst in der zweiten Hälfte des 19. Jahrhunderts. Man dichtete den Nikodemiten an, sie hätten zur Kommunion jeweils eine Hummel in den Mund empfangen. Alsdann sei das Licht abgedreht und eine Orgie veranstaltet worden. Auch im Kanton Glarus war die Hummel eine satanische Erscheinung. Dort meinte man, die Seele einer Hexe fliege als Hummel aus.[14]

Die Hornissen sind vielleicht weniger eng mit dem Teufel verbunden als die Hummeln, aber gelten dennoch als lebensgefährlich. Im Jura erzählte man sich, dass eine einzige Hornisse einen Menschen mit einem Stich ins Grab bringen könne. Täten sich sieben Hornissen zusammen, vermöchten sie ein Pferd zu töten.[15]

Von den Wespen hiess es unter den Westschweizer Bauern *année de guèpes, année de misères* («Wespenjahr, Unglücksjahr»).[16] Diesseits der Saane konnten die Wespen aber auch Gutes ankünden. Waren sie im Frühjahr mager, stand ein fruchtbares Jahr bevor.[17] Traten die Wespen jedoch in Massen auf, wurden die Plaggeister durch einen Zauber gebannt. Dazu murmelte man im Zürcher Oberland folgenden Reim:

Wespi Wespi, wehr di,
Wenn'd s' Tüfels bisch, bikehr di,
Wenn'd s'Herrgotte bisch, so stichst mi nüd.[18]

Zu den wenigen göttlichen Insekten gehören, neben der Biene, selbstverständlich die Marienkäfer, die auch im alten Indien heilig waren. Adolf Wuttke meint in seiner umfassenden Arbeit über den deutschen Aberglauben, dass der Marienkäfer, der in der Westschweiz übrigens *bête à bondieu* (= Gottestier) heisst, wegen seiner leuchtend roten Farbe und seinen sieben schwarzen Pünktchen in den Rang eines den Gottheiten Donar und Holda geweihten Käfers erhoben wurde. Und Wilhelm Mannhardt erklärte vierzig Jahre vorher, dass die Tierchen die Seelen der Kinder aus den Wolken herunterholen.[19] Als ein für die Liebe und das Wetter wahrsagender Bote der Liebesgöttin brachte das Marienkäferchen jedenfalls starke mythische Elemente in die schweizerischen und deutschen Kinderlieder ein.[20]

Taranteln – Symbol der kollektiven Angst vor dem tödlichen Spinnenbiss

Die Teufelsgeschöpfe wurden als Werkzeuge der Schwarzmagier und Hexen betrachtet. Gleichzeitig dienten sie den volksmedizinischen Praktiken der Heiler. Dass das Satanswerk diesen zwei Personengruppen, das heisst den Krank- und Gesundmachenden zugeordnet wurde, hat wohl damit zu tun, dass sich beide übersinnliche Kräfte zu Nutzen machten.

Die Tiersymbolik der kirchlichen Darstellungen des Mittelalters war differenzierter als die spätere, landläufige Volksdeutung. Auf der dunklen Seite standen nicht nur die Sinnbilder des Teufels an und für sich, sondern auch Bilder der Untugenden. Im *Physiologus* verkörpern zum Beispiel die Schlangen der Gorgo Medusa die böse Lust, der Seekrebs den hinterlistigen Menschen, der Ochse den neidischen Sünder und das Krokodil, «was dem Kamel an Ansehen gleicht»,[21] Tod und Hölle.

Die Tiersymbole in den Kirchen dienten nicht nur dem christlichen Anschauungsunterricht. Vielfach sind die Tierplastiken als Teil von Rundbogenfriesen unter dem Dach des Hauptschiffes angebracht. Sie befinden sich in solcher Höhe, dass sie vom Standort der Beschauer aus kaum ersichtlich sind. Wir können deshalb annehmen, dass die Tiere in der magischen Absicht platziert wurden, das Böse unschädlich zu machen und somit die Gläubigen von oben her zu beschützen.[22]

Die schwarze Spinne

Zur Sammlung teuflischen Getiers gehören auch die symbolträchtigen Spinnentiere; sie erwecken düsterste Ängste und Ekelgefühle, rufen aber auch Hoffnungen wach.

Kaum eine andere Erzählung bringt die negative Symbolik der Spinne besser zum Ausdruck als *Die schwarze Spinne* von Jeremias Gotthelf (1797–1854). In diesem Meisterwerk der Schweizer Literatur steht das Spinnentier als Metapher für die Pest. Mit dem Passus «... Sie bohrte ein Loch in das Bystal, das ihr am nächsten lag zur rechten Hand, wenn sie bei der Wiege sass, rüstete einen Zapfen, der scharf ins Loch passte, weihte ihn mit geheiligtem Wasser, legte einen Hammer zurecht und betete nun Tag und Nacht zu Gott um Kraft zur Tat»,[23] beschreibt der Seeländer Pfarrer Albert Bitzius alias Jeremias Gotthelf die Bannung des schwarzen Todes. Elemente der Volksfrömmigkeit und des alten Emmentaler Brauchtums sind unverkennbar. So entspricht die Verpflockung des Übels auch der magischen Praxis der Solothurner Kapuzinermönche (siehe Seite 57). Gotthelf liess sich von einer Emmentaler Legende inspirieren. Davon gibt es auch eine Appenzeller Variante,[24] die sich auf Paracelsus (1493–1541) beruft, der den in Spinnengestalt erscheinenden Teufel verpflockt.

Im Zürcher Oberland erzählte man sich früher die Geschichte von der bösen Spinne. Die Erzählung handelt von einem unheimlichen, zerfallenen Gasthaus an der Kempt beim Weiler Grafstall, das eine Spinne im Wirtshausschilde führte. Diese schwebte als riesiges Gewebe aus Eisendraht über dem Eingang und glotzte die Gäste mit roten, fast glühenden Augen an. Einem müden Wandersmann, der die düstere Gaststätte aufsuchte, missfielen die zwielichtigen Wirtsleute:

[...] Auch stand das Zimmer, das ihm nun zur Ruhe angewiesen wurde, mit der sonstigen Armseligkeit des Hauses in zu grossem Gegensatz, als dass es ihm nicht hätte auffallen sollen. Nicht nur mochte es das einzige im Haus sein, das durch ein hohes, helles Fenster der freien Luft Zugang liess; auch die ganze Ausschmückung gehörte eher einem alten, reichen Edelhause als dieser verfallenen Herberge an; namentlich das grosse Bett mit seinen schweren, seidenen Vorhängen und dem mit Federn und Troddeln geschmückten Himmel machte einen seltsamen Eindruck auf ihn, so dass er beschloss, sich nicht zu entkleiden und womöglich wach zu bleiben, um jedem Angriff schlagfertig zu begegnen. Nach kurzem Gebet warf er sich auf das Lager; aber eine unerklärliche Unruhe verfolgte ihn, und rasch sprang er auf, als er ein unheimliches Knistern in den Vorhängen vernahm. Ein Todesschreck ergriff ihn, als blitzschnell, aber mit der lautlosen Sicherheit, womit die Spinne ihr Opfer umstrickt, der schwere Betthimmel sich auf die Stelle senkte, die er vor einem Augenblick noch eingenommen. Wie mancher arglose Schläfer hatte wohl schon unter dieser Wucht den letzten Seufzer getan; denn die ganze Kraft unseres Wanderers reichte nicht hin, die ungeheure Last zu

bewegen; doch ihm blieb, das sah er wohl ein, keine Zeit für Betrachtungen, und rasch das Fenster öffnend erspähte er eine Gelegenheit zur Rettung [...][25]

Mit der Metapher der bösen Spinne wird in dieser Sage rundweg alles eingesponnen, was den arglosen Wandersmann bedroht und ihm nach dem Leben trachtet: das zerfallene Gebäude, das drahtige Wirtshausschild, die geschwätzige Wirtin, ihr mürrischer Ehemann oder das seltsame Himmelbett, das wie ein riesiges Radnetz über ihn herfiel. Zum Schluss der Sage siegt das Gute über das Böse:

[...] Ein stark bewaffneter Haufe wurde alsbald ausgeschickt, das Raumnest zu zerstören und die arglistigen Wirtsleute gefangen zu nehmen. Im Keller fanden sie die mannigfachsten, im Laufe der Zeit geraubten Gegenstände; man stiess aber auch auf die verscharrten Leichen ihrer Besitzer. Das Haus wurde dem Boden gleichgemacht; allein die Erinnerung an die Untaten lebte im Volke fort und die Geschichte von der bösen Spinne verkürzte bis in neueste Zeit hinein den Spinnerinnen der Umgebung manchen langen Winterabend.[26]

Die Gleichsetzung von Spinne und Teufel beruht auf einem schwäbischen und somit alemannischen Volksglauben, nach dem sich der Teufel auf das Spinnen verstehe.[27] Als besonders schlimme Vorbedeutung wurden im Kanton Zürich Spinnen in der Milch gesehen.[28] Ihr schlechter Ruf hinderte die Spinnentiere aber nicht daran, sich als Attribut des heiligen Konrad und des heiligen Norbert in der kirchlichen Kunst zu etablieren. In beiden Fällen sitzt sie auf dem Kelch und weist darauf hin, dass ihr Gift den frommen Männern nichts anhaben konnte, als sie bei der Kommunion verschluckt worden waren.[29]

Der diabolischen Spinne steht das gute Orakeltier entgegen. Wenn sich im Frühjahr die Fangnetze der Strecker- oder Kreuzspinnen auf den Feldern zeigten, so befürchtete man im Rafzerfeld einen Ausbruch von ansteckenden Krankheiten. Im Zürcher Oberland hiess es indessen: «Sitzt eine Spinne in der Mitte ihres Radnetzes, ist gutes Wetter angesagt, sitzt sie am Rand oder in einer Ritze, kommt Regen.»

In der Gemeinde Elsau (ZH) liess man die Kreuzspinnen gar ungehindert ihre Radnetze an den Stubenfenstern weben, um daraus Hinweise auf das kommende Wetter abzulesen.[30]

Die Popularität von Gotthelfs Erzählung *Die schwarze Spinne* trug sicherlich dazu bei, dass die positiven Deutungen der Spinnen ins Hintertreffen gerieten. Dabei verhiess das Tierchen in alten Zeiten auch Gutes.

Als besonders glücklich galt zum Beispiel die Feldspinne[31] mit ihren grossen langen Beinen. Namentlich die Roma bezeichneten sie als «Geldspinne». Lief sie einem auf den Kleidern herum, waren am selben Tag grosses Glück und Geldeinnahmen zu erwarten. Deshalb hütete man sich, diesen Tierchen irgendein Leid anzutun.[32]

Die Angst vor dem Biss der Spinnen sitzt noch heute tief. Lebensbedrohend sind allerdings nur die in Südeuropa heimischen pechschwarzen, zur Gattung der Schwarzen Witwen gehörenden Malmignatten.

Die berüchtigte Tarantel ist indessen ziemlich harmlos. Ihr Biss ist weit weniger gefährlich als gemeinhin angenommen wird. Im Mittelalter schrieb man dem Tarantelgift eine eigentümliche Krankheit zu, eine Art Veitstanz oder Tanzwut. Diesen so genannten *Tarantismus* versuchte man durch das Vorspielen von besonderen Musikstücken, der berühmten *Tarantella*, zu heilen. Man nimmt heute an, dass es sich beim Tarantismus um eine unspezifische Nervenkrankheit einer Epoche handelt, in der die Menschen von einer panischen Angst vor finsteren Heimsuchungen geplagt waren. Vermutlich wurden früher viele harmlose Spinnenarten als lebensbedrohende Taranteln betrachtet. Die Redewendung «wie von der Tarantel gestochen» zeugt noch davon.

So scharf die Tarantel in alten Zeiten als lebensgefährliches Tier verurteilt wurde, so wenig wird heute die Tatsache beachtet, dass auch Kreuzspinnen über recht giftige Kieferklauen verfügen, die den Menschen an empfindlichen Körperstellen wie ein Wespenstich treffen können. Der Arzt Adam Lonicerus (1528–1586) meint: «Ein Arznei wider das stechen aller Spinnen / ist das hirn eines Cappaunes mit wenig Pfeffer in süssem Wein getrunken.»[33]

Der sündige Ziegenbock

Inbegriff des teuflischen Säugetiers war der Ziegenbock. Man kennt sie schon aus der Antike – die bocksfüssigen Satyre und Faune, den Weltengott Pan oder die heiligen Böcke des Wein trinkenden Dionysos. An diese antiken Ziegen erinnern die mittelalterlichen Robustziegen der Rasse Nera Verzasca, die sich im Tessin erhalten konnten. Sie haben ein rabenschwarzes Haarkleid; sowohl Böcke wie Geissen zeichnen sich durch sichelförmige Hörner und einen Bart aus.[34]

Ziegenböcke gehören auch zur nordeuropäischen Mythologie. Das Gespann des germanischen Gottes Thor, der mit seinem Hammer Blitze erzeugt, wurde von Gehörnten gezogen. Weniger bekannt ist, dass es selbst unter den dienstfertigen Zwergen des Berner Oberlandes bocksfüssige Individuen gab. Eine entsprechende Sage liegt vor:

Einst kam ein Zwerglein zu Schmocker und nahm mit ihm und seinen Kindern das Nachtessen ein. Ein Kind liess zufällig ein Stück Käse zu Boden fallen. Es bückte sich, um das Stücklein wieder aufzuheben, und sah die sonderbaren Füsse des Zwerges. «Ei», sagte das Kind, «was hast du für einen sonderbaren Knecht. Schau seine Füsse! Es sind Geissfüsse.»[35]

Dass sich der Ziegenbock im Christentum auf die Seite des Teufels schlug, überrascht nicht. Sein kämpferisches Stossen und vor allem seine Sexualkraft verleihen ihm in vielen Mythen und späteren Schwänken einen ausserordentlichen Stellenwert. Das antike Bild des feurigen, männlichen Wesens wich der diabolischen Figur des «Herrn des Sabbat», der sich den Hexenversammlungen anschliesst, um sein schändliches Unwesen zu treiben.[36]

Der Walliser Volkskundler Denis Fournier zeichnete die Erinnerung an einen vorchristlich geprägten Kult um einen «Druidenstein» auf, der sich auf dem Plateau von Vérossaz befindet.[37]

Im Vorfeld dieser Zeremonie, die man *taille de la pierre* (= Steinspaltung) nannte, wurde ein alter Ziegenbock geopfert. Ebenfalls in die magische Handlung einbezogen waren zwei Geissen. Diese mussten indessen nach der Zeremonie eines natürlichen Todes sterben, und sie durften nicht verspeist werden. Zur Einleitung der Zeremonie, die ausschliesslich von Frauen durchgeführt wurde, legte man eine der beiden Ziegen sechs Fuss von einem frisch aufgeschichteten Scheiterhaufen entfernt mit dem Kopf gegen den Kultplatz hin. Die Frauen zwangen sie mit Gewalt zu Boden, nachdem sie mit einem Stecken ein Loch in die Erde gegraben hatten. Der Kopf der Ziege musste über dem Loch liegen, sodass das eine Ohr ungehindert in den Erdboden eindringen konnte. Eine bestimmte Person packte dann das obere, freiliegende Ohr und zog es unter einem Gebrüll von Beschwörungsformeln hoch. Die Ziege erstarrte und wirkte wie tot. Über ihr Ohr wurde eine Pelzmütze gestülpt. Die andere Ziege wurde auf der gegenüberliegenden Seite des Scheiterhaufens im gleichen Abstand und in der gleichen Lage platziert. In diesem Augenblick befahl die Zeremonienmeisterin, schadbringende Zeichen auf die mitgebrachten Tesseln (= Kerbhölzer) zu setzen. Jede Teilnehmerin markierte darauf ihren Holzstock, sei es mit einem E-förmigen Zeichen mit langen Querbalken, sei es mit einem Kreuz oder sei es mit einem horizontalen Strich. Wenn dann das Feuer brannte, brachten die Trägerinnen der Kerbhölzer den sündigen Ziegenbock zum Scheiterhaufen, um ihn den Flammen zu übergeben. Die Vorsitzende zeichnete nun ihr furchtbares Zeichen, ein vertikaler Strich, auf dem ein Kreis steht, auf das Kerbholz. Sie musste bis zum Erlöschen des Feuers vor dem Scheiterhaufen verweilen. Nun konnte die Steinspaltung beginnen, die bösen Geister waren geehrt und konnten die bevorstehende Zeremonie der Steinspaltung nicht mehr hintertreiben.[38]

Erinnerungen an Ziegenopfer leben auch in einer Überlieferung aus dem Weiler Maïoux bei Vissoie (VS) weiter. Der Walliser Schriftsteller Maurice Zermatten (geb. 1910), der den Stoff literarisch verarbeitet hat, erzählt von einem schwarzen Geissbock, um den sich die Ortsbewohner in einem festgelegten Turnus kümmern mussten. Diese Tradition der gemeinschaftlichen Haltung eines Ziegenbocks führt Zermatten in die Urzeit zurück. Kern der Erzählung ist ein Streit zwischen den 23 Ortsbewohnern mit einem gewissen Gustave Seppey, der abstritt, für die Pflege des Bocks an der Reihe zu sein. Um der Querele ein Ende zu setzen, beschloss der Pfarrer, das Tier in seinen eigenen Stall zu nehmen. Henriette, seine Haushälterin, empfand es als Zumutung, sich um das Tier kümmern zu müssen. Aber am nächsten Morgen war das Problem schon gelöst. Der Ziegenbock lag tot in einer Blutlache. Henriette hatte ihm mit einer grossen Schere die Gurgel durchgeschnitten. Sie stand neben der Leiche und schrie: «Es war der Teufel, ich habe den Teufel gesehen! Er wollte mir unter den Rock greifen!» So sei der 200. Nachfahre einer zwanzig Jahrhunderte alten Ziegendynastie umgekommen. Nach dem Tod des Königs der Geissen hätte Maïoux keine Zukunft mehr gehabt, der Ort verfiel.[39]

Während sich der Teufel dem Volk jeweils in Gestalt eines Ziegenbockes zeigte, verkörperte in der Tiersymbolik des frühen Mittelalters vor allem der Affe böse Eigenschaften, Feigheit und Wankelmut. Im Laufe des 12. Jahrhunderts wandelte sich das Teufelsbild des «lüsternen und geilen» Affen zum Zerrbild des sündigen Menschen.[40] Exemplarisch dargestellt ist das schändliche Menschenleben durch fressende oder sich gegenseitig lausende Affen im Kreuzgang des Grossmünsters von Zürich.

Eine Fabel des *Physiologus* prägte das durch und durch negative Bild des Affen. Sie stellt ihn dem Wildesel gleich, der ebenfalls des Teufels ist:

Auch der Affe spielt die Rolle des Teufels. Er hat nämlich einen Anfang, nämlich einen Kopf, aber kein Ende, nämlich keinen Schwanz, so wie auch der Teufel, der am Anfang einer der Erzengel war, aber sein Ende ist nicht zu finden.[41]

Otto Seel hält die befremdliche Schwanzlosigkeit des Affen für ein törichtes Missverständnis. Gemeint waren sicherlich nicht Menschenaffen, sondern in erster Linie Paviane und Meerkatzen, die in Griechenland und Rom als Haustiere gehalten wurden.

Leuchtende Hirsche weisen den Weg

Ein göttliches Gegenstück zum teuflischen Ziegenbock war seit eh und je der Hirsch. 1990 zog an einem Volksfest in Vannes (Dép. Morbihan, F) eine Horde von seltsam gekleideten jungen Leuten herum. Sie waren mit Schafspelzen vermummt und trugen Hirschgeweihe. Sie, die sich als Nachfahren der Kelten verstehen, führen eine alte Tradition fort, die sie auf Cernunnos, den gehörnten Gott der Kelten, zurückführen. Cernunnos wurde als Gott der Fülle und der Unterwelt verehrt. Zumindest in Nordeuropa war er auch der «Herr der Tiere». Eines seiner Attribute war die Schlange, die im Keltentum ein Symbol der Wiedergeburt war.[42] Sein Name und sein Porträt figurieren auf dem Monument der *Nautae Parisiaci* aus der Zeit des Kaisers Tiberius (14–37 n. Chr.). Zu sehen ist dieses Werk, das 1711 unter der Kathedrale von Notre-Dame gefunden wurde, heute im Musée de Cluny in Paris. Das Relief zeigt einen bärtigen Mann, der die Ohren und das Geweih eines Hirsches hat. Beide Enden des Geweihs sind mit *Torques*, das heisst mit schraubenförmig gewundenen Halsringen behängt.

Die bekannteste Darstellung wurde um das 2. Jahrhundert v. Chr. auf einem Silberkessel aus Gundestrup geschaffen, der im Dänischen Nationalmuseum in Kopenhagen ausgestellt ist. Der Gott, inmitten von wilden Tieren, trägt ein Hirschgeweih und sitzt in Buddha-Haltung neben einem gleich grossen Hirsch. In der rechten Hand hält er einen Ring, in der linken eine widderköpfige Schlange.

Charakteristisch für den Cernunnos-Kult sind auch plastische Darstellungen von Personen, deren Köpfe zwei Öffnungen für das Einsetzen und Entfernen eines Geweihs aufweisen.[43]

So wie die jungen Bretonen pflegen sich auch die Österreicher für Fasnachtsumzüge in Salzburg mit Hirschgeweihen zu schmücken. Ein ähnlicher Brauch lebt zur Vorweihnachtszeit in Oberstdorf in den Allgäuer Alpen (D). Für die kühne, oft kolportierte Behauptung, dass diese Tiermaskierungen ein unverfälschtes keltisches Erbe seien, gibt es allerdings keine Nachweise.

Die in unseren Tierparks äsenden Hirsche sind vielfach Damhirsche, die ursprünglich aus Südwestasien stammen. Die für Europa typische Hirschart ist indessen der Rothirsch. Er ist fraglos das stärkste und häufigste Tiermotiv christlicher Legenden. Die wohl berühmteste Schweizer Hirschmythe hängt mit der Gründungslegende der Fraumünsterkirche in

Zürich zusammen. Sie berichtet von den beiden Königstöchtern Hildegard und Bertha, die angeblich auf der Burg Baldern am Albiskamm ihren Wohnsitz hatten.

Von der Burg Baldern aus pflegten Hildegard und Bertha täglich in der Abendstunde und morgens früh an das Limmatufer zu wandern, um am Grabe von Felix und Regula ihre Andacht zu verrichten. Beim Austritt aus der Burg wurden sie im nahen Wald jeweils von einem Hirsch mit brennenden Kerzen im Geweih erwartet, der ihnen auf dem Weg voranging. Während sie, am Limmatufer angelangt, mit dem Fährmann über den Fluss setzten und am Grossmünsterhügel ihre Gebete sprachen, wartete der Hirsch auf dem linken Ufer stets an der gleichen Stelle auf ihre Rückkehr und begleitete sie nachher wieder durch den finstern Wald zu ihrer Burg. Dies hatten die Königstöchter als Zeichen des Himmels gedeutet, um später in Dankbarkeit für die Treue des Tieres und im Einverständnis mit dem gerührten Vater am Warteplatz des Hirsches am Flussufer ihr Kloster zu bauen.[44]

Mit dieser Erklärungslegende wurden sowohl der Anlass zur Stiftung als auch die unglückliche Wahl des Standortes für das neue Münster im Zürcher Schwemmland zwischen dem *Castrum* und dem nahen See begründet. Pfarrer Peter Vogelsanger, der von 1956–1978 Seelsorger an der Fraumünsterkirche in Zürich war, gibt diese Legende im distanzierenden Konjunktiv wieder und stützt sich dabei auf die erste schriftliche Aufzeichnung aus dem Jahre 1510. Diese stammt aus der Feder von Heinrich Brennwald (1478–1571), der Chorherr in der Gemeinde Embrach (ZH) war.[45]

Dem Chronisten Brennwald wird unterstellt, er hätte die Legende frei erfunden. Dass dem nicht so sein kann, belegen archäologische Untersuchungen. Bevor die Bilderstürmer der Reformation die Malereien auf den Innenwänden der Kirche übertünchten, war auf der Südwand des Querschiffs eine gotische Freskomalerei zu sehen, die die ganze Hirschlegende erzählte. Sie stammte aus der Regierungszeit der Äbtissin Elisabeth von Wetzikon (1270–1298). Im Spitzbogen über dem Nordportal der Kirche ist noch ein kleiner Hirschkopf mit Kerzen im Geweih auf einer Kreuzblume zu sehen. Diese archaische, frühgotische Darstellung wurde vermutlich um das Jahr 1290 in Stein gehauen. Dem leuchtenden Hirsch vom Fraumünsterstift begegnet man im Zürcher Oberland wieder. In der Kirche von Pfäffikon[46] ist er auf den spätgotischen Fresken aus dem Jahre 1488 zu erkennen. Er steht links des Chorbogens, wo das Martyrium der Zürcher Stadtheiligen dargestellt ist.[47]

Die Gründungslegende der Fraumünsterkirche ist somit, was die Rolle des Weg weisenden Hirsches betrifft, mitnichten eine Zürcher Exklusivität. Auch die vermeintlich ungetreue Gräfin Idda von Toggenburg, die im 12. Jahrhundert von ihrem eifersüchtigen Ehemann kurzerhand aus dem Burgfenster geworfen wurde, begegnete nach dem Sturz dem himmlischen Boten, der sie auf direktem Weg zum Frauenkloster Fischingen (TG) geleitete.

Das Kloster Fischingen wurde kurz vor 1138 vom Konstanzer Bischof Ulrich II gegründet. In der hochbarocken Iddakapelle, dem eigentlichen Kultzentrum des Klosters, stehen über dem Kenotaph der Heiligen zwei Rücken an Rücken stehende Iddafiguren aus dem frühen 18. Jahrhundert. Zu deren Füssen liegt auf beiden Seiten je ein kapitaler Hirsch. Die Mönche des Klosters Fischingen sehen heute im Hirschmotiv ein Lichtsymbol, das aus dem Orient stammt und der Heiligen als Emblem beigegeben wurde.[48]

Die Legende der heiligen Idda wurde 1481 von Albert von Bonstetten, Dekan des Klosters Einsiedeln, aufgezeichnet.

Idda von Kirchberg war seit Jahren mit dem Grafen Heinrich von Toggenburg verheiratet. Sie lebte in einer gut bewehrten Burg auf bergigen Höhen, welche den Fluss, der aus dem Thurtal kommt, in zwei Teile trennt und deren ausgedehnte Wälder das Kloster Fischingen umsäumen. Eines Tages legte sie ihren Ehering aus arabischem Gold mit Kleidern zusammen auf den Laden des Burgfensters an die Sonne. Plötzlich kam ein alter Rabe aus dem Tobel herauf geflogen, stahl den Ehering und trug ihn in sein Nest hinunter. Nun fügte es sich, dass der Graf seine Untertanen aussandte, um Wild zu jagen. Da hörte einer der jungen Jäger das Gekreische der Raben auf einer Tanne. Er stieg ihnen nach und fand den Ring im Nest.

Einer der Weidmänner sah, dass sein Jagdgefährte einen goldenen Ring trug. Ein anderer erkannte das wertvolle Schmuckstück, ging gleich zu seinem Herrn und sagte: «Herr, ich weiss, was da geschehen ist, dass der Jäger mit Eurer Frau geschlafen hat.» Nachdem sich Heinrich von Toggenburg überzeugt hatte, dass der junge Knecht tatsächlich den Ehering seiner Frau trug, liess er den unglückseligen Untertanen gefesselt an den Schwanz eines wilden Pferdes binden und den Berg hinunter zu Tode schleifen. Dann lief der Graf in grimmigem Zorn zu seiner Frau Idda, packte sie und warf sie kurzerhand über den Söller in das Tobel Rappenstein hinunter, das 100 Klafter tief ist.

Idda überlebte den Sturz in die felsigen Tiefen auf wundersame Weise. Sie verbrachte viele Jahre in einer Klause in der Au, die am Hörnli liegt. Jeden Morgen pilgerte sie nach Fischingen zur Mette, und jeden Morgen ging ein

Hirsch vor ihr her; er trug zwölf Lichter auf seinem Geweih und leuchtete ihr den Weg zum Kloster und nach der Feier wieder zurück in die Klause.[49]

Die Verbindung des Hirsches mit einem gottesfürchtigen Leben zeigt sich unter anderem am Beispiel von Legenden aus dem Kanton Schaffhausen. In der einen Geschichte geht es um das Fräulein von Randenburg, das täglich den beschwerlichen Weg zum Kloster Allerheiligen nach Schaffhausen pilgerte. Als Begleiter hatte das fromme Burgfräulein einen treuen Hirsch, der ihr jeweils mit einer Leuchte im Geweih durch den finstern Wald voranging.[50]

Weniger bekannt ist die Gründungslegende der Stadt Rapperswil (SG), in der eine dankbare Hirschkuh der bauwilligen Grafschaft ein Zeichen für den geeigneten Standort der zukünftigen Stadt gab.

Als Graf Rudolf im Jahr 1200 mit seinem Gefolge einen geeigneten Ort zum Anlegen einer Stadt suchte, spürten seine Jagdhunde eine Hindin [= Hirschkuh] mit zwei Jungen auf. Die Gräfin erbarmte sich des Tieres und liess die Hunde entfernen. Die Hirschkuh kam später auf die Edelfrau zu und schmiegte sich aus Dankbarkeit an. Der Graf liess darauf die beiden Hirschlein auf sein Schiff springen, um sie im Burggraben zu bergen. Die Hindin folgte ihren Jungen. Am gleichen Tag brachte ein Schiff die Bauleute herüber, die den Wald schlugen und die Stadt bauten.[51]

Der machtvolle Hirsch mit seinem strahlenden Geweih dürfte schon 2000 v. Chr. ein Lichtsymbol gewesen sein. Darauf deuten Hirschstandarten aus den Gräbern der Chatten-Fürsten in Kleinasien hin. An der Spitze der Standarte ist ein stolzer Hirsch in einem Kreisbogen abgebildet. Darüber schwebt ein Kreissegment, das als Himmelsbogen interpretiert wird. Der Kreisbogen gilt als Sonnenring. Der Hirsch könnte deshalb als irdische Erscheinungsform einer Sonnengottheit betrachtet worden sein.[52]

Die Lebensgeschichten der beiden Jägerheiligen Eustachius und Hubertus, nach denen sich viele Schützen- und Jägergesellschaften benannt haben, trugen sicherlich zur Bildung der schweizerischen Hirschlegenden bei. St. Eustachius war ein römischer Edelmann, der vor seinem Übertritt zum Christentum Placidus hiess. Die Begegnung mit einem kapitalen Hirsch, der ihm auf der Jagd mit einem Kreuz zwischen dem Geweih erschienen war, bewog ihn zur Konversion. Die Entstehung dieser Legende lässt sich dem 15. Jahrhundert zuordnen, als in der Kunst eine neue Betrachtung der Tier- und Pflanzenwelt reflektiert wurde.[53]

Am 20. September 856 starb der standhafte Eustachius unter Kaiser Hadrian den Märtyrertod. Sein Leichnam wurde im 12. Jahrhundert von Rom nach St-Denis bei Paris gebracht. Dort wurden seine Gebeine 1567 angeblich von den Hugenotten verbrannt. Das wenige, was vom Heiligen noch übrig blieb, wird in der Pariser Kirche Saint-Eustache verehrt. Ein berühmtes Gemälde, das den Jägersmann mit dem Hirsch idealisiert, schuf der französische Maler Claude Lorrain[54] im 17. Jahrhundert.

Eustachius weidmännischer Nachfolger war Hubertus. Als die Gebeine des Heiligen ein halbes Jahrhundert nach seinem Ableben mit päpstlicher Sanktion von Lüttich nach Andage transferiert wurden, verbreitete sich der Hubertuskult von Belgien aus bis nach Spanien und Österreich. Und der kleine Ardennenort Andage mit seinem mächtigen Kloster wurde auf den Namen Saint-Hubert umbenannt. Aber der 772 verstorbene Hubertus musste noch über siebenhundert Jahre warten, bis ihm die Rolle des Jägers angedichtet wurde, der sich durch einen Hirsch zum Christentum bekehren liess. Im 15. Jahrhundert veranlassten ihn seine klösterlichen Biografen, in Anlehnung an die Eustachius-Placidus-Legende, einem Hirsch zu begegnen, der ein Kruzifix zwischen dem Geweih trug. Zu sehen ist der Heilige mit seinen Kennzeichen – einem Jagdhorn und einem Buch mit einem kleinen Hirsch – auf einem Tafelbild, das um 1450 von Stephan Lochner gemalt wurde. Das Werk ist in der Alten Pinakothek in München ausgestellt.[55] Der Hubertuskult ist noch nicht erloschen. Im Herbst finden namentlich in Belgien, Frankreich, Österreich und auch in der Westschweiz Hubertusmessen statt. Bei diesem weidmännischen Gottesdienst wird das erlegte Wild vielerorts in der Kirche aufgebahrt. Der Kult ist weniger auf das Wohlergehen des Wildes als auf das Jagdglück der Jägersleute ausgerichtet.

Nicht genug der Heiligen und der Hirsche: Auch Idda von Herzfeld, Katharina von Vadstena, Meinulphus und Prokopius begegneten dem Hirsch mit dem Kruzifix im Geweih.[56] Und die heilige Notburga von Hochhausen liess sich in einer Legendenversion von einem weissen Hirsch über den Neckar in eine Höhle tragen, wohin ihr das Tier täglich Brot auf dem Geweih brachte. Die Legende *Notburga* wurde 1816 in die Sagen der Brüder Grimm aufgenommen.[57]

Keine andere Tierfamilie hatte je eine derart grosse heilkundliche Bedeutung wie die der *Cervidae.* Die Verwebung von magischem Wirkungsglauben mit empirischem Wissen machten aus dem Hirsch, dem Reh, dem Elch und dem Rentier eine lebende Apotheke. Jedes ihrer Organe wurde für ein bestimmtes Leiden empfohlen. Selbst die Geburtsheilkunde nutzte die den Hirschen und Rehen innewohnende Kraft:

«Nimm Hirschmark und ein Hirn von einem Hirschen, zerlass untereinander, mach Stritzl [Suppositorien] daraus und gibs in vorderen Leib [Scheide]; das macht die verirrte Mutter fangen [Lageveränderung des Uterus]»[58], heisst es in einer gynäkologischen Empfehlung aus dem 17. Jahrhundert.

Welch grosse Bedeutung der Hirsch für die Menschen der Vorzeit hatte, zeigt eine Untersuchung des Knochenmaterials, das in der Zürcher Siedlung «Alpenquai» ausgegraben wurde. Den grössten Anteil an Wildtierknochen lieferten die Rothirsche. Ein Drittel der dort gefundenen Knochen stammt von wilden Tieren, zwei Drittel sind von Haustieren.

Die Verehrung der Rentiere in der Steinzeit bezeugt ein aussergewöhnliches Fundstück aus dem Kesslerloch (SH). Es handelt sich um ein Geweihstück eines Rentiers, in das etwa 11000 v. Chr. eine zauberhafte Umrisszeichnung in einem hochsensiblen Strich graviert wurde. Die ursprünglich als äsendes Rentier interpretierte Zeichnung wurde neuerdings als brunftiger Rentierhirsch gedeutet, der die Spur eines Weibchens aufnimmt. Die auf Papier abgerollte Gravierung könnte durchweg eine Zeichnung aus der Hand des deutschen Künstlers Joseph Beuys sein.

Ebenso eindrücklich ist eine Anzahl halbrunder Geweihstangen, die ebenfalls im Kanton Schaffhausen gefunden wurden. Sie sind mit abstrakten, repetitiven Ornamenten verziert. Der obere, teilweise abgebrochene Teil der bis etwa 17 Zentimeter langen und zwei bis drei Zentimeter breiten Geweihplättchen war merkwürdigerweise gelocht. Der Heidelberger Vorgeschichtsforscher und Anthropologe Otto Schötensack (1850–1912) sah darin die naturgetreue Reproduktion von Baumrindenstrukturen. Was diese Objekte jedoch für eine Funktion hatten, bleibt unklar. Zeitgenössische Archäologen verglichen den Lochstab mit Instrumenten der Inuits und deuteten ihn als Pfeilstrecker. Wenn dem so ist, benutzten ihn die Jäger zum Geradebiegen ihrer Pfeile, Speere und Harpunen. Das Original des «Lochstabes mit Rentiergravierung» befindet sich, zusammen mit anderen Artefakten des Kesslerlochs, im Besitz des Rosgartenmuseums in Konstanz. Ausgestellt ist es im historischen Saal aus dem Jahre 1870, wo in prächtigen neogotischen Vitrinen unter anderem Schmelzschuppenfische, Belemniten und Ammoniten präsentiert werden. Im Museum zu Allerheiligen in Schaffhausen ist ein Duplikat zu sehen.

In der La-Thène-Zeit scheint sich die Hetzjagd auch im Gebiet der heutigen Schweiz entwickelt zu haben. Ostgermanische Darstellungen zeigen Szenen von Hirschjagden mit Pferd, Hund und Speer. Eine Jagdtechnik, die sehr wahrscheinlich von asiatischen Reitervölkern in Europa eingeführt wurde und bei den sesshaften Helvetiern mehr dem Vergnügen des Adelsstandes als dem Überleben des niederen Volkes gedient haben durfte.

Das Landesmuseum besitzt eine Schale aus massivem Gold, die 1906 im Umkreis der Üetliberger Festung in Zürich-Altstetten ausgegraben wurde. Auf der punzierten Oberfläche sind laufende Hirsche sowie vier Sonnen und Monde ausgespart.[59] Vergleichsstudien mit ähnlich bearbeiteten Objekten lassen vermuten, dass sie in der Eisenzeit aus Spanien importiert wurde. Mit neuesten archeometrischen Methoden zur Herkunftsbestimmung wird sich ermitteln lassen, ob diese Annahme zutrifft.

Der Eier legende Osterhase

Das Kaninchen ist der Antipode des Hasen. Die Tatsache, dass die im Grasland lebenden Wildkaninchen im frühen Mittelalter von Mönchen als Fleischlieferanten domestiziert wurden, konnte ihre Dämonisierung nicht verhindern. Ihr schlechter Ruf ist wohl mit ihrem dämmerungsaktiven Verhalten, ihrer erdnahen Lebensweise und ihrer ständigen sexuellen Aktivität zu erklären. Wildkaninchen sind nämlich fleissige Graber, die in selbstgebuddelten Höhlen leben. Ausserdem kommen die Kaninchen, im Gegensatz zu den Hasen, blind und nackt auf die Welt.[60]

Von den Feldhasen heisst es, sie hätten die besondere Fähigkeit, sich drei oder vier Tage vor einer Geburt gleich wieder decken zu lassen und somit gewissermassen doppelt trächtig zu werden. Dieses Superfoetation genannte Phänomen wurde bereits von Herodot geschildert. Was von der modernen Wissenschaft lange Zeit als Fantasie aus der Antike abgetan wurde, hat sich jedoch als Realität erwiesen. In der Feldhasenzucht ist es tatsächlich gelungen, diesen fortpflanzungsbiologischen Sonderfall von zwei sich überschneidenden Trächtigkeiten experimentell nachzuweisen.[61]

In älteren Werken werden hin und wieder auch gehörnte Hasen oder Wildkaninchen vorgestellt. Dazu gehört auch der Wolpertinger, der heute noch, neben anderen präparierten Tieren, am Viktualienmarkt in München feilgeboten wird. Die Spuren dieser Fabeltiere verwischen sich anfangs des 19. Jahrhunderts. Beim Wolpertinger, der meistens geflügelt ist, handelt es sich um einen Spass der oberbayrischen Präparatoren, die damit die gutgläubigen Preussen auf die Schippe nehmen wollten.[62]

Neben Hasliberg, Haslital oder Hasenstrick gibt es in der Schweiz noch mindestens zwei Dutzend weitere Ortschaften und Flurnamen, deren Wortbildung «has» einschliesst. Von einigen Ortsnamen abgesehen, die vom Personennamen Haso abgeleitet wurden, dürften sie sich mehrheitlich auf das altdeutsche Wort «Hasin» beziehen.

Ein allgemeiner Aberglaube sagt, dass ein Hase, der einem über den Weg läuft, Unglück bringt. Diese Vorstellung teilen die deutschsprachigen Völker mit den Slawen und den alten Völkern Indiens. In der Schweiz hiess es, dass das Unglück abgewendet werden könne, wenn man sich dreimal nach dem Hasen umsähe oder ihn gleich erschiesse. Am schlimmsten sei es, wenn der Hase von links komme. Dann bleibe nichts anderes übrig als wegzusehen und nach rechts weiterzugehen. Hasen galten allgemein als elfen- und koboldartige Wesen. Allerlei Unholde erschienen in ihrer Gestalt, insbesondere dreibeinige.[63]

Im Berner Jura gab früher auch der *lièvre boiteux* (= hinkender Hase) zu reden, der zur vielartigen mythischen Tierwelt der Gegend gehört. Er sah wie alle anderen Hasen aus, seine Farbe konnte wechseln, sehr oft war sein Fell aber schneeweiss. Er gehörte zu den verletzten Tieren, die nur sehr schlecht laufen konnten. Gesehen wurde er jeweils in verschiedenen Dörfern, aber im Weiler Péchal (JU) sorgte er für besondere Unruhe. Jedesmal, wenn die Leute zur Kirche nach Montfaucon gingen, waren sie sicher, ihm unterwegs zu begegnen. Und jedesmal jagten sie ihm nach und glaubten, ihn endlich erhaschen zu können. Als sie dann die Kirche erreichten, war der Gottesdienst schon vorüber, und die anderen Gläubigen machten sich auf den Heimweg. In der Umgebung von Asuel machte sich der hinkende Hase oft am Waldrand bemerkbar. Die Jäger konnten zwar sein Gewicht abschätzen, ihn aber nie erlegen. Die Schrotkugeln prallten jedesmal wie Wassertropfen an seinem unverwundbaren Balg ab.[64]

So wie viele Heimatkundler den Ursprung der Fasnacht in graue Urzeiten zurückverlegen, wurde auch mancher Versuch unternommen, den Osterhasen in mythische Epochen zurückzujagen. Die Frage aber, wie der Osterhase überhaupt dazu gekommen ist, Eier zu bringen, konnte bisher nicht schlüssig beantwortet werden. Anscheinend war es vor allem das Konditoreigewerbe und später die Schokoladenindustrie, die den niedlichen Hasen mit seiner Eierkrätze ins Reich der blühenden Osterglocken schickten. Der älteste Beleg für den Kinderglauben an den Eier bringenden Osterhasen ist die aus Heidelberg stammende Abhandlung *De ovis pascualis, Von Oster-Eyern, Satyrae medicae* des Mediziners Georg Frank aus dem Jahre 1682, der sich auf Oberdeutschland, die Pfalz und das Elsass bezieht. Ein weiterer Hinweis kommt aus dem alten Zürich, wo das Verstecken und Suchen der Ostereier früher «Osterhas jagen» hiess. In den Kantonen Zug, Luzern und im Emmental war es allerdings nie der Osterhase, der die Eier in das von den Kindern gemachte Nest legte, sondern der ansonsten verschmähte Kuckuck.[65]

Der kurze Lebenslauf des Eier bringenden Osterhasen ändert aber nichts daran, dass das Ei ein universales Fertilitätssymbol ist, mit dem früher magische Handlungen verknüpft wurden. Eier zur Osterzeit gehörten zu den Zins- und Abgabepflichten des Pächters an seinen Grundherrn, zu den Regalierungen[66] der Ratsherren durch die Stadt und zu obligaten Geschenken der Bürger an Würden- und Amtsträger. Eier wurden auch den «Ratschbuben» geschenkt, die am Karfreitag, nachdem «die Kirchenglocken nach Rom entflogen waren», den Glockenersatz knattern liessen. Die Kirche hat die Eier schon sehr früh mit einem christlichen Segen von allen heidnischen Spuren befreit und symbolmässig mit der Auferstehung Christi zusammengebracht. Die geweihten Ostereier haben namentlich in der oströmischen Kirche nach wie vor einen wichtigen Stellenwert.[67]

Das reproduktionstüchtige Karnickel, das im Frühjahr über die Felder hoppelt, war schon immer eine Verkörperung der Fruchtbarkeit. Das Bild des Osterhasen als Eierbescherer scheint sich somit nach einem langsamen Zusammenfluss von zwei verschiedenen Fruchtbarkeitssymbolen ausgeformt zu haben.

Der Osterhase ist ein Geschöpf des Mondes, denn Ostern ist ein mobiler Feiertag, der sich alljährlich dem Mondkalender anpasst. Und der Vollmond zur Osterzeit war für den bäuerlichen Arbeitskalender die Ankündigung der wiederkommenden Fruchtbarkeit der Äcker. Neun Monate nachdem Meister Lampe, gleichsam als Gesandter des Mondes, über die Felder hüpft und die Erde befruchtet, wird Weihnachten als Fest der Geburt gefeiert. Das an Ostern geschenkte Ei ist eben ein befruchtetes Ei.

Hühnereier kommen in den Frühjahrsbräuchen landesweit zum Einsatz. Während in der Westschweiz vor allem das «Eierrollen» verbreitet war, erfreute man sich in der Ostschweiz des Eierwerfens. Das «Eiertütschen» oder «Eiertupfen», das ausser im Tessin in der ganzen Schweiz bekannt ist, war vor allem ein Spielchen zwischen den Geschlechtern.[68] Die Beliebtheit dieser Tradition zeigt eine Information aus Splügen (GR), wonach in der ersten Hälfte des 20. Jahrhunderts in den Wirtschaften zwischen fünfhundert und achthundert Eier zu färben waren.

Bis etwa 1965 wurde in Frümsen (SG) zu Ostermontag ein «Eierwerfen» abgehalten. Zu diesem Osterbrauch gehört auch die «Eierleset», wie sie unter anderem in den Aargauer Ortschaften Effingen, Dintikon, Wöflinswil und Auenstein seit Menschengedenken veranstaltet wird. Höhepunkt des Festes ist das Eierlaufen, das genauen Spielregeln folgt. Dieser Wettkampf unter Burschen besteht im Wesentlichen darin, dass die eine Partei über eine bestimmte Wegstrecke möglichst schnell ein Ziel erreichen und zurücklaufen muss. Während diesem rund halbstündigen Lauf hat die andere Partei etwa fünfzig bis dreihundert Eier, die schnurgerade im Gras aufgereiht sind, einzeln aufzulesen und in eine mit Spreu ausgekleidete Wanne zu tragen. Gewinner ist, wer am meisten Eier in die Wanne tragen kann. Dieses Spiel ist auch in Lausanne (VD) bekannt und wurde dort 1939 von der Metzgerzunft wieder eingeführt.

Das «Eierrollen» ist umso interessanter, als es zum ältesten Brauchbestand der Frühlingszeit gehört. Sein vegetationskultischer Hintergrund ist offensichtlich: Indem die Eier in verschiedenen Spielarten auf Wiesen gekugelt oder Abhänge hinuntergerollt wurden, wollte man ursprünglich die Fruchtbarkeit der Eier auf die Felder übertragen. Die Bedeutung dieses Rituals zeigt sich nicht zuletzt darin, dass es in der Westschweiz bis ins 20. Jahrhundert auch von den Erwachsenen gepflegt wurde. So fand sich zum Beispiel die Bevölkerung von Satigny (GE) zum Eierspiel auf einer Wiese bei Peissy ein, und die Leute von L'Isle (VD) rollten die Eier in der Combe du Pré neuf.[69]

Ein eigentümlicher Volksbrauch war auch das «Eiere». Wer «Hühnerdiebe» wie Raubvögel oder Marder umlegte, forderte von den Bauern für seine Tat Eier an Geldes statt. Wurde zum Beispiel im Emmental ein Habicht geschossen, suchte der Jäger oder ein jüngerer Stellvertreter alle Siedlungen im Umkreis von einer bis zwei Wegstunden auf und rief: «Eier, Eier us! Der Habch ischt vor em Hus!» Die Leute bewunderten darauf den abgeschossenen «gefährlichen Räuber» und zollten dem Heischer, gewissermassen stellvertretend für die vor dem Tode bewahrten Hühner, mindestens drei Eier.[70]

Das fromme Lamm

Das Hausschaf stammt aus dem Orient. Wie die Ziege wurde es vor etwa 9000 Jahren domestiziert. Sein Vorfahre ist der asiatische Mufflon. Unter den gehörnten Tieren nehmen die Schafe eine Sonderstellung ein. Denn bei Wildschafen und ursprünglichen Rassen des Hausschafes haben die Widder mächtige Hörner, die Weibchen indessen nur ganz kurze oder gar keine. Dieses markante Geschlechtsmerkmal der Männchen hat bestimmt dazu beigetragen, dass sie dem Teufel zugeordnet wurden, während die Weibchen als Geschöpfe Gottes galten. Die Geschlechtertrennung zeigt sich in einem gewissen Sinne auch im natürlichen Verhalten der Schafe. Als ausgesprochene Herdentiere haben sie ein starkes Zusammengehörigkeitsgefühl. Die friedfertigen Weibchen leben in eigenen Gruppen mit den nicht geschlechtsreifen Jungtieren zusammen, während ältere Männchen Einzelgänger sind und nur zur Paarung mit der Gruppe zusammenstossen.

Bis anfangs des 20. Jahrhunderts blühte die Schafzucht in den Schweizer Alpen. Je nach Marktlage verdrängte sie früher zuweilen sogar die Rinder- und Pferdezucht. Jedenfalls gab es immer wieder Übergriffe von Schafzüchtern, die mit ihren Herden von den mageren Schafalpen in die fetten Kuhalpen hinüberwechselten.[71]

Der Schäfer nimmt unter den Hirten eine niedrige Stellung ein. Seine gesellschaftliche Einstufung war immer ambivalent und lässt sich mit jener des Schinders oder des Schmiedes oder auch mit dem am Rande der Gesellschaft tätigen Köhler oder sogar dem Einsiedler vergleichen. Einerseits galt er als faul, stinkend und unehrlich[72], anderseits war er gefürchtet, weil man ihn für heil- und wetterkundig hielt und ihm Hellsichtigkeit nachsagte. Dieser Ruf hängt natürlich damit zusammen, dass er bei Krankheit von Herdentieren oder seiner selbst auf die Heilkräfte der Natur angewiesen ist. Die ihm zugeschriebene wetterprophetische Gabe hat wiederum mit der berufsbedingten Beobachtung des Wolkenhimmels und der meteorologischen Deutung von entsprechenden Veränderungen zu tun. Dabei wurden die Schäferwölkchen in direkten Zusammenhang mit dem Schäfer gebracht. Auch die Tatsache, dass Wanderhirten die Nacht unter freiem Himmel selbst bei unwirtlichen Wetterverhältnissen schadlos überstehen, verstärkte ihren Nimbus, übernatürliche Kräfte zu haben. An einem bitterkalten Herbsttag um 1980 machte in Henggart (ZH) ein bergamaskischer Schäfer von sich reden, der am Dorfrand im Wald nächtigte. Er wies eine Einladung, die Nacht in einem Haus nahe der Weide zu verbringen, mit dem Hinweis ab, ein geheizter Raum würde ihn krank machen.[73]

Der ärgste Feind des Schäfers war seit jeher der Wolf, den er auch mit magischen Mitteln zu bekämpfen suchte. Es gibt Überlieferungen, wonach Schäfer sogar von Werwölfen herausgefordert worden seien. In einigen Fällen sei der Hirt selbst zum Werwolf geworden und in die eigene Herde eingebrochen. An Schilderungen von Schäfern, die Grenzfrevlern, Wilden Jägern und anderen spukhaften Gestalten begegneten, mangelt es ebenfalls nicht.[74]

Kommt das Schaf in der Sage vor, ist es in der Regel ein schwarzes Schaf. Dieses ist zwar meistens unheimlich, aber selten bösartig. Manchmal handelt es sich um eine verzauberte Person, eine aus der Dorfgemeinschaft ausgestossene alte Frau. In der Obwaldner Sage *Das gespenstige Schaf* wird die geheimnisvolle Beziehung einer Aussenseiterin zu einem schwarzen Schaf deutlich:

Am so genannten «bösen Rain» unter dem «Tritt» sah man, wie alte Sennen berichten, in hellen Mondscheinnächten öfter ein schwarzes Schaf herumirren. Es lief auf alle Hütten der Arnialp zu, aber niemand wagte das gespenstige Schaf einzufangen. Die Furcht war gross; da riet den Alpgenossen ein altes Bettelweib, sie sollten gestatten, das auf jedes Hüttenrecht ein altes Schaf geduldet werde und dass man in den Hütten auf Arni niemals ein altes Weib abweise. Das gelobten die Alpgenossen und das gespenstige Schaf verschwand vom «bösen Rain». Das arme Weib aber kehrte noch öfter in den Hütten auf Arnialp ein, liess sich Speise und Trank reichen und schlug dann jedes Mal den Rückweg über den «bösen Rain» zu der hoch am Widderfeld gelegenen Alp Bocki und von da nach Lutersee [NW] ein. Niemand wusste um Namen und Herkommen dieses seltsamen Weibes.[75]

In einer St. Galler Sage liessen sich Hirten aus Flums mutwillig dazu hinreissen, ein Schaf zu taufen. Dieser Frevel kam sie teuer zu stehen. Das Schaf verwandelte sich in ein reissendes Ungeheuer, sodass die Alp nicht mehr benutzt werden konnte.[76] Das Motiv ist umso spezieller, als ein Tier in ein anderes verzaubert wird, gewissermassen eine lokale Abwandlung vom *Schaf im Wolfspelz*.

Das Motiv der Tiertaufe prägt viele Erzählungen und zieht sich von den Predigtmärlein der Barockzeit bis hin zur moralisierenden Literatur der Aufklärung. In der fliessenden Übergangszone zwischen Fabeln und Sagen steht zum Beispiel die französischsprachige Erzählung aus dem Jura *Der Wolf, der taufen wollte.* Die an sich frevelhafte Taufe eines Schweins wird hier zur tugendvollen Tat, wenn es darum geht, den bösen Wolf zu überlisten.

Ein Mutterschwein war mit seinem Wurf Ferkel an den Fluss hinter gegangen, um dort nach Futter zu suchen. Da kam ein Wolf des Weges. «Ihr kommt mir gerade Recht», rief er dem Schwein zu, «seit zwei Tagen habe ich nichts mehr zu fressen gehabt.» – «Mir macht es nichts aus», antwortete das Schwein, «aber um meine Kleinen bin ich traurig, dass sie ungetauft sterben sollen.» – «Wie, sie sind noch nicht getauft? Wenn es nur das ist, dann taufen wir sie eben noch schnell.» – «Dazu brauchen wir aber Wasser», sagte das Schwein. «Wasser ist genug da», antwortete der Wolf, «ich netze meinen Schwanz im Fluss, und dann können wir deine Ferkel taufen.»

Der Wolf geht zum Fluss, um seinen Schwanz hineinzuhängen, und wie er ganze nahe am Wasser steht, gibt das Schwein ihm mit seinem Rüssel einen mächtigen Stoss. Der Wolf fällt in den Fluss, und man hat ihn nie wieder gesehen.[77]

Fischköpfe wehren die Pest ab

Der Schöpfungsdualismus gilt auch für das Leben im Wasser. Die Fische wurden von Gott geschaffen, aber die im Wasser lebenden Reptilien und alles, was man noch dazuzählte, sind misslungene Teufelswerke. Zu dieser Satansbrut gehörte der Gevatter der Natter, der Aal. Als Fastenspeise wurde er aber dennoch gerne auf den Speisezettel gesetzt. Ebenso tischte man ihn als Medizin gegen Fieber und Trunksucht auf.

Das Blut des Aales galt als hochgiftig. Heute weiss man, dass unsere Vorväter Recht hatten. Frisches Aalblut ist toxisch und wirkt, wenn auch schwächer, ähnlich wie Schlangengift. Das Blutserum des Speisefisches wird erst beim Räuchern oder Kochen unschädlich gemacht.[78]

Ungeheuerliche Fische gründeln in den Schweizer Bergseen. Unter anderem lebt im Seelisberger See ein Elbst. So heisst im Kanton Uri ein Gespenst, das ins Wasser verbannt wurde. «Da hat man zu underschyndenlichen Zytten und noch jüngst Ano 1585 in de selbigen Seew by hällem Tag gsehen zwey Gspenst umbher schwümmen unglycher Form», berichtete Renward Cysat (1545–1614). Sein Sohn Leopold meinte später, man könne durch das klare Wasser am Boden eine Herde Schweine sehen, welche sich plötzlich verwandelten und auf dem Grunde umgekehrt dalagen wie noch rohe und erst abgezogene Kalbsfelle. Andere Einheimische beteuerten, dass der Elbst bald als Baumstamm, bald als Schwein und bald als Fisch erscheine. Josef Müller weiss von dieser Elbstsage noch über ein Dutzend weiterer Fassungen zu berichten. 1926 soll der grosse Fisch an einem schönen Tag wieder einmal aufgetaucht sein. Eine Anzahl Arbeiter bezeugte, eine dunkle Masse von etwa zweieinhalb Meter Länge gesehen zu haben, die über einen grossen Teil des Sees dahinschwamm und plötzlich wieder untertauchte. Als die Nachricht bei der Treib anlangte, vermerkt Josef Müller in einer Fussnote, war der Fisch bereits 13 Meter lang gewesen.[79]

Ähnliche Geschichten wurden in Unterwalden zum Besten gegeben. So lebte im Sarnersee ein Fisch, der angeblich die Grösse eines Sagholzes hatte. Er hatte feurige Augen und einen Rachen so riesig wie ein «Käskessi» (= Käsekessel).[80] Und vom grossen Fisch im Lungerersee hiess es:

Tief unten auf dem Grunde des Lungerersees haust ein fürchterliches Ungetüm, der «grosse Fisch». Dieses Seeungeheuer, das schon viele Leute mit eigenen Augen gesehen haben wollen, sieht einem einjährigen Füllen zum Verwechseln ähnlich. Es stampft in den Fluten umher und bläst Wasserstrahlen aus seinen Nüstern. Seine Farbe ist braun. Nach der Behauptung glaubwürdiger Leute hat es statt der Beine Flossen. Öfters, sogar bei hellem Sonnenschein, taucht es aus der Tiefe des Sees empor. Ein Mann hat einst auf das Ungetüm geschossen, jedoch ohne zu treffen. Seit Jahren hat man nun nichts mehr von ihm gehört.[81]

Alois Lütolf erwähnt 1862 im Zusammenhang mit Pest abwehrenden Tierhäuptern an Häusern der Zentralschweiz auch Hechtköpfe. Er fügt aber bei, er hätte nur in der Nähe von Luzern ein einsames Beispiel gesehen. Seines Erachtens könnte die Sitte entstanden sein, weil man im Kopf des Fisches die Leidenswerkzeuge des Heilandes abgebildet fand und somit ein machtvolles Mittel gegen böse Dinge zu haben glaubte.[82]

Interessant sind Spekulationen über den Ortsnamen Luzern, in dem ein «luzios», das Wort für Hecht, enthalten sein soll. Luzern konnte demnach mit einem protokeltischen Lokativ auf -na ursprünglich die Bedeutung «beim Hechtgott» oder «bei der Hechtere» *(luzere)* in Sinne eines Kultortes gehabt haben.[83]

Die Meerfauna – namentlich Wale, Riesenkraken, Seekühe und andere Ungeheuer – beflügelten von alters her auch die Fantasie der Binnenländer. Ausgelöst wurden die entsprechenden Vorstellungen durch verschiedene Vorlagen. Einerseits waren es die Kirchenmalereien, anderseits fantastische Berichte in Flugblättern, Chroniken und Lieddrucken.

Fast zwei Dutzend Heilige und Selige präsentieren sich mit einem Fisch als Attribut. Vier davon, zum Beispiel Columban, der die Bodenseegegend mit seinem Gefährten Gallus zusammen christianisiert hatte, spielen in der Schweizer Volksfrömmigkeit eine wichtige Rolle. Oder der in den Kantonen Graubünden und Tessin populäre heilige Zeno von Verona, der seine Spuren in einem Stein oberhalb von Schleuis (GR) hinterliess. Die Legende stellt ihn als passionierten Sportfischer vor, und deshalb zappeln an seinem Bischofstab, der als Angelrute gedeutet werden kann, zwei Fischchen.[84]Auch zum vornehmen Antonius von Padua gehört ein Fisch, da er einst zu den Fischen gepredigt hatte. Der heiligen Verena von Zurzach – Schutzpatronin der Müller, Fischer und Schiffer – werden ein Kamm und ein Krüglein zugeordnet. Warum sie zuweilen ebenfalls einen Fisch trägt, der an einer ringförmigen Angel hängt, erklärt die Legende. Als im Hause, in dem die Aargauer Heilige als Magd diente, ein kostbarer Ring verloren ging, liess sie bei Zurzach einen grossen Rheinsalmen fangen und zur Kirche bringen. Der verlorene Goldring glitzerte in seinen Innereien.[85]

Nach Ernst Rochholz schwingt bei der Figur der heiligen Verena der Nachklang eines vorchristlichen Kultes mit. Unter anderem war Verena auch eine Göttin der Liebe.[86]

Unheilvolle Fledertiere

Unter den Säugetieren gibt es kaum eine Ordnung, mit der in Europa so erbarmungslos umgegangen wurde wie mit jener der Fledertiere. Opfer unsäglicher Quälereien waren in erster Linie die über zwei Dutzend europäischen Fledermausarten. Im Poitou (Dép. Deux-Sèvres, Vedée und Vienne, F) sengten Kinder die Nasen von gefangenen Fledermäusen und ergötzten sich an den grimassenartigen Gesichtsverzerrungen der schmerzgeplagten Tiere.[87] Anfangs des 20. Jahrhunderts wurden in Zürich immer wieder Buben auf einer kleinen Holzbrücke am Wynegg ertappt, die sich jeweils mit langen Ruten damit vergnügten, Fledermäuse zu erschlagen, die bei einbrechender Dunkelheit unter der Brücke durchflogen.[88]

Im Altertum war unter anderem von taubengrossen Fledermäusen in der Wüste Palästinas die Rede, die den Menschen die Nase wegfrassen. Diese Tier verachtende Mythe leistete der christlichen Diabolisierung Vorschub. Die düsteren Züge der Fledermaus wurden durch ihre alttestamentarische Einstufung als unreines Tier zweifellos noch verstärkt.[89] Sie wurde zur nächtlichen Ausgeburt des Teufels, und ihr Erscheinen war in jedem Fall unheilvoll.

Obwohl den Schulkindern in der Schweiz seit Jahrzehnten zoologische Kenntnisse vermittelt werden und somit ein minimales Wissen über die Lebensweise der Fledermaus und ihren Stellenwert im Ökosystem vorausgesetzt werden kann, bleibt das Bild der Fledertiere durchwegs negativ besetzt. Dies bestätigt eine wissenschaftliche Untersuchung über Wissen und Einstellungen bezüglich der Fledermaus, die 1984 in Neuenburg durchgeführt wurde.[89] Kinder im Alter zwischen 11 und 13 Jahren mussten unter anderem 15 verschiedene Tiergattungen mit Noten bewerten. Beste Note erhielt der Delphin, gefolgt von: Eichhörnchen, Pferd, Löwe, Elefant und Schwalbe. Die schlechtesten Noten galten den Spinnen, Wespen, Fledermäusen und Schlangen.[90]

Die nächtliche Aktivität der Fledertiere liess zwei widersprüchliche Vorstellungskomplexe heranwachsen. Die winzigen Augen der Fledermaus erweckten den Glauben, dass die Tiere blind seien. In der englischen Sprache gibt es die Redensart *blind as a bat.* Diese ihnen zugeschriebene Schwäche nährte die Fantasie, dass ihr Urin oder Kot zur Erblindung der Menschen führe. Die vermeintliche Blindheit des nachtaktiven Tieres verschaffte ihm aber auch einen Platz im Liebeszauber. Burschen, die die Liebe eines Mädchens erringen wollten, stopften sich zum Beispiel ein Stückchen von einer Fledermaus in den Mund und küssten das Mädchen mit dem Ausspruch: «So soll sie blind nach mir sein, wie die Fledermaus blind ist.» Auf der anderen Seite erweckte die Fähigkeit, sich im Dunkeln orientieren zu können, die Vorstellung, das Tier sei nachtsichtig. Die Erkenntnis, dass die Fledermaus ein ausnehmend feines Gehör hat und sowohl Hindernisse wie Beutetiere durch ein Echolot orten kann, stammt erst aus jüngster Zeit. Die unbehaarten Flughäute der Feldermaus gaben ihr den französischen Namen *chauve-souris* (= kahle Maus). Das Merkmal der Kahlheit galt im Volksglauben als ansteckend, sodass die Fledermaus ein Haardämon wurde. Das «Hexentier» wurde bezichtigt, wahre Attacken auf Kopfhaare vorzunehmen. Im Zürcher Oberland meinten die Menschen, dass sie alleine durch die Berührung einer Fledermaus räudig werden konnten.[91] Einen Nutzen wurde allenfalls der toten Fledermaus zugebilligt. Man schrieb dem erlegten Nachttier die Kraft zu, schläfrige Menschen zu erquicken oder umgekehrt, die Schlaflosigkeit zu kurieren.

Neben ihrer volksmedizinischen Bedeutung diente die Fledermaus auch dem Schiesszauber. Da das Tier in der Nacht ihr Opfer trifft, stellte man sich vor, dass es Jäger und Krieger zum vortrefflichen Schuss verhelfe. Deshalb mischte man beim Giessen von Gewehrkugeln dem geschmolzenen Blei die pulverisierten Organe des Tieres bei. Im Simmental (BE) wurden Fledermäuse zu diesem Zweck zwischen zwei Ziegeln verbrannt.[92]

In der Renaissance war die Fledermaus ein Symbol der fruchtbaren Frau. Die nächtliche Begegnung mit dem Fledertier liess ansonsten nichts Gutes ahnen, der nächtliche Bote überbringt nur Hiobsbotschaften: Krankheiten oder Tod. Erscheint die Fledermaus im Traum, kündigt sich ein schmerzlicher Verlust an. In homöopathischen Dosen verabreicht, wurde das Fledermausfleisch indessen zur Abwehr von Dämonen und später von «Teufel und Hexen» eingesetzt.

Dass diese Dämonisierung der Fledermaus kein universelles Phänomen ist, zeigt der Stellenwert des Flattertieres in der chinesischen Kultur. Dort gilt es als Glücksbringer sondergleichen. Seine Konturen zeigen sich in Form von kunstvollen Seidenstickereien auf Kinderkleidern oder als Malereien auf Spielzeugdrachen und Gebrauchsgegenständen. Die positive Bewertung des Tieres ist mit dem in der chinesischen Kultur wichtigen Zusammenhang zwischen gleich lautenden Silben verschiedener Bedeutungen zu erklären. Fledermaus heisst auf Chinesisch *fu*, was auch «Glück» bedeutet. Möglicherweise hat die Glück bringende chinesische Fledermaus auch den Westen beeinflusst. Namentlich im Jugendstil und im Symbolismus wurde das Fledermausmotiv der fernöstlichen Kunst entlehnt. Erstaunlicherweise kann die an sich Unheil bringende Fledermaus in einzelnen europäischen Gegenden auch ein Glückssymbol sein. Als Talisman wird sie speziell beim Karten-, Kegel- Würfel oder Lotteriespiel eingebracht. Dieser Widerspruch war bis vor wenigen Jahrzehnten in der englischen Grafschaft Shropshire besonders ausgeprägt, wo im Süden Fledermäuse heilig waren und im Norden getötet wurden.[93]

Wie nachhaltig das ambivalente Bild des Flattertieres bis Ende des 20. Jahrhunderts wirkte, zeigte sich einerseits in der satanistischen Heavymetal-Szene, die Darstellungen der Fledermaus zur Staffage ihrer Kultlokale wählte. Demgegenüber steht die machtvolle Comicsfigur Batman, die zwischen den Wolkenkratzern New Yorks schwebt und alles Böse mit einem magischen Bannstrahl vernichtet. In den Sechzigerjahren des letzten Jahrhunderts gab es in Amerika über hundert verschiedene Zeugenaussagen, die echte Fledermausmenschen gesehen haben wollten.

Das göttliche Gegenstück der Fledermaus ist die Schwalbe. Ihre volkstümliche Bezeichnung schliesst in Frankreich sehr oft das Wort «Gott» ein. So spricht man in der Vienne, in der Charante und in der Normandie von der *poule de dieux* (= Gotteshuhn). Und in verschiedenen deutschsprachigen Gegenden nennt man die Schwalbe Herrgottsvögelein. Im antiken Griechenland galt sie als Frühlingsbote. Diese Vorstellung wurde von den germanischen, lateinischen und slawischen Völkern übernommen. Das Sprichwort «eine Schwalbe macht noch keinen Sommer» ist in den meisten europäischen Sprachen bekannt und war ursprünglich sicher wörtlich gemeint.[94]

Die Anwesenheit der Schwalben verheisst immer etwas Glückliches. Das gilt insbesondere für ein Haus, das die Schwalben zum Nisten aussuchen. Dieser Glaube ist in der Schweiz unter anderem im Sarganserland (SG) verbreitet. Umgekehrt war das Nichterscheinen der Schwalben im Frühjahr ein böses Omen. Im Inntal (Tirol) zeigte sich ein Todesfall an, wenn die Herrgottsvögel ein Anwesen schon im Sommer verliessen. Gleichenorts war man auch überzeugt, dass ein Haus, das im Frühjahr von den Schwalben nicht mehr aufgesucht wurde, bald einer Feuersbrunst zum Opfer fallen würde.[95] «Fliegen die Schwalben nahe über dem Boden, so folgt Regenwetter, ihr hoher Flug verheisst gute Witterung», heisst eine Schweizer Bauernregel. Diese Redensart hat vielleicht weniger mit Aberglauben denn mit genauer Naturbeobachtung zu tun.

Dass der Schwalbe eine himmlische Kraft zugeschrieben wurde, zeigt sich vor allem in der Volksmedizin. Nach der alten Heilkunde vermochte jedes Organ des Vogels eine bestimmte Krankheit oder ein Gebrechen zu heilen. In der Antike diente frisches Schwalbenblut dazu, Schlangenbisse unschädlich zu machen. Und im Sarganserland (SG) trug man, um sich vor den Folgen der Fallsucht (= Epilepsie) zu schützen, gar ein in Milch gekochtes Schwalbenherz auf sich.[96]

Ein so herrlicher Gottesvogel wie die Schwalbe musste natürlich geschützt werden. Denn «wer eine Schwalbe tötet, tötet seine Mutter» heisst ein altes spanisches Sprichwort. Mit strengen Strafen Gottes mussten Schwalbenmörder auch in Frankreich und Österreich rechnen.

Verteufelte Nützlinge

«Wenn Tiere so unvorstellbar hässlich wie Maulwürfe oder Igel sind, können sie keine Gottesgeschöpfe sein», dachte sich früher das einfache Volk. Weil man im Maulwurf eine Kreatur des Teufels sah, die das Wurzelwerk der Pflanzen von unten her auffrisst, wurde er über Jahrhunderte hinweg wie kaum ein anderes Tier verfolgt und gepeinigt. Nur ist der Maulwurf eben kein Nagetier, sondern ein Insektenfresser, der vegetarische Kost verschmäht. Dass er in der älteren Literatur manchmal mit den Wurzel fressenden Schermäusen verwechselt wird, dürfte ihm zum Verhängnis geworden sein. Der Volkskundler Paul Sébillot listet eine Vielzahl von grausamsten Folterungen auf, mit denen die französische Landbevölkerung den harmlosen Maulwurf bedachte. Viele dieser entsetzlichen Praktiken dienten magisch-medizinischen Anwendungen. Da der Insektenfresser im Erdreich lebt, schrieb man ihm geheime Beziehungen zum Totenreich zu. Paradoxerweise galten die Organe des «teuflischen» Tieres als heilkräftig und antidämonisch. Seine Leber hatte den Ruf eines Wundermittels gegen Fieber und fieberhafte Seuchen. «Eine Leber von einem Maulwurf, der im May gefangen worden, dörre und stosse sie zu Pulver, nimm es des Morgens früh in warmen Bier ein», hiess es Ende des 18. Jahrhunderts in einem Werk[97] über Paracelsus.

Was die Leute früher ungemein irritierte, war die Ähnlichkeit der Maulwurfspfote mit einer winzigen menschlichen Hand. Und keinem anderen Wildtier wurde ein dermassen entwickelter Gehörsinn zugesprochen wie dem vermeintlich blinden Maulwurf. In der Normandie gibt es die Redensart *entendre comme une taupe* (hören wie ein Maulwurf). Sie bezieht sich auf eine Geschichte[98], die man sich in Dinan erzählte. Danach hört und versteht ein Maulwurf, der seinen Kopf aus dem Gang streckt, alles, was Kilometer von ihm in der Stadt getratscht wird. Die Vorstellung über das ungewöhnliche Hörvermögen des Maulwurfs, die schon C. Plinius Secundus d. Ä. zum Ausdruck brachte, scheint einer Art Kompensationsgesetz zu folgen: Der Maulwurf ist blind, also hört er umso besser. Die Fledermaus ist am Tag blind, dafür ist sie nachtsichtig.

Diesem Denkmuster dürfte die Feststellung zu Grunde liegen, dass blinde Menschen oft einen besonders entwickelten Tast- oder Hörsinn haben.

Möglicherweise gab es schon in der Bronzezeit einen Kult um den Maulwurf. In der bekannten Ausgrabungsstätte von Auvernier (NE) wurde jedenfalls eine kleine Tonfigur zu Tage gebracht, die einen Maulwurf darstellt.[99]

Der kleine Insektenfresser hat durch sein unterirdisches Leben einen privilegierten Zugang zu verborgenen Schätzen. Deshalb teilt er im Sagengut seine Eigenschaft als Schatzhüter mit den anderen chthonischen Wesen. Davon spricht die Oberwalliser Erlebnissage *Ein Maulwurf hilft* aus dem Gebiet von Goms.

Als eines Tages Kinder aus Biel auf dem Stein an der Talstrasse neben der St. Antoniuskapelle sassen und Vieh hüteten, kam urplötzlich eine steinalte Frau in absonderlicher altertümlicher Tracht auf sie zu. Sie bekamen einen «scharpfen Chlupf» und liefen nach Hause mit der Erklärung, eine Hexe sei auf sie zugekommen. Genau zwei Jahre nach dieser Erscheinung träumte dem ältesten der Kinder, einem zwölfjährigen Mädchen, unter dem Steine, worauf sie damals gesessen, ruhe ein Schatz. Als sie wieder mit dem Vieh an diesen Platz kam, warf ein Maulwurf ein Goldstück aus der Erde. Lediglich diese Tochter vermochte unter dem Stein in der Höhlung die mehreren hundert Gold- und Silbermünzen zusammenzulesen.[100]

Die Erzählung spiegelt auch die Volksmeinung wider, der Maulwurf sei ein dämonisches Wesen. Hier wurde keine Prinzessin verzaubert, sondern die alte Hexe verwandelte sich in einen Maulwurf.

Die Maulwurffänger zählen zu einem gleichermassen verachteten Berufsstand wie die Rattenfänger. In der Schweiz gehört der Maulwurffang in den Zuständigkeitsbereich des Feldmausers. Erlegt werden die Nager mit tödlichen Stahlfallen, die der Mauser in die Gänge steckt.[101] Männer, welche die Fähigkeit haben, Ratten und Maulwürfe zu fangen, hatten in der Fantasie des Volkes auch die Macht, diese Tiere zu führen. Die berühmte Geschichte vom Rattenfänger von Hameln, der 1284 die Mäuse mit einer Pfeife ins Wasser lockt und, als ihm hierfür der Lohn vorenthalten wird, die Kinder der Stadt entführt,[102] könnte aus diesem weit verbreiteten Volksglauben entstanden sein. Die Quellenlage der Erzählung ist freilich umstritten.

Die Vorstellung, dass schwarze und weisse Mäuse von Hexen und Hexenmeistern gemacht werden können, lebte noch im 20. Jahrhundert weiter. Von dieser Fähigkeit berichtet eine rätoromanische Sage:

Bei einer Familie in Sargans [SG] waren zwei Schneiderinnen auf der Stör. Sie arbeiteten an verschiedenen Kleidern von lebhaften Farben, für welche die Hausfrau eine besondere Vorliebe hatte. Ihr Töchterchen schaute eifrig zu, wie die Stoffe zerschnitten wurden. Als die schönen, bunten Streifen abfielen, jubelte es laut: «Oh, das wären schöne Lappen, um daraus Mäuse zu machen!» «So mach doch eine!» erwiderte die eine der Schneiderinnen. Die Kleine liess sich das nicht zweimal sagen und fertigte aus den farbigen Fetzen ein artiges Mäuslein. «Wie hübsch!» lobte die Jungfer, «jetzt musst du nur noch dafür sorgen, dass sie läuft.» Die «Buoba» nahm diese Aufmunterung gar ernst und antwortete: «Das kann ich nicht machen – oder ich müsste zuerst die Mutter fragen, die weiss schon, wie man das macht», und rannte in die Nebenstube, wo sich die Hausfrau aufhielt. Nach wenigen Augenblicken kam sie wieder hereingesprungen und kicherte: «Jetzt kann ich's auch, oh, jetzt bring' ich's sicher fertig, dass die Maus läuft.» Flink ergriff sie eine Fadenspule, blies durch diese auf die tuchene Maus, und wahrhaftig, fing die an zu laufen, husch, husch!! und verschwand in einem Winkel, dass niemand sie mehr sah. Die Mutter konnte jedenfalls auch mehr als Strümpfe stricken.[103]

Als Hexentier konnte die Maus Übles anrichten. Unbescholten waren eigentlich nur die weissen Mäuse, die Glück ins Haus bringen und deshalb vielerorts liebevoll gepflegt und gefüttert wurden. Glücklich war auch, wer ein Meerschweinchen im Haus hielt. Man nahm es gerne mit ins Bett, weil es alle Krankheiten an sich zieht.[104]

Selbstverständlich gab es eine Schutzheilige, die die Bauern vor Ratten- und Mäuseplagen bewahrten. Dazu berufen war, vor allem im 16. Jahrhundert, die heilige Gertrud von Nivelles (626–664), Schutzpatronin der Feld- und Gartenfrüchte. In einer späten Legende soll ihr Gebet die Ratten und Mäuse, die sie beim andächtigen Spinnen störten, vertrieben haben.[105] In der Basse-Bretagne war der aus Madrid stammende Bauernheilige Isidor dazu bestimmt, die Maulwürfe verenden zu lassen.[106]

Friedrich von Tschudi erwähnt in seinem *Thierleben der Alpenwelt* die Alpenspitzmaus, die sich an der Gotthardstrasse selbst in die Alphütten wage und in den Milchgefässen ertrinke.[107] Für unsere Vorfahren galt dieses harmlose Mäuschen, wie übrigens alle Spitzmäuse, als ausgesprochen gefährliches Tier. Nach den alten Bestiarien war ihr Biss so giftig wie jener einer Spinne.[108]

Die letzte grosse Mäuseplage, die sich von Genf bis Basel erstreckte, mussten die Bauern 1982 ertragen. Statt die heilige Gertrud anzurufen, streuten sie Tonnen von Bromadiolon – einem blutgerinnungshemmenden Wirkstoff – auf die Äcker. Das Mittel wirkte mit tödlicher Sicherheit. Es liess neben den Wühlmäusen auch Maulwürfe sowie ihre Fressfeinde, nämlich Füchse, Wiesel, Marder, Igel sowie Bussarde, Krähen und andere Vogelarten elendiglich zu Grunde gehen.[109]

Dem Igel erging es früher nicht viel besser als dem Maulwurf. Die Bauern im Zürcher Oberland hassten ihn, weil sie überzeugt waren, dass der stachelige Gast im Stall die Kühe zum Verwerfen bringen könne. Bis Ende des 17. Jahrhunderts stellte man ihm in Zürich nach, galt er doch als hervorragende Spezialität. Besonders beliebt war der «Süigel» mit seiner rüsselartigen Schnauze. Einmal «ausgezogen» wurde er in Wein und Essig gebrüht und alsdann am Spiess gebraten. Die Igelhaut diente als Kleiderbürste oder, auf eine Stange aufgesteckt, als Hundescheuche, erklärt Konrad Gessner.[110]

Gurrende Herrgottsvögel

Das Bild der sanftmütigen, unschuldigen und frommen Taube ist in der ganzen christlichen Welt bekannt. Als Geisttaube steht sie für den Heiligen Geist und schwebt zwischen Gottvater und seinem Sohn. Zu sehen ist sie auch, als Sinnbild der Taufe Jesu, in frühchristlichen Baptisterien, in Katakomben oder auf Sarkophagen.

Im 5. Jahrhundert hält die Taube Einzug in die Verkündungsbilder. Gleichzeitig stellt sie das belebende Geistfeuer dar, das strahlenförmig auf die versammelten Apostel herabkommt. Im Mittelalter repräsentieren sieben Tauben auch die himmlischen Gaben des Heiligen Geistes. Oder, sofern sie gleich in einem Schwarm von zwölf auftreten, die geisterfüllten Apostel.[111]

Nachhaltig geprägt wurde die Taubensymbolik auch durch die Geschichte der Arche Noah. Denn im Gegensatz zu den schwarzen Raben, die sich am Aas der ertrunkenen Tiere gütlich tun, kehrt die Taube als Kundschafterin schnurstracks mit einem Ölzweig im Schnabel zu Noah zurück und übermittelt ihm die gute Nachricht, Land gefunden zu haben. Der die Sintflut überlebende Noah, der die Hand sehnsuchtsvoll nach der Taube ausstreckt, wurde im 3. Jahrhundert auf einer frühchristlichen Wandmalerei in einer römischen Katakombe dargestellt. Irgendwann hat sich der Vogel aber verselbstständigt, wurde nach einer stillen Übereinkunft schneeweiss und fliegt seither als Friedenstaube rastlos um die Welt.

Religionshistoriker meinen, die Taube sei in ganz Vorderasien als Trägerin von Keimen künftiger Kinder betrachtet worden. In der Antike war sie der Liebesgöttin Aphrodite beziehungsweise der Venus zugeordnet.

So liesse sich die unbefleckte Empfängnis der Mutter Gottes durch den Heiligen Geist erklären, der in der katholischen Bildersprache mit dem Taubensymbol dargestellt wird.

Ausser seltenen Briefpostdiensten erbringen die Tauben dem Menschen keinen praktischen Nutzen; die allerwenigsten beschliessen ihre Tage als gebratene Delikatesse. Dennoch werden Tauben seit Jahrtausenden als Haus- und Stadttiere gepflegt und gehegt und selbst dann noch geduldet, wenn sie als gurrende Federmassen Fassaden und Plätze verkoten.

Dass man Tauben schon im Altertum in Schlägen hielt, hat vielleicht mit der ihnen zugeschriebenen Abwehrkraft zu tun.[112] Denn die Taube galt ganz allgemein als «Herrgottsvogel», der das Haus gegen Feuersbrunst, Blitz und Todesfall schützt. Die Turteltaube wurde vielerorts zum Zweck von Selbstkuren gehalten. 1813 wurden im Rafzerfeld (ZH) in 47 Häusern Turteltauben unter dem Stubenofen gefangen gehalten. Sie hatten die Aufgabe, rheumatische und geistige Leiden der Hausbewohner auf sich ziehen.[113]

Aus der nördlichen Schweiz ist eine merkwürdige Empfehlung zur Bannung der Vögel überliefert: «Will man dafür sorgen, dass die Tauben im Schlag bleiben und nicht davon fliegen, so lasse man sie in demselben aus einem Totenkopf trinken oder nagle neben die Öffnung des Schlages ein Brett von einem Sarge.»[114]

Der «Herrgottsvogel» ist ein beliebtes Sagenmotiv. Wenn eine Person plötzlich spurlos verschwindet, zeigt sie sich manchmal als weisse Taube wieder, die himmelwärts davonflattert. So erging es auch einer Pfaffenkellnerin im Raum Flums (SG).

Die Pfaffenkellnerin musste in eisernen Schuhen im so genannten Kapellentobel von der Kalktaren bis hinauf zur Bühlbrücke wandeln. In den Kalktaren sei damals ein Kalkofen gestanden, und als dort Kalk gebrannt wurde, hätte die Pfaffenkellnerin die Bitte vorgetragen, in den Kalkofen kriechen zu dürfen. Sie sagte aber, dadurch werde der Ofen unbrauchbar; sie jedoch werde dann erlöst und komme in den Himmel. Der Kalkbrenner gewährte ihr die Bitte. Bald darauf sei eine weisse Taube aus dem Ofen geflogen, und nachher habe man die Pfaffenkellnerin nie mehr gesehen, der Ofen sei aber wirklich unbrauchbar geworden.[115]

Das Bild der Seele, die sich als Vogel materialisiert und himmelwärts entschwindet, ist seit Urzeiten im ganzen indoeuropäischen Kulturraum verbreitet.[116] Im Islam existiert übrigens die schöne Vorstellung, dass zugleich mit der menschlichen Leibesfrucht ein Vogel entstehe, der schon bei der Geburt des Kindes entfliehe.

Der Seelenvogel verbindet sich in der katholisch geprägten Sage mit dem Bild der Pfaffenkellnerin oder Pfaffenköchin, die mit dem Priester gesündigt hatte. Während die liebeshungrigen Pfarrherren meistens ungeschoren davonkommen, haben die bediensteten Frauen für ihre «Lüsternheit» zu büssen. Um sich von der Strafe für ihre Unzucht mit dem Diener Gottes zu erlösen, müssen sie gewissermassen das Fegefeuer des Kalkbrennofens durchlaufen. Erst ihre geläuterte Seele nimmt die Gestalt der weissen Taube an.[117] In einer anderen Geschichte, die von der Besetzung von Greifensee im alten Zürichkrieg (1440–1450) erzählt, geht es um das Erscheinen von Seelentauben bei der Enthauptung der 62 Belagerer durch das Heer der Eidgenossen:

Es geschahen merkliche Wunderzeichen. Als man den Hauptmann köpfte, war da von Stund an ein wundersamer weisser Vogel gleich einer schönen Taube. Als man nun den Kupferschmied auch enthauptete, der von Schwyz war und einen leiblichen Bruder im Heere hatte, da kam ein anderer Vogel gleich dem vorigen, und beide flogen ob der Walstatt herum. Und so mancher nun enthauptet wurde, so mancher weisse Vogel, dem ersten ähnlich, kam und flog um den Leichnam ob allem Volke. Man stellte dann die Häupter in einen Ring, eins an das andere, und da wohin man ein Haupt gestellt hatte, wächst noch heute kein Gras, und um die Kapelle herum sieht man, wo jegliches Haupt gestanden, während rings um die Stätte das schönste Gras wächst. Da luden sie die Toten auf Karren und führten sie nach Uster, wo sie begraben wurden.[118]

Weisse und weisende Tauben hielten auch in den Legenden Einzug. So sah der heilige Benedict die Seele seiner Schwester in Gestalt einer weissen Taube dem innersten Himmel zustreben.[119] Von einer weisenden Taube war auch in Marschlins (GR) die Rede. Als der fränkische Wandermönch Pirmin den Bau des dortigen Klosters in Angriff nahm, verletzte sich ein Zimmermann an der Hand. Da erschien eine weisse Taube. Sie nahm den blutigen Holzspan in den Schnabel und flog damit über den Rhein. In einem Wald liess sie den Span vom Wipfel einer Lärche zu Boden fallen. Der heilige Pirmin verstand das höhere Zeichen. Dort wo der blutige Span hinfiel, liess er das Kloster Pfäfers (SG) errichten. Aus diesem Grunde führte das Kloster in seinem Wappen eine fliegende Taube mit einem Span.[120] Die historischen Quellen sprechen übrigens von der Klostergründung in der Mitte des 8. Jahrhunderts.

In Arbon (TG) wurde noch um 1960 den Kindern erzählt, die Seele eines verstorbenen Familienangehörigen fliege als weisse Taube in den Himmel. Manchmal könne man den Vogel noch am Tag nach dem Tode auf dem Hausdach sitzen sehen, bevor er dann für immer in den Himmel entschwinde.[121]

Eines der ältesten ikonografischen Zeugnisse des Seelenvogels legt das Steintor von Roquepertuse ab. Dieses Bauwerk aus dem späten 3. Jahrhundert v. Chr. gehört zum Kultbereich der keltischen Totenstätten, die im südgallischen Entremont (Dép. Bouches-du-Rhône, F) ausgegraben wurden. In drei Pfeilern sind übereinander Mulden eingelassen, in die Kopftrophäen von Feinden oder Schädelreliquien eigener Helden platziert wurden. Auf dem Torsturz steht ein grosser, flugbereiter Vogel, der die Reise ins Jenseits verkörpert.[122]

Die Symbolik des Seelenvogels wurde zuweilen auch durch einen Schmetterling dargestellt. Sitzt er auf der Hand Christi, stellt er die Befreiung der menschlichen Seele aus ihrer fleischlichen Hülle dar. Als entsprechende Allegorie sind Falter in den Stillleben zu verstehen.[123] Ansonsten war der Schmetterling aber negativ besetzt, da der Alb oder eine Hexe jederzeit und unverhofft seine Gestalt annehmen konnte. Namentlich Leute, die zusammengewachsene Augenbrauen hatten, konnten einem im Zorn den Alb zuschicken. Er kam dann plötzlich aus ihren Augenbrauen geflogen und hatte die Form eines kleinen weissen Falters.

Der Schmetterling galt vor allem als Milch- und Rahmdämon, der die entsprechenden Vorräte verderben liess. Der ursprünglich obersächsische Begriff «Schmetterling» bzw. «Schmetten» (= Milchrahm) ist ein Lehnwort aus dem gleichbedeutenden tschechischen *smetana.* Damit erklärt sich auch die Herkunft des englischen Wortes *butterfy*.[124]

Dickhäuter auf Weltreise

Den einfachen Menschen früherer Jahrhunderte war die Existenz exotischer Tiere zwar wohl bekannt, aber der Besitz von seltenen Kreaturen ferner Länder beschränkte sich im frühen Mittelalter auf Fürstenhöfe und Päpste. So liess Kalif Harun al-Rashid (786–809) im Jahre 797 dem römisch-deutschen Kaiser Karl (768–814) ein kostbares Geschenk aus Bagdad senden. Die Fracht bestand aus einem lebenden Elefanten und etlichen Affen.[125]

Auch im Londoner Tower hielt man sich seltene Tiere als Attraktion für die erlauchten Gäste. König Heinrich III von England (1216–1276) liess 1251 einen Eisbären,[126] den er von geschenkt erhielt, in der Themse herumschwimmen, damit sich dieser die Fische selbst fangen konnte.

Elefanten waren in den Fürstenhäusern beliebte Pensionäre, weil sie Kraft, Macht und Grösse demonstrieren. Auch für den Vatikan war es eine Prestigefrage, Dickhäuter in der pontifikalen Tiersammlung zu führen. Papst Leo X wurde bei seiner Wahl von Tristão da Cunha, dem Gesandten des Königs von Portugal, mit einem Elefanten und einem Jaguar beschenkt. Der Papst liess die Menagerie ausbauen und dazu Löwen und Leoparden aus Florenz sowie Bären aus Ungarn kommen.

Um 1408 entstand im Heiligen Römischen Reich, und zwar in Marienburg, der erste Tiergarten. Er gehörte zur Residenz des Grossmeisters des Deutschritterordens. Zu sehen waren im Park Affen, Bären, Robben, Walrosse, ein Löwe und fünf Auerochsen.

In den mittelalterlichen «zoologischen Gärten» der Schweiz, den Stadtgräben von Aarau, Bern, Winterthur und Zürich, tummelte sich nur einheimisches Wild. Auch wenn nur die wenigsten Menschen im Mittelalter eine fremdländische Tierart je zu Gesicht bekommen hatten, kursierten die wildesten Geschichten über diese Tiere aus fernen Ländern. Dafür sorgte in erster Linie die Bibel, die nahezu hundert verschiedene Tiere erwähnt.

Fremdländische Tiere waren der Bevölkerung höchst suspekt und galten als Inkarnationen des Teufels. Skorpione, die der grosse Basler Alchemist und Astrologe Leonhard Thurneysen (1530–1596) in Olivenöl konserviert hatte, wurden zum Beispiel als «fürchterliche Zauberteufel» bezeichnet. Als Thurneysen 1579 in seiner Heimatstadt einen grossen, harmlosen Elch zur Schau stellte, bekam es das Publikum mit der Angst zu tun. Das ungeheuerliche «Pferd» war für die Öffentlichkeit ein Werk des Leibhaftigen. Deshalb musste es sterben. Eine Frau gab ihm einen mit Nadeln bespickten Apfel zu fressen.[127]

Exotische Tiere wurden in Mitteleuropa dem Volk erst im 17. Jahrhundert als Marktbelustigungen vorgeführt. Als 1651 der erste indische Elefant in die Schweiz gelangte und am 8. September in Zürich, vermutlich auf dem Münsterhof oder beim Katzentor am heutigen Paradeplatz, zur Schau gestellt wurde, konnte es die Bevölkerung kaum fassen, dass derartige Ungetüme die fernen Länder bewohnen. Selbst die als «Krüzvögel» verspotteten Chorherren des Grossmünster-Stiftes liessen es sich nicht nehmen, das monumentale Geschöpf Gottes *in corpore* zu bestaunen. Nach dem Auftritt in Zürich musste der Elefant den beschwerlichen Weg nach Luzern selbstverständlich zu Fuss zurücklegen. Unterwegs geschah aber fast eine Katastrophe. Das Tier versank beinahe in einem Sumpf und konnte nur mit grösster Mühe aus seiner misslichen Lage befreit werden.

1820 hätte ein vom Schausteller Garnier in Genf präsentierter Elefantenbulle die Schweiz durchwandern sollen. Aber bereits auf dem Weg nach Lausanne bereitete er Schwierigkeiten. Alle handfesten Ermahnungen, nach Osten weiterzugehen, waren umsonst. Der Elefant machte rechtsum kehrt und trottete nach Genf zurück. Dort blieb der Stadtwache nichts anderes übrig, als ihm das Stadttor zu öffnen. Mit grösster Mühe wurde das ausser Rand und Band geratene Tier in ein steinernes Gelass gedrängt, wo man es mit vergifteten Butterbrötchen umzulegen versuchte. Schliesslich musste eine Kanone aufgefahren werden, und das gefährliche Tier wurde exekutiert. Eine Gesellschaft von Naturforschern führte sich das Elefantenfleisch an einem noblen Bankett zu Gemüte.[128]

Mindestens so spektakulär wie die Vorführung des ersten Elefanten war für die Europäer die Geschichte vom Panzernashorn. Das erste Exemplar wurde von Kaiser Titus im Jahre 80 aus Indien eingeführt und im Kolosseum in Rom zur Schau gestellt. Bis das zweite Nashorn nach Europa kam, dauerte es 1470 Jahre. Am 20. Mai 1515 wurde die gigantische Fracht aus Indien in Lissabon gelöscht. Albrecht Dürer (1471–1528) hatte es zwar nie zu Gesicht bekommen, machte es aber mit seiner Fe-

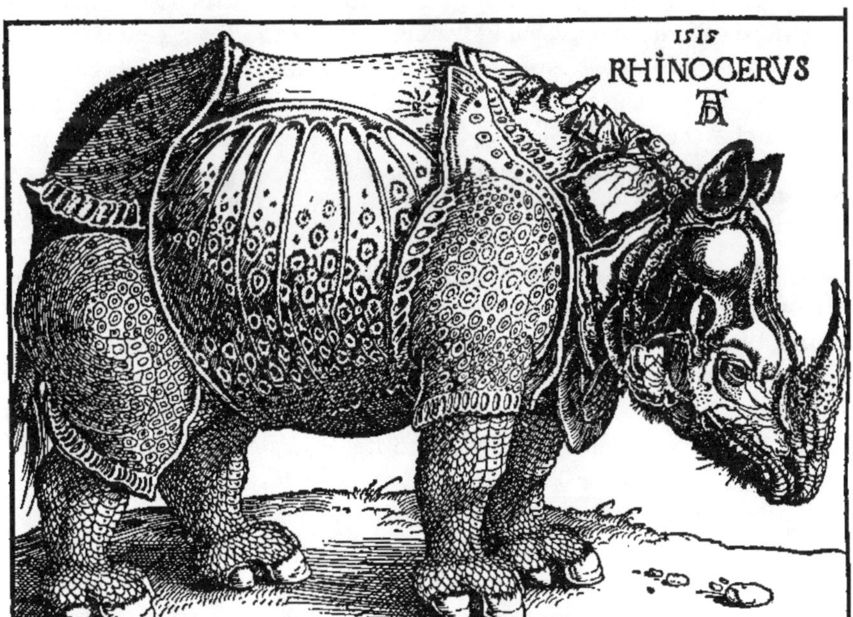

Albrecht Dürers Panzernashorn aus dem Jahre 1515

derzeichnung und einem Holzschnitt unsterblich. Als Vorlagen dienten ihm Zeichnungen von portugiesischen Künstlern, die er sich über einen deutschen Kaufmann zu beschaffen wusste. Ein winziges Detail scheint die Naturforscher und späteren Zoologen besonders fasziniert zu haben: Das Tier weist in der Schultergegend ein zweites, schraubenzieherförmiges Hörnchen auf. Und so kam es, dass Generationen von wissenschaftlichen Zeichnern das so genannte Dürerhörnchen getreulich übernahmen. Zu sehen ist es zum Beispiel in der 1554 in Basel verlegten *Cosmographia universalis* des Theologen, Mathematikers und Linguisten Sebastian Münster (1489–1552). Der französische Hofchirurg Ambroise Paré (1509–1590) wiederum stellte in seinem Werk sogar Szenen dar, in denen Nashörner ihre spitzen Schulterhörner im blutigen Kampf gegen Elefanten einsetzen. Lange Zeit vermuteten viele namhafte Zoologen, dass dieses sagenhafte Fantasiehörnchen einem Missgeschick Dürers zu verdanken ist. Doch 1970 zeigte sich ein Panzernashorn, das tatsächlich ein Dürerhörnchen trägt. Offensichtlich handelt es sich bei diesem Hornauswuchs im Stirn- oder Nackenbereich um eine äusserst seltene Erscheinung, die auch bei Breitmaulnashörnern vorkommt.[129]

1741 brachte der holländische Kapitän Douwe Janszoon Mout van der Meer ein aus dem Königreich Assam stammendes Panzernashorn von Indien nach Europa. Das gewaltige Tier wurde in einem Wagen, dem bis zu zwanzig Pferden vorgespannt waren, von Stadt zu Stadt geführt, wo es jeweils für unerhörtes Aufsehen sorgte. Zu Beginn des Jahres 1748 gelangte das «scheussliche Thier» von Mannheim her kommend nach Bern und erreichte anfangs März Zürich, wo es einen Monat lang auf dem Münsterhof zur Schau gestellt wurde.[130]

In den *Donnerstags-Nachrichten* vom 14. März 1748 stand: «Allhier auf dem Münster-Hof ist einige Tage zusehen, ein lebendiger Rhinoceros, der nach vieler Gedancken der Behemoth syn soll, nach der Beschreibung Hiobs Cap. 40. V. 10. Er ist jetz 9. Jahr alt, und wigt ohngefehr 5000. Pfund, und ist anjetzo nur noch ein Kalb, weilen diese Thiere bis 25. Jahr wachsen und bis 150. Jahr alt werden, auch ist dieses das erste welches jemahlen in Europa lebendig zusehen ist. Er ist gefangen worden in Asia, unter der Herrschaft des grossen Mogols, welches 4000. Meilen von hier entlegen ist. Es gibt die Person auf dem ersten Platz 8. Batzen, auf dem andern 4. Batzen, und auf dem dritten 2. Batzen.»[131]

Nach dem Zürcher Auftritt reiste Kapitän Douwe Mout mit seinem Rhinozeros nach Schaffhausen und von dort aus nach Stuttgart weiter. Diese Vorführungen waren dermassen bedeutsame Ereignisse, dass davon sogar Gedenkmünzen geprägt wurden. Unzählige Souvenirartikel mit

Darstellungen des indischen Nashornes wurden der faszinierten Öffentlichkeit feilgeboten. So gelangte auch ein Fayence-Tintengeschirr mit dem aufgemalten Rhinozeros in den Besitz des Dichters Gottfried Keller (1819–1890). Das Objekt wird heute in der Zentralbibliothek Zürich aufbewahrt.[132]

Auf seiner Europatournee kam das Rhinozeros 1751 nach Venedig, das gerade im Karnevalsfieber stand. Pietro Longhi (1702–1785), ein Meister der venezianischen Rokokomalerei, porträtierte es in einem reizvollen Genrebild. Ein merkwürdiges Detail dieses Werkes fällt auf: Hinter der Schranke der Stallung steht eine karnevaleske Personengruppe und schaut staunend auf das Tier hinunter. Doch das Nashorn hat kein Horn. Aber links der Schaulustigen steht der Schausteller mit ausgestrecktem Arm; in der Hand hält er eine Peitsche und das Horn. Heini Hediger, ehemaliger Direktor des Basler Zoos und Professor an der Universität Basel, liefert zur Aufzeichnung der Geschichte eine Erklärung, die möglicherweise des Rätsels Lösung ist: Das indische Panzernashorn soll sein Horn etwa alle zehn Jahre aus zoologisch unerfindlichen Gründen abstossen.

An den Marktbelustigungen wurden ansonsten exotische und dressierte Tiere zusammen mit Riesen, Zwergen, Schwarzen oder Hand- und Fusslosen bewundert. Oftmals waren diese Menagerien im Besitz von dubiosen Wanderärzten, die an den Märkten auf ein Podium mit Zeltdach stiegen und von dort aus ihre Heilmittel anpriesen. Einen Eindruck dieser Schreyer und Wundärzte vermittelt eine Annonce, die in den *Donnerstags-Nachrichten* vom 19. Juni 1732 erschien. Darin kündigt der kaiserlich und königlich privilegierte Operator Johann Christian Häber von Mannheim seine Ankunft an mit einem starken Gefolge «von etlich und dreissig Personen, neun Pferden, einem Kamel und andere Sachen mehr».[134]

Eine zauberhafte Erinnerung an die Tierschauen hinterliess der Niederaargauer Menageriebesitzer und *Marchand en bêtes sauvages* Jakob Egger (1697–1771) mitten im ehemaligen Marktort Aarwangen (BE). Nachdem er als Söldner und später als Menageriebesitzer während fünfzig Jahren halb Europa bereist hatte, liess er 1767 das «Tierlihaus» als Alterssitz bauen. Die Fassade zeigt eine Vielzahl von exotischen Motiven. Am Ründehimmel des Hauses können prachtvolle Löwen, Greifvögel und exotische Stadtpanoramen bestaunt werden, während auf der Stotzwand riesige Affen posieren. Unter dem Giebel sind die Kunststückchen des sechsfüssigen Pferdchens Busteal verewigt, das jassen, zählen und selbst Tabakpfeife rauchen kann. Und auf den Riegfeldern der

Der Herrscher der Tierwelt in einer Sammlung von orientalischen Fabeln aus dem 15. Jh.

Riegelhausfassade liess Egger Ibisse, einen Strauss und andere exotische Riesenvögel malen.

König der exotischen Tiere und Sinnbild der Herrscher war und ist der Löwe. Sein Symbol ist eines der vielschichtigsten überhaupt. In der Antike war er auf der einen Seite ein Sinnbild der Sonne und somit des Lichtes und auf der anderen Seite ein Wasserspender. Vermutlich galt er in Griechenland als Hüter heiliger Quellen. Plutarch meint, dass die antiken Brunnenmasken in Form eines Löwenhauptes ägyptischen Ursprungs seien, «weil der Nil das neue Wasser über die Felder führt, wenn die Sonne durch das Zeichen des Löwen geht».[135] Der Macht repräsentierende Löwe, der schon vor den altorientalischen Palästen thronte, hielt im 14. Jahrhundert v. Chr. Einzug in Europa. Die Achäer bauten dazumal das Löwentor in Mykene (Prov. Argolis, GRE), wo zwei kraftvolle, sich hochreckende Löwen eine Säule flankieren.

Schon im frühen Mittelalter lief das Löwenbild allen anderen Tierdarstellungen den Rang ab. Es zierte unzählige illuminierte Handschriften, Familienwappen und Kirchenportale. Zudem erfreuten sich Namen mit der Wurzel *leo-* (zum Beispiel Leo, Leonardus, Leonellus oder Leopoldus) zunehmender Beliebtheit. Dieser Siegeszug des Löwen wurde durch die Kreuzzüge begünstigt. Reale Begegnungen der Ritter mit dem damals in Palästina noch lebenden Tier und die Konfrontation mit der altorientalischen Herrschersymbolik blieben nicht ohne Einfluss.

Doch die eigentliche Förderung des Löwenbildes war im Hochmittelalter die Kirche selbst, die den «heidnischen» Bären mit aller Macht zu ersetzen suchte. Das real existierende, stärkste Tier des Nordens musste einem ebenso mächtigen, aber unfassbaren exotischen Wesen weichen, zu dem die Menschen keine emotionale Bindung hatten. Aufschlussreich ist in diesem Zusammenhang ein Hinweis des französischen Paläographen und Historikers Michel Pastoureau, dass das Löwenbild in Frankreich und den Niederlanden dominierend war, während die Alpenländer damit vergleichsweise schwach durchdrungen blieben.[136] Ist diese Tatsache mit der zweifellos engeren Bindung der Bewohner der Bergregionen zum Bären zu erklären?

Als Vorlage für Wappen oder Denkmäler (im Mittelalter zeigten 15 Prozent aller heraldischen Darstellungen einen Löwen) diente nicht etwa der bekannte Massai-Löwe, sondern der im 20. Jahrhundert ausgestorbene Berberlöwe mit seiner kräftigen, dunklen Mähne.

Die kirchliche Symbolik des Löwen pendelt zwischen dem kosmischen Christuslöwen und der teuflischen Bestie. Ist er als Menschen verzehrendes Ungeheuer in Stein gehauen, wie beispielsweise an einer inneren Ecke im Kreuzgang des Grossmünsters in Zürich oder am Choraufgang in der Kathedrale von Chur, steht er für den Teufel. Wir sehen ihn in Chur, wo er Furcht erregend und mit aufgerissenem Maul den Kopf eines angstvoll starrenden Menschen in den Pranken festklammert. In der Gewalt des Löwen befindet sich auch der Mensch auf der Armseelensäule in der Krypta der Churer Kathedrale. Dort reitet ein junger Mann mit verzerrtem Gesicht den grimmigen Löwen. Das Motiv des besiegten, aber dennoch gefährlichen Löwen ist biblisch: «Seid nüchtern und wachet, denn euer Widersacher, der Teufel, geht umher wie ein brüllender Löwe und sucht, welchen er verschlinge.»[137] Der Löwe kann aber auch ein Attribut von Heiligen sein. Hieronymus zog ihm in der Legende einen Dorn aus der Pranke. Darauf wurde das wilde Tier lammfromm und folgte dem Heiligen auf Schritt und Tritt.

In Zürich nahm der Löwe als «Ysegrind» auch am Lärm-, Heischeund Rügeumzug der Metzger teil, der jeweils am Aschermittwoch durchgeführt wurde. Unter dem Getrommel der «Küyschwänz», wie Stadtpfarrer Heinrich Bullinger (1505–1575) ihr Schlagwerkzeug nannte, zogen die Metzgerknechte mit der Löwenmaske durch die Stadt. Albert Lutz vermutet, dass die Metzger diesen Brauch von bäuerlichen Knabenschaften übernommen hatten, die auf ihren Umzügen vielfach eine wolfs-

oder hundeköpfige Maske mit sich führten, einen «Ysengrind» mit feurigen, von innen beleuchteten Augen und Hörnern als Zutat des christlichen Teufels. 1727 gesellten die Zürcher Metzger eine Bärenmaske zu ihrem «Ysengrind». 42 Jahre später wurde der den Umzug überlebende und «in der Statt herumb tanzende Bär» als letzte Reminiszenz der früheren Aschermittwochspracht der «Menschlichkeit und dem Christentum» zum Opfer gebracht.[138]

Sehr eigentümlich und weit in den Orient zurückweisend ist das Bild des Löwen mit einem Doppelleib. Prachtvoll zum Ausdruck kommt er im Kreuzgang des Grossmünsters in Zürich, wo er in einem Pfeilerbündel von Kapitellen auf den Hinterbeinen steht. Wera von Blankenburg untersuchte die frühromanischen Darstellungen von Doppeltieren im Zusammenhang mit Taufsteinen und zeigt das In- und Nebeneinander von Heidentum und Christentum auf. Sie spricht vom «Doppeltier als Symbol der Überwindung der Gegensätze, des Friedens und des neuen Lebens».[139]

Der Kreuzgang im Zürcher Grossmünster zeigt zweifellos die reichhaltigsten frühromanischen Tierallegorien der Schweiz, die aus den Jahren 1180 bis 1210 stammen.

Vogel Strauss im Wallis

Bevor exotische Tiere als Marktbelustigungen vorgeführt wurden, schauten sich die Menschen kirchliche Darstellungen mit Tierszenen an und machten sich auf Grund der Bibel ihr eigenes Bild der fremden Tierwelt. Im Mittelalter waren zudem verschiedene Bestiarien im Umlauf, die sich auf Quellen der Antike stützten. Als Grundlage dienten den Verfassern vornehmlich die Werke von Gaius Plinius d. Ä. (ca. 23–79 n. Chr.) und Claudius Aelianus (ca. 175–235 n. Chr.). Besonders amüsant ist die Schilderung der Trappe beziehungsweise des Strausses im *Physiologus*:

Der Prophet Jeremia sagt: Turteltaube und Schwalbe kennen die Zeiten ihres Eingangs, und die Trappe schaut am Himmel ihre Zeit.

Auch dies ist ein Vogel mit Flügeln, aber fliegen kann er nicht und bei uns wird er Strauss geheissen. Dieser Vogel blickt auf zum Himmel, wenn er ein Ei legen will. Denn er setzt seine Eier nicht eher auf die Erde ab, bevor das Sternbild der Pleiade aufgeht. Die Pleiade geht dann auf, wenn die Ähren blühen und die Sommerhitze ist. Weswegen der Strauss aber gerade dann legt, davon höre den Grund: Dieses Tier ist gar vergesslich. Es gräbt nun ein Loch, und da hinein legt es die Eier, und so verhüllt es sie mit Sand, und nun kümmert es sich in seiner Vergesslichkeit nicht mehr um die Eier. Darum legt es sie in der heissen Zeit, damit, was es selbst tun sollte, nämlich sie ausbrüten, dies das schöne Wetter tue, nämlich die junge Brut vollende und ans Licht bringe.

Wenn nun also Trappe und Turteltaube ihre rechte Stunde kennen, so sind auch wir es noch viel mehr schuldig, nämlich den Herrn, erkennen und seinem Willen zu folgen und ihm zu dienen.[140]

Der Titel dieser von Otto Seel (1907–1975), Ordinarius für klassische Philologie an der Universität Erlangen, adaptierten Allegorie lautet *Von Trappe und Strauss*. Auch die lateinische Version nennt im Titel zwei vollkommen verschiedene Vogelarten: *aside*[141] und *strouthokàmelon*, porträtiert aber nur den Strauss. Der vorwurfsvolle Hinweis, der komische Vogel vernachlässige seine Eier, stammt aus der Bibel (Kl. 4.3). Die vergessenen Eier, die mit Gottes Hilfe, das heisst mit der heissen Sommersonne, ausbrütet werden, galt ein «wahres Wunder». Der Strauss wurde zum Sinnbild des frommen Menschen, der sich von den irdischen Dingen abwendet, um sich ganz auf die Zeichen des Himmels zu konzentrieren. Vermutlich stützt der *Physiologus* seine Aussage auf die Beobachtung, dass Straussenеier in der Natur häufig ausserhalb des Brutnestes liegen.[142] Einen zoologischen Unsinn vermittelt indessen das Bild des Strausses, der bei Gefahr den Kopf in den Sand steckt. Der Ausdruck «Vogel-Strauss-Politik» konnte sich bekanntlich bis heute halten.

Straussenеier und -federn wurden über die alten Handelswege schon sehr früh in Europa eingeführt. Während die Eier, namentlich in der Barockzeit, zu kunstvollen Tischdekorationen verarbeitet wurden, bildeten die Federn einen beliebten Zierrat.

Dass der Strauss den Mitteleuropäern in früheren Zeiten nicht gleichgültig war, zeigen alte Gaststätten mit den Namen «Zum Strauss» oder «Zu den drei Straussen». In Altdorf (UR) nannte sich 1494 ein Verein junger Schützen «Gesellschaft zum Straussen».[143]

Aufschlussreich ist auch ein Walliser Märchen, in dem von einem gefiederten Räuber fabuliert wird, der «Vogel Strauss» heisst. In diesem Märchen aus Ems im Turtmanntal (VS) geht es um den armen Jägersohn Meinrad aus dem Baldschiedertal,[144] den sein wohlhabender Schwiegervater aus der Welt schaffen wollte. Der Alte stellte sich eines Tages krank und schickte den ungeliebten Habenichts ins Unterwallis, wo angeblich ein Strauss lebte. Von ihm sollte er drei Federn nach Hause bringen, die den Alten wieder gesund machen würden. Der Junge ging gleich auf die Suche und erreichte am Abend ein Städtchen, wo ihm der Weg zum «Vogel Strauss», das heisst zum grossen Mörder, gewiesen wurde. Dort angekommen, wurde er von der Frau des Räubers freundlich aufgenommen. Sie verköstigte den mutigen jungen Mann und versteckte ihn in einem Sack mit Hühnerfedern, den sie unter die Bettstatt schob. Als der Unhold nach Hause kam, legte er sich gleich schlafen. Da rupfte die Frau dem Räuber drei Federn aus und warf sie unter das Bett. Dem Alten, der wissen wollte, warum man ihn im Schlaf zupfe, flunkerte die Frau Träume vor und entlockte ihm damit drei Geheimnisse, die Meinrad im Auftrag von Dritten zu lüften hatte. Mit den Federn in der Hand machte sich Meinrad auf den Rückweg. Dank dem Wissen, das die Alte aus dem Räuber herausbekommen hatte, handelte sich Meinrad viel Geld ein. Er kam als reicher Mann nach Hause zurück und schenkte seinem kerngesunden Schwiegervater die drei Federn vom Vogel Strauss. Darauf schämten sich die Schwiegereltern; sie waren nun überzeugt, doch den richtigen Schwiegersohn zu haben.[145]

Eduard Hoffmann-Kreyer (1864–1936), Professor für Phonetik, schweizerische Mundart und Volkskunde in Basel, meint, dass die abergläubischen Vorstellungen in Verbindung mit dem Strauss, die im Altertum und bei exotischen Völkern reichlich vorhanden sind, in Mitteleuropa keinen Eingang gefunden hätten. Er fügt lakonisch bei, dass das Walliser Märchen vom «Vogel Strauss» mit dem Vogel selbst nichts zu tun hätte, da «Vogel Strauss» der Name eines Räubers sei.[146] Hoffmann-Kreyer unterschätzt vielleicht die volkskundliche Bedeutung des Laufvogels. Im Schweizer Märchen liegen verschiedene Bedeutungen auf unterschiedlichen Ebenen. Die Bewandtnis des Strausses ist umso interessanter, als der Räuber gefiedert ist und somit eine Art Mischwesen darstellt, in dem Mensch und Straussenvogel, Bösartigkeit und Weisheit verschmelzen. Dass sich der böse Schwiegervater ausgerechnet Straussenfedern zu seiner Genesung wünscht, könnte ein Hinweis auf Spuren von alten heilkundlichen Vorstellungen sein, die mit dem Vogel Strauss verbunden waren. In weiten Teilen Afrikas und in Kleinasien glaubt man heute noch, dass der Strauss oder seine Eier das Böse abwehren können.

«Weisheit gegen dumpfe Bösartigkeit» – ist das nicht eine Charaktereigenschaft und Stärke, mit der sich kriegerische Ritter identifizieren wollten? Die Straussenfedern bilden jedenfalls vom 13. Jahrhundert an eine beliebte Helmzier, die die Wappen von mächtigen Familien schmücken. So sieht man auf dem Wappen der Familie Werdmülller von Elgg (ZH) zwei gekrönte Helme, auf denen ein schwarzer Bärenrumpf einem Busch von goldenen und blauen Straussenfedern entgegensteht.[147]

Der bekannte Völkerpsychologe Wilhelm Wundt (1832–1920) erinnert daran, dass das Wappentier durchaus ein Rest aus der Zeit der Stammesverfassungen und die Erhebung einzelner Tiere zu heiligen Tieren ein indirektes Überbleibsel der Totemkulte ist. «Seine Entstehung gehört einer Zeit an, wo das Tier als eigentliches Kultobjekt zurückgetreten, aber aus dem mythologischen Anschauungskreis noch nicht völlig verschwunden ist.»[148]

Eine fragwürdige Ethik

Christliche Theologen halten Tiere nach wie vor für seelenlose Kreaturen. Schon Thomas von Aquin (ca. 1225–1274), ein herausragender Denker der Scholastik, reduzierte das Tier auf einen reinen Vertreter seiner Gattung und sprach ihm jede Unsterblichkeit der Seele ab.[149] In seiner *Summa teologica* meint er: «Unter den verschiedenartigen Verwendungsmöglichkeiten nun scheint jener Gebrauch am meisten notwendig zu sein, bei dem die Tiere sich der Pflanzen, die Menschen sich der Tiere zur Nahrung bedienen, was nicht ohne Tötung jener geschehen kann. So ist es denn erlaubt, sowohl die Pflanzen zu töten zur Nahrung für die Tiere, als auch die Tiere zur Nahrung des Menschen, und zwar auf Grund der göttlichen Ordnung.»[150] Der einzige Grund für den heiligen Thomas, Grausamkeiten gegen Tiere nicht zu dulden, war die Meinung, dass sie zu Grausamkeiten gegenüber Menschen führen könnten. Diese Tier verachtende Haltung des Klerus herrschte bis vor kurzem vor. So verbot Papst Pius IX (1846–1878 i.A.) die Gründung einer Gesellschaft zur Verhinderung von Grausamkeiten gegenüber Tieren. Er begründete dieses Verdikt mit dem geradezu perversen Hinweis, dass die Legitimierung einer derartigen Gesellschaft zum Fehlschluss führen könnte, dass der Mensch gegenüber den Tieren Pflichten hätte.[151]

Wie mangelhaft die Tierethik in unserer heutigen Gesellschaft ist, zeigt sich am Widerspruch des Vollzugs der Tierschutzgesetze vieler Staaten. Während auf der einen Seite individuelle Verbrechen gegenüber Haustieren zum Teil mit drakonischen Strafen geahndet werden, scheint es für viele industrielle Zucht- und Mastbetriebe weder Gesetz noch Moral zu geben. Ein Beispiel aus Nordamerika: Im September 1999 wurde in Milwaukee (Wisconsin, USA) ein Mann zu 21 Jahren Gefängnis verurteilt, weil er eine Katze während eines Ehestreits erschossen hatte.[152] Im gleichen Land gelten aber Besitzer von Tierfabriken, in denen unter anderem Millionen von Hühnern ihr Leben lang auf engstem Raum zusammengepfercht vegetieren und nie die Sonne sehen, als hoch angesehene Bürger.

Aus dem Kreis militanter Schweizer Tierschutzaktivisten wird die jüdische Gemeinschaft der Tierquälerei bezichtigt. Vorgeworfen wird ihr die

Praxis des Schächtens, die zwar in der Schweiz seit 1893 verboten ist[153], aber für die orthodoxen Schweizer Gemeinden in Frankreich ausgeübt wird. Die meisten Juden betrachten das Schächten als verantwortungsvolle, schmerzfreie Tötungsart. Dass Christen dem jüdischen Volk Tierquälerei pauschal vorwerfen und damit antisemitische Gefühle schüren, ist umso absurder, als das Judentum strenge Tierschutzgesetze kennt. In keiner anderen Religionsgemeinschaft gibt es beispielsweise ein Gebot, wonach das Vieh gefüttert werden soll, bevor der Halter sein Frühstück einnimmt. Im *Kizzur Schulchan Aruch*[154], einer Kurzfassung der *Halacha*[155], ist das jüdische Verbot der Tierquälerei klar ausgesprochen.

Der Katholizismus kennt an Stelle von Tierschutzvorschriften die Tiersegnung. Für Traditionalisten ist sie so selbstverständlich wie Waffen- oder Automobilsegnungen. Allerdings wird das Tier nicht um seiner Existenz willen gesegnet, sondern hinsichtlich seines Nutzens für die Menschen. Umso erstaunlicher ist deshalb die Tatsache, dass unlängst reformierte Pfarrer in Basel, Zürich, Winterthur und Gwatt (BE) die Tradition der Tiersegnung in neuer Form wieder aufgenommen haben:

Bei der Synode 1995 der reformierten Landeskirche war der Tiergottesdienst ein umstrittenes Thema. Mit dem Argument, anlässlich von Erntedankgottesdiensten stünden ja auch Pflanzen und Früchte im Vordergrund, konnten sich die Befürworter durchsetzen. Nach Ansicht des Zürcher Kirchenrates dürfen Tiere seither in Gottesdienste einbezogen werden.[156] Hinter dieser Initiative steht das Glauberger Schuldbekenntnis, das im Frühjahr 1988 von 333 Theologinnen und Theologen unterzeichnet wurde. Im Glauberger Manifest bekennen die Theologen unter anderem, dass sie als Christen versagt haben, weil sie in ihrem Glauben die Tiere vergassen. Sie begründen ihr Schuldbekenntnis aus theologischer, seelsorgerischer, ökumenischer und politischer Sicht.

Pfarrer Felix Felix, der Tiergottesdienste in der Offenen Kirche Elisabethen in Basel hält, stellt den biblischen Schöpfungsbericht und die Achtung vor dem Tiere sowie das Glauberger Schuldbekenntnis in den Mittelpunkt der «Schöpfungsfeste». In der Praxis kommt er vor allem jenen Menschen entgegen, die den Kontakt zur Aussenwelt oft nur über ihr Bezugstier finden. Aus dieser Warte betrachtet, erfüllen seine Tiersegnungen ein aktuelles soziales Bedürfnis.

Drachen, Basilisken und andere Fabeltiere

Fabeltiere sind Fantasiegeschöpfe kultureller Überlieferungen, die sich in Mythos, Dichtung, Kunst und Heraldik zeigen. Während unter anderem Pegasus, der Phönix oder Kentauren im klassischen Altertum heimisch waren, eroberten andere Fabeltiere die Alpenländer und wurden in den hiesigen Volksmythen zu neuen Schreckgestalten umgestaltet. Allen voran geht der Drache, der für unsere Ahnen ein real existierendes Wesen war. Die Schweizer Geschichte kennt viele heroische Drachenkämpfe. Ist Arnold Winkelried, der Held von Sempach[1] allenfalls mit dem Mörder und Drachentöter Struthan von Winckelriedt identisch?

In Unterwalden beim Dorf Wyler hauste in der uralten Zeit ein scheusslicher Lindwurm[2], welcher alles was ankam, Vieh und Menschen tötete und den ganzen Strich verödete, dergestalt, dass der Ort selbst davon den Namen Ödwyler empfing. Da begab es sich, dass ein Eingeborener, Winkelried geheissen, als er einer schweren Mordtat halben landesflüchtig werde müssen, sich erbot, den Drachen anzugreifen und umzubringen, unter der Bedingung, wenn man ihn nachher wieder in seine Heimat lassen würde. Da wurden die Leute froh und erlaubten ihm wieder in das Land; er wagt'es und überwand das Ungeheuer, indem er ihm einen Bündel Dörner in den aufgesperrten Rachen stiess. Während es nun suchte diesen auszuspeien und nicht konnte, versäumte das Tier seine Verteidigung, und der Held nutzte die Blössen. Frohlockend warf er den Arm auf, die Siegestat, da floss das giftige Drachenblut auf den Arm und an die blosse Haut und er musste alsbald das Leben lassen. Aber das Land war errettet und ausgesöhnt; noch heutigentags zeigt man des Tieres Wohnung im Felsen und nennt sie die Drachenhöhle.[3]

Petermann Etterlin († 1509), Feldhauptmann in den Burgundischen Kriegen und späterer Gerichtsschreiber von Luzern, nennt den Drachentöter in seiner Schweizerchronik[4] von 1507 Winkelried. In der Sagensammlung von Alois Lütolf aus dem Jahre 1862 gibt es zum Standort des Kampfes einen weiteren Hinweis:

Der Berg, an dem das Drachenloch liegt, heisst sonst Zingel und bildet einen Vorsprung des Mutterschwandenbergs. Ein Heiligbild soll die Stelle bezeichnen, wo der Kampf geschehen. So meldet (im Kt. Unterwalden) A. Businger.[5]

Lütolf schlägt vor, den Drachenkampf in eine mythische Zeit zu verlegen. Schon der Name Struthan von Winckelriedt für Arnoldt beziehungsweise Heinrich Winkelried deute an, dass die Obwaldener etwas von den uralten Heldensagen wie dem *Nibelungenlied* und dem *Rosengarten* wussten und sich die Namen jener mythischen Helden aneigneten.

Die Sage der Brüder Sintram und Bertram wirft ein weiteres Licht auf diese Zusammenhänge:

Bei Burgdorf im Bernischen liegt eine Höhle, genannt das Drachenloch, worin man vor alten Zeiten bei Erbauung der Burg zwei ungeheure Drachen gefunden haben soll. Als im Jahr 712 zwei Gebrüder, Sintram und Bertram (nach anderen Guntram und Waltram genannt), Herzöge von Lensburg, ausgingen zu jagen, stiessen sie in wilder und wüster Waldung auf einen hohlen Berg. In der Höhlung lag ein ungeheurer Drache, der das Land weit umher verödete. Als er die Menschen gewahrte, fuhr er in Sprüngen auf sie los, und im Augenblick verschlang er Bertram, den jüngeren Bruder, lebendig. Sintram aber setzte sich kühn zur Wehr und bezwang nach heissem Kampf das wilde Getier, in dessen gespaltenem Leib sein Bruder noch ganz lebendig lag. Zum Andenken liessen die Fürsten am Orte selbst eine Kapelle der heil. Margaretha gewidmet bauen und die Geschichte abmalen, wo sie annoch zu sehen ist.[6]

Der Hinweis auf die heilige Margaretha ist insofern bedeutungsvoll, als sie den Prototyp des weiblichen Drachenbezwingers bildet. Die Nothelferin aus Antiochia (Pisidien, Kleinasien) liess den alles verschlingenden Versucher, das heisst den ihr erscheinenden Drachen, durch das Kreuzzeichen zerbersten. In der niedersächsischen Landesbibliothek in Hannover werden die ältesten Darstellungen ihrer heldenhaften Taten aufbewahrt. Sie sind dort auf einer Handschrift aus Fulda zu sehen, die aus dem Ende des 10. Jahrhunderts stammt.

Der Berner Volkskundler Heinrich Dübi vertritt in seiner Analyse aus den Dreissigerjahren die Meinung, dass die Sage von Sintram und Bertram um die Wende vom 13. zum 14. Jahrhundert aus dem Aargau an den Vierwaldstättersee und ins Emmental gewandert sei. Zur Begründung dieser These bringt er drei Indizien vor: Erstes sollen in unmittelbarer Nähe der Lenzburg Örtlichkeiten mit Namen wie «Lint» und «Lintwald» bekannt sein. Zweitens sei nachweisbar, dass Graf Rudolf von Habsburg-Laufenburg dem Ritter und Dienstmann Heinrich, genannt Schrutan, von Winkelried gestattet hatte, seine in Stans, Buochs und Alpnach (NW) gelegenen Lehengüter zu seinem Seelenheil dem Abt und Konvent von Engelberg (OW) in den Jahren 1300 und 1303 zu vergeben. Drittens habe die 1221 erstmals erwähnte Kirche von Oberburg, die bis 1401 zum Städtchen Burgdorf (BE) gehörte, unter dem Patrozinium des heiligen Georg, das heisst des Drachentöters gestanden.[7]

Im *Nibelungenlied*, namentlich in der *Siegfriedsage*, spielte der Golddrache eine Schlüsselrolle. Lütolf war der für seine Zeit fortschrittlichen Auffassung, dass sich das Volk der Innerschweiz Motive des germanischen Götterglaubens angeeignet hätte und mit Mythen ihrer Lokalhelden zusammenbrachte. Ein Beispiel: Thor erlegt die Midgardschlange, und wie er kaum neun Schritte gegangen ist, fällt er vom Gift der Schlange getroffen tot zu Boden. Winkelried ergeht es ähnlich. Ein Blutstropfen des erlegten Drachen bringt ihn ins Grab.

[...] Da ward menkglich in dem Land fro. Aber der guot redlich man gab ouch sin leben darumb, dann da er den tracken überwunden hatt, warff er von froiden sinen arm mit dem schwert uff, do ran der schweiss und das bluot über das schwert nider, im an den arm an blosse hut, des muost er ouch sterben, wo das nit beschehen, so wer er nit gestorben, das doch schad ist.[8]

Von Lind-, Stollen- und Haselwürmern

«Drache und Stollenwurm sind stammesverwandt, aber nicht identisch. Der erste gehört zu dem was fleucht, der letztere zu dem was kreucht», erklärt Dübi.[9]

Der prominenteste Schweizer, der sich der Klassifikation der Drachen widmete, war wohl Konrad Gessner. In seinem 1589 erschienenen *Schlangenbuch*[10] widmete er den «Tracken» und «Lindwürmern» ein ganzes Kapitel. Doch auch er, der grosse Zürcher Polyhistor, hatte seine taxonomischen Schwierigkeiten und schuf eine ziemliche Konfusion. In seinen bildlichen Darstellungen zeigte er indessen deutliche Unterschiede. Der Lindwurm ist im Gegensatz zum Drachen ein schlangenähnliches Tier. Eine genauere Beschreibung des Stollenwurmes liefert uns die Aargauer Sage *Der Stollenwurm bei Wölfliswil*, die auch in einigen Tälern des Berner Oberlandes sowie im Solothurner und Aargauer Jura erzählt wurde. Von Drachen und Lindwürmern ist in diesen Regionen jedoch nie gesprochen worden. Die Sage schildert eine schwarzgraue Schlangen- oder Eidechsenart, welche drei bis sechs Fuss lang und ver-

Der Luzerner Drachenstein auf der Schweizerkarte von Johann Jakob Scheuchzer (1712)

hältnismässig dick ist. Sie soll Spitzohren und zwei kurze Vorderfüsse (= Stollen) haben. In der ersten Hälfte des 19. Jahrhunderts versicherten glaubwürdige Männer, sie hätten diese gefährlichen Tiere selbst gesehen. Diese sollen bei anhaltender Trockenheit oder wenn das Wetter ändern will zum Vorschein kommen. Ihr Anblick sei Grauen erregend gewesen.[11]

Ernst Rochholz dürfte diese Sage den Aufzeichnungen des Berner Insekten- und Gletscherforschers Samuel Studer (1757–1834) entnommen haben, der sie einem Handbuch des Malers Franz Niklaus König beigesteuert hatte. Der Naturwissenschaftler hadert darin mit Zeugenaussagen über Drachenbegegnungen, die er in Boden bei Guttanen und in Willigen (BE) entgegengenommen hatte.

Rudolph Rebmann (1566–1605), alias Ampelander, zweiter Pfarrer und Kammerer in Thun, deklariert in seinem 1606 herausgegebenen Werk *New lustig ernsthaft poetisch Gastmalgespräch zweyer Bergen in der löbl. Eydgenossenschaft namentlich des Niesen*[12] *und Schreckhorn*: «Im Kopff sol han der Bergtrack gemein / von gstalt und galtz ein kostlich gstein.» Der Hinweis auf den wertvollen Stein des Bergdrachens bezieht sich zweifellos auf jene schneckenförmigen Fossilien aus der Familie der *Ceratitidae*, die als eingerollte Drachen betrachtet wurden. Johann Jakob

Reiskius beschrieb die magischen Eigenschaften dieser Drachensteine in seiner 1688 erschienenen *Dissertatio de Cornu Hammonis*:

«Maan hält insgeheim davor / dass dieser Drachenstein sonderbare Krafft bey Hexerey habe /sonderlich wann die Kühe ihre Milch nicht geben / oder von Hexen durch Satans Betrug ausgemolcken werden: Alsdann wird in den Melckpot dieser Stein gelegt / und darauf die vorige Milch bey der Kuh verhofft / wie sie dann sich wieder einfindet.»[13]

Als Ausgeburt eines feurigen Drachen, der zwischen Pilatus und Rigi sein Unwesen trieb, galt der legendäre Luzerner Drachenstein, der heute im Naturmuseum in Luzern ausgestellt ist. Gefunden hat ihn angeblich der Bauer Rudolf Stempflin aus Rothenburg (LU) in einer Blutlache. Während Jahrhunderten schrieb man dieser bemalten Kugel, die namentlich gegen die Pest eingesetzt wurde, ausserordentliche Heilkräfte zu. Johann Jakob Scheuchzer (1672–1733) meinte in seinen *Natur-Geschichten des Schweizer Landes*, dass «sol billich allen Naturalien des Schweitzer Landes, ja der gantzen Erde vorgezogen werden, weilen in gantz Europa kaum ein Königreich, Fürstliches oder privaat Cabinet, da ein solche Stein sich finde.» Das Geheimnis um diesen Stein, der die Grösse einer Strumpfkugel hat, ist noch heute nicht gelüftet.[14]

Ein Hirt im Gadmental (BE) spricht von «einem schlangenartigen Untier mit Raupenfüssen und einem Katzenkopf»:

[...] Es gibt zwei Arten von Stollenwürmern: weisse mit einem Krönlein auf dem Haupte, schwarze, die gemeiner und häufiger sind. Ein verwegener Mann, der sich in Zauberei auskannte, zog eines Tages, um seine Kunst zu zeigen, einen Kreis um sich, und er bannte darauf mit Pfeifen das Gewürme in solcher Menge herbei, dass es rings um den Kreis wimmelte. Doch er pfiff trotzig fort, bis ein paar Würmer aus der Ferne auf ihrem Rücken einen besonders dicken und abscheulichen herbrachten. Sie warfen ihn gegen den Zauberer über den Kreis hinein, der laut rief: Ich bin verloren! Und im Augenblick war er vom Ungeheuer zerrissen [...][15]

Als weiteres Beispiel des variantenreichen Schlangenbannermotivs sei die Legende *Abt Hugo bannt Schlangen* herausgegriffen, welche den Sieg über das gefährliche Gewürm im Bellegardetal (FR) ansiedelt. Diese für die Alpenländer typische Variante ist insofern interessant, als ein ganzes Heer von Gift und Feuer speienden Schlangen auf der Alp Les grosses combes vom Abt des Klosters Altenryf persönlich besiegt wird. Als Waffen dienen ihm das Gebet, Weihwasser und Beschwörungsformeln. Aus Dankbarkeit für den geleisteten Dienst geloben die Sennen, jährlich einen schweren, fetten Käse im Kloster Altenryf auf dem Altar des heiligen Bernhard zu opfern.[16]

In der Schweizer Landbevölkerung galt allgemein der Satz: «Mauser und Natterntöter brauchen ein Pfeifchen, auf dessen Ton alle Unken und Würmer aus der Kelleröffnung heraufsteigen und ihnen nach schleichen.» Diese Vorstellung bestätigt eine Aargauer Sage: Die in Schlangengestalt verzauberte Jungfrau von Tegerfelden erscheint jeweils auf den Ton eines von ihr verschenkten Pfeifchens.[17]

Es soll in den Bergen heute noch Menschen geben, die an Stollenwürmer glauben. Nach ihrem Dafürhalten sind dies wirklich existierende Tiere, die zwar sehr selten sind und den Menschen aus dem Weg gehen. Der Volkskundler Melchior Sooder deutet eine Sage aus dem Haslital (BE), wonach ein gewisser Brigger Menk auf dem Rufiberg einem Stollenwurm begegnet und der höllische Gestank dieses gefährlichen Wurmes in die Nase sticht. Berichtet wird in dieser Sage auch von zwei Kirchgängerinnen, die ein Stück Holz sehen, das sich in einen Wurm mit Stollen verwandelt. Sooder meint, dass der Zeuge vermutlich einem Mardertier begegnete, dessen Stinkdrüse einen tatsächlich sehr unangenehmen Geruch verbreiten kann. Er vermutet auch, dass die Kirchgängerinnen das Tier vor lauter Schreck kaum genau beobachten konnten, das wohl eine Schlange gewesen sei.[18] Viele Beschreibungen der Stollenwürmer erinnern in der Tat an Marder, Iltisse und Wiesel. Die kurzbeinigen, erdnahen Mardertiere mit ihren wendigen Bewegungen täuschten den verängstigten Menschen offenbar kleine Stollen- oder Lindwürmer vor. Zudem bestätigen Tierbeobachtungen, dass Wiesel zum Schutze ihrer Jungen manchmal tollkühn auf die Menschen zugehen und dabei fauchen.[19]

Neben dem Stollenwurm taucht in den Alpenländern dann und wann auch der Tatzelwurm auf. Eindeutige Merkmalsunterschiede zwischen diesen beiden Drachenarten sind allerdings nicht festzustellen – die systematischen Unterschiede in der mythologischen Ordnung der Drachentiere sind fliessend. Der Tatzelwurm macht sich jedenfalls mit grellen Pfiffen bemerkbar und stösst, wie alle Drachen, einen giftigen Hauch aus. Sein Blick ist scharf und durchdringend.[20]

1921 soll in Hochfilzen (Tirol, A) ein Tatzelwurm mit einem raubkatzenartigen Kopf einen Hirten und einen Wilddieb angesprungen haben, die auf ihn geschossen hatten. Beide haben vor Schreck das Weite gesucht. Ein weiterer, nicht minder überraschender Bericht stammt aus dem Jahre 1954, demzufolge Bauern in der Umgebung von Palermo ein «schlangenartiges Biest mit einem Katzenkopf» gesehen haben wollen,

Johann Egerter begegnet auf der Alp Kamor einem Drachen. Die Aussage Egerters wurde später von Pfarrer Denzler aus Sumiswald offiziell beglaubigt.

das über ihre Schweine herfiel.[21] Die letzte Zeugenaussage aus dem 20. Jahrhundert stammt aus der Provinz Udine in Norditalien, wo ein gewisser Antonio Toffoli 1963 angeblich von einer vier Meter langen Schlange mit einem Kopf von der Grösse eines Kinderkopfes bedroht wurde.[22]

Zu den Stollen- und Tatzelwürmern gehört noch ein weiterer Halbdrache: der Haselwurm. Er ist eine geflügelte Schlange und hält sich vorzugsweise im Wurzelbereich der Haselstauden auf. Er besitzt übernatürliche Kräfte, die sich der Mensch aneignen kann, wenn er sein Fleisch isst. Noch im Jahre 1930 soll ein Haselwurm in Villanders und 1933 in Brixen (beide Südtirol, I) gesichtet worden sein. Er hatte die Grösse eines gewickelten Kindes und war von schöner goldgelber Farbe.[23]

Milch trinkende Ungeheuer

In allen Ländern, in denen Drachen als Fleischfresser gelten, verzehren sie vor allem Vieh und Menschen. Eine Eigenheit der schweizerischen Spezies ist indessen ihre Vorliebe für frische Alpenmilch. Im Wallis war es eine Riesenschlange, die im Val de Bagnes die Milch der dort weidenden Kühe trank. Und in der Zentralschweiz glaubte man fest, dass der Giftapparat von Schlangen, die Kuhmilch getrunken hätten, seine tödliche Wirkung verliere. Paradoxerweise gibt es aber auch Überlieferungen, nach denen Milch die wunderbare Eigenschaft hat, Schlangen glattwegs umzubringen.

Die Sagensammler des 19. Jahrhunderts stützten ihre Berichte über die milchrünstigen Ungeheuer hauptsächlich auf die Schriften von Philippe-Sirice Bridel (1757–1845). Der Doyen von Montreux erklärt in einer seiner Aufzeichnungen: «Unter die Pagen der Alpenwirthschaft am Pilatus zählte man jene Schlangen, die den Kühen die Milch absogen. Das Gegenmittel war, einen weissen Hahn bei der Sennhütte zu haben.»[24]

Milch trinkende Lindwürmer und Drachen finden sich schon in der älteren Schweizer Literatur. «Weil der Lindwurm», sagt der Gelehrte Moritz Anton Cappeler 1767, «den Kühen auf den Weiden des Pilatusberges die Milch aus dem Euter gesogen habe, so werde der Lindwurm richtiger wohl Rindwurm geheissen haben.»[25] Über die Vorliebe der Drachen für Milch berichten auch Sagen, die sich um die Mondmilchhöhle[26] am Pilatus ranken, welche auch Drachenhöhle genannt wird.

Genauso merkwürdig wie die einheimischen Milchgeschichten ist der Glaube, dass Drachen Gold verzehrende Wesen sind. Diese helvetische Ernährungsgewohnheit wurde unter anderem dem Drachen vom Bristenstock (UR) und jenem im Saastal (VS) zugeschrieben, die mit ihrem giftigen Hauch[27] Menschen und Tiere aus weiter Ferne zu sich heranziehen konnten.

Im oberen Saastal gegen den Monte Moro hin, hausten drei Drachen in einem Berge über Almagell, die eitel Gold frassen und den Berg so aushöhlten, dass er zusammenstürzte. Eines der Ungetüme wurde erschlagen, die beiden anderen flogen auf das Mittagshorn und auf den Schild, wo sie heute noch sind. Der Ort aber, wo der dritte begraben liegt, heisst der Moosguffer.[28]

Die Verführungen des Pilgers auf dem Jakobsweg. Holzschnitt aus einem Hirtenkalender des 15. Jh.

Wenn ein in der Drachenhöhle gefangener Mensch es seinem Entführer nachtat und das edle Metall von den goldführenden Felsen ableckte, musste er bald sterben. Denn was für die Drachen gut war, galt für die Menschen als tödliches Gift.

Die Walliser Sage *Der Drache von Jeizinen* erzählt von einem Bauern, der über lange Zeit mit einem Drachen in einer Höhle leben musste. Wenn er Durst und Hunger verspürte, leckte er die von der Felswand langsam herabsickernde Flüssigkeit auf. Als der Drache einmal die Höhle verliess, klammerte sich der Bauer an seinen Schweif und liess sich in die Lüfte tragen. Der Drache setzte ihn sachte ab, und der Bauer kehrte nach Hause zurück. Nach wenigen Tagen starb der Bauer, und in seinem Magen fand man einen sieben Pfund schweren Klumpen Gold, denn sieben Jahre hatte er in der Höhle gelebt. Der Sohn des Bauern begab sich mit einem Schlitten zum Höhleneingang und fand dort goldene Drachenkegel, die ihn zum reichsten Mann des Dorfes machten.[29]

Torwächtern oder Schatzhütern begegnet man in den Mythen aller Länder und Epochen.[30] Sie können sich in den verschiedensten Gestalten präsentieren. Einmal ist der Wächter ein waffenstrotzender Krieger, dann ein Zwerg oder ein anderes geheimnisvolles Wesen, ein anderes Mal ein Furcht erregender Drache. In jedem Fall ist es ein übernatürliches Wesen, das den Zugang zum Zauberschloss, zur Zauberhöhle oder zur Unterwelt bewacht. Der Drache ist also nur eine von vielen Hüterfiguren, die den Weg zur Gegenwelt, zum Reich der Geister versperren. Er bewacht die Grenzen zu unbekannten Gefilden, weil der Mensch an den dort verborgenen Schätzen teilhaben will. Eine Deutung dieses Motivs gab bereits Konrad Gessner. Der Gelehrte, der an der Existenz der Drachen selbst nicht die geringsten Zweifel hatte, sah darin ein Symbol für die Gefahr, die mit dem Besitz grosser Reichtümer verbunden ist.[31]

Das Motiv des Schatz hütenden Drachen liegt vermutlich in den vorzeitlichen Totenkulten begründet. Denn was ein Toter für die Reise ins Jenseits mit ins Grab bekam, durfte nicht angerührt werden. Die Freveltat des so genannten Walraubes wurde schon in vorchristlichen Zeiten streng geahndet. Ausserdem meinte der Volksglaube, dass Geizhälse nach ihrem Ableben in Drachengestalt ihre Schätze zu bewachen hätten. Verstorbene, die in Schlangen- oder Drachengestalt ihre Schätze hüten, treten in vielen Volkssagen des 19. und 20. Jahrhunderts auf. Meist haben sie ihr Eigentum unrechtmässig erworben und sich damit ins Erdreich zurückgezogen.[32] Schilderungen von bewachten Schätzen sind in der Schweizer Erzähltradition etwa so spröde wie Informationen, die das Bankgeheimnis betreffen.

«Nicht weit von der Alp Fontanen bei Giswil (OW) trifft man das Stäffeliloch. Es sollen darin Schätze verborgen, aber von Drachen bewacht und deshalb nicht leicht zu entheben sein»,[33] lautet eine lapidare Sage aus der Sammlung von Franz Niderberger. Dagegen weisen einige Innerschweizer Schatzgräbersagen auch Merkmale eines Zaubermärchens auf:

Auf Tannen, einer hohen und wilden Alp in Obwalden, den Kilchern von Kerns gehörig, gibt's eine Höhle, deren Ende man noch nie erreichen konnte. Man nennt sie das Vikeloch. Darin soll eine verwunschene Jungfrau sein. Sie und ihren Kasten voll Geld bewacht ein feuersprühender Drache und beide kann nur ein kühner Jüngling gewinnen und erlösen, der trotz Drache und all' seinem Treiben wagt, die Jungfrau bei der Hand zu ergreifen und zu heiraten.[34]

Variantenreich sind auch die schillernden Erzählungen von Kämpfen unbekannter Helden mit den sagenhaften Tieren. Helvetische Drachenbezwinger bleiben in den Sagen meistens anonym, Winkelried gehört zu den Ausnahmen. Ihre Waffen sind das Schwert, der Degen oder der Spiess. In wenigen Fällen überlisten sie das Ungeheuer und schlagen es mit geradezu ingeniösen Mitteln. So verstecken sich zum Beispiel Drachenkämpfer im Val de Bagnes und im Val d'Isérables (VS) in einem Fass, das aussen mit Eisenspitzen bewehrt ist. Der Drache, der über den versteckten Drachenbezwinger herfällt, geht jämmerlich ein.[35]

Der Drachenkampf wurde im Mittelalter hochstilisiert und zum Herzstück der höfischen und mythischen Epen gemacht. Um 1200 musste jeder Held in seinem Leben mindestens einen Drachen eigenhändig getötet haben. Spuren dieser heroischen Dichtung sind in Frankreich zu sehen: In Tarascon (Dép. Bouches-sur-Rhône, F) finden an den alljährlichen Fronleichnamsprozessionen heroische Drachenkampfspiele statt, die ein grosses Publikum anziehen.

In der Volkssage kann das zu bekämpfende Tier verschiedene Formen annehmen. Im Val de Bagnes stirbt eine nach Milch dürstende Schlange unter den Tritten eines Stiers.[36] Und im Val d'Anniviers (Eifischtal) bekämpft ein Ziegenbock eine riesige Schnecke.[37] Die Schnecke könnte eine Umbildung der gehörnten Schlange sein. In Rohrdorf (AG) hingegen schickte man einen weissen Stier zum Drachenstein im Gemeindewald, um einen Feuer speienden Drachen zu bezwingen.[38] Der Kampf endet unentschieden, beide Widersacher sterben. Diese Sagen spiegeln sehr archaische Motive wieder. Sie nehmen das Thema der Schöpfungsmythen

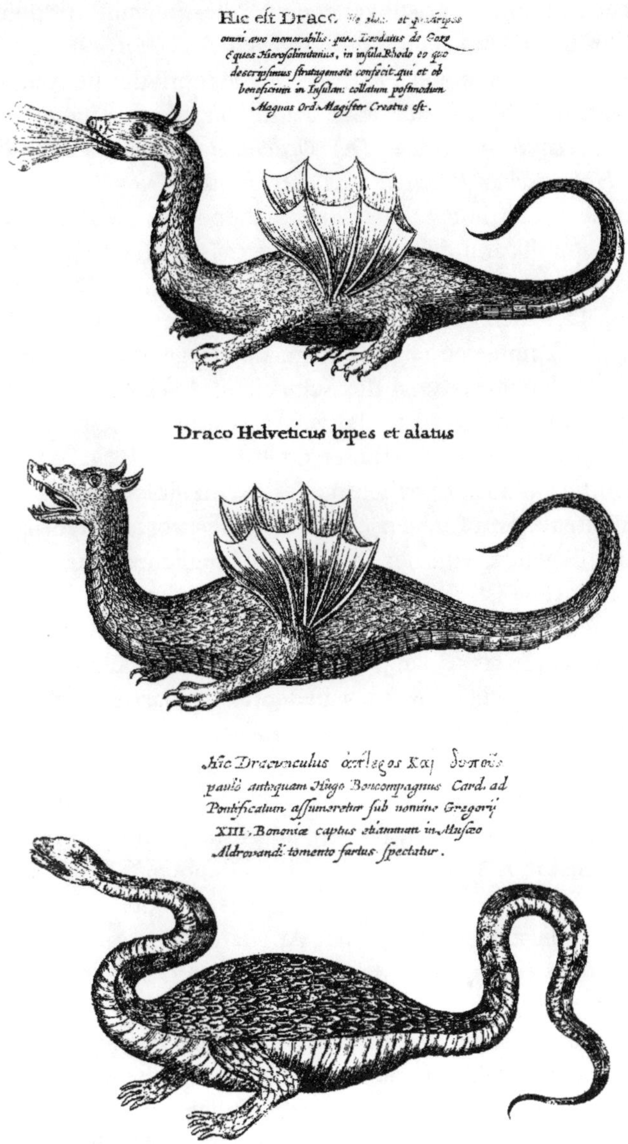

Drei Drachen aus der unterirdischen Welt von Anastasus Kircher.
Bildmitte: ein «Schweizer Drache» aus der Pilatus-Region (Kt. LU)

auf, in denen der Übergang vom Chaos zur organisierten Gesellschaft zum Ausdruck kommt. Christinger meint: Alles beginnt mit dem Kampf der Riesen und Titanen gegen die olympischen Götter ...[39]

Das Fabeltier wurde in der Neuzeit zum Symbol der Revolution erhoben. Eine vermutlich von Balthasar Anton Dunker gestaltete Gouache *Intra muros peccatur et extra – Der Drache der Revolution und die Verfassung der Helvetischen Republik* aus dem Jahre 1798 zeigt das Untier als Hüterin der neuen Ordnung. Aus der Drachenhöhle steigt allegorisch die helvetische Republik mit dem Freiheitshut grüssend auf.[40]

Einen Sonderstatus nehmen in der Schweiz die frommen Drachenbezwinger ein. Der heilige Beatus – ein Einsiedler in einer Höhle bei Beatenberg am Thunersee (BE) – kam, der Legende nach, im Auftrag von Petrus als Glaubensbote in die Schweiz und vertrieb einen Drachen, der die ganze Gegend verwüstet hatte. Als Waffe diente ihm das Kreuzzeichen. Alsdann lebte der Wohltäter noch bis zum 9. Mai 112.[41]

Der berühmteste aller Drachentöter – der heilige Georg – führte seinen heldenhaften Kampf gegen ein Ungeheuer vor der lybischen Stadt Silena. Diese Legende, von der in der ursprünglichen Vita des Heiligen noch nicht die Rede ist, verbreitete sich im Hochmittelalter. Nach einer Schaffhauser Variante jedoch legte er den Drachen, der täglich eine Jungfrau und zwei Schafe verschlang, am Egelsee im Tegerfeld bei Kaltenbach (TG) um.[42] Eine kunstgeschichtlich bedeutende Darstellung seiner Drachenbezwingung ziert die Fassade des Basler Münsters. Der berittene Heilige gehört gewissermassen zu den Nachfahren des Erzengels Michael, der die Kräfte der Unterwelt und des Bösen besiegt hatte. Der heilige Michael, mit mächtigen Flügeln ausgestattet, durchbohrt mit einer langen Lanze den ihm zu Füssen liegenden Drachen. Gelegentlich tritt an die Stelle des Drachen eine kleine Teufelsgestalt oder ein Drachenduo. Nachzulesen ist diese Heldentat in der Apokalypse. Darin befreit Michael die Frau mit dem Kinde, tötet den einen Drachen und stürzt den anderen in den Abgrund.[43]

Drachen lauerten ihren Opfern in allen Winkeln der Schweiz auf. Flurnamen wie Drachenhöhle, Drachenloch oder Drachenfelsen weisen auf solche Verstecke hin. Für eine aussergewöhnliche Drachendichte waren der Pilatus und die Rigi (LU) bekannt. Heimisch waren auf dem «Frakmünt, oder Pilatusberg wie er gemeinhin genannt wird», keine klassischen, sondern kleinwüchsige, zuweilen grazile *Dragonets.* Diese lokale Familie der Drachenordnung zeichnete sich durch einen schmalen Rachen und einen langen Hals sowie durch spitze Flügel aus. Zur Genesis der Draconets-Mythen gehört das Staunen des Volkes über die zahlreichen Funde von prähistorischen Skeletten. Dabei handelte es sich vorwiegend um Flugdrachen aus der Jura-Periode, welche die Paläontologen den *Pterodactylen* zuordnen. Vielleicht ist auch die Tatsache von Belang, dass auf der Steigelfadbalm an der Rigi oberhalb Vitznau (LU) eine Höhle aus dem Paläolithikum entdeckt wurde. Schwingen im Zusammenhang mit dieser 25 Meter langen und 9 Meter hohen Höhle über dem Drachenried dumpfe Erinnerungen an wollhaarige Nashörner, Höhlenbären, Mammuts und andere prähistorische Tiere mit?[44]

Funde von vorzeitlichen Tierknochen wurden auch als Beweis für die Existenz von Riesen ausgelegt. Beim Kloster Reyden (LU) wurden 1577 unter dem Wurzelstrunk einer Eiche Knochen eines fossilen Säugetiers freigelegt, die der gelehrte Basler Arzt Felix Plater (1536–1614) als Gerippe eines Riesen von 19 Fuss Länge deklarierte. Der Jesuitenpater Anthanasius Kircher (1602–1680) machte ihn hundert Jahre später als «Schweizer Riese» bekannt.[45]

Auch mit Höhlen, in denen Skelettteile von Höhlenbären gefunden wurden, verbinden sich schauerliche Drachensagen. So ziert zum Beispiel ein Drache das Wappen von Vättis im Taminatal (SG). Die Gemeinde liegt am Fuss des Gelbberges. Von dort führt ein Fussweg zur Ostwand des Berges hinauf, wo das Drachenloch liegt. Vielleicht wurden dort schon vor Jahrhunderten jene Höhlenbärenschädel gesichtet, auf die Emil Bächler seine Bärenkulttheorie stützte.[46]

Häufig leben Drachen an Gewässern. Diese Vorstellung fliesst in den Bedeutungskreis der mythischen Quellkulte über, in denen dem Wasser Menschen geopfert wurden. Die Befreiung der den Drachen geweihten Jungfrauen bildet ein Grundschema vieler Märchen. Ist es ein Zufall, dass der altbabylonische Drache die Kontrolle über das Leben spendende Wasser übt? Lutz Röhrich schliesst jedenfalls nicht aus, dass der Wasserlauf das Urbild des Drachen lieferte.[47]

Ernst Rochholz weist nach, dass alle Drachensagen an Gewässer gebunden sind – seien es Bäche, Seen oder Sümpfe. Das Vorstellungsbild der in Seen schwimmenden oder im Morast watenden Drachen hat sich nach dem Mittelalter verändert. Aus dem Feuer speienden Untier entstand vielerorts ein reales Tier. Denn Ende des 18. Jahrhunderts wurden die Drachensagen von den Gelehrten mit dem Vorhandensein von Eidechsen, katzengrossen Fledermäusen oder Wasserkälbern gedeutet. Beispielsweise hiess es, dass sich in den Kiesgruben zwischen Suhr und Entfelden (AG) ein Krokodil tummle, das jeden, der ihm zu nahe trete, gleich verschlinge. Dazu wurde eine rationalistische Erklärung geliefert: Einer Menagerie, die von Bern nach Zürich gezogen sei, wäre ein

Krokodil entlaufen. Als vom angeblichen Lärm des Tieres nichts zu hören war, wurde die Sage weiter rationalisiert. Das Krokodil sei einmal an Land gegangen, wo es von einem Bauer erschlagen wurde, um ihm den Schuppenpanzer abzuziehen. Als die Leute die Haut des «neuen Drachen» sehen wollten, gab es wiederum eine vernunftbetonte Erklärung: Der Bauer sei in die Welt gezogen, um mit der Haut des Tieres das grosse Geld zu verdienen.[48]

Zu einer in Mitteleuropa einzigartigen Rasse gehörte ein prachtvoller, blütenweisser Drache, der im See von Chavonnes (Ormont-dessous, VD) gelebt haben soll. Er jagte dort alle Vögel; selbst die kühnsten Sperber fürchteten sich vor ihm zu Tode. Deshalb war am Ufer keine Seele mehr zu sehen. Wenn sich aber junge Mädchen aus Ormont dem stillen Wasser näherten, schwamm der galante Drache eilig auf sie zu und frass ihnen gefällig aus der Hand. Dann machte das dankbare Tier vor den Schönen die grazilsten Freudensprünge. Alsdann tauchte es jeweils unerwartet wieder in die Tiefe und entzog sich damit den Blicken der Mädchen.[49]

Ein alter Schweizer Volksglaube verbietet es, die in Bergseen und Wetterlöcher verbannten Drachen zu reizen. Wirft man Steine ins Wasser, kann sich das Seeungeheuer erzürnen und ein fürchterliches Unwetter erzeugen. Diese Vorstellung lässt sich auf Plinius zurückführen, der von einer Höhle an der dalmatinischen Küste berichtete, aus der ein wirbelartiger Sturmwind herauffährt, wenn man, selbst bei schönem Wetter, einen Stein hinunterwirft.[50]

Johann Jakob Scheuchzer hegte an der Existenz der feurigen Drachen nicht die geringsten Zweifel. In seiner *Alpenreise* sagt der Polyhistor: «Die meisten dieser Ungeheuer sollen sich im Luzerner Gebiete aufgehalten haben, jedoch erzählte man früher auch in andern Gauen davon.»[51] Dass es sich bei diesen unter dem Titel «feueriger Drach» vorgestellten Wetterschlangen um Meteoriten handelt, ist offensichtlich. Ein Beispiel:

An. 1651 den 7. Jan. nach Mittnacht zwischen 1 und 2 Uhren sahe man einen Feurigen Drach von Wädischweil (am Zürich-See) gegen Mänidorff überfliegen / und hörte zugleich ein Getöss / gleich einem anhaltenden Canonschuss.[52]

Die mythische Schlange mit dem Karfunkel

Eine der am häufigsten erwähnten Bedrohungen der Westschweizer ist die *Vouivre.* Sie verhält sich zur Schlange wie der Stollenwurm zum Tatzelwurm. Das Wort *Vouivre* stammt vom lateinischen *vipera* ab, die wiederum das altfranzösische Wort *gouivre* für Schlange im Allgemeinen und *gouvre* für die heraldische Schlange prägte. In der Deutschschweiz heisst sie «Wurä» oder «Wirä».

Die Vouivre konnte sich auf zweierlei Arten zeigen: entweder als Melusine – das heisst halb Frau, halb Schlange oder als Feuer speiende Schlange. Sie war ein oder zwei Fuss lang, konnte aber auch eine respektable Länge von zwei Metern aufweisen. Sie hatte nur ein Auge auf der Stirne, das aber wie ein Stern funkelte. Im Waadtland hiess es, dieser Karfunkel diene ihr als Laterne, um bei ihren Nachtflügen in den Bergen den Weg zu erhellen. Dabei würde die Vouivre Flammen und Funken sprühen, die ihre Schuppen zum Glitzern bringen.

Die «Vuivra», so wird erzählt, ist ein fliegendes Ungetüm, das eine Krone auf dem Haupte trägt, Feuer zu Flügeln hat und am Körper einem Drachen gleicht. Es nährt sich von Goldsand, den es auf dem Grunde der drei grösseren Bergseen abwechselnd aufwühlt und aufspeist. Ist die Grundfläche des einen Sees ausgebeutet, so erhebt es sich aus dem Wasser in die Luft und eilt in schauerlichem Fluge einem andern See zu, um da wieder den Goldsand aufzuweiden, den die Wasser während seiner Abwesenheit neuerdings ansammelten. Der Fall kann nun eintreffen, dass das gefrässige Ungeheuer, unter festem Eise eingeschlossen, den Winter zu lange findet und manchmal nur noch magere Fassnacht hat. Darum führt es dann gegen die harte Eiskruste solche Kraftstreiche, dass Berg und Tal davon ringsum mächtig erdröhnen.[53]

Obwohl sich die Vouivre im Seegrund tummelt, spuckt sie, wie viele Drachen Feuer. Diese archaische Verbindung des Drachen mit den Elementen Feuer und Wasser findet sich in der griechischen Mythologie wieder. Ein Widersacher von Zeus ist der schlangengestaltige Typhon, der Feuer, Dampf und Rauch versprüht. Eine Parallele gibt es in der nordeuropäischen Sagenwelt: Der Held Sigurd bezwingt den Drachen Fafnir, dessen Bruder Regin heisst und sowohl Magier als auch Schmied ist. Und in der *Siegfriedlegende* erscheint Regin als Drache und Bruder des Schmiedes. Es ist wohl kein Zufall, dass der Drachenbezwinger von Naters (VS) ebenfalls ein Schmied war. Archäologische Funde belegen, dass Naters schon in der La-Tène-Zeit (jüngere Eisenzeit, um 350 v.Chr.) besiedelt war. Das Ortswappen zeigte ab 1400 eine geflügelte Schlange. Alles spricht dafür, dass sich der schon 1079 erwähnte Ortsname «Naters» vom keltischen *nader / natri* herleitet, was «Natter» (lat. *natrix*) bedeutet.[54]

Eine Sage aus den Freibergen (JU) weiss von der Herkunft der Edelsteine auf der Stirn der Ungeheuer zu berichten: Die *Vouivres* besorgten sich die Diamanten im irdischen Paradies der Lofoten-Inseln, zu dem nur sie Zugang hatten.[55] Raymond Christinger meint, dass das neuzeitliche Bild der Lofoten an die wesentlich ältere Vorstellung der Inseln der Glückseligen anknüpft. In jedem Fall lässt die Herkunft von Inseln in unzugänglichen, mysteriösen Gefilden den Schatz noch begehrter werden.

Ein Hirte aus Fontennay bei Aigle (VD) ist nach einem Kampf mit dem Monster mit verbrannten Kleidern nach Hause gekommen. Die Vouivre hätte Feuer und Schwefel gespuckt. Im gleichen Dorf erklärte man sich den Reichtum einer bestimmten Familie damit, dass eines ihrer mutigen Mitglieder das Glück hatte, in den Besitz des grossen Diamanten zu kommen.[56]

Um sich den Diamanten der Viper anzueignen, genügte es, am Ufer eines Flusses oder Sees geduldig zu warten, bis das Tier den kostbaren Edelstein auf dem Moos am Ufer ablegte, um sich alsdann am kühlen Wasser zu laben. In Vouvry (VS) kursierte die Geschichte von einem heldenmütigen Mann, dem es gelungen war, das Juwel zu ergattern, während sich die Schlange ein Bad in der Rhone gönnte.[57] Der Name der Gemeinde Vouvry wurde landläufig mit der Vouivre beziehungsweise der Gouivre in Verbindung gebracht. Obwohl diese Kombination etymologisch völlig falsch ist, sahen sich die Dorfbewohner veranlasst, regelmässig Prozessionen abzuhalten, mit denen sie um Schutz vor der menschenhungrigen Schlange baten.[58]

Im Berner Jura galt es als gefährliches Unterfangen, der Vouivra ihren Karfunkel zu rauben. Es hiess, das misstrauische Tier würde sich nie weit von seinem funkelnden Stern entfernen, und darum riskiere man, mit Haut und Haar aufgefressen zu werden. Gelinge aber die Entwendung, erblinde die Vouivra unverzüglich und verkomme zu einer harmlosen Kreatur. Sie würde dann bald unter herzzerreissenden Schreien eingehen.[59]

Reisende, die einen geschärften Sinn für das Erkennen von Drachen haben, begegnen in der Schweiz den verschiedensten Arten und Unterarten auf Schritt und Tritt. Auf Brunnen und Baudenkmälern wie Kirchen, Schlössern und Burgen speien sie Wasser statt Feuer aus ihren weit geöffneten Rachen.

Schöne Schweizer Drachendarstellungen zieren ein Dutzend Bauernhäuser im Simmental[60] (BE). Christian Rubi, eine Autorität auf dem Gebiet der Berner Volkskunst, untersuchte diese vorstossenden Balken-

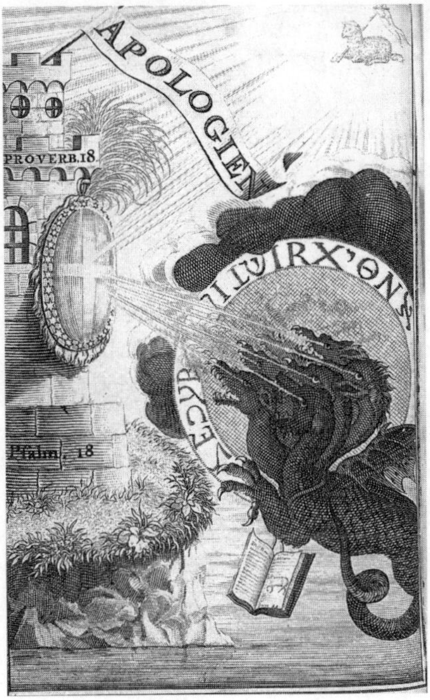

Der Widerschein des Spiegels ist für den Basilisk tödlich. Allegorie aus einem alchemistischen Lehrbuch des 17. Jahrhunderts

köpfe, welche zu prachtvollen Drachenfratzen mit aufgerissenem Rachen geformt sind. Ein Referenzbeispiel für diese einmaligen Zimmermannsarbeiten ist die Wirtschaft «Tiermatti» in Diemtigen, auf der gleich vier Drachenköpfe den fremden Besucher bedrohen.

Die Simmentaler Zimmerleute verwendeten das barocke Drachenmotiv in der kurzen Zeitspanne von 1743 bis 1792. Die Frage, ob die Drachenfassaden und -fratzen in verschiedenen Tälern des Berner Oberlandes einem Abwehrzauber dienen mussten oder ob sie einer zweckfreien Zierlust entsprungen sind, kann selbst Rubi nicht beantworten.[61]

Der tödliche Basilisk

Der Basilisk – ein Fabelwesen in Gestalt eines Hahnes mit Drachenflügeln, Eidechsenschwanz und Adleraugen – war ein überaus gefährliches Mischwesen, von dem sich selbst das Heer Alexanders des Grossen beroht fühlte. Im Wallis erhielt das Ungeheuer einen eigenen Namen: Man nannte es «Kwakua» oder «Cheneganda». Bernard de Clairvaux warnte in seinen Predigten vor den tödlichen Angriffen dieses Dämons:

[...] Der Basilisk, sagt man, hat sein Gift im Auge. Er ist ein gar schlimmes Tier und abscheulicher als alle andern. Willst du das giftgeschwollene, das boshafte, das verzaubernde Auge kennenlernen? Denk an den Neid! Was heisst Neid anders als böser Blick? Wenn der Basilisk nicht wäre, dann wäre niemals durch seinen Neid der Tod in die Welt gedrungen. Wehe dem elenden Menschen, dass er den Neider nicht vorher durchschaute! [...][62]

Der berüchtigte Basiliskenblick ist im Umkreis des fast weltweiten Glaubens an den bösen Blick zu sehen. Auch der böse Blick der Medusa ist tödlich und kann Menschen in Stein verwandeln. Der Basilisk übertrifft aber in dieser Hinsicht alle anderen mythologischen Wesen. Plinius berichtet, dass der Basiliskenblick sogar Steine zerbricht und Gras verbrennt. Eine Sage gibt uns eine Ahnung vom weit verbreiteten Schrecken, den das Monstrum Basilisk verbreitete: Während Alexander der Grosse eine Stadt in Asien belagerte, wurden zweihundert Mazedonier durch den Blick eines Basilisken getötet, der zwischen zwei Steinen der Wallmauer hauste.[63]

Der wohl mächtigste Feind des Basilisken war das Wiesel, das vor dem tödlichen Blick des Monsters gefeit war. Auch der Hahn konnte den Basilisk mit seinem heiseren Krähen in die Flucht jagen. Als drittes Lebewesen vermochte die gemeine Gartenraute das Untier zu vertreiben. Wiesel sollen Blätter dieser Stauden zur Heilung der Wunden verwendet haben, die sie sich im Kampf mit ihrem Widersacher zugezogen hatten.[64]

Nach einem alten Volksglauben konnte einem Ei, das von einem schwarzen Hahn gelegt wurde, ein Basilisk entschlüpfen. Eine Basler Sage über die Hinrichtung eines unglückseligen Hahnes warnt vor der zerstörerischen Kraft des vogelartigen Reptils:

Auf Donnerstag vor Laurentii im Jahre 1474 hat man auf dem Kohlberg zu Basel, wo die Freileute wohnten und die Freiknaben zu Gericht sassen, einen Hahnen samt einem Ei verbrannt, das er gelegt hatte. Vorher schnitt der Henker den Hahn auf und fand noch drei Eier in ihm. Dies geschah in Folge richterlichen Spruchs der Freiknaben und im Beisein einer grossen Menschenmasse aus der Stadt und vom Lande, die ob des seltenen Vorfalls nicht wenig in Schrecken war, da man fest daran glaubte, dass aus einem solchen Hahnei, wenn der Hahn sieben Jahre alt und das Ei im Mist von einer Schlange, Coluber genannt, ausgebrütet wird – Andere meinen, auch die blosse Sonnenhitze tue es – ein Basilisk, ein Tier, halb Hahn, halb Schlange, hervorkomme, das, obgleich nicht grösser als einige Spannen lang, furchtbarer und schrecklicher als der grösste Lindwurm oder Drache ist, da sein blos-

ser Blick tötet, was einem Jeden sicher weniger wunderbar dünkt, wenn man weiss, dass der Strahl seiner Augen so scharf ist, dass er selbst das härteste Gestein zersprengt. Diese fürchterliche Eigenschaft besitzt der Basilisk jedoch nur im Sonnenlichte, daher mussten die Leute, welche einmal ein solches Tier im Keller hatten, denselben das ganze Jahr verschlossen halten, damit kein Sonnenstrahl hineinfiel. Auch erzählt man, dass Gebüsch und Gras, über das der Basilisk hinwegschreitet – er kriecht nämlich nicht wie eine Schlange, sondern schreitet gerade aufgerichtet einher –, augenblicklich verdorrten, als schrecklichstes Beispiel für die Kraft des ihm inne wohnenden Giftes aber gibt man an, dass, wenn Einer zu Pferd ein solches Tier mit seiner Lanze durchsticht, Ross und Reiter das durch die Lanze zuckende Gift auf der Stelle tötet. Einen solchen Basilisken unschädlich zu machen, d.h. zu töten, ist nur ein einziges Mittel vorhanden, es besteht darin, dass man ihm einen Spiegel vorhält, damit er sich selbst erblickt; geschieht dies, so fällt er sofort um und ist tot. Was man endlich von der Stadt Basel erzählt, dass dieselbe von dem Auffinden eines solchen Tieres ihren Namen habe, ist irrtümlich, obschon es mit dem Auffinden seine Richtigkeit hat, wie dies eine alte Chronik erzählt, welche als Stelle, wo dieser Fund geschah, den Gerberbrunnen nennt, der damals eine Quelle in einem wilden Waldtale, dem sogenannten Leimental, gewesen sein soll.[65]

Der Zoologe Karl Shuker vertritt die Meinung, dass der Basilisk im Laufe der Geschichte verschiedenen Mutationen unterworfen war. Ursprünglich hielt er seinen etwa 60 Zentimeter hohen Vorderkörper, der mit safrangelben Schuppen bedeckt war, stolz nach oben, weil er die kriechende Gangart seiner Untertanen zutiefst verachtete. Auf seinem Kopf trug er drei kronenartig zusammenstehende Tuberkeln, die sich wie ein silbernes Diadem präsentierten. Im Mittelalter veränderte sich seine Gestalt. Seine Chronisten liessen ihm zwei oder mehr Vogelbeine wachsen und verpassten ihm ein Paar Flügel sowie einen gewundenen Schwanz. Seine Flügel bekamen mit der Zeit Federn und sein Kopf glich immer mehr seinem Erzfeind, dem Hahn.[66]

Ein Basilisk existiert heute noch in der Nische einer Fassade an der Schönlaterngasse 7 in Wien. Das merkwürdige Gebilde in Form eines Hahnes wurde angeblich 1212 aus dem Brunnen im Hof des Hauses geborgen. Bis Anfang des 18. Jahrhunderts gab es dazu eine Inschrift:

Anno domini MCCXII, ward erwelt kaiser Friedrich der II. Unter seinem regiment ist von einem hann entsprungen ein Basiliske, welcher oben stehender Figur gleich, und ist der brunn voll angeschüttet worden mit erden, darinnen sollings thier gefunden worden ist, ohne zweifel, weil ob seiner giftigen aigenschaft viel menschen gestorben und verdorben seind. Renoviert anno 1577 durch den hausherrn Hannsz Spannring, Buchhandler.

Untersuchungen im Jahr 1862 zeigten, dass dieser Basilisk eine Sandsteinkonkretion aus den tieferen Bodenschichten Wiens ist.[68]

Jurassische Kreaturen

Neben dem Basilisken gab es im Berner Jura auch zwei nur dort lebende Fantasievögel. Der eine nannte sich *le pique au talon* (= Fersenstecher) und war ein Kinderschreck. Seine Form ist nicht näher bestimmt. Er hat zwar einen kleinen Körper, dafür aber einen mächtigen, ganz spitzen Schnabel. Er pickt damit in die Waden der trödelnden und faulen Kinder oder in die Fersen der ewig Verschlafenen. Der andere komische Vogel hiess *Quiperlibresson* oder *Cacalambri.* Er wurde nie gehört und nie gesehen. Naseweise Kinder schickte man jeweils am 1. April aus dem Haus, um sein Nest zu suchen.[69]

Für grosses Gelächter sorgt im Jura der sagenhafte *Dahu*, der auch «Hängenager» genannt wird. Marcel Jacquat, Konservator am Naturhistorischen Museum in La Chaux-de-Fonds (NE), widmete diesem eigenwilligen Einwohner seines Kantons eine witzige Monografie.[70]

Da der Dahu in bergigen Gebieten lebt, hat ihn der Schöpfer mit zwei einseitig kürzeren Beinen ausgestattet. Durch diese anatomische Besonderheit ist seine Standfestigkeit an den Steilhängen optimal. Allerdings kann er einen Berghang nur in einer Drehrichtung umgehen. Der rechtswendige Dahu, dessen Beine auf der rechten Körperseite kürzer sind, umkreist den Berg im Uhrzeigersinn. Der linkswendige kann sich indessen nur in die Gegenrichtung bewegen. Jäger haben ein leichtes Spiel, um den Hängenager einzufangen. Sie brauchen ihm nur nachzupfeifen, sodass er sich verdutzt umdreht, das Gleichgewicht verliert und auf den Rücken fällt.

Der Dahu gehört zusammen mit dem bayrischen Wolpertinger, dem nordamerikanischen Jackalope und dem gehörnten Hasen der Vogesen in die Welt der humoristischen Tiere, die vor allem dazu dienten, die Dummen an der Nase herumzuführen. In den Juradörfern machte man sich einen Spass daraus, Neuzuzüger auf eine winterliche Dahu-Treibjagd einzuladen. Man wies den naiven Neuling an, sich bei klirrender Kälte mit einem steif gefrorenen Kartofffelsack in der Hand am Hang eines Hügels zu gedulden, bis der Dahu erscheinen würde. Das kopfscheue Tier würde dann schnurstracks in den Sack laufen. Während sich der auf dem zugigen Hügel zurückgelassene Naivling die Glieder abfror, vergnügten sich die einheimischen «Treiber» in der warmen Stube oder im Wirtshaus.[71]

Unter den mythischen Tieren der Schweiz gibt es auch viele lokale Ungeheuer. Im Volksglauben verkörpern diese fürchterlichen Gestalten oft verwunschene Seelen von Menschen, die mit den Tieren besonders grausam waren. Die Warnsage vom schrecklichen Berner Schaltier ist ein Beispiel davon:

Im 18. Jahrhundert lebte in der Stadt ein Metzger, der die Tiere, die er schlachtete, zuerst auf grausamste Weise quälte. Einst soll er zum Beispiel einem Kalb die Haut lebendig abgezogen, es dann an die Sonne aufgehängt haben, und es so jämmerlich umkommen lassen. Nun soll seine abgeschiedene Seele nie mehr Ruhe finden; sie irrt nachts in der Gestalt eines grauenvollen Tieres in der Stadt und besonders in der Gegend des Schlachthauses umher, und erfüllt mit seinem Geheul die vom Schlafe aufgeschreckten mit Grauen. Nach der Aussage vieler Leute, die es gehört haben wollen, soll es ein so abscheuliches Geschrei sein, dass man mit demselben nichts vergleichen könne, und es scheint als komme es von allen Seiten zugleich her. Besonders um die Weihnachtszeit soll er sein Unwesen treiben.[72]

Einzelne «Sturmtiere» aus der Mythensammlung von Ernst Rochholz werden in der Sage zwar nicht näher identifiziert, sind aber auf Grund der Umschreibungen doch eindeutig als Drachen auszumachen. Beim *Dorftier von Safenwil* zum Beispiel sprechen verschiedene Bestimmungsmerkmale für einen Stollenwurm:

Eines der vielen unheimlichen Dorftiere lebte in Safenwil bei Zofingen [AG]. Es hatte einen langen, sehr gedrungenen Leib, kurze Beine und war schwarz von Farbe. Vom Körper bemerkte man wenig, doch hatte es glänzende tellergrosse Augen. Man sah es vom sogenannten «Lindenrain» durch das Dorf Safenwil hinaufgehen bis zur Gasse, welche zu einem Sumpf führt, dort verschwand es in einem Baumgarten, in dem ein Speicher stand, der als Wohnort des Tieres angenommen wurde. Es soll nie jemandem Schaden zugeführt haben. Einmal jedoch, da es auf seinem Wege am Mühlenbach von einem grossen Haushund angefallen wurde, zerriss es denselben, dass mit den Stücken am Morgen darauf eine weite Strecke bedeckt stand.[73]

Nebst der näheren Beschreibung des Tieres an und für sich lassen zwei Einzelheiten auf die Verzerrung einer ursprünglichen Stollenwurmsage schliessen: Das überaus gefährliche Dorftier ging ausgerechnet vom

«Lindenrain» (= Lindwurm) auf einen Sumpf zu. Nun sind Sümpfe ein charakteristisches Habitat der Stollenwürmer, wie auch eine Sage aus dem Kanton Graubünden bestätigt:

Auf einem Berge bei Waltensburg [GR] befindet sich ein Sumpf, der soll grundlos sein. Es haust ein ungeheurer Drache darin, der wird einst heraufsteigen, bis zu dem Dorfe herabkommen und eine grosse Überschwemmung bewirken.[74]

Das unbezähmbare Einhorn

Mit dem Basilisken nur entfernt verwandt ist der namentlich im Basler Brauchtum lebende Vogel Gryff. Der in Kleinbasel noch in unserer Zeit lebendige Volksbrauch – der Vogel tanzt jeweils im Januar auf der Rheinbrücke zusammen mit dem Wilden Mann und dem Löwen – ist auf eine Waffenschau zurückzuführen. Die drei berühmten Basler Tierfiguren entspringen allem Anschein nach dem höfischen Wappenwesen, das seinerseits sehr wohl im Totemismus wurzeln könnte.[75]

In den Schweizer Sagen konnte sich der vornehme Vogel Greif nie richtig etablieren. Bekannt ist einzig das Märchen *Vogel Gryff*, dessen Motiv dem Walliser Märchen *Der Vogel Strauss* entspricht. Die Brüder Grimm hatten diese Erzählung in ihre Sammlung der Kinder- und Hausmärchen aufgenommen.[76]

Wie Sleipnir, das achtbeinige Ross Odins, war auch der Vogel Greif ein nimmermüdes Tier, das schneller als der Wind durch die Luft sausen konnte. In den mittelalterlichen Apotheken wurden seine Eier und Giftklauen als segensreiche Heilmittel feilgeboten. Während es sich bei den angepriesenen Eierschalen offensichtlich um zerbrochene Strausseneier handelte, waren die mysteriösen Giftklauen des Vogels Gryff nichts anderes als fossile Tierreste, die im Jurakalk besonders häufig vorkommen.

Rekonstruktion eines Einhorns aus fossilen Knochen
(Quedlingburg, D, 17. Jh.)

Unser Spaziergang im helvetischen Tiergarten der Fabelwesen führt zum Schluss noch in die Nähe des Einhorns, dessen Existenz fernöstlicher und orientalischer Fantasien zu verdanken ist. Etwa 400 v. Chr. berichtete Ctesias – ein griechischer Arzt, der im Dienste von Artaxerxes II stand – von schnellfüssigen Wildeseln mit weissem Fell, purpurnem Kopf, blauen Augen und einem einzelnen, spitzen Horn auf der Stirn, welche in den fernen Königreichen Hindustans leben.

Der Erzählforscher Jürgen Werinhard Einhorn sieht die Herkunft seines tierischen Namensvetters in der Umbildung einer altindischen Fanggeschichte, bei der aus einem einhörnigen Einsiedler das einhörnige Tier und aus der ihn betörenden Königstochter oder Hetäre die Jungfrau geworden ist.[77] Daraus entwickelte sich die im *Physiologus* wiedergegebene Erzählung eines Einhornböckchens, das durch eine Jungfrau eingefangen wurde. Der Siegeszug des Einhorns hat zudem zweifellos etwas mit der Hornsymbolik zu tun, die wiederum mit dem Phalluskult zusammenhängt. Und nicht zuletzt hatten sicher auch die fantastischen Tiere des Talmuds und des Midrash einen Einfluss. Darin ist vom *Tachasch* die Rede, der ein Vorläufer des Einhorns sein könnte. Er hatte auf seiner Stirn ein einzelnes Horn.[78]

Der *Physiologus* erwähnt auch die Gift abwehrende Kraft des Horns: Wenn eine Schlange das Wasser der Tränke vergiftet habe, warteten die Tiere, das Gift bemerkend, bis das Einhorn ins Wasser gegangen und getrunken habe.[79] Dieser Mythos von der Gift abwehrenden Kraft des Einhorns dürfte Hildegard von Bingen (1098–1179) dichterisch angeregt haben. Sie betrachtete die Leber des Einhorns als Medizin gegen den Aussatz (= Lepra) und meinte, dass die zu Gürteln und Sandalen verarbeitete Haut des Tieres vor Pest, Fieber und Knochenleiden schütze.[80]

Ebenfalls im 12. Jahrhundert verfasste der Enzyklopädist Vincent de Bauvais ein *Bestiarium*, in dem er sich auf lapidare Weise zum Einhorn äussert: «Es gibt ein wildes Tier, das im Griechischen als *Monokeros* und im Lateinischen als *Unicornis* bekannt ist.» Diese Beschreibung stammt ebenfalls aus dem *Physiologus*, der das Einhorn als «klein von Gestalt und einer Ziege ähnlich» bezeichnet.

Im Mittelalter wurde das Einhorn nahe zum Löwen gerückt, da man davon ausging, dass es ebenso wild und grausam sei. Das orientalische Bild des Fabeltieres dürfte auch mit vagen Vorstellungen vom Nashorn angereichert worden sein. Jedenfalls erwähnt der Kaufmann und Weltreisende Marco Polo (1254–1323) in seinem Reisebericht *Il milione* aus dem Jahre 1307 einhörnige Tiere auf Sumatra, die einen gedrungenen Körperbau hatten, ein schwarzes Horn auf der Nase trugen und mit

Vorliebe in Sumpf und Schlamm wühlten.[81] Marco Polo bezeugt, er hätte diese Tiere selbst gesehen, bringt aber gleichzeitig den Vorbehalt an, dass das Erscheinungsbild dieser Kreaturen zur Geschichte vom Fang durch eine Jungfrau nicht passe. Er bringt dabei den mittelalterlichen Glauben zum Ausdruck, dass sich das unzähmbare Einhorn von keinem Jäger fangen lasse, dass aber, wenn es einer Jungfrau begegne, sein Haupt friedlich in ihren Schoss lege und dabei einschliefe. Diese Geschichte diente als Hinweis auf die göttliche Allmacht, die im Schoss einer Jungfrau Mensch geworden ist.[82] Offenbar überprüfte Marco Polo seine Beobachtungen anhand von Geschichten und nicht umgekehrt.

Die Aussagen des venezianischen Reisenden spiegeln die Mehrdeutigkeit des Einhorn-Symbolik wider. Wahrheit und Dichtung vermischen sich in der geistigen Welt des Mittelalters zu einem polyvalenten Wesen, das sowohl göttlich wie teuflisch ist.[83]

Ein schönes Beispiel der Allegorie aus dem *Physiologus* ist ein um 1480 gewirkter Teppich, der im Besitz des Historischen Museums Basel ist. Links im Bild geht das Einhorn als Sinnbild der Keuschheit. Ihm gegenüber steht ein gleich grosser Hirsch, der die Sehnsucht nach Gott darstellt. Einzigartig ist eine Stickerei, die ebenfalls aus Basel stammt. Ein Wildfräulein umfasst darauf mit der rechten Hand das wunderbar gedrechselte Horn des ihr zu Füssen liegenden Einhorns.[84]

Im marianischen Kontext ist das Einhorn ein Symbol der Reinheit. In einem Deckengemälde in der Pfarrkirche St. Johannes Baptist von Bernhardzell (SG) aus dem Jahre 1778 steht das Fabeltier gegenüber einem Lamm. Durch diese Verbindung der Reinheit der Gottesmutter mit dem Sinnbild Christi wird der alte und neue Bund symbolisiert.[85]

In der mittelalterlichen Medizin hatte das heilkräftige Einhorn ein hohes Ansehen. Was in den Apotheken als «gegrabenes Einhorn» feilgeboten wurde, war nichts anderes als fossile Mammutzähne. Wie hoch diese Arznei eingeschätzt wurde, zeigt ein Schreiben der Stadt Zürich aus dem Jahre 1701 an den Herzog Eberhard Ludwig von Württemberg. Der Dankesbrief spricht davon, dass es dem Herzog «gnädig beliebet, ansehnliche rariteten von allerhand gattungen Unicornuum Fossilium kostbarlich zu schenken».[86]

Als «echtes Einhorn» *(Unicornu verum)* wurden aus Skandinavien und Nordsibirien importierte Zähne des Narwals gehandelt, die bis Mitte des 17. Jahrhunderts sogar kostbarer als Bezoarsteine und Elfenbein waren.[87] Der Narwalzahn diente in zerriebener Form als Giftindikator und wurde den Getränken beigefügt. Gelehrte polemisierten in den Monocerelogien, den «Einhornbüchern» der Barockzeit, über die Heilkraft des «echten» und «unechten Einhorns».[88] In Schaffhausen gibt noch heute eine «Einhorn-Apotheke». Und in der ehemaligen Winterthurer Apotheke an der Marktgasse waren die Räumlichkeiten im ersten Stock bis 1875 mit einer Wandmalerei geschmückt, die eine Einhorn-Jagd mit vier Hunden im *Hortus conclusus* darstellte.[89] Der Narwalzahn galt früher allgemein als Signet des Apothekerstandes und wurde deshalb an den Ladeneingängen angebracht.[89] Aus diesen später aus Holz gedrechselten Narwalzahn-Imitationen entwickelte sich der Barbierstab mit dem blauroten Spiralmuster, der heute viele französische und nordamerikanische Coiffeurgeschäfte markiert.

Die Wundertiere von Zillis

Die Suche nach dem helvetischen Einhorn führt uns nach Zillis (GR). Dort tummelt es sich auf der Decke der St.-Martins-Kirche, wo sich das Evangelium in einer romanischen Bilderfolge aus dem Umkreis von Bernhard von Clairvaux (1090–1153) entfaltet. Über hundert Bildtafeln aus der ersten Hälfte des 12. Jahrhunderts, die mehrheitlich die Evangelien schildern, sind vom unergründlichen Weltmeer eingefasst.

Wer sich vom Schnittpunkt des Kreuzes, die Darstellung «Alle Reiche der Welt», zum Rand der Erde bewegt, wird in den Strudel der dämonischen Mächte hineingezogen, die das Meer bevölkern. Hier befindet man sich mitten im Schlachtfeld, auf dem die göttlichen Mächte gegen die grauenhaften Kreaturen Satans kämpfen. Der teuflische Mahlstrom führt in den Abgrund des Meeres und der Hölle, wo ein fischschwänziges Raubtier einen Hahn überfällt, eine Schlange einen Fischbär umwindet oder ein Meerwolf einen Menschen erhascht und ihn, an seine Lanze gebunden, in den Meeresschlund reisst und ihm dabei als Folter die Füsse leckt. Wir begegnen auch einem Ungeheuer mit einem schartigen Messer im Maul, das den Kopf eines Raubtiers, die Klauen eines Paarhufers, den Rückenpanzer einer Schildkröte und den Schwanz eines Fisches hat.

Der altorientalische Mythos vom Kampf des Schöpfergottes mit der Chaosflut entfaltet sich in Zillis in seiner ganzen Schrecklichkeit. Die widergöttlichen Mächte des Meeres sind zwar überwunden, und doch lauert, solange die «letzte Schlacht» nicht gewonnen ist, hinter jeder Woge ein neues Ungeheuer. Zwitterhafte Gestalten – zum Beispiel Landtiere mit doppelten Fischschwänzen – begleiten den Drachen, der seine Kräfte zu einem letzten Angriff sammelt. Biblische Monster wie *Behemoth, Leviathan* und *Rahab* schwimmen neben armen Sündern, die von einer Vogelsirene oder einem Fisch davongetragen werden. Im Tosen und

Wogen dieser apokalyptischen Fluten manifestieren sich Gerichtsengel und endzeitliche Schiffe.[91]

Über dem Chorbogen locken drei Sirenen – christlich vereinnahmte Verführerinnen aus Homers *Odyssee* – die Reisenden mit ihrem süssen Flöten-, Harfen- und Geigenspiel in den höllischen Abgrund.

Kunsthistoriker ordnen dieses kunsthistorisch herausragende Werk der Romanik einer lombardischen Malerwerkstatt zu. Byzantinische Einflüsse sind indessen unverkennbar. Die Bilderwelt von Zillis hat zweifellos eine grössere Ausstrahlung auf die mittelalterliche Schweiz gehabt als man heute annehmen könnte. Als wichtigstes Gotteshaus am Hinterrhein steht es an der Nordflanke der einst bedeutenden Susten- und Mons-Avium-Pässe (Vogelberg, San Bernardino).[92]

Menschen, die sich in Tiere verwandeln

Menschentierwesen gibt es. Sie bilden ein seltenes Phänomen der vorzeitlichen Kunst. Es sind immer tierische Köpfe – manchmal auch mit dem Oberkörper eines wilden Tieres verbunden –, die einem menschlichen Unterkörper aufgesetzt sind. Der umgekehrte Fall, also menschliche Oberkörper mit tierischem Unterleib, ist vergleichsweise jung.

Eines der schönsten Beispiele stammt aus der Höhle Les Trois Frères (Dép. Ariège, F) und heisst Dieu cornu. Diese Felsmalerei stellt ein hirschartiges, schreckhaft starrendes Tier mit menschlichen Beinen dar. Besonders merkwürdig sind die dunklen Flächen in den Beinen und im Oberkörper, die wie bewusst eingezeichnete Muskeln aussehen. Ein helvetisches Gegenstück wurde im Kesslerloch bei Thayingen (SH) ausgegraben. Auf einem Doppellochstab aus einem Rengeweih ist eine schamanenhafte Figur eingeritzt. Die aufrecht stehende Gestalt trägt eine Tierkopfmaske mit einem weit ausladenden Geweih, das bis über die Augensprosse verläuft.[1]

Der Löwenmensch aus Süddeutschland

Man nennt ihn den Löwenmenschen, er stammt aus einer Halbhöhle in Hohlenstein-Stadel im Lonetal (Baden-Württemberg, D) und ist etwa 30000 Jahre alt. Geborgen wurde er im August 1939 in Form von rund zweihundert Fragmenten eines Mammutstosszahns. Die Figur, die von den Archäologen wieder zum Leben erweckt wurde, gehört zu den ältesten und vielleicht bedeutendsten Plastiken der Menschheitsgeschichte überhaupt. Der Körper der knapp dreissig Zentimeter hohen Plastik ist menschenartig, der Kopf ist jedoch eindeutig der einer Grosskatze.

Die Figur wirft viele Fragen auf. Ein heftiger Diskussionspunkt war mitunter die Bestimmung ihres Geschlechts. Für den Archäologen Joachim Hahn war die Gestalt männlich; und zwar deshalb, weil er ein dreieckiges, scheinbar überstehendes Plättchen im Schritt als Penis deutete. Die vor einigen Jahren verstorbene Basler Wissenschaftlerin Elisabeth Schmid widersprach dieser Deutung und interpretierte den Körper als weiblich. Für sie stellt die Plastik einen Frauenkörper mit dem Kopf einer Löwin dar. Wie dem auch sei – seit 1972 spricht die Fachwelt vom Löwenmenschen und nicht mehr vom Löwenmann. Dass der Kopf weiblich ist, steht ausser Zweifel. Denn die Mähne des Löwenmännchens fehlt ihm.[2]

Ein Rätsel, das viele Laien beschäftigt, ist die Frage, wie vorzeitliche Künstler oder Künstlerinnen in Mitteleuropa von der Existenz der Löwen überhaupt etwas wissen konnten. Für die Paläontologen ist die Antwort klar: Im Eiszeitalter lebten in Europa verschiedene Unterarten des Löwen. In den warm- und kalteiszeitlichen Ablagerungen Mitteleuropas sind einige Knochen und Gebissreste dieser Raubkatzen gefunden worden. Dazu gehört auch der Höhlenlöwe, der um einiges grösser war als die heutigen afrikanischen Löwen. Er trägt diesen Namen, weil seine seltenen Reste am ehesten in Höhlen zu finden sind. Im Gegensatz zum Höhlenbär, der tatsächlich in Höhlen überwinterte, sagt der Name noch nichts über seinen Lebensraum aus. Dass der Höhlenlöwe zu den Beutetieren des Menschen gehörte, steht indessen fest. 1992 wurde der Nachweis von anthropogenen Schnitt- und Ritzspuren an verschiedenen Knochen eines Höhlenlöwenskeletts erbracht.[3]

Die Löwenmensch-Plastik aus dem Lonetal ist von höchster künstlerischer Qualität. Die Proportionen und die Haltung der Statue sind von einem ausserordentlichen Realismus. Beide Arme sind leicht gebeugt und die Beine haben schräg gestellte Fusssohlen, sodass die Figur auf den Zehenspitzen zu gehen scheint. Oder steht der Löwenmensch schon im Sprung?

Im Laufe der Restaurierung, die 1988 abgeschlossen wurde, konnten feinste Bearbeitungsspuren festgestellt werden. Weil einzelne Schnitzspuren von Silexwerkzeugen nur mit dem Mikroskop ersichtlich sind, nimmt man an, dass ein Teil der Rillen mit einem Sandstein geglättet wurde. Möglicherweise sind glänzende Teile auch mit Asche und Leder oder Fell poliert worden.

Darstellungen von Raubkatzen sind in der prähistorischen Wandkunst relativ selten, aber nicht einmalig. Französische Wissenschaftler zählten unter 2188 Tierbildern an 66 Fundorten nur gerade 29 Löwen. Doch die Verbindung der Merkmale eines Höhlenlöwen mit denen eines Menschen ist einmalig. Welches Weltbild steckt hinter dieser merkwürdigen Darstellung? Die Deutung von Mischwesen aus der Steinzeit ist ein Unterfangen, von dem sich heute die meisten Archäologen distanzieren. Joachim Hahn gibt zu dieser Frage eine etwas hilflose Antwort: «Die Mischwesen

Die Fruchtbarmachung Ägyptens. Heinrich Füssli visualisierte damit 1791 die schöpferische Kraft des Tiermenschen.

deuten auf ein Denken in nicht völlig festgelegten, scharf abgegrenzten Kategorien und eine Einbeziehung von natürlichen [Bereichen] in kulturelle Bereiche hin. Allgemein kann man sie als doppelte Symbole betrachten. Wenn auch nach dem Jungpaläolithikum Mischwesen verschwinden – was an der ohnehin geringen Zahl figürlicher Darstellungen liegen mag –, so sprechen die Geweihmasken seit dem Spätglazial für eine Ausweitung des dahinter stehenden Konzeptes. Oder sie weisen vielmehr auf unsere Abhängigkeit von archäologisch sichtbaren Quellen aus haltbarem Material hin. Die menschenartigen Wesen mit Tierköpfen zeigen unsere Probleme bei der Interpretation auf.»[4]

Kunstgeschichtlich erscheint das Motiv des Löwenmenschen noch einmal in einem völlig verschiedenen Kontext: Die ägyptische Kriegsgöttin Sachmet hat einen Löwenkopf und ihre Heiligtümer stehen überall dort, wo die Löwen am Nil zur Tränke gingen. Das Musée d'art et d'histoire in

Genf besitzt eine kleine Statue dieser Göttin, die eine Sonnenscheibe mit einer vorgelagerten Kobra auf ihrem Löwenhaupt trägt.

Gute Bären und böse Wölfe

Der Löwenmensch ist ein Bild der jüngeren Altsteinzeit und der ägyptischen Kultur. Der Wolfsmensch hingegen ist eine Fiktion der Antike und vor allem des Mittelalters. Vergleichsweise selten sind indessen Erzählungen von Menschen, die sich in Bären verwandeln.

Der Sagensammler Otto Sutermeister (1832–1901) veröffentlichte die Zürcher Erzählung von der bösen Mutter und dem lieben kleinen Buben. Diese einzigartige Erzählung hat Parallelen zu einer Mythe nordamerikanischer Indianer. Sie berichtet von einem Buben, dessen Eltern sterben und dem dann nur noch eine Schwester bleibt. Als ihn die Schwester im Stich lässt, weil sie einen Mann gefunden hat, verwandelt sich der Junge in einen Wolf und kehrt nie mehr zu den Menschen zurück.[5] Der Kern beider Mythen ist der Auszug in eine jenseitige Welt. Die schamanistischen Wurzeln sind in beiden Fällen offensichtlich.

«Vo der böse Mueter und dem feine Büebli»: Ein kleiner Bub, der mit seiner Mutter allein in einem Häuschen wohnt, bekommt viel Schläge und wenig zu essen. Heischt er Milch, so erhält er zur Antwort: Du wirst wohl nicht verschmachten. Als er eines Abends in Schluchzen ausbricht, weil er fast den ganzen Tag «nüt is Muul iegloh gha hät» [sinngemäss: nichts gegessen hatte], wird die Mutter grausam taub und setzt ihn mit verbundenen Augen im Wald aus. Auf sein Geschrei erscheint ein Bär, schubst und reibt ihn ein wenig, nimmt ihn schliesslich ins Maul und bringt ihn in seine Höhle. Der Bub fürchtet, gefressen zu werden, ihm schwinden die Sinne – aber dann schläft er ein und schläft bis in den Tag.

In der Frühe erwacht die Mutter daheim von einem gewaltigen Poltern an der Tür. Das ganze Haus zittert. Draussen steht der Bär und droht, sie zu fressen, falls sie ihm nicht Brot und Milch fürs Büebli mitgebe. In einem Korb reicht sie es ihm an einer langen Stange hinaus – der Bär bringt das Essen heim in die Höhle und sättigt den Buben. Ermunternd tätschelt er ihm die Schultern.

So geht es nun jeden Morgen. Der Bub wird rund und dick dabei. Auch trägt der grossartige Bärenvater «Gvätterliwaar» [Spielzeug] herbei: Ross, Wagen, Hund und Bildchen, sogar einen Gulden. Den nimmt das Büebli besonders in acht – «de Bär hät's gli gmerkt» [Der Bär hat es bald bemerkt]. Als Räuber in die Höhle dringen wollen, zerreisst sie der Bär und gibt dem Buben die erbeuteten Geldsäcke.

Dem Büebli geht es gut, es wird gross wie ein Mann. Aber die Mutter verarmt unterdessen. Da sagt der Bär eines Tages: Geh nun, nimm mit, was dich freut. Ich kann dir nichts mehr zu essen bringen. Das geht dem Buben zu Herzen. Er will mit dem Bären heim zur Mutter. Sie hätten Zeug und Sachen genug, sie wollten ihr helfen. Aber der Bär geht nicht mit. Er ist traurig. Seine Zeit ist um, er stirbt. Der Bub weint sehr um ihn und begräbt den Bären. Dann kehrt er heim zu seiner Mutter. Doch die Mutter erschrickt: Ihr Sohn schaut aus wie ein Tier. Da gibt er sich zu erkennen und tröstet sie. Sie brauche sich nicht vor ihm zu fürchten. Und er verheisst ihr, dass es ihr von nun an viel besser gehen werde, als in der Zeit, als sie allein war.[6]

Während dieses Zaubermärchen das Bild eines menschennahen, helfenden Bären zeichnet, ist der Wolf in den europäischen Mythen durch und durch negativ besetzt. Die seit dem frühen Mittelalter zunehmende Dämonisierung des Wolfes verstärkte den Werwolfglauben, der bis ins 17. Jahrhundert die Bevölkerung ganzer Landstriche in Angst und Bange versetzte. Werwölfe[7] sind, zumindest in Deutschland und Osteuropa, besonders blutrünstige Ausprägungen der Nachzehrer, zu denen auch die Vampire gehören. Die Identifikation dieser Blutsaugertypen ist nicht immer einfach, zumal sich die slawischen, ungarischen und rumänischen Vorstellungen des Vampirs im deutschen und baltischen Sprachraum mit dem Werwolfglauben überlagerten. Diese Überschneidungen zeigen sich im deutschen Volksglauben, wonach der Werwolf – zusammen mit gottlosen Menschen, ungetauft gestorbenen Kindern sowie Toten, in die am vierzigsten Tag ein Geist fährt – zum Vampir werden kann.

Der Benediktiner Abt Augustin Calmet (1672–1757) bezeichnet den Vampirismus als «neues Schauspiel» in Ungarn, Polen, Schlesien und Mähren. Nach seinen Aussagen wurden Menschen, die man als Vampire verdächtigte, «darum getötet, verbrannt, auch ihr Fleisch genossen». Sergius Golowin erinnert in diesem Zusammenhang daran, dass in Polnisch-Russland ein besonders makabrer Schutz vor dem Nachtvolk üblich war: Man vermengte das Brotmehl mit dem Blut der Leichen und schreckte nicht davor zurück, sich diesen Teufelsfrass mit den Mahlzeiten einzuverleiben.[8]

Die Werwolf- und Vampirmythen hängen einerseits mit der Vorstellung vom lebensgierigen Untoten zusammen, der das Leben mit frischem Blut zu verlängern trachtet. Aus religionsethnologischer Sicht ist der Werwolfglaube anderseits eine psychopathologisch ausgerichtete Zerfallserscheinung der alten Wolfsmythologie, die sich bis in unser Jahrhundert halten konnte. Hinweise auf Werwölfe sind in der griechischen Mythologie reichlich vorhanden.

Lyakon, der grausame König von Arkadien, empfing Zeus, als er auf Erden erschien, um die Menschen zu prüfen. Der Herrscher schlachtete zu diesem Anlass einen seiner fünfzig Söhne und setzte ihn Zeus zum Mahle vor. Darauf verwandelte Zeus den niederträchtigen König in einen Wolf. Ein anderes Beispiel: Zeus Lyakos war ein Wolfsgott, dem man auf dem Berg Lykaios[9] Menschen opferte. Seine Werwölfe mussten neun Jahre lang ein Wolfsleben im Wald fristen, ehe sie zurückverwandelt werden konnten. Voraussetzung dafür war aber, dass sie in dieser Zeit keine Menschen gefressen hatten.

Auch die Skythen glaubten, dass sich einzelne Menschen jedes Jahr für ein paar Tage in Werwölfe verwandeln. Herodot berichtete im 5. Jahrhundert v.Chr. vom Reitervolk der Sarmaten am Schwarzen Meer, die grosse Magier waren und die ausserordentliche Fähigkeit hatten, sich nach Belieben in andere Wesen zu verwandeln. Er sprach von Männern, die sich jederzeit in Wölfe umbilden und auf Wunsch wieder in Menschengestalt erscheinen konnten. Die Römer übernahmen später den Werwolfglauben der Griechen und sprachen von den Versipeller, also denjenigen, die die Haut umwenden können.[10]

Der Werwolfglauben wurzelt auch im Mythos der germanischen Berserker, die in der Gefolgschaft Odins mordend durch die Wälder Nordeuropas zogen. Die jungen Krieger hüllten sich in Bären- oder Wolfsfelle und versetzten sich damit in einen ekstatischen Zustand. Im Blutrausch stürzten sie sich auf ihre Feinde und rissen sie mit übernatürlichen Kräften. Berichte von einem rasenden Berserker,[12] der feurige Kohle verschluckt und durch prasselndes Feuer schreitet, deuten auf Initiationsriten hin.

Die germanische *Völsungasaga* spricht von einem Wolfsgürtel und vom Überwurf eines Wolfshemdes, mit dem die Umwandlung herbeigeführt werden kann. Der Werwolf hätte zwar die Stimme und Wildheit eines Wolfes, wäre aber am abgestumpften Schwanz zu erkennen. Und die Rückkehr in Menschengestalt sei nach zehn Tagen möglich, sofern niemand die abgelegten Kleider entwendet hätte. Parallelen zwischen den Berserkern und den wilden Burschenschaften im Alpenraum sind offensichtlich.

Die archaische Vorstellung, dass die Metamorphose durch einen magischen Gürtel eingeleitet werden kann, lebte bis tief in die Neuzeit weiter und wurde selbst in den frühen Horrorfilmen aufgenommen. Aus Niedersachsen stammt die Sage *Werwölfe in der Heide:*

In Lachendorf hatte ein Bauer einen Knecht; der lag mit einem andern Knecht auf der Wiese hinterm Busch, und sie hielten Mittagsruhe. Da schlief der zweite Knecht beinahe ein, aber er blinzelte doch mit den Augen und sah, wie der andere Knecht einen ledernen Gürtel umtat und sich in einen Werwolf verwandelte, darauf fortlief, ein junges Füllen, das unten auf der Wiese graste, anfiel und frass mit Haut und Haar. Wie er nun zurückkam, legte er sich neben den andern Knecht, der noch tat, als wenn es Abend war. Darauf gingen sie zusammen nach Lachendorf, und dort unterwegs sagte der eine Knecht zum Werwolf: ich möchte mich doch nicht an lebendigem Pferde satt fressen. – Das hättest du draussen nicht sagen sollen, es wäre dir übel ergangen, sagte der Werwolfsknecht. Ein andermal stand der Knecht wieder von der Mittagsruhe auf, tat seinen Gürtel um und lief davon, aberda verfolgten ihn die Knechte, hetzten Hunde auf ihn und schlugen ihn tot, weil er ein Werwolf war.

Die Menschen verwandeln sich in Werwölfe, indem sie einen Gürtel umlegen, und dann stehlen sie den Leuten allerlei. Den Knechten, die Korn auf dem Rücken tragen, nehmen sie das Korn ab. Ruft man einen Werwolf bei seinem menschlichen Namen, wenn man ihn nämlich weiss, so muss er so lange laufen, bis er umkommt.[13]

Man meinte, dass dieser Werwolfsgürtel sieben Schnallen[14] haben müsse und besonders wirksam wäre, wenn er aus der gegerbten Haut eines Gehenkten oder aus Wolfsleder bestehe. Deutsche Quellen weisen auch auf eine jüngere, diabolisierte Machart des Wolfgürtels hin, nach der man sonntags bei der Kirche Flachssamen zu säen hatte. Der Flachs musste ebenfalls am Sonntag abgemäht, zurechtgemacht und gesponnen werden. Dieses Garn war nachts an die Haustür zu hängen, damit es der Teufel hole und zu einem Gürtel webe. Wer sich nun diesen Gürtel umschnallte, wurde in einen Wolf verwandelt.[15] Überraschenderweise kann man sich mit einem Wolfsgürtel auch in einen Hasen verwandeln, wenn man einen von einem Zauberer besprochenen Gürtel umbindet. Dieser Volksglaube war früher zumindest in Mecklenburg verbreitet.[16]

Riss der Gürtel oder öffneten sich die Schnallen, büsste der Wolfsgürtel seine Wirkkraft ein und der Rückverwandlungsprozess trat unverzüglich ein.[17] Durch einen gezielten Schlag unter den Bauch der Bestie konnte man die Schnallen lösen und sich dadurch dem tödlichen Biss entziehen. Nach einer in Westfalen verbreiteten Meinung platzte dann das Wolfsfell kreuzweise über der Stirne, und der Mensch kam nackt daraus hervor. Das Volk kannte noch weitere Mittel, um den Werwolf zur Rückverwandlung zu zwingen und ihn dadurch unschädlich zu machen. Rief man ihm beispielsweise seinen Menschennamen zu, musste er seine Wolfsgestalt verlassen. Dazu war er auch gezwungen, wenn ein Messer oder ein Gegenstand aus Stahl über ihn geworfen wurde.[18]

Das Tragen von Wolfshemden war gewiss kein vergnügliches Ritual der Burschenherrlichkeit. Wer sich damit verkleidete, war der Friedlose, der Geächtete, der den sozialen Tod schon hinter sich hatte. Er, der «warc» (warg = der Würger, der Wolf), war von der Gemeinschaft zur vogelfreien Bestie erklärt worden. Er hatte gar keine andere Wahl, als die ihm zugedachte Rolle zu übernehmen. Der römische Geschichtsschreiber Cornelius Tacitus (ca. 55 – 117) spricht in seiner *Germania* von diesen Schandbeladenen, die den Schild verloren und dadurch die allergrösste Schmach erlitten. Der Adoptionsprozess der Friedlosen ist mit jenem der Zombies aus der Voodoo-Kultur in Haiti zu vergleichen. Der vergiftete Scheintote, der Tage nach seiner Beerdigung aus dem Grabe geholt und mit Gegengiften wieder zu Bewusstsein gebracht wird, lebt subjektiv als Toter weiter. Da er selbst im magischen Glauben seines sozialen Umfeldes verhaftet ist, stellt sich für ihn gar keine Alternative: Er bewegt sich als Leichnam, der zur Sklavenarbeit in den Zuckerplantagen verdammt ist.[19]

Im Schweizer Jura erzählte man sich noch anfangs des 20. Jahrhunderts, dass es Menschen gab, die im Herbst bei Vollmond durch die

Lupins lauern vor der Friedhofsmauer. Diese Unterart der Werwölfe macht sich an die Toten heran und nagt an ihren Knochen.

Wälder streiften. Benebelt vom Fäulnisdampf der Sümpfe wären sie wie von Sinnen durch die Wälder gerannt. Beim Morgengrauen seien sie erschöpft zu Boden gefallen und hätten geträumt, sie seien ein Wolf.[20]

Die Walliser Pfarrer Moritz Tscheinen (1808–1889) und Peter Joseph Ruppen (1815–1896) fügten ihrer Sagensammlung die Erzählung *Der nothleidende Wolf* bei, in der die Erlösung eines Werwolfes dadurch erfolgt, dass ihm ein Tier zum Fressen geschenkt wird. Diese eigentümliche Walliser Aussage deckt sich mit der Vorstellung, dass Druden durch die Zuweisung eines Pferdeopfers von ihrem Trieb erlöst werden können.[21]

Zen Grächten im Leukergrunde guckte eines Abends bei stürmischem Wetter ein Wolf recht armselig und hungrig zu einer offenen Stalltüre hinein, wo ein junger Bursche das Vieh verpflegte. Dieser erschrak zuerst; bekam aber bald Mitleiden mit dem armen, ihn so zutraulich anblickenden Thiere. Er warf ihm sogar ein kleines Lamm vor, welches der Wolf mit Hunger verzehrte und sich dann entfernte.

Nach vielen Jahren, als der barmherzige Küherbursche ein Mann geworden, wurde dieser auf einer Wallfahrt nach Einsiedeln von einem fremden Herrn bewillkommnt und freundlich aufgenommen. «Sieh», sprach dieser, «du hast mir Barmherzigkeit gethan; die will ich dir nun vergelten. Ich bin der arme hungrige Wolf, dem du einst im Leukergrund ein Lamm vorgeworfen und so mir das Leben gerettet hast.» Er erzählte ihm dann ferner, wie er als naschhafter Junge der Gefrässigkeit halber von seiner Mutter in einen hungrigen Wolf verwünscht worden und wie Gott diese traurige Verwünschung in Erfüllung habe gehen lassen für 7 Jahre. Er habe viel Hunger gelitten, weil er nichts stehlen und nur von wilden Thieren sich habe ernähren dürfen. Gewiss wäre er damals seinem Elende erlegen, wenn er nicht von ihm noch zur rechten Zeit wäre gespeist worden. Am gleichen Tage, als 7 Jahre voll und er aus der Wolfshaut geschloffen, sei seine Mutter gestorben; seither hätte ihn Gott gesegnet. Er entliess den erstaunten Wallfahrer wohl bewirthet und wohl beschenkt.[22]

Eine einmalige Wolfssage aus der Schweiz wurde im Kanton Graubünden erzählt. Sie nennt sich *Der Zauberwolf* und greift das Motiv der Rückverwandlung des Wolfes in einen Menschen auf. Der Begriff des Werwolfes wird indessen nicht verwendet.

In Obervaz tat ein Wolf lange Zeit grossen Schaden unter den Schafen. Man machte Jagd auf ihn, aber es gelang keinem, ihn zu erlegen. Dabei war der Wolf gar nicht scheu, sondern kam bis ins Dorf an die Brunnen und lappte

Wasser und merkwürdigerweise nicht aus dem Brunnentrog, sondern vom Rohre weg. Die besten Jäger versuchten hier ihre Kunst umsonst. Da kam ein Tiroler Schleifer in das Dorf, dem klagte man die Not, und er sagte, er wolle ihnen ein Mittel angeben, den Wolf zu erlegen. Sie sollen ein Brett von einem halbverfaulten Totensarg nehmen, in welchem ein Loch von einem Aste sei, und sollen durch dieses Loch auf den Wolf schiessen. Man befolgte den Rat, und als der Wolf wieder zum Brunnen kam, schoss man auf diese Weise nach ihm und der Wolf fiel tot nieder, aber es war kein Wolf mehr, sondern einer der Kapuziner des Dorfes mit seiner Kutte und seinem schwarzen Bart.[23]

Der indirekte Hinweis, dass der Wolf ein verzauberter Kapuziner war, zeigt einmal mehr die Einstellung des Volkes zu den Angehörigen dieses Mönchsordens, die als Zauberkundige in brauner Kutte mitunter gefürchtete Gestalten waren.[24]

Dämonen im Wolfspelz

Ein Zusammenhang besteht zwischen der Werwolfsfigur und den mittelalterlichen Tierprozessen. In beiden Fällen geht es um Dämonen, die sich in Tier- oder Menschentiergestalt manifestieren.[25] Deshalb mussten die Dämonenträger aus der menschlichen Gemeinschaft ausgeschlossen, das heisst exkommuniziert werden. Mit der Ausgrenzung des Schwerstverbrechers war aber die allgemeine Gefahr noch nicht vollständig gebannt. Die Geister, die seine Seele besetzten, konnten sich rächen. Ein Mittel der Dämonenbekämpfung war die Zuweisung des Unberührbaren ins Tierreich, weil Tiere keine Seele haben. Das Tier konnte alsdann gejagt und getötet und damit auch den ihm innewohnenden Geist zunichte gemacht werden. Die Aggressionen richteten sich also weniger gegen das Tier selbst als gegen den gesellschaftlich Geächteten.

In Frankreich kommt an Waldrändern häufig der Flurname *loup pendu* vor. Entsprechungen gibt es auch in der deutschen Schweiz. Auf der Stecke Bern-Freiburg liegt bei Thörishaus das Örtchen Wolfgalgen (BE). Bei Wilchingen (SH) befindet sich ebenfalls ein «Wolfsgalgen». Diese Ortsnamen erinnern daran, dass der Galgen bei den Germanen ganz allgemein «Wolfsgalgen» hiess und zum Tier degradierte Unholde, gemeinsam mit einem gefangenen Wolf an einem toten Ast erhängt wurden, der nach Norden zeigen musste. Die gleichzeitige, geradezu rituelle Exekution von Wölfen und Menschen, sei es durch Erschlagen mit Stöcken oder durch den Strang, zeigt die Gleichsetzung der Ausgestossenen mit dem «bösartigsten» aller Tiere.[26]

Die Verurteilung von Menschen als Werwölfe konzentrierte sich auf die dicht bewaldeten Gebiete Europas.[27] Das Bild, das vom Ungeheuer gezeichnet wurde, weist indessen regionale Unterschiede auf. Was den in Frankreich *loup-garou* genannten Werwolf von einem natürlichen Wolf unterschied, war der menschliche Blick und die Stimme. In Deutschland wollte man Menschen, die eine Wolfsnatur haben, an den zusammengewachsenen Augenbrauen erkennen. Oft werden ihnen auch zwei Wirbel am Kopf und Rudimente eines Wolfschwanzes am Rückgrat zugeschrieben.[28] Fasern zwischen den Zähnen, die von zerrissenen Kleidern der Opfer stammen, waren ein weiteres Merkmal der Werwolfsnatur.[29]

Einen Werwolf umzulegen, war keine einfache Sache. Denn fast überall war er als «gefroren», das heisst unverwundbar gedacht. Als tödlich galten Gewehrkugeln, die aus Erbsilber oder mit dem Mark des zauberkräftigsten aller Bäume, dem Holunder,[30] gegossen waren.[31] Französische Jäger hüteten sich aber davor, den erlegten Werwolf zu nutzen. Selbst das Fleisch von Tieren, die der Werwolf gerissen hatte, war tabu. Wer sich über dieses Verbot hinwegsetzte, konnte nicht eher sterben als der betreffende Wolf.[32] Handelt es sich hier um Anklänge an Alter-Ego-Vorstellungen?

Man stellte sich vor, dass der Werwolf einen Pelz unter seiner Haut trug und die Fähigkeit hatte, sein Äusseres wie einen Handschuh umzudrehen. Dieses Dunstbild dürfte sich aus dem römischen Gedankengebäude der so genannten Versipeller herausgebildet haben.

Dämonologen hielten verschiedene Arten von Werwölfen auseinander. Einerseits waren es Unglückliche, denen ihre Vorfahren das Wolfsein vererbt hatten und die somit verflucht waren, ihr schreckliches Los bis an ihr Lebensende zu tragen. Auf der anderen Seite gab es Menschen, die eine Existenz als Werwolf freiwillig gewählt hatten und ihr schändliches Doppelleben böswillig führten. Um die Metamorphose zu bewirken, hatten diese Leute einen Pakt mit dem Teufel geschlossen und sich in die schwarze Magie einweihen lassen. Eine andere Möglichkeit zur Umwandlung bestand darin, sich eine magische Salbe einzureiben. Die alten Rezepte zeigen, dass entsprechende Mixturen psychogener Wirkung waren. Deshalb war es ein Leichtes, damit einen Trip zum Hexensabbat herbeizuführen. Es genügte, die magische Salbe vor dem Schlafengehen an bestimmten Körperstellen[33] einzureiben.

Im 15. Jahrhundert bezeugte Alfonso de Madrigal, genannt El Tostado, Bischof von Avila (1449–1455 i.A.), dass der Hexensabbat eine durch Drogen verursachte Sinnestäuschung sei. Für Claude Lecouteux aber, zur Zeit Professor für Linguistik an der Pariser Sorbonne, war die narkotisierende Wirkung der Hexensalben eine Möglichkeit, um die Freisetzung des *Alter Ego,* des «Anderen Ichs», zu begünstigen. Er weist nach, dass der Nachtflug schon zu Zeiten praktiziert wurde, als von Hexen noch gar keine Rede war. Ursprünglich waren diese ausserkörperlichen Reisen mit komplexen Riten verbunden, die der Dorfgemeinschaft oder dem Sippenverband Wohlstand und Fruchtbarkeit zu sichern hatten. Da die Kirche diese Reste des alten Glaubens nicht auszurotten vermochte, diabolisierte sie kurzerhand alle entsprechenden Praktiken und verknüpfte den ausserkörperlichen Nachtflug mit den Hexensabbaten. Zu diesem frauenfeindlichen Rundumschlag gehört übrigens auch die Bekämpfung des im Mittelalter über das ganze Abendland verbreiteten Glaubens an gute Feen, die nachts die Häuser aufsuchten und dabei meistens für das Wohlergehen der Leute sorgten.[34]

Die Kardinalsfrage, ob der Hexenflug und die Tierverwandlung zur Wirklichkeit des Lebens gehören oder ob sie durch den Teufel eingegebene Illusionen sind, schuf einen tiefen Graben zwischen dem Klerus und dem einfachen Volk.

Für den heiligen Augustinus (354–430) zeigen die in der Antike festgehaltenen Metamorphosen der Arkadier lediglich den von Gott zugelassenen Spielraum der Dämonen auf. Der tiergestaltige Körper ist demnach eine reine Sinnestäuschung. Der Kirchenvater verwendet in diesem Zusammenhang als Erster und Einziger den bisweilen nie richtig interpretierten Begriff *Phantasticum hominis*:

«Ich glaube, dass das Phantasticum des Menschen – das sich am Abend oder im Schlaf in unzählig verschiedene Objekte verwandelt ohne selbst Festkörper zu werden – in überraschender Geschwindigkeit körperähnliche Formen annehmen kann...»[35]

Der tiefere Sinn dieses vielschichtigen, hier vereinfacht wiedergegebenen Satzes ist, dass der Mensch die äussere Erscheinung seines Doppels mit Hilfe eines Dämons verändern kann. Das *Phantasticum hominis* ist also nichts anderes als das *Alter Ego.* Diese Erklärung löste einen grossen Glaubensstreit aus, der achthundert Jahre dauern sollte. Denn nach der kirchlichen Doktrin galt der Werwolf als ein von einem Dämon besessener Mensch, der dem Irrglauben verfallen war, ein tierisches Leben zu führen. Im Volksglauben aber blieb die Überzeugung am Leben, wonach das zweite Ich die Fähigkeit hat, den grobstofflichen Körper jederzeit verlassen zu können und die Gestalt eines beliebigen Tieres anzunehmen. «Wollte Odin seine Gestalt wechseln, dann lag sein Körper wie schlafend oder tot da, er selbst war ein Vogel oder ein wildes Tier, ein Fisch oder eine Schlange», heisst es in der *Ynglingasaga*.[36]

Illustration eines Werwolfes, anfangs 19. Jh. Derartige Warnbilder mit Kinder fressenden Wölfen förderten die Dämonisierung des Tieres.

In der Literatur wird der Werwolfglauben mitunter *Lykanthropie* genannt. Der Begriff stammt aus der Pathologie und bezeichnet die Einbildung eines Menschen, selbst ein Werwolf zu sein.[37] Auch der medizinische Begriff der *Lykorexie*[38] stammt aus dem Komplex des Werwolfglaubens. Das eindeutig psychotische Eigenbild des Wolf-Seins war in früheren Jahrhunderten nicht selten und spiegelte eine gesellschaftlich etablierte Wahnidee wider.[39] Allerdings wurde schon in der Zeit der Renaissance zwischen der Lykanthropie als Werwolfkrankheit und dem eigentlichen Werwolfwesen differenziert. Ein aufgeklärter Geist schreibt in der ersten Hälfte des 17. Jahrhunderts: «Es ist auch ein Kranckheit davon die Menschen Wärwolf genannt werden *(Insania lupina)* aber diese scheinen jhnen selbsten allein Wärwoölf zu seyn / da die Zäubeer auch wärwölf seindt in anderer Leuth Augen.»[40]

Bekannt ist, dass tollwütige Wölfe ihre angeborene Menschenscheu verlieren und sehr angriffig sein können. Von kranken Tieren angefallene und somit später unter *Rabies*[41] (= Tollwut) leidende Menschen redeten sich oft ein, die Existenz eines Wolfes zu übernehmen. Möglicherweise hat dies mit der früheren Behauptung zu tun, dass Hundegebell und Wolfsgeheul zu den Krankheitssymptomen zählen. Tatsache ist aber, dass die mit Rabies[40] infizierten Menschen in der zweiten Krankheitsphase, dem so genannten Exzitationsstadium, eine eigentümliche Luft- und Wasserscheu entwickeln. Wenn also die Kranken beim Anblick von Weihwasser schreiend um sich schlugen und ihre Angehörigen bissen, entsprach ihr Verhalten dem realen und heute bekannten Bild des Krankheitsverlaufs. Aber für das Volk waren früher diese Wutanfälle und die Abscheu vor dem Weihwasser Beweis genug, dass die Betroffenen von Dämonen besessen waren und «wölfisches Blut» hatten.

Auch Menschen, die an der seltenen Stoffwechselkrankheit *Porphyria* litten, wurden – insbesondere in der Schweiz[42] – der Lykanthropie bezichtigt. Diese Kranken waren dem Volk suspekt, weil sich unter anderem ihre Gesichtshaut stark verändert. Ausserdem sind die Betroffenen sehr lichtempfindlich und machten sich dadurch verdächtig, dass sie sich nur nachts ins Freie wagten.

Werwölfe vor Gericht

Obwohl sich die Verwandlung eines Menschen in ein Tier aus klerikaler Sicht nur in der Fantasie abspielte, verhinderte die Kirche keineswegs die Verfolgung von Personen, die für sich in Anspruch nahmen, die Metamorphose selbst erfahren zu haben. Während der Inquisitionszeit nahm der Werwolfglaube in Frankreich Ausmasse einer wahren Massenpsychose an, die mit der erbarmungslosen Hexenverfolgung einherging. Wer am Karfreitag Fleisch ass, den Namen eines Schuldigen verschwieg, aus einer Familie mit sieben Kindern stammte, erotische Fantasien hatte oder zufällig ein Wolfsfell trug, der konnte sicher sein, bald als Werwolf zu gelten.[43] In etwas mehr als hundert Jahren fanden um die 30 000 Werwolfprozesse statt. Die Angeschuldigten endeten im Anschluss an die Folter meistens auf dem Scheiterhaufen.

Selbstverständlich machte die französische Ausprägung des Werwolfs vor der Grenze im Jura nicht Halt, und der Terror erfasste auch die Westschweiz. Die Einbildungskraft der Deutschschweizer hatte indessen einen eigenen Typus des Zauberwolfs hervorgerufen, der in den Wäldern östlich der Saane herumstrich: Es waren Wölfe, die von Hexen beritten wurden. Sie brachten die Frauen im Rückwärtslauf zu den Hexensabbaten. Zu Beginn der Hexenprozesse wurden in Luzern tatsächlich zwei Frauen auf dem Scheiterhaufen verbrannt, weil sie angeblich auf Wölfen durch die Stadt ritten. Ihnen wurde vorgeworfen, sie hätten mit dem Teufel in Wolfsgestalt den Beischlaf vollzogen.[44]

Im Kanton Graubünden wurde indessen eine eigene Vorstellungsvariante der Wolfsverwandlung überliefert. Dort spielt in einer Sage aus

Die Hexe reitet einen Wolf. Holzschnitt in einer Publikation wider Hexenwesen und Wahrsagertum aus dem Jahre 1489

der Gegend von Luzein «die Hexe in Wolfsgestalt» hinein.[45] Der Churer Sagensammler Dietrich Jecklin (1833–1891) meint dazu: «Gemeiniglich pflegten nur Hexenmeister sich in Wölfe zu verwandeln, selten Hexen. Das Volk will aber hier doch eine Hexe haben!»[46]

In den Staatsarchiven der Kantone Waadt und Neuenburg sind Gerichtsurteile vorhanden, die erschreckende Fälle von Lykanthropie festhalten. Im Waadtland reichen die Berichte von Kinder fressenden Werwölfen von 1448[47] bis weit nach der Reformationszeit. So ist zum Beispiel von Jacques Panissière die Rede, der 1624 gestand, sich sieben- oder achtmal in einen Wolf verwandelt zu haben, nachdem er sich jeweils mit einer teuflischen Salbe eingeschmiert hatte. Kinder hätte er allerdings nie gefressen, gab er zu Protokoll. Aber zwei Entführungsversuche hätte er schon unternommen.[48]

Ein berühmter, historisch verbürgter Fall von Lykanthropie aus dem 17. Jahrhundert ist jener von Jean Grenier, Sohn eines armen Ackerbauern in Saint-Antoine-de-Pizon (Dép. des Landes, F). Der 13-jährige, schwachsinnige Jüngling hielt sich für einen reissenden Wolf. Da in der Gegend einige Kinder auf mysteriöse Art verschwunden waren, wurde Grenier verhaftet und in Bordeaux vor Gericht gestellt. Bei der Befragung sagte der Angeklagte freimütig aus, er wäre zwei Jahre zuvor dem Leibhaftigen begegnet, mit dem er einen Pakt geschlossen hätte. Von ihm hätte er eine Salbe und einen Wolfspelz geschenkt bekommen. Der erste Vorsitzende des Gerichtshofes hielt darauf eine für die damalige Zeit aussergewöhnliche Ansprache. Er wies auf die Geistesschwäche des Angeklagten hin und sprach von seiner mangelnden Sozialisierung. Er meinte, dass Jean Grenier für seine angeblichen Taten deshalb nicht belangt werden dürfe. Der Richter verordnete darauf eine lebenslängliche Verwahrung in einem Kloster bei Bordeaux, wo er im Alter von zwanzig Jahren in einem erbärmlichen Zustand physischer und psychischer Verwahrlosung starb.[49]

Greniers Verurteilung zeigt ein für seine Epoche typisches Denkmuster, das in vielen Fällen von Lykanthropie die Rechtsprechung prägte: Satan zwingt vielen Menschen die Meinung auf, sie seien Werwölfe. Er erreicht dies, indem er ihr Gemüt beeinflusst und ihnen eine sinnestötende Salbe verabreicht. Menschen, die unter Halluzinationen und Trugbildern von Metamorphosen leiden, sind also Werkzeuge des Teufels. Zeugen der Verwandlungen von Menschen in Werwölfe sind ebenfalls Opfer von satanischen Täuschungen. Der Teufel verwirrt ihre Sicht, sodass alles, was sie sehen und berichten, blosse Einbildungen sind. Der Kampf gegen das Werwolfwesen richtete sich demnach gegen die dämonischen, zerstörerischen Kräfte der Gesellschaft. Aus diesem Grunde mussten Hexen und Werwölfe hart bestraft, ja ausgemerzt werden.

Die Lykanthropie war übrigens keine ausschliessliche Männerdomäne. Auch sozial auffällige Frauen riskierten, sofern sie nicht als Hexen verbrannt wurden, als Werwölfe zu sterben. Im Val de Travers (NE) hatte eine Frau gestanden, zwei Kinder geraubt zu haben. Sie sei wie ein Wolf herumgegangen und hätte die Kinder zum Hexensabbat entführt, bei dem sie verspeist worden seien. Und in Lausanne wurden anfangs des 17. Jahrhunderts gleich fünf Frauen auf den Scheiterhaufen gebracht, weil sie ihr Unwesen als Werwölfe trieben. Wie es dazu kam, schildern die aktenkundigen Geständnisse der Unglückseligen:

Ein Bauer drosch in der Umgebung von Lausanne mit seinem Sohn zusammen Getreide. Der Junge war durstig. Er wurde aufsässig und verlangte so lange zu trinken, bis ihm der entnervte Vater zurief: «Dass der Teufel dich trinke!» Darauf erschien Satan und berief mit fünf Frauen zusammen einen Hexensabbat ein. Anlässlich dieser schwarzen Messe rieb er die fünf Frauen mit einer Wundersalbe ein, um sie in Wölfe zu verwandeln. Die zu reissenden Bestien gewordenen Frauen entführten darauf den Bauernbuben, und der Teufel erlabte sich an seinem Blut. Damit ging die Verwünschung des Vaters in Erfüllung. Der Leichnam des Burschen wurde von den Hexen zerstückelt, gebraten und gegessen. Sie hielten aber Teile davon zurück, die zur Herstellung von magischen Salben benötigt wurden.[50]

Satan selbst war zwar kein Werwolf, aber er hatte Tierfüsse. Davon weiss der Waadtländer Pfarrer und Schriftsteller Alfred Cérésole (1842–1915) zu berichten: «Die *Maîtres diables* (= Hexenmeister) sind meistens mittleren Alters, die einen grösserer, die anderen kleinerer Statur. Sie sind aber alle mager und knochig. Viele sind ausgesprochen hässlich und stinken. Ihre Decknamen lauten ‹Pierrasset› oder ‹Pirrolet›. Die einen präsentieren sich in einem schwarzen Gewand, die anderen in grau oder braun, meistens aber in grün. Ihre Aufmachung ist nicht jene der Bauern. Sie erscheinen regelmässig mit seltsamen Füssen, einmal rund wie Fohlenhufe, ein anderes Mal mit gespaltenen Klauen wie Schweine oder Kühe. Sie sind zuweilen mit grossen Hörnern verunstaltet, und man begegnet ihnen auf dem Wege, in den Feldern oder im Wald. Ihre Opfer kennen sie zum voraus... Wenn sie nach ihrem Namen gefragt werden, antworten sie ohne zu zögern: ‹Der Teufel!› oder: ‹Satan!›.»[51]

Wie sehr das Thema des Werwolfs die Menschen heute noch beschäftigt, zeigte sich in Rumänien anlässlich der totalen Sonnenfinsternis vom 11. August 1999. Im Zentrum von Bukarest wurde eine riesige Strohpuppe verbrannt, die einen Werwolf darstellte.

Die Angst vor dem Wolf

Die neulich im Wallis verzeichnete Rückkehr der Wölfe löste bei der Lokalbevölkerung panikartige Reaktionen aus. Die weitgehend irrationalen Ängste sind zweifellos auch durch ein völlig verzerrtes Bild des Wolfes wachgerufen worden, das mit den Mythen überliefert wurde.

1995 wurden im Val Ferret (VS) zwei Wölfe gesichtet. Allein diese Meldung sorgte schon für Beunruhigung. Als dann 1998 in der Einsamkeit des Simplonpasses etwa drei Dutzend Schafe gerissen wurden, brach eine wahre Panik aus. So wurden in einer Gemeinde die Eltern vom Lehrer ermahnt, ihre Kinder nicht mehr alleine aus dem Haus zu lassen. Die zur Sprache gebrachte Tatsache, dass der Wolf Menschen wie der Teufel das Weihwasser meidet, vermochte die verängstigte Bevölkerung nicht zu beruhigen.

Am 25. Oktober 1998 wurde bei der Gomser Kadaversammelstelle in Reckingen ein toter Wolf aufgefunden. Todesursache: Erschossen, mit Schrotkugeln aus etwa dreissig Meter Distanz. Genetische Untersuchungen des Gewebematerials bestätigten, dass der einsame Wolf aus einer italienischen Population stammte.

Mittlerweile sollen im Wallis noch weitere Wölfe gesichtet worden sein; die Wogen haben sich nicht geglättet. Eine Petition der landwirtschaftlichen Verbände im Oberwallis gegen die Wiederansiedlung des Wolfes in «einheimischen Wäldern» brachte rund 40000 Unterschriften zusammen.

Die irrationalen Ängste der Bevölkerung vor dem Wolf sind ernst zu nehmen. Vielleicht unterschätzen wir heute die reale Bedrohung der Menschen früherer Jahrhunderte durch zeitweilige Überpopulationen von Wölfen. Johann Conrad Troll, Präsident des Schulrates von Winterthur, erinnert uns in seiner 1848 veröffentlichten Abhandlung über die Jagd:

«Die Wölfe, die furchtbar sind, auch wenn sie nicht heulen, verbreiten öfters grossen Schrecken. Den Schrecken aller Wolfsschrecken aber erlebten die Leute von Winterthur im Jänner 1377. Damals waren so viele Wölfe in unser Land gekommen, dass man in den Städten die Thore vor ihnen schliessen musste. Die Sage will, die bösen Thiere seien, weil sie auf ihrer Wanderung den Pass versperrt gefunden, zuletzt über den Rhein aufgeschwommen und ins Schwabenland gekommen. Im Jahr 1594 hielten sie sogar vor den Thoren der Stadt Zürich eine unheimliche Versammlung und zerrissen während derselben mehrere Kinder. Und um der Wölfe willen wurden den 26. September 1642 im ganzen Zürichgebiet auf höchsten Befehl eine Jagd gehalten.»[52]

Es soll ums Jahr 1800 gewesen sein, da der letzte Wolf im Limmattal [ZH] erschlagen wurde. Das hat sich so zugetragen:

Zu jener Zeit war es üblich, das man abends die Pferde von der freien Weide in die Ingegi trieb und ohne Aufsicht weiden liess. Diese Weide lag im Grüt, und noch heute erinnert der Name Gatterwies daran.

Eines Morgens seien nun die Pferde höchst aufgeregt im Dorf erschienen und kaum zu beruhigen gewesen. Man begab sich ins Grüt, um Nachschau zu halten, was Ausserordentliches geschehen sei. Die Bauern bemerkten sofort, dass die Pferde über den Hag geflohen waren. In der Weide aber lag ein toter Wolf, von einem Hufschlag hingestreckt.[53]

Nach dem Dreissigjährigen Krieg sahen sich auch Jurassier von den Wölfen bedroht, die von Frankreich her in das schweizerische Elsgau einfielen. Zwischen 1652 und 1734 wurden alleine in der kleinen Gemeinde von Montignez (JU) und in den benachbarten Weilern 700 Wölfe erlegt. Bis vor einigen Jahrzehnten zeugte von dieser Landplage ein Haus in Gaumois (JU), auf dem unter anderem ein Wolfspaar mit zwei Jungen abgebildet war. Auf der gleichen Fassade war auch eine Freske von einem Luchs zu sehen. Die Inschrift dazu lautete jedoch: «Ein Wolf wurde am 13. Dezember 1768 an diesem Ort erlegt.»[54]

Unvorstellbar ist heute, dass die Wolfsjagd in früheren Jahrhunderten teils mit Prämien gefördert wurde, teils für die Bürger sogar obligatorisch war. Das Landrecht von Frutigen (BE) verzeichnete 1668 Sturmzeichen, mit denen zur «Landjägi» aufgeboten wurde. War der Bär im Land, wurde die Feierabendglocke geläutet. «Zum Wolf» wurde mit der Vesper- und der kleinsten Glocke geläutet. Wer diesem klingenden Aufgebot zur Jagd nicht Folge leistete, musste mit einem Pfund Geldstrafe rechnen. Wer anderseits einen Wolf oder Bären getötet hatte, war ein gefeierter Mann. Der Rat von Solothurn beschloss am 10. März 1738, dass jeder, der einen Wolf oder andere reissende Tiere erlegt, mit einer anständigen Kleidung belohnt werden soll.

Wer sich ein Bild dieser wilden Zeiten machen will, besuche die ehemalige Wallfahrtskirche St. Stephan in Würzbrunnen bei Röthenbach im Emmental (BE). Die reizvolle romanische Anlage steht auf einer Anhöhe mitten in den Matten. Im Gebälk der altertümlichen Vorhalle hängt noch heute ein zwanzig Meter langes Wolfsnetz, mit dem die Bauern dem Volksfeind nachstellten.[55] Diese Fangvorrichtung wurde seit jeher dort aufbewahrt. Als landläufige Erklärung für diese sonderbare Obhut wird die Tatsache vorgebracht, dass der Versammlungsplatz für die verordneten Wolfsjagden bei der Kirche war. Wie viele Friedlose wurden mit dem Wolfsnetz eingefangen? Die Verbreitung der Wolfsnetze im 17. Jahrhundert zeigt sich unter anderem darin, dass 1641 im Kanton Thurgau jedes Quartier (= militärischer Einteilungsbezirk) verpflichtet wurde, zehn Wolfsnetze anzufertigen.

Das Wolfsnetz dürfte neben der Hatz noch eine andere, magische Bewandtnis gehabt haben. Schlingen- und Netzmotive stehen in der mittelalterlichen Vorstellungswelt in enger Verbindung mit den Tieren des *Physiologus.* Es sind die Instrumente der Zauberhandlungen zur Vernichtung eines Feindes. Da auch Dämonen mit Netzen oder Schlingen gefangen werden können, weichen sie alleine schon beim Anblick dieser lebensgefährlichen Utensilien zurück. Deshalb ist es durchaus möglich, dass das Fangnetz in der Emmentaler Kirche den Zusatznutzen eines Abwehrmittels gegen böse Geister erfüllte. Netzmotive gehen auf die Antike zurück und sind auch in den plastischen Tierreihen der romanischen Kunst dargestellt. Ihre Wirkungsabsicht konnte im Zusammenhang mit den reichhaltigen magischen Tierreihen der Kirche von Brenz (Baden-Württemberg, D) nachgewiesen werden.[56]

Das Walliser Sagengut spiegelt den Terror des früheren Werwolfglaubens in bildhafter Weise wider. Ein Beispiel aus Savièse (VS) bringt zugleich die Sorge der Begbauern um ihre Tiere zum Ausdruck:

Hundsköpfiger mit einem äthiopischen Löwen

Einst waren ein Mann und seine Frau am heuen. Sie führten eine Ziege mit. Der Mann sagte zu seiner Frau: «Was würdest du tun, wenn der Wolf käme, um unsere Ziege zu fressen?» Die Frau antwortete: «Ich würde ihm mit der Heugabel nachstellen.» Einen Augenblick später verschwand der Mann hinter einen Busch, liess seine Hosen hinunter und verwandelte sich in einen Wolf. Dann frass er die Ziege auf, aber die Frau wagte es nicht, ihm nachzujagen. Als der Mann wieder erschien, sagte er: «Du hast die Ziege entweichen lassen, du bist zu nichts zu gebrauchen.» Nachher musste er die Ziege allerdings erbrechen.[57]

In einer Variante der Oberwalliser Sage *Der nothleidende Wolf* wird die Polarisierung der göttlichen und teuflischen Kräfte zum Ausdruck gebracht. Die Entzauberung des Werwolfs erfolgt explizit im Namen Gottes. Somit impliziert die vorausgehende Verzauberung eine Machenschaft des Teufels.

Der Vater des alten Héritier war oben, hinter dem Mont de la Rasè (Flur oberhalb von Chandolin) mit der Zubereitung von Brennholz beschäftigt. Als ihn der Hunger übermannte, ging er zu seinem Brotsack hin und ass Brot und Käse. Da sah er einen Wolf den Berg herunterkommen. Das Tier setzte sich gleich oberhalb von ihm nieder und gähnte und gähnte. Der Mann dachte sich, dass er vom Wolf gleich aufgefressen würde. Deshalb schnitt er schnell ein Stück Käse und eine Scheibe Brot ab, warf dem Tier das Essen zu und rief: «Da, nimm es in Gottes Namen!» Der Wolf schnappte danach und rannte den Berg hinunter. Der Mann bekam ihn nicht mehr zu Gesicht. Ein Jahr später ging er nach Martigny hinunter, um eine Kuh zu kaufen. Da kam ein feiner Herr, reichte ihm die Hand und fragte: «Wie geht es dir? Was machst du denn hier?» Der Mann antwortete: «Ich bin heruntergekommen, um eine Kuh zu kaufen.» Darauf sagte der Herr: «Ach so! Dann komm doch in meinen Stall, ich habe vier davon und ich könnte dir eine verkaufen.» Sie gingen hin und der Mann suchte sich eine Kuh aus. Der Preis war noch auszuhandeln. Der Herr meinte: «Komm zu mir nach Hause, wir werden uns dort oben über den Preis einigen.» Als sie ankamen, gab es Brot und Käse. Während der Herr mit Essen und Trinken aufwartete, sprach er kein Wort mehr von der Kuh. Der Mann bekam es mit der Angst zu tun und fragte sich, wer denn dieser Herr sei. «Er wird mich umbringen, nachdem er mich verköstigt hat!» dachte er sich. Der Mann hatte nur eines im Sinn: den Verkaufspreis der Kuh erfahren und so schnell wie möglich weggehen. Da sagte ihm der Herr: «Diese Kuh kostet dich nichts. Erinnerst du dich? Du hattest letztes Jahr in den Wäldern oberhalb von Savièse einem Wolf Brot und Käse gegeben. Dieser Wolf war ich! Ich war bis zu jenem Tag verflucht, an dem mir jemand etwas im Namen Gottes gab.» Er fügte noch bei, dass er dermassen Hunger gelitten habe, dass er ansonsten gezwungen gewesen wäre, ihn aufzufressen. Dann schenkte er ihm die Kuh. Der Mann fühlte sich gut bezahlt.[58]

Eine weitere Walliser Sage geht auf die Transmutation eines Tieres in einen Menschen ein. Dieses Vorstellungsmodell ist hinlänglich bekannt und im ganzen europäischen Sagengut verbreitet. Ein Tier wird von seinen Häschern verletzt und entkommt. Später erscheint es wieder in Menschengestalt und verrät sich durch die Verletzung oder Verstümmelung, die sich vom Tierleib auf den menschlichen Körper übertragen hat.

Bei der Ulme stand eine Scheune. Dieser Ort unterhalb von Saint-Germain hiess «en bas à l'Orme». Dort gab es einen grossen Nussbaum. Zwei mit Gewehren bewaffnete Männer gingen zur Wache hin. Sie kletterten auf den Baum und erspähten bald einen Wolf, der in den Stall schlich. Sie schossen und trafen den Wolf am Bein, als er auf der Höhe von Komèra (kleiner

Weiler bei Grimisuat) war. Die beiden Jäger gingen der Fährte nach, die zur Sionne führte. Auf der anderen Seite des Bachs waren es aber nicht mehr Fährten, sondern Fussstapfen eines Mannes, der eine lange Blutspur hinterliess. Sie folgten den Spuren des Verletzten bis zu einem Haus in Komèra, wo er über das Oberfenster hineingeklettert war. Die beiden Männer klopften an die Tür, die Frau des Verfolgten öffnete sie. Sie verlangten einen halben Liter Wein, doch die Frau liess sie nicht eintreten. Während sie den Wein holte, begaben sich die beiden Männer ins Schlafzimmer, wo sich der Verletzte im Bett versteckt hatte. Sie fragten ihn, was er getan hätte. Doch er schaute sie nur mit bösen Augen an. Als die Frau mit dem Wein erschien, waren die beiden Männer schon weg. Sie wussten nun, dass der Verletzte ein Dieb war. Aber sie sprachen wohlweislich nicht darüber, weil sie wussten, dass er Böses im Schilde führte.[59]

Der Werwolf war keine isolierte Wahnvorstellung des Mittelalters, sondern die konkretisierte Ausprägung eines umfassenden, teilweise noch animistisch durchdrungenen Weltbildes, indem die gefallenen Engel zum Schaden der Menschen auch Tiergestalt annehmen konnten.

Katzenhexen in ganz Europa

Eines der berühmtesten und zugleich schrecklichsten dämonologischen Werke ist der *Hexenhammer* (*Malleus maleficarum*). Er wurde 1486, am Vorabend der Reformation, von den beiden deutschen Inquisitoren Jakob Sprenger und Heinrich Krämer alias Institoris herausgegeben. Die beiden Ordensbrüder stützten sich darin auf die *Enzyklika summis desiderantes* von Papst Innozenz VIII (1484–1492) und leiteten einen unvorstellbaren, namentlich gegen die Frauen gerichteten Terror ein. Die normative Kraft ihres üblen Machwerkes erfasste bald auch alle protestantischen Länder. Auch wenn die beiden Dominikaner den Werwolf im *Hexenhammer* nicht beim Namen nennen, gehen sie auf das Phänomen der Tierverwandlung sehr wohl ein.[60]

In einem Städtchen bei Strassburg wurde ein Arbeiter von drei grossen, wilden Katzen überfallen. Um sich aus seiner misslichen Lage zu befreien, schlug er die Tiere mit einem Stock. Später an diesem Tag wurde er verhaftet und angeklagt, drei Bürgerinnen verletzt zu haben, die nun schwer verletzt im Bett lagen. Der Angeklagte erinnerte sich der drei Katzen und informierte den Richter über den merkwürdigen Vorfall am Nachmittag. Der Arbeiter wurde sogleich freigelassen, aber man empfahl ihm, Stillschweigen über die Affäre zu bewahren. Die mutmasslichen Hexen sind nicht verfolgt worden.

Die Inquisitoren Sprenger und Krämer deuten diese angebliche Metamorphose von Frauen in Katzen als bare Illusion, für die es zwei verschiedene Ursachen geben kann. Entweder hätten die Dämonen, während die Hexen in ihrem Versteck schliefen, Katzengestalt angenommen und die eingesteckten Schläge auf die Frauenkörper übertragen. Oder die beiden Hexen hätten sich in der Einbildung, Katzengestalt angenommen zu haben, am Orte des Geschehens persönlich aufgehalten und die Schläge am eigenen Leibe erfahren. In diesem zweiten, wahrscheinlicheren Fall wären die verletzten Frauen von den Dämonen nach Hause zurückgebracht worden.[61]

Diese Denkweise beschränkt sich keineswegs auf das krankhafte Weltbild der Dämonologen. Wir haben es hier mit einem Alter-Ego-Komplex zu tun, der auf dem Prinzip des gleichzeitigen Erlebens von Mensch und Tier beruht, das sich im Analogiezauber vieler Völker Afrikas und Südamerikas widerspiegelt. Unzählig sind auch die Alpensagen, die von Doppelverletzungen[62] berichten und somit totemistische Züge tragen:

Im Bergstall des Landrichters von Ruis [GR] erschien eines Abends, als der Landknecht im Begriff war das Licht anzuzünden, eine Katze und versuchte das Licht auszublasen. Der Knecht ging mit einem Messer auf die Katze los und hackte ihr eine Pfote ab, die unter die Sitzbank fiel. Als er am nächsten Tag mit der Milch nach Hause kam, berichtete man ihm, dass die Frau des Landrichters krank im Bett liege, weil sie am Vortag beim Fleischschneiden einen Finger verloren habe.[63]

In einer Sage aus Savièse nimmt eine Katze die Stelle des Wolfes ein. Der Austausch der beiden Tiere ist an dieser Stelle insofern nicht verwunderlich, als Katzen vom Mittelalter an lange Zeit als verwandelte Hexen, Zauberer oder Dämonen betrachtet wurden. In vielen Sagen begleiteten sie die Hexen auf ihren Luftfahrten. Deshalb nahmen in der Zeit der Hexenverfolgung auch Abertausende von Katzen ein jämmerliches Ende auf dem Scheiterhaufen. Namentlich schwarze Katzen standen im Ruf, Teufelstiere zu sein.

An die Dämonisierung der Katzen erinnert eine weitere Walliser Sage, die 1923 in Savièse aufgezeichnet wurde:

Es gab einmal einen Mann aus Grange, der nach Sion hinunterging, um ein Gartenmesser zu kaufen. Als er auf dem Rückweg war, sprang eine Katze auf sein Maultier. Er schlug sie mit der Gartenschere. Ein Wegstück weiter sprang die Katze nochmals auf das Maultier und der Mann schlug sie wiederum mit der Gartenschere. Beim dritten Mal schnitt er ihr dabei eine Pfote ab. Darauf verschwand die Katze und er sah sie nicht wieder. Als er zu Hause ankam, lag seine Frau im Bett. Er fragte sie, was sie denn hätte. Sie antwortete, er sei schuld daran, dass sie ein Bein verloren habe. Dazu bemerkte sie: «Nur du und dein Vetter gehören nicht der Gesellschaft an, die Menschen in Tiere verwandeln kann. Wenn du nicht innerhalb von acht Tagen Mitglied wirst, stirbst du.» Der Mann antwortete: «Es braucht nicht viel, um dort aufgenommen zu werden. Es genügt, die Mitglieder zu einem Fest einzuladen.» Darauf hat er sich mit seinem Vetter abgesprochen, um eines Tages ein Fest gegeben. Sie haben die Gäste trunken gemacht und Feuer gelegt. Die beiden Männer sind heil davongekommen.[64]

Aufschlussreich ist der andeutende Zusatz, dass die Tierverwandlungen durch die finstere Macht einer Geheimgesellschaft herbeigeführt werden. Doch die Geheimgesellschaft wird vom Protagonisten durch Brandstiftung in den Feuertod geschickt. Das Teuflische wird durch die reinigende Kraft des Feuers unschädlich gemacht; die Sage verklärt und legitimiert die Realität der Hexenverbrennungen.

Aus der Vielzahl von alpenländischen Mythen, die von unheimlichen Doppelverletzungen berichten, sei die Legende *Die Kastenvögtin als Katze* aus der Gemeinde Muotathal (SZ) beispielhaft herausgegriffen:

Die Magd der Kastenvögtin klagte einst den Leuten, dass jeden Morgen eine grosse, weisse Katze in der Küche auf der Feuerbank sitze. Sie sei weder durch Schmeicheleien, noch durch Schläge fortzubringen; sie verändere ihre Stellung auch nie. Man riet der Magd, der Katze heisse Butter ins Gesicht zu werfen. Sie befolgte am anderen Tag den Rat. Die Katze floh davon. – Die Kastenvögtin habe aber an diesem Tag ihr Lager erst am Nachmittag verlassen und ein von Brandwunden ganz entstelltes Gesicht gezeigt. Die Magd erkannte nun, dass es ihre Herrin war, die, als Katze verwandelt, früh morgens ihre Arbeit in der Küche beaufsichtigt hatte.[65]

Neben psychologischen Erklärungsversuchen der Tierverwandlung wird das Phänomen in gewissen Kreisen seit längerer Zeit auch aus einer esoterischen Warte betrachtet. Dabei wird der Doppelverletzung besondere Aufmerksamkeit geschenkt. Für den anglikanischen Priester Charles Webster Leadbetter (1847–1934) zum Beispiel, der eine Schlüsselposition in der theosophischen Gesellschaft hatte, war die Berichterstattung über Doppelverletzungen ein schlagender Beweis für die Existenz des Astralleibes.[66] Dieses in der New-Age-Bewegung wieder aktualisierte Denkmodell geht von der Überzeugung aus, dass der Astralkörper von Menschen, die in ihrem Leben besonders niederträchtig und grausam waren, im Jenseits von den Kräften des Bösen ergriffen werden. Werwölfe sind demnach eine Inkarnation des Bösen, die sich in Form von Ideoplastiken manifestieren.[67] Darunter wird eine dem Seelenbereich entspringende Kraft verstanden, die nicht nur innerhalb, sondern auch ausserhalb des Leibes wirksam werden kann, und zwar in form- und substanzgebender Weise. Diese Betrachtungsweise wird von der katholischen Kirche vehement bekämpft. Von ihrer eigenen Dämonentheorie ausgehend, wonach okkulte Erscheinungen das Werk des Teufels seien, lehnt sie esoterische Deutungen des Werwolfglaubens ab und tabuisiert das Thema, indem sie die Tierverwandlung vom Christentum ausgrenzt und als finsterer Aberglaube abtut.

Adelige Hundemenschen

Ein beliebtes Motiv vieler europäischer Frevelsagen ist die Strafverwandlung von Menschen in Hunde. 1673 wurde in Nürnberg eine Pressemeldung veröffentlicht, in der eine alte Geschichte als aktueller Sensationsbericht aufgearbeitet wurde. Die Rede ist von einem Edelmann namens Albertus Pericofcius, der seine russischen Untertanen an der moskowitischen Grenze grausam tyrannisierte und bis aufs Mark ausbeutete. Er habe den Armen das letzte Stück Vieh vom Hof getrieben. Zur Strafe sei eines Tages sein ganzer zusammengeraubter Viehbestand tot umgefallen. Als der Edelmann von dieser schändlichen Tat erfuhr, hätte er im Zorn die Pistole gegen den Himmel gerichtet und unter grässlichen Gotteslästerungen abgedrückt: Wer sein Vieh getötet habe, der möge es auch fressen. Daraufhin seien Blutstropfen vom Himmel zur Erde gefallen, der Frevler aber sei in einen schwarzen Hund verwandelt worden, der sogleich unter Bellen und Heulen an das Verzehren des Aases gegangen sei. Seine schwangere Ehefrau sei darauf vor Schreck gestorben.[68]

Diese Wundergeschichte wurde in den Jahren 1672/73 durch verschiedene illustrierte Flugblätter verbreitet. Somit kann davon ausgegangen werden, dass die Geschichte im ganzen deutschsprachigen Raum eine aussergewöhnliche Reichweite erzielte, die durch die Aufnahme in zahlreiche Predigt- und Exempelsammlungen noch vergrössert wurde. Beispielsweise brachte der Strassburger Münsterpfarrer die Geschichte von der Hundsverwandlung in einer Predigtsammlung ein, um damit die Existenz von Werwölfen zu belegen.[69]

In alten Chroniken über die germanischen Völker begegnen wir ebenfalls dem Motiv der Hundsverwandlung. Paulus Diakonus berichtet im 8. Jahrhundert von hundeköpfigen Langobarden. Um das Volk der Assipitten einzuschüchtern, hätten die für ihre wilde Kampfeslust berüchtigten Langobarden in ihrer Mitte *Cenocephali* (= Hundsköpfige) gehabt, die so rabiat gewesen seien, dass sie das Blut der Feinde getrunken hätten, und wenn sie keines bekommen hätten, ihr eigenes. Lily Weiser vertritt in ihrer Studie über altgermanische Jünglingsweihen und Männerbünde die Meinung, dass der Name «Vinnili», eine ältere Bezeichnung der Longobarden, mit der Vorstellung von wilden Hunden zusammenhänge. Denn das Wort «winnend» oder «winnig» wird in der älteren deutschen Sprache für «wütende Hunde» gebraucht.[70]

Der Glaube an die Tierverwandlung ist ein Kulturphänomen, das etwas über die emotionale Nähe des Menschen zum Tier aussagt. Im Schamanimus, wo sich eine einzelne, eingeweihte Person in einen Vogel verwandelt, sind die Grenzen zwischen dieser und den Hilfsgeistern fast gänzlich aufgehoben. Diese Nähe trifft auch weitgehend für Angehörige von totemistischen Gesellschaften zu, die sich als Abkömmlinge eines bestimmten Tieres verstehen.

Die Tierverwandlung erfolgt in der Sagenwelt entweder als Strafe für ein begangenes Verbrechen oder als Erlösung aus einer dringenden Not. In den älteren, totemistisch geprägten Vorstellungen kann sie als freiwillige Auflösung eines Menschenlebens in ein ihm näher verwandtes Naturwesen erfolgen. Der Charakter des Menschen, seine Tat oder seine Not bestimmten die Tierform der weiteren Existenz. Meistens gestalteten sie sich in Vögel wie Kiebitze, Eulen, Raben, Tauben oder Nachtigallen um. Beispielsweise wurde nach einer Schweizer Sage eine Kindsmörderin in ein Vögelein mit blutroten Füssen verwandelt. Von diesem Glauben waren in alten Zeiten auch sozial randständige Personen wie ältere, ledige Frauen und Junggesellen betroffen, denen man eine Sisyphusarbeit nach dem Tode prophezeite. Die «alten Jungfern» und «Hagestolze», die nach ihrem Ableben zum Beispiel in Basel «die Rheinbrücke verbändeln und das Münster abreiben» mussten, konnten ihrem Schicksal entrinnen, indem sie sich in Kiebitze verwandeln, die im «Kiritzenmos» (= ein einsamer, sumpfiger Ort) leben.[71]

In den Märchen und Mythen sind es in der Regel ganz aussergewöhnliche Menschen, die Tiergestalt annehmen können. Und es sind auch ganz besondere Personen, welche die Sprache der Tiere verstehen. So der Diener des weisen Königs, der von der weissen Schlange gegessen hatte. In jüngeren Märchen ist die Verwandlung eines unschuldigen Menschen in ein Tier meistens das Werk eines bösen Zauberers. Das Dasein in Tiergestalt ist eine bittere Strafe, die betroffene Person sehnt sich nach der Entzauberung.[72]

In den meisten Sagen reduziert sich die Tier-Mensch-Beziehung auf ein einfaches Schwarzweiss-Muster: Hier der gute Mensch, dort das böse Tier. Die im Rotkäppchen-Märchen[73] besonders auffällige Polarisierung zieht sich in vielen Varianten durch: Eine rechtschaffene oder unschuldige Person wird mit einer hinterlistigen oder raubgierigen Kreatur konfrontiert. In den Tierverwandlungsmythen zeichnen sich vielfach auch klassenkämpferische Projektionen des Volkes ab. Der gute Mensch ist ein einfacher Bauer oder eine Magd; der böse, verzauberte Mensch gehört der herrschenden Schicht an. Einmal ist der Schlechte ein feiner Monsieur oder eine Frau Landrichter, ein anderes Mal der Zwingherr oder eine Kastenvögtin.

Ob bei uns die letzten Ausläufer der Tierverwandlung in den fasnächtlichen Maskeraden zu finden sind? An der Fasnacht und am Karneval tummeln sich heute immer noch Narren mit Tiermasken. Viele Heimatforscher und Brauchtumspfleger sind begeistert und weben Stränge, die schnurgerade in ein graues Zeitalter mit archaischen Dämonenvertreibungen zurückführen. Die Versuchung, Tiermasken mit vorchristlichen Tierkulten direkt in Verbindung zu bringen, ist gross. Derartige Filiationen führen aber meistens auf Glatteis. Allzu schnell vergisst man, dass hinter der vordergründigen Spontaneität des Narrentreibens vielerorts eine organisierte und reglementierte Volksfeier steckt, die vielen Wandlungen unterworfen war. Die nachstehenden Betrachtungen sollen aber dennoch helfen, Stellenwert und Ursprünge der spärlichen Tiermasken im Schweizer Brauchtum besser zu verstehen.

Zwischen den beiden Weltkriegen setzte ein lebhaftes wirtschaftliches Interesse an der Fasnacht ein. 1924 wurde in Deutschland die «Vereinigung badischer und württembergischer althistorischer Narrenzünfte» gegründet. Aus dieser Initiative heraus entwickelte sich eine ganze Reihe von Zünften, die sich der Bewahrung des historischen Charakters der Fasnacht verschrieben hatten. Das Schrifttum über das lokale Brauchtum nahm gleichzeitig einen inflationären Charakter an. Ideologisch waren diese vereinnahmenden Arbeiten mehr oder weniger alle auf einer Linie. Die Autoren hatten das Bestreben, die Fasnacht im Sinne einer germanischen Kontinuitätsprämisse als uralten heidnischen Winteraustreibungs- oder Fruchtbarkeitskult aus «grauer Vorzeit» zu deklarieren.[74]

Die Fasnacht ist seit langem ein nicht mehr zu entflechtender, mehrlagiger Teppich aus christlichen, römischen, germanischen und keltischen

Versatzstücken. Die spontane *Bricolage* nimmt alljährlich neue Züge an. Zeitgenössische Maskenkreationen vermengen sich mit sinnentleerten christlichen Elementen und heidnischen Reminiszenzen.

Am Donnerstag vor Adventsfronfasten, an der Posterli-Jagd, trieb sich früher im Entlebuch eine merkwürdige Figur herum, die in einem Lärmumzug die herumirrenden Geister zu vertreiben hatte. Der Maskenzug war von einer Jungmannschaft begleitet, die mit Peitschen, Kuhglocken und Hörnern ein Spektakel veranstaltete. Man nannte die entsprechenden Masken «Posterli», was im Oberaargau (BE) ganz einfach «Maske» heisst. Häufig zeigten sich die Posterli in der Figur einer Hexe. Da aber Hexen bekanntlich die Fähigkeit haben, sich in bestimmte Tiere zu verwandeln, konnte das Posterli logischerweise auch die Gestalt einer Ziege oder eines Esels annehmen. Der Basler Ordinarius Eduard Hoffmann-Krayer meint, dass man sich unter dieser Figur ursprünglich einen Dämon vorstellen muss.

In der Stadt Basel, wo die Fasnacht den Höhepunkt des Festtagskalenders bildet, fanden früher in der Weihnachts- und Neujahrsnacht fürchterliche Heischzüge statt, bei denen die Burschenschaften unter Schellengeläute und mit einem Knüppel in der Hand durch die Gassen zogen. In den Raunächten zeigten sie sich wie zur Fasnachtszeit in Gestalt von Teufeln oder Ziegenböcken.[75] Eine Parallele dazu bilden die Schembartläufer am Karneval in Nürnberg, die schon im frühen 16. Jahrhundert ebenfalls als Böcke verkleidet und mit Glocken am Gurt auftraten. In den Nürnberger Schembartbüchern sind übrigens auch Maskengestalten mit Tierköpfen abgebildet. Esel, Pferd, Schwein und Wolf kommen darin neben kuriosen Vogelgestalten besonders häufig vor.[76]

Randalierende Eselsknaben

Viele Mythen des Alpenraumes berichten vom Schrecken des Wilden Heeres. Alleine Ernst Rochholz hielt in seiner Sammlung von Schweizer Sagen aus dem Aargau 86 verschiedene Erzählungen vom Wilden Heer fest.[77] In einigen dieser Mythen scheinen die Eindrücke von wüsten Bettel- und Lärmumzügen mit mystischen Interpretationen von Herbststürmen und anderen Naturereignissen zu verschmelzen.

Kontrovers ist die allegorisierende Theorie des Sagenforschers Friedrich Ranke (1882–1950),[78] der die Ursache dieser Erzählungen in psychischen Erkrankungen und Halluzinationen infolge von Fieber, Müdigkeit, Rausch oder Hunger sieht. Nicht weniger umstritten ist die personifizierende Position von Otto Höfler (1901–1987), für den das Wilde Heer eine psychische Wirklichkeit ist. Für den seinerzeit in Wien lehrenden Professor für ältere Sprachen und Literatur gehört das Wilde Heer in den Traditionskreis des germanischen Wodan-Odin-Kultes. Seines Erachtens ist das Phänomen also weder mit realen Stürmen noch mit Sinnestäuschungen zu erklären. Er betrachtet Wodan-Odin als Gott der geistigen Erregung und der Ekstase. Die Gestalten des Wilden Heeres sind für ihn somit keine Fantasiefiguren, sondern Erinnerungen an bewaffnete Krieger, die ihrem Gott kultisch verbunden waren. In ihren Ekstasezuständen oder im Kampf hätten diese Krieger das Totenheer repräsentiert und damit das mythische Heer symbolisch verkörpert.[79]

Die Quellen lassen darauf schliessen, dass sich das Wilde Heer aus Burschenschaften rekrutierte, die sich als Tiere und Dämonen herrichteten. Von Gesellenverbänden in Zürich und Winterthur im 16. Jahrhundert wird berichtet, dass sie den Geisterglauben nährten, indem sie auf den Friedhöfen ein «frömd wundertlich geschrey, als ob sy selen weren»[80] vollführten und die Vorübergehenden mit Steinen bewarfen.

Alte Aufzeichnungen berichten, dass das Wilde Heer oder das Wuotinsheer zu jeder Jahreszeit in die Dörfer einfallen könne. Dem Zug voran flog ein «Nachthuri», ein grosser eulenartiger Geistervogel. Der Luzerner Stadtschreiber Renward Cysat (1545–1614) spricht in seiner Chronik vom Nachtjäger Türst und seinen wilden Gesellen. Der Zug sei von dreibeinigen Hunden begleitet gewesen, die mit ihrem lauten Gekläffe das Vieh vertrieben hätten. Das Wilde Heer mit seinem Kriegsgeheul wäre im Entlebuch, Wiggertal, Schiltwald, Hundsrücken, im Meggerwald und im Würzenbachertobel bei Luzern zu hören gewesen. Sein angebliches Kreischen, Stampfen und sturmwindige Geheul versetzte die Bevölkerung jedenfalls in Angst und Bange.[81]

Die Abstützung der im ganzen deutschen Sprachraum verbreiteten Erzählungen vom Türst[82] und seinem Wilden Heer auf naturmystische Ereignisse und historische Fakten alleine würde die komplexe Sagendeutung verzerren. Türst hat zweifellos auch mit der vorchristlichen Vorstellung eines Sturmdämons und Totenführers zu tun, aus dem die menschliche Hypostase des alten Tierdämons entstand.[83] Nachdem die heidnische Götterwelt durch Christus, Engel und Heilige umgewertet wurde, lebten im Volksglauben die Gestalten des «Wütenden Heeres» und der «Wilden Jagd» in der Luft weiter. Denn Wodan jagte mit Frau Holle und Percht zusammen auf einem Wagen durch die Lüfte, gefolgt von allerlei bellenden Hunden, Katzen und anderen Luftgeistern.[84] Im Kanton Zürich wird eine Türst-Sage erzählt, in der «Wilde Jäger» Widersacher des Ritters von Werdegg waren. Seine Nachkommen sollen in der Nähe seiner Heimstätte das Dörfchen Dürstelen gegründet haben.[85]

An die Vorstellungen des Wilden Heers erinnern die so genannten Türstwege, die es in vielen Gemeinden des Kantons Luzerns gibt. Sie alle verlaufen merkwürdigerweise von Osten nach Westen. Ist diese Konstanz der Himmelsrichtung ein Zufall? Auch vorzeitliche Anlagen sind meistens auf der Ost-West-Achse aufgebaut, die von der aufgehenden Sonne zum westlichen Totenreich führt. In Ruswil führt der Türstweg vom Schübelberg her über das Tannwäldli zum heute abgeholzten Brüschwäldli. Dort will man einen grossen schwarzen Hund gesehen haben, der das Wuotinsheer mit schauerlichem Wolfsgeheul anführte. Ihm folgte eine Meute kläffender schwarzer Hunde.[86]

Aufschlussreich ist ein Beitrag von Hans Georg Wackernagel über eine Pfeifer- oder Eselsknaben genannte Burschenschaft aus dem elsässischen Ort Boersch (Dép. Bas-Rhin, F). Am Dreikönigstag (6. Januar) des Jahres 1625 zog eine offenbar maskierte Rotte von zwölf Burschen mit einem Anführer zum nahe gelegenen Kollegiatsstift St. Leonhard, um dort Gaben zu heischen. Als ihre erpresserischen Forderungen von den Mönchen nicht erfüllt wurden, schlugen sie Radau, drehten den Hühnern den Hals um und trugen sie als Beute nach Hause. Gleichzeitig schworen sie Rache. Im April des gleichen Jahres, als der Bauernkrieg ausgebrochen war, formierte sich die Rotte wieder und marschierte mit Spiessen, Hellebarden und Büchsen bewaffnet unter Führung eines «Obristen» zum Stift zurück und schlug dort alles zu Kleinholz, was nicht niet- und nagelfest war. Soweit die Akten aus Strassburg.[87] Die Bezeichnung «Eselsknaben» ist ein Hinweis auf den Esel des St. Nikolaus, der bei Bettelumzügen nicht nur am Nikolaustag (6. Dezember), sondern unter anderem auch an Weihnachten und zur Zeit der Jahreswende bemüht wurde. Hans Georg Wackernagel betont, dass auch der Palm- und Pfingstesel in dieses Brauchtum hineinspielte. Der Esel wurde in Form einer Maske dargestellt, die von einem oder mehreren Burschen getragen wurden. Die Eselsmaske bildete das christliche Gegenstück zur Pferdemaske, die als ausgesprochen heidnisch empfunden wurde. Dieser Tierwandel vollzog sich im Elsass mühelos, weil Esel im Wirtschaftsleben der Gegend besonders häufig waren. Die Bürger des Städtchens Boersch sollen übrigens von den Einwohnern der Nachbargemeinden als Esel gescholten worden sein, und ihr Weisswein hiess abschätzig «Eselswein». In den von Rochholz gesammelten *Schweizer Sagen aus dem Aargau* ist eine Parallele zu finden. Er erwähnt darin, dass die Freiämtler «Bschindesel» und die Einwohner von Tägerig «Eselsohren» geschimpft wurden.[88]

Anzunehmen ist, dass Erinnerungen an nächtliche Rügezüge die Sage vom Wilden Heer ausgeformt hatten. Dazu gehört gewiss der «Saubannerzug», der als Fussnote in der Schweizer Geschichte dokumentiert ist. Eine Zuger Maskengesellschaft, der ehemalige Reisläufer angeschlossen waren, bildete nach der wilden Fasnacht von 1477 einen Heische- und Rügezug. Die Horde zog unter wehendem Banner, auf dem, wohl nicht aus Zufall, ein Schwein abgebildet war, randalierend in die Westschweiz.[89] Möglich ist, dass die jugendliche Bande dabei jene sonderbaren eidgenössischen Schlachtlieder sang, die dramatische Dialoge zwischen Tieren wie Bären, Löwen, Stieren, Kühen, Steinböcken oder Krähen wiedergaben.[90] Ihr saumässiger Auftritt muss bei der Bevölkerung einen derart tiefen Eindruck hinterlassen haben, dass der Begriff «Saubannerzug» Jahrhunderte später in den journalistischen Jargon überging und heute meistens randalierende Gruppen von Demonstranten oder Hooligans bezeichnet.

Auffallend ist, dass sich kriegerische Männerbünde häufig Tiernamen zulegten. Im Hegau (Baden-Württemberg, D) und Klettgau (SH) konstituierten sich nach dem Alten Zürichkrieg die «Kreyen-Leute». Hans Georg Wackernagel weist in diesem Zusammenhang auch auf die merkwürdige archaische Walliser «Gesellschaft von dem Hund» hin (1449),[91] deren Banner mit dem Hundesujet in den Raronkriegen (1415–1417) von den Aufständischen getragen wurde. In Zürich gab es zudem die «Böcke» und die «Füchse». Und die heimatliche Gesellschaft der «Schildner zum Schneggen», die 1348 das Haus «zem Sneggen» von der Stadt erworben hatte, existiert heute noch.

Eine Erinnerung an die Glanzzeit der «Schildner zum Schneggen» bildet ein im Schweizerischen Landesmuseum verwahrtes Trinkgeschirr in Form einer Schnecke. Dieses manieristische Meisterwerk wurde 1564 in Augsburg hergestellt und der Gesellschaft von einem reichen, in Lyon wohnhaften Zürcher geschenkt. Merkwürdigerweise ist der Fuss des Bechers als Schildkröte gestaltet.[92]

Nicht nur Schildkröten, auch die eingedeckelten Schnecken standen im Dienste der Volkserotik. In der Antike schätzte man sie als reizend und kräftigend für Liebesabenteuer.[93] Wussten die Schildner etwas von der angeblich aphrodisischen Wirkung von gesottenen Weinbergschnecken? Unzählig sind die volksmedizinischen Heilungsversprechen von Rezepturen auf der Basis von Schneckenfleisch und Schneckenhäusern. Ob Warzen, Gelbsucht oder Geschwülste – Wald- und Weinbergschnecken galten als überaus gesundheitsfördernd.[93] Die Letzteren sind zudem billige und wohlschmeckende Proteinlieferanten. Deshalb wurden sie eifrig gesammelt und verzehrt. Die Mönche züchteten sie in den Klostergärten und bereiteten damit eine beliebte Fastenspeise zu.[94]

Wilde Burschen im Lötschental

Wenn die lärmenden Lötschentaler Maskenträger zur Fasnacht laufen, bieten sie einen Anblick vielleicht urtümlichsten Brauchtums des Alpenraumes. Seit eh und je sind sie in Schafspelze gehüllt, bringen die am Gurt befestigten Kuhglocken mehr zum Grollen denn zum Läuten, schwingen Keulen oder fuchteln mit Stöcken und Flösserhaken herum. Mit ihren Larven sind sie wahre Dämonen, die aus den Furten und Schrunden des Walliser Bergtals aufgestiegen zu sein scheinen. Die «Roitschäggetä» wirken meistens geschlechtslos, halb Hutzelweiber, halb Teufel. Und viele der alten Masken waren auch nicht ganz Mensch und nicht ganz Tier.

Das Musée d'Ethnographie in Genf besitzt eine schlichte Lötschentalermaske, deren Antlitz jeder Verzerrung entbehrt. Die überproportional grosse, regelmässige Zahnreihe und die tief liegenden Augenhöhlen verleihen ihr einen durch und durch menschlichen Ausdruck. Doch aus der Stirn wachsen zwei Hörner, die sich vom Gesicht dermassen mächtig abheben, dass die Larve zum Tier mit menschlichem Gesicht wird. Eine herausragende Sammlung von alten, gehörnten Lötschentalermasken aus Arvenholz oder Lärchenrinde besitzt das Museum der Kulturen in Basel sowie das Museum Rietberg in Zürich, dessen Grundstock Baron Eduard von der Heydt schon in den Zwanzigerjahren legte. Sie alle sind viel archaischer als die anderen Schweizer Tiermasken wie beispielsweise die viel jüngeren, glatten «Fasnachts-Butzi-Larven» aus dem Kanton St. Gallen. Eine bestimmte Form der Lötschentalermasken, der «Trinkelstier», stellt eindeutig ein Rind dar. Karl Meuli vergleicht diese in der Schweiz seltene Darstellung mit dem Kalb von Einsiedeln (SZ) und dem stierköpfigen «Glungel» im Luzerner Hinterland.[95]

Das magisch-tierhafte Wesen der Masken hängt zweifellos mit der früher verbreiteten Vorstellung zusammen, dass sich Dämonen vorzugsweise in Tiergestalt zeigen. Darum hat das Lötschentaler Maskentreiben – auch wenn das Abbild des Tieres nicht im Vordergrund steht – zweifellos genauso viel mit einem einstigen Tierkult wie mit einem verschütteten, archaischen Ahnenkult zu tun.

Noch gegen Ende der Sechzigerjahre des 19. Jahrhunderts stürmten im Lötschental am Sonntag vor der alten Fasnacht die Masken wie brüllende Stiere durch das Dorf, in welchem schon um ein Uhr nachmittags alle Häuser verrammelt waren. Liessen sich eine Frau, ein Kind oder ein jüngerer Bursche unvorsichtigerweise sehen, so schlugen ihnen die Maskenträger einen Aschensack um den Kopf, und insbesondere die jungen Mädchen wurden mit einer Aufschwemmung aus Russ, Jauche oder Blut bespritzt. Besänftigt wurden die rauen Maskenläufer mit Fleisch und Rahm. Dies waren indessen verhältnismässig milde Bräuche, die in früheren Zeiten sehr viel wilder und rauer gewesen sein sollen, als noch ausgeraubt, zerstört und geplündert wurde.[96] Das Betteln und Rauben der Masken war kein im Lötschental isolierter Brauch. Ähnlich wilde Sitten gab es auch im Kanton St. Gallen. In Wil galt zum Beispiel das so genannte Putzenrecht. Die Maskierten plünderten an der Fasnacht Metzgereien und Bäckereien. Und die Knabenschaften im Sarganserland erdreisteten sich, am fetten Donnerstag vor dem Fasnachtssonntag volle Fleischtöpfe zu klauen.

Aufschlussreich ist die mündliche Überlieferung, dass im Lötschental bis zur Invasion französischer und westschweizerischer Truppen im Jahr 1798/99 ein Bärenfell an einer Hausfassade in Kippel hing. Dieses Fell hätte jeweils den Träger zu einer Furcht erregenden «Tschäggetä» gemacht.

Der Lötschentaler Maskenlauf wurde also nie zur allgemeinen und folgenlosen Volksbelustigung durchgeführt. Das Tragen der Maske eröffnete den so genannten «Roitschäggetä»[97] einen rechtsfreien Raum, in dem sie sich mit Gewalt alles nehmen konnten, was ihnen zuzustehen schien. Das alte Maskenrecht legitimierte die Burschen bis zu einem bestimmten Grad zum Diebstahl. Der Mediziner Leopold Rütimeyer (1856–1932) zitiert in seinen volkskundlichen Arbeiten über das Lötschental Kaplan Brantschen aus Kippel, der ihm von einer Räuberbande erzählte, die «in garstigen Fetzen, Schaffellen und scheusslichen Masken» auftrat und mit Keulen bewaffnet die Dörfchen der Talbewohner überfiel. Diese Raubzüge hätten im 17. Jahrhundert aufgehört.[98]

Hans Peter Duerr kommt in seiner Untersuchung über die Grenzen zwischen Wildnis und Zivilisation zu einer Schlüsselerkenntnis: Gerade weil diese Burschen ausserhalb der Ordnung standen, konnten sie ursprünglich die Ordnung erkennen und damit aufrechterhalten, und weil sie gewissermassen «Unbeteiligte» waren, durften sie rügen und damit richten.[99]

Als die Eidgenossenschaft dem französischen König ein freies Durchgangsrecht einräumte und ein Abkommen über den Solddienst schloss, begehrten die Walliser auf. Am 6. Januar 1550 kam es in Leuk zu Tumulten. Ein «merlichen» (= ansehnlichen) «hufen» (= Haufen) von «Trinklistieren» zog mit «trichlen» (= Kuhglocken), «Hanenvedren» und «Tangrotzen» in den Krieg nach Visp, Brig und in die Seitentäler.[100] Doch der Feldzug der «Trinkelstiere» versandete in Gehässigkeiten und harmlosen Raufereien.[101]

Steht diese Episode im Zusammenhang mit einer Tierverwandlung? Für die historische Volkskunde ist es keine Frage: Die «Trinkelstiere» waren so wie die Eselsknaben von Boersch Mitglieder einer Burschenschaft. Nur traten die einen als Stiere und die andern als Esel auf. In einem Text aus dem Jahre 1428 heisst es über die Walliser Burschenschaften: «ourch so werent ir vil under inen, die der boes geist lerte, dass si zu woelfen[102] wurdent» und zudem, «dass si selber duchte und nit anders wüsdin, wenn dass sie woelf werint, und wer si dann do ze malen sach, den duchte ouch nit anders und erlueffent schaf, geiss und lember und assent die in eines wolfes figur. Und wenn si wollten, so wurdent si wider zu menschen als vor.»[103]

Das «Tschäggetäloiffen» soll noch in den Dreissigerjahren ein Vorrecht der erwachsenen Gesellen gewesen sein. Mit dem Aufkommen des Fremdenverkehrs und der damit verbundenen Kommerzialisierung der Lötschentalermasken wandelte sich der Brauch zu einer promotionellen Veranstaltung der Maskenschnitzer.

Das vermaledeite Ungeziefer

Früher wurden auch Tiere vor Gericht zitiert. Ging es um die Verurteilung ganzer Populationen von Ratten, Mäusen, Würmern, Schlangen oder Insekten, waren die kirchlichen Tribunale zuständig. Diese Rechtspraxis, die sich nach Ende des 14. Jahrhunderts von Osteuropa bis nach Kanada erstreckte, nahm für uns völlig unverständliche Züge an. Die Tierprozesse, die sich in unserer Zeit wie surreale Komödien ausnehmen, sind im Rahmen unserer Untersuchung umso aufschlussreicher, als sie uns ein heute vollkommen fremdes Naturverständnis näher bringen.

In Menschen verkleidete Tiere

Die Verurteilung von einzelnen Tieren war eine weltliche Angelegenheit. Das Urteil des Gerichts der Freiknaben zu Basel von 1474, wonach auf dem Kohlberg ein Hahn auf dem Scheiterhaufen verenden musste, weil er ein Ei gelegt hatte, ist ein Sonderfall[1] (siehe Seite 214). Der Vollzug dieser Todesstrafe durch den Scharfrichter war weniger als Sühne denn als Vorsichtsmassnahme gedacht. Denn der im Mittelalter überaus gefürchtete Basilisk entschlüpfte im Volksglauben einem dotterlosen Ei, das von einem Hahn gelegt worden war.[2]

Üblicherweise schritten die weltlichen Gerichte nur dann ein, wenn ein Mensch durch ein Tier – meistens waren es seine Hausgenossen wie Schweine, Rinder, Pferde, Esel und Hunde – getötet oder verletzt wurde. Der Historiker Michel Pastoureau zählt rund sechzig Prozesse gegen grössere Tiere, die in der französischen Monarchie zwischen 1266 und 1586 stattfanden.[3] In diesen Fällen war das Urteil aus Gründen der herrschenden Moral zum vornherein klar: Todesstrafe!

Die Tatsache, dass von den Haustieren vorwiegend Schweine zum Tode verurteilt wurden, hängt wohl damit zusammen, dass diese bis ins 18. Jahrhundert als die nächsten Verwandten des Menschen galten. Weil die Sezierung von Menschenleichen kirchlich verboten war, wurden für anatomische Studien Eber und Sauen zerlegt. Die Mediziner gingen davon aus, dass die «innere Organisation» dieser Tiere jener des Menschen am nächsten kam.[4]

Wenn Schweine einen menschenähnlichen Organismus haben, so die logische Folgerung, konnten sie auch für ihre Handlungen verantwortlich gemacht werden. Das Todesurteil stützte sich zudem auf das Alte Testament[5], wonach die Erinnerung an das schändliche Verbrechen durch «Wüstung», das heisst durch Beseitigung des Übeltäters, für immer ausgelöscht werden musste. Das galt insbesondere auch für Tiere, die der Unzucht dienten. Die Leichen der hingerichteten Tiere wurden deshalb meistens verbrannt und ihre Asche in alle Winde verstreut.

Ein angezeigtes Tier wurde in der Regel sofort verhaftet. Im Gericht wurde alsdann ein Rapport aufgenommen und eine Untersuchung eingeleitet. Der Richter hörte sich die Zeugenaussagen an, verglich die ihm zugetragenen Informationen und fällte schliesslich das Urteil, das dem angeklagten Tier jeweils im Verlies mitgeteilt wurde. Die Vollstreckung der Todesstrafe war dann Sache der Polizei. Nicht selten wurde selbst dann ein Prozess durchgeführt, wenn das Tier gleich nach der Tat getötet worden war.[6] Man verurteilte stellvertretend den Kadaver oder die Asche als blosse Erinnerung an das Verbrechen.[7]

1656 wurde vom Gericht in Schaffhausen ein der Unzucht mit einer Kuh angeklagter Mann zum Tode verurteilt, weil Sodomie oder Bestialität im Mittelalter als Ketzerei galt. Er wurde offiziell erwürgt und anschliessend zusammen mit der Haut des missbrauchten und ebenfalls hingerichteten Tieres verscharrt.[8] Anzunehmen ist, dass diese schimpfliche Bestattung des «Vichunrainers» auf dem Schindacker erfolgte.

Zwischen der Hinrichtungsart von verurteilten Haustieren und Menschen gab es keine wesentlichen Unterschiede. Grössere Tiere wie Schweine oder Hunde wurden in der Regel erwürgt und anschliessend an den Hinterfüssen an einem entlaubten Baum gehängt. In jedem Fall war die Vollstreckung öffentlich und vermochte die sadistischen Triebe der schaulustigen Massen zu befriedigen. Meistens wurden auch der Besitzer des Tieres und, falls das Opfer ein Kind war, der Vater oder die Paten des Opfers gezwungen, an der feierlich inszenierten Hinrichtung beizuwohnen. Damit wurde der eine dafür bestraft, dass er sein Tier frei herumlaufen gelassen hatte und der andere, weil er die Aufsichtspflicht gegenüber seinem Nachwuchs vernachlässigt hatte.

Dass die Hinrichtungen der Tiere nach einem strengen Protokoll erfolgten und mit Lynchjustiz nichts zu tun hatten, zeigte sich auch darin, dass ein hoher Beamter, der *maître de la haute justice,* anwesend sein musste. Als zum Beispiel 1457 in Savigny-sur-Seille eine «verbreche-

Mittelalterliche Hinrichtung eines «verbrecherischen» Schweines

rische» Sau hingerichtet werden musste, liess man den Scharfrichter Estienne Poinceon aus dem fünfzig Kilometer entfernten Städtchen Châlons-sur-Saône (Dép. Saône-et-Loire, F) speziell anreisen. Die ganzen Kosten des Verfahrens hatte wie üblich der Tierhalter zu übernehmen. Aufgerechnet wurden zu den allgemeinen Auslagen der Tiertransport zur Richtstätte und sonderbarerweise auch ein Paar Handschuhe. Das ausdrückliche Verlangen nach Handschuhen lässt darauf schliessen, dass der Gerichtsvollstrecker jeden direkten Körperkontakt mit dem dämonischen Wesen vermeiden wollte.[9]

Manchmal forderte die Justiz eine vorgängige Wiedervergeltung in Form von so genannten spiegelnden Strafen. Karl von Amira[10] (1848–1930), der im 19. Jahrhundert die rechtsgeschichtliche Entwicklung der Tierstrafen und -prozesse untersuchte, vertrat noch die Auffassung, dass es sich hier um eine Anwendung des biblisch-talmudischen Rechts («Aug um Auge, Zahn um Zahn») handeln würde.

Der Düsseldorfer Rechtswissenschaftler Hans Albert Berkenhoff (geb. 1912) widerlegte die These einer biblischen Rechtskontinuität. Die Gleichstellung des Tieres mit den Menschen stehe im Widerspruch zur taldmudischen Auffassung, wonach Tiere instinktmässig handelnde, unverantwortliche Wesen seien. Deshalb sieht er die spiegelnden Strafen als ein Ergebnis der germanisch-mittelalterlichen Rechtsentwicklung.[11]

Als 1336 in Falaise (Dép. du Calvados, F) ein Mutterschwein den Tod eines Kindes verursachte, weil es dessen Gesicht und ein Bein zerfetzt hatte, verordnete das Gericht, dem Tier zur Strafe ebenfalls das Gesicht und ein Bein zu verstümmeln. Die Vollstreckung des Urteils wurde mit einer merkwürdigen Zeremonie eingeleitet. Man schnitt dem armen Schwein den Rüssel ab und stülpte ihm eine Menschenmaske über. Anschliessend zogen ihm die Gerichtsdiener eine Herrenweste und Beinkleider an und steckten die Vorderfüsse in weisse Handschuhe. Der Scharfrichter führte seine blutige Arbeit vor einem bunt gemischten Publikum aus. Anwesend waren der Vicomte von Falaise und seine Gefolgschaft, Bürger der Stadt, Bauern aus der Umgebung und eine Vielzahl von mitgeführten Schweinen. Diese erbärmliche Hinrichtungsszene wurde später *al fresco* auf eine Innenmauer der Sainte-Trinité-Kirche von Falaise gemalt.[12]

Ein nicht minder grauenvoller Prozess galt dem Werwolf von Neuses in der Maktgrafschaft Ansbach (Bayern). Im Jahre 1685 jagte dort ein Wolf hinter einem Hahn her und fiel dabei, aus damaliger Sicht selbstverständlich von Gotteshand gelenkt, in einen Brunnen. Die Bauern aus den umliegenden Höfen eilten herbei und erschlugen das Biest auf der Stelle. Für sie war das tote Raubtier vom Teufel besessen, und sie erzählten, dass ein betrügerischer Amtsträger in diesen Menschenwolf verwandelt worden sei. Die Gerechten hieben dem toten Wolf die Schnauze ab, klebten ihm Menschenhaare und einen Bart um das Gesicht und zogen ihm rosarote Kleider aus gewirkter Leinwand an. Dann hängten sie den menschenartig vermummten Kadaver an den Galgen. Darauf wurden Flugblätter verbreitet, die folgende Nachricht verkündeten: «Ich, Wolf und Geist zugleich, tat stets die Menschen plagen, muss leiden und zulassen, dass man mir tut sagen: Sieh, du verfluchter Geist, bist in den Wolf gefahren; hängst nun am Galgen hier, geziert mit Menschenhaaren.»[13]

Diese genauso bizarren wie widerlichen Maskeraden sind umso interessanter, als Tiere zur Sühne gewissermassen zu Menschen «degradiert» wurden. Diese zwei aussergewöhnlichen Fälle einer «Menschenverwandlung» eines Tieres zeigen einmal mehr, wie sich im Mittelalter Tierbild und Menschenbild überschnitten. «Die Tiere sollen nicht für ihre Missetaten an und für sich bestraft werden, sondern für ihre Bereitschaft, sich den Menschen für die scheusslichsten Verbrechen (die man in Anbetracht ihrer Monstrosität unter Christen nicht nennen sollte) als Werkzeug zu dienen», meinte ein Gelehrter im Jahre 1555.

Tierexekutionen sind auch im Zusammenhang mit der Vorschrift zu sehen, wonach «das Unreine dem Gebrauch und Genuss der Christen entzogen werden soll». So mussten Bienen, deren Stiche den Tod eines Menschen zur Folge hatten, getötet werden. Die Exekution hatte sofort zu erfolgen, damit sie keinen Honig mehr produzieren konnten. Der Tod der Insekten war eine Forderung der Speisegesetze, nach denen die «fehlbaren» Bienen und somit auch ihr Honig als unrein galten.[14]

Biblische Heuschreckenplagen in der Schweiz

Wenn in mittelalterlichen Texten von Ungeziefer die Rede ist, sind nicht nur tierische Schädlinge und Schmarotzer gemeint, sondern gemeinhin alles «schlechte Getier». Dazu zählten grundsätzlich alle Tierarten, die bei den germanischen Völkern nicht geheiligt und somit für die Opferung verboten waren. Auf der Gegenseite des Ungeziefers stand logischerweise das Geziefer (angelsächsisch *tiefer*, althochdeutsch *zëbar*). Dieses umfasste die geheiligten Tiere wie Rinder, Ziegen, Schafe oder Hunde, die den Göttern wohlgefällig waren.[15]

Für die Ahndung von Schädlingen – seien es Mäuse, Schnecken oder Insekten – war die Kirche zuständig. Vorauszuschicken ist, dass diese Plagen zuweilen unvorstellbare Ausmasse annahmen. Vor allem Maikäfer, Raupen und Heuschrecken verwüsteten ganze Landstriche und brachten die Bauern zur Verzweiflung. Für die Betroffenen gab es zwischen den biblischen Heuschreckenplagen und den hiesigen Katastrophen kaum einen Unterschied.

«Anno 1338 kam eine grosse menge Heischrecken in diese Land / die flugen so dick / Breit und lang in ihren Ordnungen / dass sie den Wolken gleich / die heitere des Tages trübe machten / frassen alle Gewächs ab / thaten grossen Schaden / man stürmte und leuthete wider sie die Gloggen in allen Landen. Dieses geschahe im August- und Herbstmonat: als sie gestorben / haben sie einen gräulichen Gestank hinder sich gelassen / darvon vielerlei Krankheiten entstanden.» Dieser Zürcher Bericht aus dem Jahre 1696 spricht von den verheerenden Auswirkungen der Wanderheuschrecken, deren Masseninvasionen in früheren Jahrhunderten mehrmals auch die Schweiz erreichten. Nicht zu verwechseln ist diese Art mit den in ganz Europa verbreiteten Warzenbeissern, die der Systematiker Carl von Linné (1707–1778) angeblich nach dem Brauch der Bauern seiner Heimatregion benannte, die sich ihre Warzen von den kräftigen Heuschrecken abbeissen liessen. In Böhmen glaubten die Leute, dass sich dieses Tier im Herbst in einen Skorpion verwandle[16] und sein Sekret bis zum nächsten Morgen auch alle Wunden verheilen lasse.

Ein Flugblatt aus dem 15. Jh. zeigt die Übeltäter einer grossen Heuschreckenplage.

1536 wurden Heuschreckenflüge verzeichnet, die, vom Schwarzen Meer her kommend, das heutige Deutschland erreichten und ihre Eier in Sachsen ablegten. Als die Insekten schliesslich in den kalten Novembernächten umkamen, breitete sich ein derartiger Gestank über Italien und Deutschland aus, dass beide Länder befürchteten, nach der Hungersnot durch eine Pestepidemie entvölkert zu werden. Die im Frühjahr 1543 geschlüpfte Generation flog bis nach Tirol und frass in Mähren und Meissen alles kahl. Zwischen 1545 und 1547 erreichten die Wanderheuschrecken die Schweiz und hinterliessen ein Bild des Grauens.[17]

Mitteleuropa hat die Schrecken der Heuschrecken fast vergessen. Die Gefahr ist insofern gebannt, als grosse Schilfgelände und andere feuchte Brutstätten weitgehend trockengelegt worden sind. Die kleinen Kolonien der gefürchteten Kulturschädlinge verlassen die so genannten gregarianen Zonen in Südosteuropa und im Bregenzer Wald (Vorarlberg, A) kaum mehr.[18] Allerdings könnten geringfügige ökologische Eingriffe ausreichen, um die Tiere zu neuen Flügen zu veranlassen.

Die Walliser Sagensammler Tscheinen und Ruppen berichten in der Sage *Die Heuschrecken auf dem Gletscher* von einer schrecklichen Plage im 19. Jahrhundert: Als nach der Rhoneüberschwemmung im Jahre 1834 frisch geschlüpfte Heuschrecken dem Sand wie Ameisen entstiegen, spotteten die Leute noch über den lebendig gewordenen Boden an den dürren Ufern des Flusses. Als aber die «hüpfenden Flöhe» immer grösser wurden und in erweiterten Umkreisen alles Grüne bis zur schwarzen Erde wegfrassen, erkannten die Bauern die Gefahr für ihre Feldfrüchte.

Man befahl die Straffeln (= Heuschrecken) einzufangen und zu vernichten. Aber es war schon zu spät. Nach vollendeter Verwüstung erhoben sich die Tiere in Massen in die Luft und zogen in dichten Wolken, welche die Sonne verfinsterten, landaufwärts in die Getreidefelder von Gamsen und Glis. Dort versuchten die Bauern ihre Felder mit Waffen zu verteidigen. «Sie hielten die Feinde mit langen Ruten und Wasserpumpen in geziemender Ferne. Sie kämpften eine Zeit lang nicht ohne Erfolg; doch genügte ein unbewachter Augenblick und der erwachende oder zurückkehrende Vertheidiger fand sein schönes Waizenfeld schwarz mit Heuschrecken besetzt, welche die Halme unter den unreifen Ähren durchbissen und diese schonungslos zu Boden stürzen machten.»[19]

[...] Aus dem Saastale erzählt eine alte Sage – freilich lange ungläubigen Ohren, es habe da einmal eine fürchterliche Menge Straffel gegeben, die alles Grün in Matten, Feldern und Äckern wegfrassen. Hatte jemand die Unvorsichtigkeit seinen Rücktschiffer mit Lederriemen (Bretschellen) oder etwa gar seine Lederschuhe auf dem Felde stehen zu lassen, so seien diese Ledergegenstände von den Strafflen rein zernagt worden. – Die geplagten Leute nahmen damals, wie das letzthin auch nicht unterlassen wurde, ihre Zuflucht zum Gebete. In grosser andächtiger Prozession zog alles Volk zur hl. Anna in der Alpenkapelle im «Lerch» beim Allaleingletscher und – die Plage hörte auf; alles Ungeziefer folgte dem frommen Pilgerzuge zum genannten Gletscher, warf sich auf denselben und erfror. Zum Andenken setzte die Pfarrei Saas diese St.-Anna-Prozession bis auf die neuesten Zeiten gläubig fort.

Auch die Heuschrecken von 1838 verloren sich nach durchlebter Periodezeit fast plötzlich und Thatsache ist es, dass Leichen verendeter Heuschrecken auf hohen Gebirgsgletschern gefunden wurden.[20]

Derartige Landplagen galten als Teil eines dämonischen Planes. Und so war es in diesen Fällen auch logisch, die Verwalter des Übersinnlichen, das heisst die Kirche, beizuziehen, um die göttliche Ordnung wiederherzustellen. Zuweilen konnten sich die bischöflichen Interventionen aber gegen die Hilfe Suchenden selbst wenden, weil die Tierplagen eine Strafe Gottes für ihren liederlichen Lebenswandel sein konnten. Als Mitte des 16. Jahrhunderts die Einwohner einiger Aargauer Gemeinden von grossen Bremsenschwärmen (vermutlich Pferde- oder Rinderbiesfliegen) belästigt wurden, richteten die geplagten Bürger eine Petition an den Bischof von Konstanz. Der episkopale Erlass, der vom Stiftsvogt Georg Winterstetter unterzeichnet war, befahl den Bittstellern, von

Tanzveranstaltungen an Sonn- und Feiertagen abzusehen, sich keinen wollüstigen Vergnügungen mehr hinzugeben sowie das Karten- und Würfelspiel zu unterlassen. Diese strengen Ermahnungen waren mit Gebeten und Beschwörungsformeln ergänzt. 1566 liess der Landammann von Unterwalden, Johannes Wirz, eine Abschrift des damals in Baden (AG) archivierten Erlasses anfertigen, um die Anweisungen im Notfall gegen die «vergifteten Würmer» in der Innerschweiz einzusetzen.[21]

Ansonsten stellte die Kirche für den Kampf gegen Schädlinge ihre Schutzheiligen. In der Deutschschweiz rief man vorzugsweise den «St. Mang» genannten heiligen Magnus († um 655) an und führte an seinem Namenstag (6. September) Prozessionen gegen Tierplagen durch. Als wunderkräftig galten seine Reliquien und insbesondere sein Wanderstab, die im Kloster Füssen (Bayern) gehütet wurden. In einer Legende[22] heisst es ausdrücklich, der Heilige hätte mehrmals Drachen[23] und andere Schädlinge mit jenem Stab vertrieben, der von seinen Lehrmeistern und Gefährten Columban d.J. und Gallus auf ihn übergegangen sei.

Ab dem 17. Jahrhundert liess man bei grossen Landplagen den sagenhaften St.-Magni-Stab jeweils von Bayern nach Luzern, Zug und Schwyz kommen. Als ihn der klösterliche Gesandte, Pater Augustin, 1732 persönlich nach Sursee (LU) brachte, wurde er mit Freudenrufen und Glockengeläute empfangen.[24] Noch in unseren Tagen soll in Schussenried und Wangen im Allgäu (Bayern) der silberne St.-Magni-Stab bei Bittprozessionen gegen Schädlinge über die Felder getragen werden. Dieses handwerkliche Meisterwerk, in dem ein Stück des hölzernen Wanderstabes eingelassen ist, wurde um 1500 von einem schwäbischen Goldschmied geschaffen. Aufbewahrt wird es in der Pfarrkirche St. Martin in Wangen (Bayern).[25]

Exkommunizierte Schädlinge

Der älteste dokumentierte Fall einer Exkommunikation von Tieren geht auf das 12. Jahrhundert zurück. 1120 wurde sie durch den Bischof von Laon (Dép. de l'Aisne, F) ausgesprochen, als Raupen und Feldmäuse die Ernten zunichte gemacht hatten. Ein Jahr später erfolgte das berühmte Diktum des heiligen Bernhard von Clairvaux, als er die Kapelle des Klosters Foigny betreten wollte und ein riesiger Fliegenschwarm die Gläubigen belästigte. «*Excommunico eas!*», rief Bernhard den Fliegen zu. Die durch diesen machtvollen Bann aus der heiligen Gemeinschaft ausgeschlossenen Tiere fielen auf der Stelle tot zu Boden.[26]

Die *mouches bleues* (=blaue Fliegen), offenbar Schmeissfliegen, gehörten übrigens zur mythischen Tierwelt des Berner Juras und galten als schreckliche Waffe der Hexen. Diese setzten die bösen Fliegen auf Menschen an, denen sie schaden wollten. Die Folge eines derartigen Angriffs war eine Qual, die nie enden wollte. Das Vieh litt nach dem Ansturm der «blauen Fliegen» an einer schweren, lang dauernden Krankheit, während Hunde und Katzen indessen sofort sterben mussten.[27]

Die mittelalterlichen Prozessverfahren wurden um 1451 vom Zürcher Juristen, Kanonisten und Chronisten Felix Hemmerli (1389–1458/59), Chorherr am Zürcher Grossmünsterstift, ausführlich dokumentiert:

Beim ersten richterlichen Akt wurde ein *Monitorium* ausgesprochen. Bei dieser mildesten Form der Adjuration befahl man den Tieren, das geschädigte Gebiet zu verlassen. Blieb der Erfolg aus, was üblicherweise der Fall war, wurde vor der Urteilsverkündung meistens das kontradiktorische Verfahren weitergeführt; der Gemeindeprokurator und der Advokat legten ihre sachlichen und formalen Erwägungen dar. Meistens folgte dann ein langwieriger Schriftwechsel. Schliesslich wurde das gefällte Urteil der Klage führenden Gemeinde schriftlich übermittelt.[28]

Die von Kirche gegen die Schädlinge eingeleiteten Exorzismen erfolgten nach allen Regeln des kanonischen Prozesses. Als sich beispielsweise 1225 die Aale im Genfersee zu einer wahren Plage entwickelten, stiess Bischof Wilhelm von Ecublens einen machtvollen Fluch aus. Konrad Gessner (1516–1565) meinte über drei Jahrhunderte später, dass im Genfersee wenig Aale zu finden seien, weil sie «von einem Bischoff Guilielmus genannt mit beschweerung oder fluch vertriben / also die sag ist».[29] 1451 waren es Blutegel[30] im Genfersee – sie saugten sich massenhaft an den Salmen und anderen grossen Speisefischen fest –, die den Fischern schwer zu schaffen machten. Bischof Georges de Saluce von Lausanne erliess dann auf Wunsch der Fischer eine *Malediktion*.[31]

1478 ersuchte die Berner Regierung ihren Bischof in Lausanne um Hilfe zur Bekämpfung einer Engerlingsplage. Monsignore Benedict de Montferrand liess darauf durch den Leutepriester Schmid auf dem Kirchhof von Bern eine Ermahnung an die Inger[32] (= Engerlinge) verkünden:

«Du unvernünftige, unvollkommene Kreatur, du Inger! Deines Geschlechtes ist nicht gewesen in der Arche Noah. Im Namen meines gnädigen Herrn und Bischofs von Lausanne, bei Kraft der hochgelobten Dreifaltigkeit, vermöge der Verdienste unseres Erlösers Jesu Christi und bei Gehorsam gegen die heilige Kirche gebeut' ich euch, allen und jeden, in den nächsten 6 Tagen zu weichen von allen Orten, an denen wächst und entspringt Nahrung für Menschen und Vieh». Im Fall des Ungehorsames wurden die Engerlinge

Der Bischof von Lausanne bannt die Maikäfer. Zeichnung nach einem Kupferstich aus dem 15. Jh.

auf den sechsten Tag nachmittags ein Uhr vor dem Richterstuhl des Bischofs nach Wiflisburg [= Avenches, VD] geladen. Sie erhielten noch einen Aufschub. Dann aber erging die zweite Zitation an die «verfluchte Unsauberkeit der Inger, die ihr nicht einmal Tiere heissen, noch genannt werden sollt». Da die Engerlinge auf nichts hörten, folgte endlich die Exkommunikation: «Wir, Benedikt von Montferrand, Bischof von Lausanne, haben die Bitte der grossmächtigen Herren von Bern gegen die Inger gehört und uns gerüstet mit dem heiligen Kreuz und allein Gott vor Augen gehabt, von dem alle gerechte Urteile kommen, – demnach, so gravieren und beladen wir diese schändlichen Würmer und bannen und verfluchen sie im Namen des Vaters, Sohnes und des heiligen Geistes, dass sie beschwört werden in der Person Johannes Perrodeti, ihres Beschirmers, und von ihnen gar nichts bleibe denn zum Nutzen menschlichen Brauchs.»[33]

Nach Abschluss dieser Intervention verlangte die Berner Regierung Rechenschaft. Unnötig beizufügen, dass der entsprechende Bericht nicht zu Gunsten der Kirche ausfiel.

Wenn die Zitationen nicht fruchteten, wurde in der Westschweiz jeweils ein Bote in die betroffenen Felder oder Weinberge geschickt. Er teilte den Schädlingen unter Androhung der Verfluchung mit, dass sie den Gerichtstermin einzuhalten hätten, um sich gegen die erhobene Anklage zu verteidigen. Diese Ermahnung und Vorladung erfolgte in einzelnen Fällen schriftlich; die Abschriften der Akte wurden an den Bäumen angeschlagen. Ein derartiges Plakat wurde 1659 auch in fünf Veltliner Gemeinden (damals GR) gestreut, als sich dort Würmer[34] zu einer Landplage entwickelt hatten. Darauf wurde den *bruchis, vulgo gattis* verboten, weiterhin Kräuter zu vertilgen und das Laub der Bäume zu fressen, das nach Psalm 146 von Gott für die Menschen hervorgebracht werde.

Die Anklagen wurden jeweils vom Gemeindeprokurator erhoben. Der Richter nahm darauf einen oder mehrere Schädlinge in die Hand und befahl ihnen und allen abwesenden Artgenossen, unter Androhung des Fluches Gottes und des ganzen himmlischen Hofes, von den verwüsteten Gärten, Feldern oder Weinbergen innerhalb von drei Tagen zu verschwinden. Nach erfolglosem Ablauf dieser Frist wurde der Prozess weitergeführt. Dazu fing man, wenn möglich, wiederum einige der Schädlinge ein und brachte sie in den Gerichtssaal. Der Richter fällte alsdann das Urteil, verfluchte das Ungeziefer und machte den anwesenden Tieren den Garaus. Zum Schluss zog dann die ganze Gemeinde in Form einer Prozession auf die Felder, wo die Malediktion oder Exkommunikation der Tiere vom Geistlichen ausgesprochen wurde. Nicht auszuschliessen ist, dass der Klerus die Prozesstermine auf die ihm wohl bekannten Lebenszyklen der Insekten abstimmte, um den naturbedingten Rückzug der Larven zur Verpuppung als Folge einer wirksamen Exkommunikation hinstellen zu können.

Unter Exkommunikation versteht man heute den Ausschluss von den Sakramenten. Diese Ausgrenzung hindert die Exkommunizierten aber nicht daran, an den heiligen Handlungen passiv teilzunehmen. In den alten Tierprozessakten bezeichnet die Exkommunikation den Kirchenbann. Damals unterschied man noch zwischen dem kleinen und grossen Bann. Während der kleine Bann den Ausschluss von den Sakramenten und den Verlust von Kirchenämtern bewirkte, löste der grosse Bann alle Beziehungen zur Kirche auf und kam einer physischen Vertreibung aus der Kirchgemeinde gleich. Das so genannte *Anathema*, die feierliche Form des grossen Banns, zog meistens auch weltliche Strafen nach sich und wurde vor allem in der Westschweiz ausgestossen. Der Kirchenbann wurde noch einige Zeit nach der Reformation auch von der protestantischen Kirche ausgesprochen. So 1559 in Dresden, als der Pfarrer in der Kreuzkirche die Spatzen bannte[35], weil sie während der Predigt «durch solche ärgerliche Vöglerei und hinterlicher Getzschirpe und Geschrei» die Aufmerksamkeit der Zuhörenden gestört hatten.

Im 16. Jahrhundert scheinen immer mehr Menschen an der Rechtmässigkeit der Tierprozesse gezweifelt zu haben. 1597 werden in Deutschland die Schildbürger-Schwänke von Paul Brachfeld veröffentlicht, die zum Teil auch Satiren auf die Tierprozesse waren. Eine dazumal beliebte Parodie handelt von einem Verfahren gegen ein Schwein, das sich in einer Scheune am Hafer gütlich getan hatte und darum vor Gericht zitiert wurde. Der Dieb wurde von der «ganze Gemein» zum Tode verurteilt. Ein Zetergeschrei erhob sich, und der Richter brach seinen Stab. Das Schwein kam dann gleich unter das Metzgermesser und sein «Hab, Gut, Haut und Haar» fiel den Richtern zum leiblichen Genuss zu. Diese Anspielung auf die spiegelnden Strafen soll das Publikum ungemein belustigt haben. Eine weitere Satire berichtet von einem Krebs, der sich mit seinen Scheren als Schneider ausgegeben hatte und einen Bauern zu Tode zwickte. Das betrügerische Wassertier wurde zum Tode verurteilt.[36] Um 1750 scheint sich der Exorzismus in Form von Tierexkommunikationen und -malediktionen in Europa zu verlieren. Die magische Beschwörung wurde indessen verkirchlicht und als Abwehrmittel gegen Insekten bis mindestens Ende des 19. Jahrhunderts ausgeübt. In der Schweiz fand die letzte Bannung der Maikäfer 1829 statt.

Das Begreifen der aus heutiger Sicht lächerlichen Tierprozesse setzt ein Verständnis des religiösen Überbaus in der mittelalterlichen Gesellschaft voraus. Als im Bistum Chur im 15. Jahrhundert ein Prozess gegen Maikäfer[37] dreimal abgehalten wurde, hatte wohl keiner am Gerichtshof die naive Vorstellung, dass Insekten genügend Verstand hätten, um das Urteil zu Kenntnis zu nehmen. Es wurden eigentliche Gespensterprozesse abgehalten, bei denen die den Tieren innewohnenden Menschen- und Dämonenseelen angesprochen wurden. Den Tieren selbst, die als Gottes Geschöpfe betrachtet wurden, brachte man indessen ein gewisses Mass an Mitleid entgegen. Jedenfalls wurde den schädlichen Käfern im Bistum Chur über lange Zeit immer wieder ein unfruchtbares Stück Land oder Wald zugewiesen, auf dem sie sich ohne den Bauern zu schaden ungestört vermehren konnten.

Der amerikanische Orientalist und Forscher Edward Payson Evans (1831–1917), der ein Standardwerk[38] über die europäischen Tierprozesse schrieb, erinnert daran, dass selbst leblose Gegenstände von Dämonen besessen sein konnten und deshalb vor Strafe nicht geschützt waren. Als der russische Fürst Dimitri, ein Sohn von Iwan II, 1591 einem Attentat zum Opfer fiel, gab die grosse Glocke von Uglich das Signal zum Volksaufstand. Die ungehörige Glocke wurde verurteilt und mit den Revolutionären zusammen nach Sibirien verbannt. Dort blieb sie dreihundert

Jahre lang in einem Turm von Tobolsk. 1892 wurde sie begnadigt und fand ihren Weg nach Uglich zurück.

Tierprozesse hatten ihren Preis. Nachdem die Einwohner von Locarno (TI) im Mai 1660 von Papst Alexander VII eine Malediktion gegen Schädlinge verlangten, hatten sie eine Rechnung aus dem Vatikan zu begleichen. Der Heilige Vater erhielt zur Entschädigung von den Tessinern vier Pistolen und einen römischen Taler.[39]

Bis zu Beginn der Neuzeit war das Tier gewissermassen eine Person, ein im menschlichen Sein integrierter Teil der Natur. Im Waadtland soll nach einer Rechtslegende die Tötung von Störchen gar mit der gleichen Härte bestraft worden sein wie ein Mord an Menschen. Karl von Amira erinnert in diesem Zusammenhang an den alten Volksglauben, dass Störche Verwandte des Menschen seien.[40] Die Abspaltung der Tierwelt vom menschlichen Existenzgefühl ist ein Erbe der Renaissance, als die aufkommenden Naturwissenschaften eine Distanzierung zu den untersuchten Objekten forderten.

Weltliche Tierprozesse wurden in Europa noch im 20. Jahrhundert fortgesetzt. Einer der letzten fand 1906 in Délémont (JU) statt. Angeklagt waren zwei Raubmörder, Vater und Sohn, namens Scherrer und ihr Hund. Während die beiden Männer zur lebenslänglichen Gefängnisstrafe verurteilt wurden, legte man dem Hund die Todesstrafe auf. Das Gericht betrachtete ihn als Hauptschuldigen, ohne dessen Komplizenschaft das Verbrechen nicht möglich gewesen wäre.[41]

Hintergründe der Tierschutzgesetze

Widersprüche im Umgang mit den Tieren gab es überall und zu allen Zeiten. Neben den historischen Brutalitäten fehlt es auch nicht an historischen Zeugnissen von tierfreundlichen Institutionen und Verordnungen.

Eines der ältesten Schweizer Tierschutzmandate stammt aus dem 15. Jahrhundert. 1485 verbot der Rat der Stadt Zürich die Fuchsjagd in den Zürcher Gebieten. Die Bevölkerung, die jährlich einen Eid gegenüber der Regierung abzulegen hatte, musste sogar schwören, Fehlbare anzuzeigen. Wer gegen das Fuchsfangverbot verstiess, hatte mit einer gnadenlosen Strafbusse von einem Pfund und fünf Schillingen zu rechnen.[42] Ob ökologische Erwägungen oder gar Tierliebe das Motiv dieses Erlasses waren, ist stark zu bezweifeln. Möglicherweise standen hinter dem Verbot die Interessen weitsichtiger Kürschner, die sich um den Fortbestand ihrer Ressourcen sorgten. Ebenso wenig düfte das Zürcher Mandat aus dem Jahre 1680, wonach «das Tragen der Marder um den Hals an Männer und Weibspersonen in der Statt herum [...] verboten» wurde, aus tierschützerischen Überlegungen motiviert gewesen sein. Der feine Marderpelz war für die sittenstrengen Zürcher Protestanten Ausdruck eines hoffärtigen Lebensstils. Ganz abgesehen davon galt der Marder, bildlich gesprochen, als abgefeimter Dieb.[43]

Auf der anderen Seite gelangten alte germanische Rechtsnormen, die schon in der Edda zum Ausdruck kommen, zum Teil bis in die Neuzeit hinein zur Anwendung. Nach einer Aufzeichnung aus England hängte man eine getötete Katze so auf, dass sie mit der Nase den Erdboden berührte. Der Totschläger musste dann zur Sühne so viel Weizen aufhäufen, dass die Katze nicht mehr zu sehen war.[44]

Den Rechtsbrauch der Kornbusse finden wir in der Zürichseegemeinde Erlenbach (ZH) wieder. Bis mindestens 1780 galt dort ein Katzenrecht, nach welchem dem Tiereigner ein Wergeld für eine verletzte oder umgebrachte Katze zugesprochen wurde. Zuständig für die Durchsetzung dieses Katzenrechts war der damalige Obervogt von Erlenbach, Ratsherr Heinrich Füssli. Ein Dorfbewohner sprach beim ihm vor und verklagte einen Nachbarn, der seine Katze totgeschlagen hatte. Der Obervogt versuchte den Kläger zu überreden, diesen ihm unbedeutend erscheinenden Fall nicht weiter zu verfolgen. Doch der Dorfbewohner pochte auf das alte Katzenrecht. Auf die Frage des Obervogts, was er damit meine, erklärte ihm der Kläger das geltende Recht: Wenn jemand einem anderen eine Katze totschlage, so sei dieser der Balg abzuziehen und mit vier Stecken auf den Erdboden zu spannen. Dann müsse der Totschläger so viel Korn auf den Balg schütten, dass dieser damit ganz bedeckt sei. Das Korn gehöre dann dem Eigentümer der getöteten Katze.[45]

Ironie des Schicksals: Die Erlenbacher schimpfte man «Geissehänker» (= Ziegenhenker). Mit diesem Spitznamen wurden sie vor allem von ihren nachbarlichen Erzfeinden geneckt. Das waren die «Chrotestächer» (= Krötenstecher) aus Küsnacht und die «Lungesüüder» (= Lungensieder) aus Zollikon. Über den Ursprung des Übernamens «Geissehänker» gibt es etwa vier Schnurren. Keine davon hat etwas mit einer rituellen Ziegenopferung zu tun. Die gängigste Erzählvariante berichtet von einem tragischen Vorkommnis, als die Erlenbacher auf die unglückliche Idee kamen, das auf einem Vordach des ehemaligen Kirchturms[46] spriessende Gras durch eine Ziege abweiden zu lassen. Sie banden dem Tier einen Strick um den Hals und zogen es mühevoll auf den Kirchturm. Als das Tier endlich oben ankam, war es erdrosselt.[47]

Einer anderen Version zufolge besass ein Untervogt von Erlenbach, seines Zeichens ein Schneider, einmal eine bösartige Geiss, die ihrem

Besitzer allerlei Tücken spielte. Er hielt sie am Ende für eine Hexe und liess sie vor das Dorfgericht bringen. Dieses fällte nach ergangener Klage des Untervogtes das Todesurteil. Noch vor der Morgendämmerung wurde die Geiss vom Dorfwächter am nächsten Birnbaum gehängt.[48]

Eine Zürcher Persönlichkeit, die sich schon im 17. Jahrhundert für den Tierschutz engagierte, war der reformierte Oberpfarrer Johann Jakob Breitinger (1575–1645). Er erbarmte sich der damals unerbittlich verfolgten «Taucherli» (= Blässhühner) und verfasste eine Bittschrift an den Stadtrat. Für dieses Schutzgesuch wählte er eine für die damalige Zeit ungemein originelle Form. Er schrieb dem Rat im Namen der Böllenen (= Blässhühner):

«...Wir werdend innert den schranken unserer freyheit sehr vervolget und bekümmberet und ihr mügend gestatten, dass by tag und nacht zu uns unbewaffneten geworffen, geschlagen, geschossen oder dasselbig zu finden wüsind an anderen ohrten, verborgen, dass usserhalben diser kleinen becirks wir zumahl allsamen verderbend müssind...»[49]

Man mag sich fragen, warum Seelsorger Breitinger sich für die Blässhühner einsetzte und die heute so beliebten Schwäne an den Gestaden des Zürichsees ausser Acht liess. Der heute verbreitete Höckerschwan ist ein junger Gast, der sich erst im 20. Jahrhundert im Zürichsee ansiedelte. Die Stammeltern der Zürcher Schwäne wurden 1929 von St. Gallen aus im Walensee ausgesetzt, und von dort kamen sie nach Zürich geflogen. Im alten Zürich gab es nur den seltenen Singschwan. Und «Wilde Schwanen gibt es auch, wenn gar grimmig kalte Winter einfallen», schrieb Erhard Escher im Jahre 1692.[50]

Tierfreundliche Gepflogenheiten kannte die Stadt Winterthur lange bevor das erste Tierschutzgesetz 1822 vom englischen Parlament gutgeheissen wurde. Schon 1480 hatten der Schultheiss und der Rat von Winterthur verordnet, «dass auf der Oberwiese fürohin niemand seine Wiesen einzäunen, sondern sie offen sein sollen, das Vieh zu seinen Zeiten darauf zur Weide gehen zu lassen».[51] Die Viehwirtschaft war gemeinschaftlich organisiert, und für das Wohl der Herden ernannte der Schultheiss jeweils einen Weideadjunkt.

In späteren Jahren wurde dieser beamtete Kuhhirte, wie auch die Magistraten der Stadt Winterthur, am grossen Wahltag neu bestellt. Dieses Ehrenamt der Kuhaufsicht wurde grosszügig besoldet und war von den Einwohnern begehrt. Im Winterthurer Rat gab es zudem einen Magistraten, der den offiziellen Titel «Thierherr» führte. Einerseits hatte er die Aufsicht über die Hirschrudel, welche sich im Stadtgraben aufhielten, und andrerseits war er der Vorgesetzte des beamteten Kuhhirten.

Dieses sonderbare Amt wurde 1764 zum letzten Mal durch einen Winterthurer Pfleger namens Sulzer zur Arch besetzt.[52]

Auch die Stadt Zürich hatte, Jahrhunderte bevor der «Zürcherische Verein gegen Thierquälerei»[53] 1855 gegründet wurde, seinen eigenen Tierherrn. Er sass im Kleinen Rat und hatte die Aufsicht über das Wild im Hirschengraben. Er beschäftigte einen Hirschhüter, dessen Pflicht es war, zu den Edelhirschen im Stadtgraben Sorge zu tragen und sie alle Tage fleissig zu füttern. Insbesondere hatte er auf die frisch geworfenen Hirschlein zu achten und aufzupassen, dass das scheue Jungwild von den Passanten nicht mit Steinen beworfen wurde.[54]

Die Tierhaltung in den Stadtgräben von Winterthur, Zürich oder Aarau kann wohl als eine Frühform der zoologischen Gärten betrachtet werden. Die amtliche Fürsorge, die in diesen Städten dem Wild zukam, war aber eher durch die feine Zunge der Stadtväter gelenkt als durch selbstlose Tierliebe der Behörden. Denn die Wildhaltung in den Stadtgräben diente, was für die Stadt Zürich verbürgt ist, in erster Linie als Frischfleisch-Reservoirs, auf die bei hohen Staatsvisiten zurückgegriffen werden konnte.

Einen Sonderfall bildete wohl von Anfang an der berühmte Bärengraben in der Stadt Bern. Die Tiere wurden dort schon vor Jahrhunderten von der Obrigkeit mit rührender Fürsorge bedacht. Ein Beispiel aus dem Speisezettel der Berner Wappentiere: Einem Bärenweibchen und seinen Jungen wurden 1656 Weissbrot (!), Milch und Obst verfüttert. Diese Leckerbissen mussten vom Oberen Spital bereitgestellt werden.

Ende Januar 1657 fasste die Venner-Cammer einen wichtigen Beschluss zum Wohl der Berner Bären: «Wylen die Bärenmutter schmächdräsig [= schnäderfrässig] und nit von dem brot uss obigem mäl [= Mehl aus dem Oberen Spital] gebachen fressen will, als soll H. Buwh. Koler ein bar müt [= Masseinheit] gut Dinkel mahlen und darby diser Bärin zu fressen verbachen lassen, hiermit ihr Guts thun, so lang die Bärenbetti währen wird, damit die Jungen desto bas geniessen mögind.» 27 Jahre später macht sich Protest aus sozialen Gründen laut: «Den Gesellschaftsarmen das gute Getraid besser zu gönnen als den Bären.»[55]

Eine tragische Episode, an die sich die Berner wehmütig erinnern, ist die Deportation der Bären aus dem Bärengraben durch die französischen Besatzungstruppen im Jahr 1798. Ein tot geborenes Bärchen, das die Soldaten im Graben zurückliessen, wurde pietätvoll geborgen und als Erinnerung an den letzten Bären des alten Bern ausgestopft. Das Bärenkind, auf dessen Schild die wehmütige Inschrift *Antiquum obiit* zu lesen ist, gehört zu den musealen Kuriosa des Bernischen Historischen Museums.

Die unsinnige, grotesk anmutende Zusammensetzung des Tierfutters zeigt die menschenzentrierte Denkweise der Tierhalter und ihre völlige Unkenntnis artgerechter Ernährung. Was in den frühen zoologischen Gärten und Menagerien den Tieren zum Frass vorgeworfen wurde, entbehrt aus heutiger Sicht jeder Vernunft. Als Beispiel sei das tägliche Frühstück des so genannten Falkenstein-Gorillas erwähnt, der 1876 für das Berliner Aquarium erworben wurde: ein paar Würstchen, eine zünftige Portion Käse, belegte Brötchen und vor allem viel kühles Weissbier. Trotz diesem für einen afrikanischen Urwaldbewohner wenig bekömmlichen Berliner Menü, blieb der Affe von Berlin noch 16 Monate am Leben.[56]

Gesetzlicher Tierschutz im heutigen Sinne ist eine englische Errungenschaft aus dem Jahre 1822. Akte der Tierquälerei wurden aber schon vorher hin und wieder vor ein Strafgericht gebracht. Eine Vorreiterrolle im deutschen Sprachraum spielte das Königreich Sachsen. Beispielsweise wurde dort 1765 ein Rohling, der einer Kuh die Zunge zur Hälfte herausgeschnitten hatte, von der Leipziger Juristenfakultät zu sechs Wochen Gefängnis verurteilt. Und ein Postillon, der seine Pferde zu Tode gehetzt hatte, musste für zwölf Tage wegen «unmenschlichen Beginnens» hinter Gitter. Diese Tatbestände wurden als ahndungswürdige Quälereien deklariert.[57]

Die englischen Tierschutzgesetze erhielten um die Mitte des 19. Jahrhunderts zunehmenden Beifall aus dem Kontinent. So wurde die Verordnung von 1854, die den Einsatz von Hunden als Zugtiere ohne vorgängiges tierärztliches Gutachten verbot, 26 Jahre später von der Stadt Köln übernommen. Im gleichen Jahr folgte Zürich dem guten Beispiel und erliess eine entsprechende Polizeiverordnung.[58]

Ein Jahrhundert später, Ende 1999, hätte der schweizerische Nationalrat über Gesetzesvorschläge diskutieren sollen, die dem Tier einen rechtlichen Status einräumen, der über demjenigen einer Sache liegt. Die Initianten griffen damit ein altes Postulat auf, das schon Arthur Schopenhauer (1788–1860) formuliert hatte:

In den Tieren sei nicht ein Objekt zu erkennen, sondern ein Subjekt, dem gegenüber sittliche Pflichten bestehen können.[59]

Nach der eingereichten Vorlage sollten gefundene Tiere nicht wie gefundene Gegenstände erst nach fünf Jahren in den Besitz des Finders übergehen, sondern schon nach drei Monaten. Ausserdem wurde die Möglichkeit von testamentarischen Vorkehrungen vorgeschlagen, damit für ein Haustier auch nach dem Tod des Besitzers artgerecht gesorgt werde. Doch die Diskussion wurde in der Grossen Kammer abgeblockt.[60] Damit wurde zu Ende des zweiten Jahrtausends ein im römischen Recht verankertes Denken zementiert, das Tiere als Reflexmaschinen betrachtet und den Sachen zuordnet.

Abkürzungen

Bibliografische Abkürzungen

AaTh	Aarne, Antti und Thompson, Stith: *The Types of the Folktale. A classification and Bibliography,* 2. Aufl., Helsinki 1961
EM	Brednich, Wilhelm / Bausiger Hermann et al. (Hrsg.): *Enzyklopädie des Märchens. Handwörterbuch zur historischen und vergleichenden Erzählforschung,* Berlin, New York 1999 [Reprint Ausg. 1977 ff.]
HDA	Bächtold-Stäubli / Hoffmann-Krayer (Hrsg.): *Handwörterbuch des deutschen Aberglaubens,* Berlin, New York 1987 [Reprint Ausg. 1927 ff.]
KHM	*Kinder- und Hausmärchen, Gesammelt durch die Brüder Grimm,* KHM 1–2, [Vergrösserter Nachdr. der zweibändigen Erstausg. von 1812 und 1815], Göttingen 1986
SAVk	Schweizerisches Archiv für Volkskunde, Basel [Zeitschr.]
SfVk	Zeitschrift des Vereins für Volkskunde. (Fortgesetzt unter dem Titel:) Zeitschrift für Volkskunde, Basel

Allgemeine Abkürzungen

a.a.O.	am angeführten Orte
Adapt.	Adaptation
AG	Kanton Aargau
AI	Kanton Appenzell IR
al. et alii	und andere
Anon.	Anonym
AR	Kanton Appenzell AR
AT	Altes Testament
Aufl.	Auflage
Aug.	August
Ausg.	Ausgabe
Bd.	Band
Bearb.	Bearbeitung
BL	Kanton Baselland
BS	Kanton Baselstadt
BE	Kanton Bern
D	Deutschland
d.Ä.	der Ältere
Ders.	Derselbe
Dez.	Dezember
E	Spanien
Ebd.	Ebenda
F	Frankreich
f.	folgende Seite
Febr.	Februar
ff.	folgende Seiten (auch folgende Jahre)
FR	Kanton Freiburg
GB	Grossbritannien
GE	Kanton Genf
gem.	gemäss
Ges. Werke	Gesammelte Werke
Gft.	Grafschaft
GL	Kanton Glarus
GR	Kanton Graubünden
GRE	Griechenland
H.	Heft
hl.	heilige
Hrsg.	Herausgeber
HS	Holzschnitt
HU	Ungarn
I	Italien
i.A.	im Amt
Info.	Information
Jan.	Januar
Jh.	Jahrhundert
JU	Kanton Jura
KM	Kindermärchen
KS	Kupferstich
Kt.	Kanton
Lith.	Lithografie
LU	Kanton Luzern
mda.	mundartlich
Ms.	Manuskript
n. Chr.	nach Christus
Nachdr.	Nachdruck
NE	Kanton Neuchâtel
Nov.	November
NT	Neues Testament
NW	Kanton Nidwalden

o.A.	ohne Angaben	Sprachadapt.	Sprachadaptation
o.J.	ohne Jahresangabe	SZ	Kanton Schwyz
o.O.	ohne Ortsangabe	TG	Kanton Thurgau
Okt.	Oktober	TI	Kanton Tessin
OW	Kanton Obwalden	UR	Kanton Uri
Pers.	Persönliche	v.Chr.	vor Christus
Prov.	Provinz	v.Verf.	vom Verfasser
RO	Rumänien	VD	Kanton Waadt
S.	Seite	Vgl.	Vergleiche
s.	siehe	VS	Kanton Wallis
Sept.	September	ZBZ	Zentralbibliothek Zürich
SG	Kanton St. Gallen	Zeitschr.	Zeitschrift
SH	Kanton Schaffhausen	ZG	Kanton Zug
SO	Kanton Solothurn	ZH	Kanton Zürich
Sp.	Spalte	zit. n.	zitiert nach

Bildnachweis

S. 19	HS, aus: Münster, S..: *Cosmographia*, Basel 1544, ZBZ
S. 22	KS, Merian d.Ä., M.: Einzelblatt, aus: *Herrschaftliche Jagdbilder*, Öffentli che Kunstsammlung Basel, Kupferstichkabinett
S. 28	KS, aus: Schott, G.: *Physica curiosa,* Würzburg 1667, ZBZ
S. 50, 110, 242	HS, aus: Wonnecke, J.: *Ortus sanitatis*, Mainz 1497, ZBZ
S. 53	aus: Milt, B.: *Schweizer. Singvögel, Conrad Gessner's Vogelbuch*, SG 1951
S. 55, 104, 196	HS, aus: Gesner, K.: *Allgemeines Thier-Buch*, Frankfurt a. M. 1569
S. 62	KS, unb. Künstler, 1788, Grafische Sammlung des Stiftes Einsiedeln
S. 66, 204	HS, Anon.: *Calendrier des bergers*, Paris 1493, aus: Faksimile Paris 1926
S. 128, 101, 113, 190	HS, Anon.: *Das Buch der Weisheit,* Ulm 1483, aus: Faksimile Wien 1925
S. 140, 213	KS, aus: Maier, M.: *Atlanta fugiens,* Oppenheim 1618, ZBZ
S. 149	Foto, Wolfensberger, R.: *Katzenmaske von Albert Willi*, Museum Rietberg
S. 150	HS, Herr, M.: o.T., Strassburg 1546, aus: Nissen Claus: *Die zoologische Buchillustration*, a.a.O., ZBZ
S. 156	KS, Anon., aus: *Icones arborum fruticum et herbarium*, o.A. [17. Jh.], o.O.
S. 187	Einblatt-HS, Dürer A., Ausschn., aus: Nissen Claus, a.a.O., ZBZ
S. 200	KS, Ausschn., aus: Scheuchzer, J. J. d.J.: *Nova Helvetiae tabula geographi ca,* Zürich 1712, ZBZ
S. 203	HS, aus: Stumpf, J.: *Gemeiner löblicher Eydgenossenschaft Stetten, Landen und Völkern Chronik*, Zürich 1548, ZBZ
S. 207	KS, aus: Kircher, A.: *Mundus subterraneus,* Amstel. 1665, ZBZ
S. 213	KS, aus: Böhme, J.: *Theosophische Werke*, Amsterdam 1682, ZBZ
S. 219	HS, aus: Valenti, M.: *Museum museorum*, Frankfurt a.M. 1704–1714, ZBZ
S. 222	HS, aus: Einhorn, J.: *Spiritalis unicornis. Das Einhorn als Bedeutungsträger in Literatur und Kunst des Mittelalters,* München 1976, ZBZ
S. 225	KS, Füssli, J. H., *Die Fruchtbarmachung Ägyptens*, 1791, aus: Darwin, W.: *The botanical garden*, London 1790, ETH Bibliothek, ZH
S. 230	Lith, Vernier, E. [nach Maurice Sand], aus: *Légendes rustiques,* Paris 1858
S. 235	Zeichn. aus: Goens, J.: *Loups-garous, vampires et autres monstres,* Paris 1993
S. 237	HS, aus: Molitor, U.: *De Lamiis et phitonics mulieribus*, Köln 1489, aus: Gaël, M.: *Les Chiens de Dieu*, Brest 1993, ZBZ
S. 259	KS, Hermitte, L.: Ausschn., o.J., aus: Sorel A., *Procès contre les animaux et insectes suivis au moyen-âge*, Compiègne 1877, ZBZ
S. 262	Federzeichnung kol., Ausschn., aus: Bernhard, J.: *Flugblatt*, o.O. 1576, Sam mlung Wickiana, ZBZ
S. 266	Zeichnung, aus: Bodenheimer, F: *Materialien zur Entomologie bis Linné,* Bd. 2, Berlin 1928–29, ZBZ

Anmerkungen

Wilde Tiere, wilde Jagd

1 Henrich, Josef: *Vorträge. Das Tier im Leben des Menschen*, Bregenz 1932, S. 17

2 Arrian, Flavius: *Cyneticus oder Büchlein von der Jagd* [Anh. zum gleichn. Buch v. Xenophon], Berlin-Schöneberg, o. J., zit. n. Lutz, Albert: *Die Zürcher Jagd*, Zürich 1963, S. 29

3 Inventar-Nr. 23 096
Guyan, Walter Ulrich: *Stein am Rhein. Kelten – Römer – Germanen,* in: *Helvetia archaeologica,* Bd. 22/23, Basel 6/1975, S. 61 ff.

4 Panter und Leopard sind gleichwertige Bezeichnungen für die gleiche Tierart *(Panthera pardus).*

5 Guyan, Walter Ulrich: *Stein am Rhein,* a.a.O., S. 64

6 Rensberger, Boyce: *Der Kult mit der Wildnis*, Berlin 1980, S. 35

7 Stähelin Felix: *Die Schweiz in römischer Zeit,* Basel 1948, S. 468, zit. n. Lutz Albert: *Die Zürcher Jagd*, a.a.O., S. 31

8 Lévy-Bruhl, L[ucien]: *Les fonctions mentales dans les sociétiés inférieures*, 1892, zit. n. Meuli, Karl: *Gesammelte Schriften*, Bd. 2, Basel 1975, S. 94 f.

9 Vgl. Cérésole, Alfred: *Les légendes des alpes vaudoises*, zit. n. Andree, Richard: *Ethnographische Parallelen und Vergleiche*, Leipzig 1889, S. 44

10 Gasser, A[rnold] / Schmid V.: *Jägerbräuche und Aberglaube*, in: *Die Jagd in der Schweiz*, Bd. 2, Genf / Winterthur 1952, S. 185

11 Mitteilung von H. Bloetz, zit. nach Meuli, Karl: *Gesammelte Schriften*, a.a.O., S. 1002

12 Mitteilung von A[ndrea] Schorta, zit. nach Meuli, Karl: *Gesammelte Schriften*, a.a.O., S. 1002

13 Staub, Friedrich / Tobler, Ludwig (Hrsg.): *Schweizerisches Idiotikon. Wörterbuch der schweizerdeutschen Sprache*, Bd. 4, Frauenfeld 1901, Sp. 624. Vgl. Sonder, A[mbros]: *Das ländl. Leben der Unterengadiner Gemeinde Tschlin,* 1944, zit. nach Meuli Karl, a.a.O, S. 1003

14 «Bräusi», oder «Brausi», «Bransi» etc. kommt von brenzeln bzw. brennen in der Bedeutung von «Geröstetes».

15 Herz, Nieren, ein Stück Leber, Bauchspeicheldrüse, Milz, Stücke der Haut (speziell vom Hals), gelegentlich auch Teile der Lunge sowie «Öhrli», «Schnörrli» und Schwanz

16 Meuli, Karl: *Gesammelte Schriften,* Bd. 2, a.a.O, S. 1003

17 Röhrich, Lutz: *Der Herr der Tiere,* in: *Tiere und Tiergestaltige im Märchen*, Regensburg, S. 30 ff.

18 Tschumi, Otto: *Urgeschichte der Schweiz*, Frauenfeld / Leipzig 1926, S. 120

19 Die vermutlich 570 v. Chr. in der spartanischen Koloniestadt Tarent erzeugte *Hydria* (= Wassergefäss) dürfte als Gastgeschenk eines südeuropäischen Handelsherrn in das Gebiet der heutigen Schweiz gelangt sein, um damit vom Fürsten freies Geleit zu erhalten. Vgl. Sälzle, Karl: *Tier und Mensch. Gottheit und Dämon*, München 1965, S. 58 f.

20 Willi, Andreas: *Flora Alpina. Sammlung von Sagen u. Geschichten aus dem Haslithal,* Meiringen 1885, S. 151, zit. n. Keckeis, Peter (Hrsg.): *Sagen der Schweiz. Bern*, Zürich 1986, S. 200

21 Vgl. Röhrich, Lutz: *Europäische Wildgeistersagen*, in: *Sage und Märchen*, Freiburg i. Br. 1976

21 Tscheinen, Moritz / Ruppen, Peter Joseph: *Walliser-Sagen*, Sitten 1982, zit. n. Keckeis, Peter (Hrsg.): *Sagen der Schweiz. Wallis,* Nr. 71, Zürich 1986, S. 280

23 Jegerlehner, J[ohann]: *Am Herdfeuer der Sennen. Neue Märchen und Sagen aus dem Wallis,* Bern 1908, S. 233 ff. [Kürzung durch den Verf.]

24 Waibel, Max / Loosli, Arthur: *Auf den Spuren der Zwerge,* Thun 1998, S. 44 f.

25 Ebd.

26 Vgl. Tscheinen, Moritz / Ruppen Peter Joseph: *Walliser-Sagen,* Nr. 34, Zürich 1989, S. 39 [Reprint Ausg. Sitten 1872]

[27] Tschudi, Friedrich von: *Das Thierleben der Alpenwelt*, Leipzig 1854, S. 339

[28] Sooder, Melchior / Dauwalder, Hans: *Zelleni us em Haslital*, Meiringen 1984, S. 71 [Schriftdeutsche Adapt. v. Verf.]

[29] Vgl. Kuoni, J[akob]: *Sagen des Kantons St. Gallen*, S. 206 f.

[30] Ebd.

[31] Tarnuzzer, Ch[r.]: *Der rhätische Jägerfürst Gian Marchet Colani*, o. J., o. O., zit. n. Schenk, Paul: *Ohne meiner gnädigen Herren Willen*, in: Schenk, Paul (Hrsg.): *Jagd und Naturschutz in der Schweiz*. Basel 1966, S. 53

[32] Anonym: *Jagdabenteuer des berühmten Bärenjägers Jakob Küng wohnhaft in Salsana bei Scanfs, Oberengadin*, Turin 1874

[33] Tschudi, Friedrich von: *Das Tierleben der Alpenwelt*, a.a.O., S. 351 f.

[34] Ebd., S. 391

[35] Röhrich, Lutz: Referat vom 31.10.1999, zit. n. schriftl. Info. von Ursina Lüthi, Märchen- und Sagenbücher, Zürich

[36] Bei der Drachenzunge von Wilten handelt es sich um das *Rostrum* eines Schwertfisches *(Xiphias gladius)*. Vgl. Abel, Othenio: *Vorzeitliche Tierreste im deutschen Mythus, Brauchtum und Volksglauben*, Jena 1939, S. 194 f.

[37] Hediger, Heini: *Jagdzoologie auch für Nichtjäger*, Basel o.J., S. 42

[38] Zoologisches Museum der Universität Zürich (Hrsg.): *Der Steinbock*, Zürich 1976, S. 33

[39] Möglicherweise hängt diese Zahlenmagie mit dem Neuen Testament (Mt. 18,22) zusammen, wo von der 77-fachen Vergebung die Rede ist.

[40] Büchli, Arnold: *Sagen aus Graubünden*, Bd. 2, Aarau, o.J., S. 100 f.

[41] Inglin, Mainrad: *Verhexte Welt*, 1958, zit. n. Brunner Ungricht, Gabriela: *Die Mensch-Tier-Verwandlung. Eine Motivgeschichte unter besonderer Berücksichtigung des deutschen Märchens in der ersten Hälfte des 19. Jahrhunderts*, Bern 1998, S. 120

[42] Ebd.

[43] Tschudi von, Friedrich: *Das Thierleben der Alpenwelt*, a.a.O., S. 174 f.

[44] HDA, Bd. 2, Sp. 655 f.

[45] Das «Wilde Feuer» ist ein unspezifischer, historischer Krankheitsbegriff, der unter anderem flächenhaft fortschreitende Entzündungen des Zellgewebes *(Phlegmone)* oder die Wundrose *(Erysipelas)* bezeichnete. Der Begriff wurde auch für Milzbrand *(Anthrax)* und Reizbläschen *(Herpes simplex)* verwendet. Möglicherweise brachte man die «Feuerblatter» *(= Herpes)* mit dem «Wilden Feuer» deshalb in Verbindung, weil es in der Vorstellung der Betroffenen von einem «Wilden Männlein» gebracht wurde. Vgl. Höfler, M[ax]: *Deutsches Krankheitsnamen-Buch*, München 1899, S. 137

[46] HDA, Bd. 2, Sp. 656

[47] Mariétan, I[gnace]: *Légendes et erreurs se rapportant aux animaux*, in: *Bulletin de la Murithienne*, H. 58, o.O. Sept. 1941, S. 32, [Sonderdruck aus dem Besitz von Karl Meuli, Basel. Deutsche Sprachadapt. v. Verf.]

[48] Vonbun, Franz Josef: *Beiträge zur deutschen Mythologie, gesammelt in Churrhätien*, Chur 1862, S. 56 f., zit. n. Petzoldt, Leander: *Deutsche Volkssagen*, München 1978, S. 198, Nr. 321

[49] Jecklin, Dietrich: *Volkstümliches aus Graubünden*, Zürich 1980, S. 70, Nr. 8 [Reprint Ausg. Chur 1878]

[50] Vgl. Tauxe, Henri-Charles: *Die unbekannte Schweiz: Ihre Stätten und ihre Geschichten*, Paris / Lausanne o.J., S. 112

[51] Herrmann, Paul: *Deutsche Mythologie*, Berlin 1996, S. 151 f. [Reprint Ausg. Leipzig 1898]

[52] Meuli, Karl: *Gesammelte Schriften*, Bd. 1, a.a.O., S. 237

[53] Das Motiv des Wilden Mannes ist beispielsweise auf dem Grabstein von Anna Elisabeth Holtzhalb im Kloster Kappel (ZH) zu sehen. Sie war das Töchterchen des dortigen Zürcher Amtammanns und starb 1675 im Alter von neun Jahren.

[54] Inventar der Wirtshausschilder, Schweizerisches Landesmuseum. Die Wirtshausbezeichnung «Zum wilden Mann» ist im Zusammenhang mit der so genannten Blochfuhr zu sehen. Nach Beendigung der Winterarbeit kamen die Holzfäller und Flösser aus den Wäldern und trugen einen bekränzten Baum in die nächste Ortschaft mit. Mit dieser Blochfuhr wurden die Wilden Männer wieder zu Menschen. Vgl. Weber Conrad G.: *Brauchtum der Schweiz*, Zürich 1985, S. 336 f. und Creux, René: *Schilder vor dem Himmel*, Lausanne 1962, 173 ff.

[55] Petzoldt, Leander: *Deutsche Volkssagen*, a.a.O., S. 415

[56] Senn, Niklaus: *Tagebuch der Familie Schümi im Unterwasser bei St. Johann 1869*, zit n. Tourist-Info Alt St. Johann: *Geschichtlicher Überblick*, o.J, Alt St. Johann, S. 2

[57] Franz, J. Fr. Pfr.: *Zwinglis Geburtsort, 1819*, zit. n. Tourist-Info Alt St. Johann, a.a.O.

[58] Sooder, Melchior: *Fastnachtsbräuche im Oberaargau*, in: SAVk, Bd. 34, Basel 1936, S. 115 f.

[59] Entsprechende Bärenjagden wurden im Kanton Bern auch im Lindental, im Schwedlenbad bei Oberhöningen und im Wildeneibad bei Bowil durchgeführt. Buri, Christian: *Bärenjagd in Konolfingen*, in: *Das Jahr der Schweiz in Fest und Brauch*, Zürich/München 1981, S. 235 f.

[60] Alford, Violet: *The hobby horse and other animal masks*, London 1978, S. 9 ff. [Sprachadapt. und Kürzung v. Verf.]

[61] Sutermeister, Otto: *Kinder- und Hausmärchen*, Aarau 1869, S. 26

[62] Die «fête du feuillu» wird unter anderem auch in Choully, Plan-les-Ouates, Saconnex-d'Arve, Arare und La Chapelle bei Carouge gefeiert. Christinger, Raymond: *Mythologie de la Suisse ancienne*, Genève 1963, S. 14 f. Vgl. Santschi, Cathérine et al.: *Les plaisirs et les Arts*, in: *Encyclopédie de Genève*, Bd. 10, Fribourg 1994, S. 31 f.

[63] Vgl. Müller, Jürg Paul; Stecher, Rico: *Der Höhlenbär in den Alpen*, Chur 1996, S. 14

[64] Dr. med. Hanspeter Seiler, Rundbrief vom 15.12.1999 (unveröffentlicht)

[65] Morel, Philippe: *Une chasse à l'ours brun il y a 12 000 ans: une nouvelle découverte à la Grotte du Bichon*, in: *Archäologie der Schweiz*, Bd. 16, Nr. 3, Basel 1993, S. 110 ff.

[66] Dazu gehören unter anderem die Veternica-Höhlen in Kroatien.

[67] Dr. med. Hanspeter Seiler, a.a.O.

[68] Vgl. Bächler, Heinz: *Die ersten Bewohner der Schweiz*, Bern 1947

[69] Bächler, Emil Dr.: *Das Wildkirchli*, St. Gallen 1939

[70] Bächler, Emil: *Das alpine Paläolithikum der Schweiz im Wildkirchli, Drachenloch und Wildenmannlisloch*, Basel 1940, S. 188 ff.

[71] Bächler, Emil: *Das Drachenloch ob Vättis im Taminatale, 2445 Meter über Meer und seine Bedeutung als palöontologische Fundstätte und prähistorische Niederlassung aus der Altsteinzeit (Paläolithikum) im Schweizerlande*, in: *Jahresbericht der St. Gallischen Naturwissenschaftlichen Gesellschaft*, Bd. 57, Teil I, St. Gallen 1920 und 1921

[72] Schmid, Elisabeth: *Die C14-Daten von Höhlenbärenschichten im Vergleich zur geologischen Datierung*, in: *Jahrbuch der Schweizerischen Gesellschaft für Ur- und Frühgeschichte*, Bd. 47, Basel 1958/59, S. 104

[73] Leuzinger-Piccand, Catherine / Leuzinger-Piccand, Urs et al.: *Die C14-Daten der Feuerstellen im Drachenloch, Pfäfers SG*, in: *Jahrbuch der Schweizerischen Gesellschaft für Ur- und Frühgeschichte*, Bd. 82, Basel 1999, S. 227 ff.

[74] Bandi, Hans-Georg / Maringer Johannes: *Kunst der Eiszeit*, Basel 1955, S. 90

[75] Pers. Info. von Reto Jagher, Seminar für Ur- und Frühgeschichte, Universität Basel, Jan. 2000, über unveröffentlichte Forschungsarbeiten von Philippe Morel

[76] *Art* heisst auf irisch «Bär»; und *Arktos*, das griech. Wort für «Bär», gab der Arktis ihren Namen, weil sich der Polarstern über dem Sternbild des Grossen Bären orten lässt.

[77] Leibundgut, Annalis: *Die römischen Bronzen der Schweiz. Westschweiz, Bern und Wallis*, Bd. 3, Mainz 1980, S. 16 f. 37 f., 46 f., 66 ff. 193 f.

[78] Christinger, Raymond: *Mythologie de la Suisse ancienne*, Genf 1963, S. 42 f.

[79] Vgl. Hämmerling, Elisabeth: *Bär – Ahne und Heiler. Vom Umgang mit der Wildnis in uns selbst*, Solothurn / Düsseldorf 1993, S. 35

[80] Ebd., S. 37 ff.

[81] HDA, Bd. 2, Sp. 130

[82] Bardorff, Wilhelm (Bearb.): *Brehms Tierleben*, Berlin 1959, S. 240 [Reprint gek., Original-Ausg., o.J.]

[83] Burgerbibliothek Bern, Ms 318

[84] Plischke, [Hans]: *Wildes Heer*, o.A., zit. n. HDA, Bd. 2, Sp. 134

[85] Bardorff, Wilhelm (Bearb.): *Brehms Tierleben*, a.a.O., S. 240

[86] Vgl. Gessner, Konrad: *Thier-Buch*, Frankfurt a. M. 1669, S. 64 [Reprint Hannover 1983].

[87] Steiner, Carl J.: *Die Tierwelt in ihrer Stellung in Mythologie und Volksglauben, in Sitte und Sage, in Geschichte und Literatur, in Sprichwort und Volksfest. Kulturgeschichtliche Streifzüge*, Gotha 1891, S. 57

[88] Lutz, Albert: *Die Zürcher Jagd*, a.a.O., S. 236 f.

[89] Vgl. Tschudi, Friedrich von: *Das Thierleben der Alpenwelt*, a.a.O., S. 483

[90] Müller, Josef: *Sagen aus Uri. Aus dem Volksmunde gesammelt*, Bd. 1, Nr. 241, Basel 1969, S. 163

[91] Müller, Josef/[Wildhaber Robert, Hrsg.]: *Sagen aus Uri. Aus dem Volksmunde gesammelt*, Bd. 3, Nr. 1431, Basel 1945, S. 253

[92] Dieser von Tscheinen in seiner Sagensammlung aufgenommenen Erzählung fehlen Charakteristika einer Sage, es handelt sich hier vielmehr um eine historische Aufzeichnung.

[93] Tscheinen, Moritz /Ruppen, Peter Joseph: *Walliser-Sagen*, Zürich 1989, S. 132, Nr. 124 [Reprint Ausg. Sitten 1872]

[94] Schenda, Rudolf: *ABC der Tiere*, München 1995, S. 229 f.

[95] Sébillot, Paul: *La Faune*, Paris 1984, S. 64 [Reprint Ausg. Paris 1904-1906]

[96] Mariétan, I[gnace]: *Légendes et erreurs se rapportant aux animaux*, a.a.O., S. 32 [Sonderdruck aus dem Besitz von Karl Meuli, Basel. Deutsche Sprachadapt. v. Verf.]

[97] Ebd.

[98] Englert-Faye, Curt: *Der Fuchs im Sack*, in: *Alpensagen und Sennengeschichten aus der Schweiz*, Zürich 1941, S. 125 f. [Schriftd. Adapt. v. Verf.]

[99] Vgl. Knapp, Fritz Peter: *Das lateinische Tierepos*, Darmstadt 1970

[100] Vgl. Goethe, Johann Wolfgang: *Reineke Fuchs*, Stuttgart 1987 [Reprint Ausg. Weimar 1926]

[101] Blankenburg, Wera von: *Heilige und dämonische Tiere*, Köln, 1975, S. 268

[102] Im Emmental zogen Burschen, die einen Habicht erlegt hatten, von Hof zu Hof und liessen sich für das Vorzeigen des erlegten Vogels mit Eiern bezahlen. Vgl. Sooder, Melchior / Dauwalder Hans: *Zelleni us em Haslital*, a.a.O., S. 174

[103] Anonym: *Den Luchs besser verteilen*, in: *Tages-Anzeiger*, Zürich 17.7.1999

[104] HDA, Bd. 5, Sp. 1441

[105] Schröder, Joh., Dr.: *Trefflich versehene Medicin-Chymische Apotheke*, Nürnberg 1685, S. 1303, zit. n. Höfler, Max: *Die volksmedizinische Organotherapie und ihr Verhältnis zum Kultopfer*, Leipzig, o. J., S. 103

[106] Fahz, Ludovicus; *De poetarum Romanorum doctrina magica quaestiones selectae, (Relig. gesch. Vorarbeiten)*, Bd. 2, H. 3, Giessen 1904, S. 154, zit. n. Höfler, Max: *Die volksmedizinische Organotherapie und ihr Verhältnis zum Kultopfer*, a.a.O., S. 103

[107] Der Ortsname Biberist, alt *Biberussa* aus *Biberusia*, deutet auf einen gallischen Ursprung der Siedlung hin.

[108] Vgl. Hubschmid, J[ohann Ulrich]: *Bezeichnungen von Göttern und Dämonen als Flussnamen*, Bern 1947

[109] Lutz, Albert: *Die Zürcher Jagd*, a.a.O., S. 236

[110] Bardorff, Wilhelm [Bearb.]: *Brehms Tierleben*, a.a.O., S. 311

[111] HDA, Bd. 1, Sp. 121

[112] Anonym: *Der Physiologus. Tiere und ihre Symbolik*, Zürich 1995, S. 36 [Übertragen und erläutert von Otto Seel]

[113] Lutz, Albert: *Die Zürcher Jagd*, a.a.O., S. 161 ff.

[114] Davidis, Henriette: *Kochbuch*, Bielefeld o.J. [um 1850], S. 221

[115] Tschudi, Friedrich von: *Das Thierleben der Alpenwelt*, a.a.O, S. 300

[116] Hoffmann-Krayer, Eduard: *Unsere Vögel in Glaube und Poesie des Volkes*, H. 9, Basel 1916, S. 5 [Separatdruck]

[117] Staub, Friedrich / Tobler, Ludwig (Hrsg.): *Schweizerisches Idiotikon, Wörterbuch der schweizerdeutschen Sprache*, Bd. 2, Frauenfeld 1885, Sp. 405

[118] Bardorff, Wilhelm [Bearb.]: *Brehms Tierleben*, Berlin 1959, a.a.O., S. 594

[119] Vgl. Anonym, *Sindbad der Seefahrer*, in: *Die Schönsten Erzählungen aus Tausendundeinernacht*, Wien 1948, S. 51 ff.

[120] Vgl. Gesner, Konrad: *Vogelbuch*, Zürich 1557 [Durch Rud. Heusslin aus dem Lateinischen ins Deutsche gebracht]

[121] Der Bartgeier wird auch «Lämmergeier» oder «Gereifter» genannt.

[122] Pers. Info. von Prof. Rudolf Schenda, 10. 1. 2000

[123] Tschudi, Friedrich von: *Das Thierleben der Alpenwelt*, a.a.O., S. 311

[124] Hoffmann-Krayer, Eduard: *Unsere Vögel in Glaube und Poesie des Volkes*, a.a.O., S. 13

[125] Tscheinen, Moritz / Ruppen, Peter Joseph: *Walliser-Sagen*, Nr. 24, Sitten 1982, S. 32
Vgl. auch Petzoldt, Leander: *Alpensagen*, München 1978, S. 473, Anm. 531: Die Sage vom Raub eines Kindes durch einen Adler (Geier) wurde von Gottfried Keller (1819–1890) in seinem Gedicht «Aroleid» aufgenommen (Ges. Werke, Bd. 10, Zürich 1942).

[1] HDA, Bd. 8, Sp. 1315 ff.
[2] Hoffmann-Krayer, Eduard: *Feste und Bräuche des Schweizervolkes,* Zürich 1992, S. 96
[3] Ebd.
[4] Ebd.
[5] Sébillot, Paul: *La Faune,* Paris 1984, S. 116 [Reprint Ausg. Paris 1904 – 1906]
[6] Gennep, Arnold van: *Manuel du folklore français,* Bd. 8, Paris 1988, S. 3297, 3299
[7] Tacitus wusste zu berichten, dass Tius der oberste Gott der Erminonen war, die das ganze Gebiet zwischen Donau und Spree bewohnten.
[8] Mannhardt erstellte den Fragebogen in den Jahren 1864/65
[9] Steiner, Carl J.: *Die Tierwelt nach ihrer Stellung in Mythologie und Volksglauben, in Sitte und Sage, in Geschichte und Literatur, in Sprichwort und Volksfest. Kulturgeschichtliche Streifzüge,* Gotha 1891, S. 16
[10] Ebd.
[11] HDA, Bd. 5, Sp. 274 ff.
[12] Dass die katholischen Geistlichen als zauberkräftiger als die protestantischen Priester galten, ist unter anderem auf die Tatsache zurückzuführen, dass Volkssagen von der katholischen Kirche nie als Aberglauben abgetan wurden. Vgl. Goez-Rotzel, Elsbeth: *Der Schuldbegriff in der deutschen Volkssage der Gegenwart,* in: *Niederdeutsche Zeitschrift für Volkskunde,* H. 6, o.O., 1928, zit. n. Brunner Ungricht, Gabriela: *Die Mensch-Tier-Verwandlung. Eine Motivgeschichte unter besonderer Berücksichtigung des deutschen Märchens in der ersten Hälfte des 19. Jahrhunderts,* Bern 1998, S. 103
[13] Ramseyer, Rudolf J.: *Das altbernische Küherwesen,* Bern 1991, S. 185
[14] Die Folle ist ein grosser Holztrichter zum Seihen der frischen Milch, der von den Sennen auch als «Megaphon» benutzt wurde.
[15] Kuoni, J[akob]: *Sagen des Kantons St. Gallen,* St. Gallen 1903, S. 142 f.
[16] Ramseyer, Rudolf J.: *Das altbernische Küherwesen,* a.a.O., S. 186
[17] Sooder, M[elchior]: *Das Kalb am Firstbalken,* SVk, 19. Jg., H. 3, S. 49, zit. n. Ramseyer, Rudolf J.: *Das altbernische Küherwesen,* a. a. O, S. 187
[18] Vernaleken Theodor: *Alpensagen,* Wien 1858, S. 333
[19] Vom Boden aufsteigender Firstpfosten, der das Gespärre eines steilen Walmdaches trägt. [Definition zit. n. Schmid, Alfred A.: *Kunstführer durch die Schweiz,* Bd. 3, Bern 1982, S. 1015]
[20] Lütolf, Alois: *Sagen, Bräuche, Legenden aus den fünf Orten Lucern, Uri, Schwiz, Unterwalden und Zug,* Luzern 1862, S. 331 f., Nr. 276
[21] «Ein Stierkopf unter den Hausfirst hängend schützt das Vieh vor Verhexung.» [Freie Adapt. in die Schriftsprache durch den Verf.], zit. n. Schild, Franz Josef: *Der Grossätti aus dem Leberberg,* Solothurn 1863, S. 32, Nr. 23
[22] Hunziker, Jakob: *Das Schweizerhaus nach seinen landschaftlichen Formen und seiner geschichtlichen Entwicklung,* Bd. 5, Aarau 1908, S. 59, zit. n. Andree-Eysn, Marie: *Volkskundliches aus dem bayrisch-österreichischen Alpengebiet*, Hildesheim 1978, S. 110 [Reprint Erstausg. Braunschweig 1910]
[23] Vgl. Rochholz, Ernst: *Naturmythen. Neue Schweizersagen,* Leipzig 1862, S. 76 [Sprachl. Adapt. v. Verf.]
[24] Rochholz, Ernst: *Schweizersagen aus dem Aargau,* Bd. 2, Aarau 1858, S. 18 f., Nr. 249
[25] Heinemann, Franz: *Der Richter und die Rechtsgelehrten. Justiz in früheren Zeiten,* o.O. 1900, S. 119, Abb. 122 [Reprint 1969 mit 159 Holzschnitten und Faksimiles]
[26] Vgl. Andree-Eysn, Marie: *Volkskundliches aus dem bayrisch-österreichischen Alpengebiet,* a.a.O., S. 111
[27] Hoffmann-Kreyer, E[duard]: *Tierquälerei im Volksaberglauben und Volksbrauch,* in: *Unsere Welt. Illustrierte Monatsschrift zur Förderung der Naturerkenntnis,* 10. Jg., H. 4, Godesberg bei Bonn, Juli / August 1918, Sp. 156
[28] Vernaleken, Theodor: *Alpensagen,* a.a.O., S. 318
[29] Baumann, Ernst: *Volkskundliches zur Bruder Klausen-Verehrung,* in: SAVk, Bd. 43, Basel 1946, S. 295
[30] Ebd.

[31] In den Stallungen des Klosters wurde jährlich ein Ochse gemästet, um an der «Engelsweihe» öffentlich vorgeführt zu werden. Dieser Brauch dauerte bis zur französischen Revolution (1798). Pers. Info. von Pater Dr. Joachim Salzgeber, Kloster Einsiedeln, Mai 2000.

[32] HDA, Bd. 5, Sp. 787

[33] Vgl. Rochholz Ernst: *Schweizer Sagen aus dem Aargau,* Zürich 1989, S. 219, Nr. 106 d. [Reprint Ausg. Aarau 1856]

[34] Marietan, I[gnace]: *Légendes et erreurs se rapportant aux animaux,* in: *Bulletin de la Murithienne,* H. 58, o.O. Sept. 1941, S. 33 [Sonderdruck aus dem Besitz von Karl Meuli, Basel. Deutsche Sprachadapt. durch den Verf.]

[35] Die Walliser Viehzucht und der Begriff der Rasse sind im 19. Jh. verwurzelt. Wir haben es hier mit einem modernen, elitären Konzept zu tun. Vgl. Preiswerk, Yvonne / Crettaz Bernhard: *Das Land wo die Kühe Königinnen sind,* Visp o.J. [Franz. Ausg. Siders 1986]

[36] Ebd., S. 34

[37] Vgl. Leibundgut, Annalis: *Die römischen Bronzen der Schweiz III. Westschweiz, Bern und Wallis,* Mainz 1980, S. 59 f.

[38] Maier, Bernhard: *Lexikon der keltischen Religion und Kultur,* Stuttgart 1994, S. 298 f.

[39] Chamay, Jacques: *Le taureau,* in: *Animaux d'art et d'histoire,* Genève 2000, S. 170 [Katalog zur gleichnamigen Ausstellung im Musée d'art et d'histoire, Genf, 30.3.00 – 24.9.00]

[40] *If you ever hear of anyone carrying on that most filthy practice of dressing up like a Horse or a Stag, punish him most severely.* St. Augustinus, [Sprachl. Adapt. vom Verf.], zit. n. Alford Violet: *The hobby horse and other animal masks,* London 1978, S. 19

[41] Herrmann, Paul: *Altdeutsche Kultgebräuche,* Jena 1928, S. 12 f.

[42] Vgl. Rochholz, Ernst: *Naturmythen [...],* a.a.O., S. 93, Nr. 27

[43] Der zweigesichtige Aspekt der gallo-römischen Göttin Epona wurde erstmals von Linckenheld, E[mil]: *Rev. Hist. Rel.,* o. O. 1929, S. 56 ff. nachgewiesen. Zit. n. Christinger, Raymond / Borgeaud, Willy: *Mythologie de la Suisse ancienne,* Genève 1963, S. 68

[44] Tauxe, Henri-Charles, zit. n. Schnieper, Annemarie: *Die Schweiz vor Christus,* Vevey 1993, S. 59

[45] Gottschalk, Herbert: *Lexikon der Mythologie,* Frankfurt a. M. 1993, S. 326

[46] Decurtins, Caspar: *Rätoromanische Chrestomathie,* Bd. 10, S. 657, Erlangen 1914, ff., zit. n. Caminada, Christian: *Graubünden, Die verzauberten Täler,* Olten 1961, S, 230 [Reprint Ausg. Disentis 1992]

[47] Derungs, Kurt: *Struktur des Zaubermärchens II,* Hildesheim 1994, S. 130

[48] Elidade, Mircea: *Schamanismus und archaische Ekstasetechnik,* Zürich 1957, S. 431

[49] Decurtins, Caspar: *Rätoromanische Chrestomathie,* Bd. 2, Erlangen 1888 f, S. 127, zit. n. Caminada, Christian: *Graubünden. Die verzauberten Täler,* a.a.O., S. 230

[50] Sartori, Paul: *Sitte und Brauch,* Bde. 7/8, Teil III, Leipzig 1914, S. 52

[51] Hoffmann-Krayer, Eduard: *Feste und Bräuche des Schweizervolkes,* Zürich 1992, S. 97 [Reprint Ausg. Zürich 1940]

[52] HDA, Bd. 8, Sp. 1313

[53] Ein um 1495 entstandenes Tafelbild vom ersten Zürcher Nelkenmeister Hans Leu d. Ä., das sich im Besitz des Schweizerischen Landesmuseums befindet, zeigt die wunderkräftige Beschlagung eines dem Pferd vorübergehend abgenommenen Hufes im Beisein des heiligen Eligius.

[54] Adolph, Franz: *Die kirchlichen Benediktionen im Mittelalter,* Bd. 2, Freiburg i. Br. 1909, S.130 f.

[55] Ebd.

[56] Andree-Eysen, Marie: *Volkskundliches aus dem bayrisch-österr. Alpengebiet,* a.a.O., S. 15

[57] ZfVk, H. 12, Basel 1902, S. 382

[58] Ebd., S. 381

[59] Etym.: Die Gläubigen bitten den Heiligen um Pardon, d.h. um Vergebung ihrer Sünden.

[60] In der Bretagne werden die Heiligen in «saints guérisseurs», «saints protecteurs» und «saints vétérinaires» eingeteilt.

[61] Hl. Oswald, hl. Walpurgis und hl. Willibald

[62] SAVk, 3, 12, zit. n. HDA, Bd. 7, Sp. 421

[63] Online, http://www.paulinus.de/blatt/archiv/9921/blickpunkt.htm.

[64] Brunner, Linus / Toth, Alfred: *Die rätische Sprache – enträtselt,* St. Gallen 1987, zit. n. Derungs, Kurt: *Struktur des Zaubermärchens II,* a.a.O., S. 131

[65] Rochholz, Ernst: *Schweizersagen aus dem Aargau,* Bd. 2, Aarau 1856, S. 19, Nr. 249

[66] Grant, Michael / Hazel, John: *Lexikon der antiken Mythen und Gestalten,* München 1980, S. 236 ff.

[67] Herrmann, Paul: *Altdeutsche Kultgebräuche,* Jena 1928, S. 29 f.

[68] Unter den im Kloster aufgetragenen Wildbretarten ist auch der Wisent aufgeführt. Demzufolge muss dazumal dieses grösste wilde Tier Europas in der Schweiz noch frei lebend vorgekommen sein. Vgl. Keller F[erdinand]: *Benedictiones ad mensas Ekkehardi,* in: *Mitteilungen der antiquarischen Gesellschaft Zürich,* H. 3, Zürich 1847, zit. n. Steller, Walter, in: HDA, Bd. 6, Sp. 1654

[69] Bonifazius, 751, zit. n. Herrmann, Paul: *Altdeutsche Kultgebräuche,* a.a.O., S. 29 f.

[70] AT: 4. Mos. 22,21–35

[71] Vgl. Harris, Marvin: *Wohlgeschmack und Widerwillen. Das Rätsel der Nahrungstabus,* Stuttgart 1988, S. 102 ff.

[72] Hunke, Siegried: *Kamele auf dem Kaisermantel. Deutsch-arabische Begegnungen seit Karl dem Grossen,* Stuttgart 1976, S. 131

[73] Vgl. Braudel, Fernand: *Capitalism and Material Life: 1400–1800,* New York 1973, zit. n. Harris, Marvin: *Wohlgeschmack und Widerwillen. Das Rätsel der Nahrungstabus,* a.a.O., S. 102

[74] Troll, Joh. Conrad: *Geschichte der Stadt Winterthur,* Teil III, Winterthur 1843, S. 14

[75] Starkie, W[alter]: *Zigeunerspuren,* München 1957, zit. n. Bauer Wolfgang et al.: *Lexikon der Symbole,* München 1987, S. 340

[76] John, St.: *Far East,* Bd. 1, S. 187, zit. n. Taylor Edward B.: *Primitive culture,* Bd. 4, London 1994 [Deutsche Adapt. durch den Verf.]

[77] Meuli, Karl: *Gesammelte Schriften,* Bd. 2, a.a.O., S. 236

[78] Weiser, L[ily]: o.T., in: ZfVK, H. 7/38, Basel 1928, S. 215 ff., zit. n. Meuli, Karl: Gesammelte Schriften, Bd. 2, a.a.O., S. 236

[79] AT: 4. Mos. 22, 21–35

[80] Vgl. Ziswiler, Vincent: *Zoologie erleben,* in: *Uni Zürich,* Nr. 5, Zürich 1991, S. 5

[81] Vgl. Pfister, Friedrich: *Der Reliquienkult im Altertum,* Bd. 1, Giessen 1912, S. 365 f.

[82] Heinz-Mohr, Gerd: *Gott liebt die Esel,* Düsseldorf 1972, S. 93 f. Erhellende Hintergrundinformationen über Eselsfeste liefert auch H. Jhm im Nachwort von: Bourke, John Gregory: *Der Unrat in Sitte, Brauch, Glauben und Gewohnheitsrecht der Völker,* Frankfurt a. M. 1996, S. 504 [Reprint der deutschen Erstausgabe 1913]

[83] Heinz-Mohr, Gerd: *Gott liebt die Esel,* a.a.O.

[84] Palmwedel werden in der Schweiz hauptsächlich mit Stechpalm- oder Ligusterzweigen substituiert. Die Stechpalme *(Ilex aquiforum)* des «Palms» wurde zur Abwehr von Gewitter und Feuer eingesetzt und deshalb von den Wallfahrern im «Hörnli» gebrochen und im Kloster Einsiedeln geweiht.

[85] HDA, Bd. 6, Sp. 1381

[86] Ekert, Georg / Forozis P. E.: *Regenzauber in Mazedonien. Volkskundliche Beobachtungen und Materialien aus Zentralmazedonien und der Chalkidike,* H. 3, Thessaloniki 1943, S. 83f.

[87] Ein geselliges Beisammensein wurde in der Schweiz als «Stubete» bezeichnet.

[88] Englert-Faye, C[urt]: *Alpensagen und Sennengeschichten aus der Schweiz,* Zürich 1941, S. 117 ff. [Sprachl. Adapt. durch den Verf.]

[89] Vgl. EM, Bd. 2, Sp. 296 f. [Beitrag von Kurt Ranke und Josef R. Klíma]

[90] Vgl. Pollini, Nadia: *Les propriétés des abeilles,* in: *Micrologus, Natura scienze e società medievali. Il mondo animale,* Bd. 8, I, Florenz 2000, S. 261 ff.

[91] Vgl. Chène, Catherine: *Des fourmis et des hommes. Le formicarius* (1436–1438) *de Jean Nider O.P.,* in: *Micrologus [...],* a.a.O., S. 297 ff.

[92] Anonym, in: *Bulletin de la société de l'apiculture de la Suisse romande 1930,* S. 170, zit. n. Sooder, Melchior: *Bienen und Bienenhalten in der Schweiz,* Basel 1952, S. 215

[93] *Schweiz. Bienenzeitung 1864,* S. 28, zit. n. Sooder Melchior, *Bienen [...],* a.a.O., S. 219

[94] KHM, Nr. 107

[95] KHM, Nr. 62

[96] Vgl. Junge, Liselotte: *Die Tierlegenden des hl. Franz von Assisi. Studien über ihre Voraussetzungen und ihre Eigenart,* Leipzig 1932, S. 16 und 18

[97] Bundi, Gian: *Märchen aus dem Bündnerland,* Basel 1935, S. 68

[98] Von diesem Märchen besteht auch eine *Das Sonnenschloss* genannte Version aus dem Kanton Tessin. Danach muss der Jüngling nacheinander den Rat der in der Erde, im Wasser und in

der Luft lebenden Tiere einholen, wie er den Weg zum Sonnenschloss finde. Schliesslich bringt ihn der Phönix auf seinen Schwingen hin.

99 Anonym: *Die verständige Thierwelt. Eine Sammlung von Anekdoten zur Belehrung und Unterhaltung der Jugend,* Zürich [um 1840], S. 153, Nr. 188

100 Vgl. HDA, Bd. 1, Sp. 1248 sowie Staub, Friedrich/Tobler, Ludwig (Hrsg.): *Schweizerisches Idiotikon. Wörterbuch der schweizerdeutschen Sprache,* Bd. 4, Frauenfeld 1901, Sp. 910

101 Vernaleken, Theodor: *Alpensagen,* Salzburg / Leipzig 1938, S. 273, vgl. auch Rochholz, Ernst: *Naturmythen. Neue Schweizersagen,* a.a.O., S. 83 f., Nr. 9

102 Anonym, in: *Revue des traditions populaires,* I, 51, zit. n. EM, Bd. 2, a.a.O., Sp. 301 f. Ein vergleichbares Wunderzeichen, das von den eidgenössischen Heerführern als günstiges Vorzeichen gewertet wurde, bildet das Überlaufen der französischen Hunde zu ihren schweizerischen Artgenossen vor der Schlacht von Novara (1513). Anonym, in: *Revue des traditions populaires,* I, 51, zit. EM, Bd. 2, a.a.O., Sp. 301 f. Vgl. auch Wackernagel, Hans Georg: *Altes Volkstum der Schweiz. Gesammelte Schriften zur historischen Volkskunde,* Basel 1956, S. 287

103 Andree, Richard: *Braunschweiger Volkskunde,* Braunschweig 1901, S. 381, zit. n. HDA, Bd. 1, Sp. 1254

104 Sartori, Paul: *Sitte und Brauch,* Bd. 2, Leipzig 1911, S. 132

105 Vernaleken, Theodor: *Alpensagen,* a.a.O., S. 401

106 Sooder, Melchior: *Bienen und Bienenhalten in der Schweiz,* Basel 1952, S. 198

107 Sébillot, Paul: *La Faune,* a.a.O., S. 325 f.

108 Staub, Friedrich / Tobler, Ludwig (Hrsg.): *Schweizerisches Idiotikon, Wörterbuch der schweizerdeutschen Sprache,* Bd. 1, Frauenfeld 1881, Sp. 235

109 Anonym, zit. n. Clair, Colin: *Unnatürliche Geschichten,* Zürich / Freiburg i. Br., 1969, S. 100 f.

110 Pers. Info. von einen Imker im Bienenmuseum Grüningen, 1999

111 Sooder, Melchior: *Bienen und Bienenhalten in der Schweiz,* Basel 1952, S. 27 ff.

112 EM, Bd. 2, Sp. 302 [Beitrag von Kurt Ranke und Josef R. Klíma]

113 *Schwäbischer Merkur,* 25. Nov. 1828, zit. n. Henscheid, Eckhard: *Sentimentale Tiergeschichten,* Stuttgart 1997, S. 419

114 Sooder, Melchior: *Bienen und Bienenhalten in der Schweiz,* a.a.O., S. 263, 265

115 Ribon, Pierre: *Pierres qui guérissent,* Lyon 1993, S. 155

116 Vgl. *Homöopathisches Repetitorium,* Karlsruhe 1990, S. 46

117 Vgl. Lusser, K.: *Der Canton Uri,* Zürich, 1834, S. 53f., zit.n. Bircher Ralph: *Wirtschaft und Lebenshaltung im schweizerischen «Hirtenland» bis Ende des 18. Jahrhunderts,* Bern 1979, S. 104. Der französische Historiker Michel Pastoureau meint, dass die Schweinehaltung in früheren Zeiten viel extensiver war, als allgemein angenommen wird. Seiner Ansicht nach übersieht die Archäozoologie die Tatsache, dass vom Schwein praktisch alle Teile verwertet wurden (aus den Knochen wurde vor allem Leim erzeugt). Deshalb sind alte Schweineknochen vergleichsweise selten zu finden. Vgl. Pastoureau, Michel: *Les procès intentés aux animaux (XIII-XVII siècles),* in: *Animaux d'art et d'histoire,* Genève 2000, S. 89. [Katalog zur gleichnamigen Ausstellung im Musée d'art et d'histoire, Genf, 30. 3. 00 – 24. 9. 00]

118 Im Kanton Bern werden zwei Arten von Küher unterschieden. Die «Herrenküher» sind Angestellte eines Patriziers oder Stadtburgers. Die «Lehenküher» pachten indessen eine Alp oder eine Herde. Im 18. Jh. sind sie meist Besitzer des Viehs und pachten Alpen oder Kulturland im Tal. (Def. nach Rudolf J. Ramseyer)

119 Bei der Käseherstellung abfallende Magermilch

120 Ramseyer, Rudolf J.: *Das altbernische Küherwesen,* a.a.O., S. 128 f.

121 Lütolf, Alois: *Sagen, Bräuche, Legenden aus den fünf Orten Lucern, Uri, Schwiz, Unterwalden und Zug,* Luzern 1862, Nr. 196, zit. n. Ineichen, Stephan: *Die verzauberten Schweine,* Frauenfeld 1990, S. 159

122 Schumacher, Yves: *Steinkultbuch Schweiz,* Bern 1998, S. 19

123 Schweine halten ihren Liegeplatz sauber und benutzen meistens einen separaten Kotplatz.

124 SAVk, VI, 58, Basel 1902, zit. n. Höfler, Max: *Die volksmedizinische Organtherapie und ihr Verhältnis zum Kultopfer,* Stuttgart o.J., S. 125

125 Karl Künstle meint, dass die Almosen sammelnden Antoniter jeweils ihre Ankunft mit einer Schelle ankündigten, die später auf die Schweine übertragen wurde. Vgl. Künstle, Karl: *Ikognographie der Heiligen,* Feiburg i. Br. 1926, S. 67. Vgl. auch EM, Bd. 1, S. 620 [Beitrag von Bernhard Schemmel]

[126] Niderberger, Franz: *Sagen und Gebräuche aus Unterwalden,* Zürich 1978. S. 608 [Reprint Ausg. Sarnen 1924]

[127] Mit Schweinen in Beziehung stehen ferner folgende Heilige: Wendelin, Wolfgang, Valentin, Gildas, Vincent, Nikodemus, Gohard, Arnulfus, Emil, Gregorius der Erleuchter, Keivnus, Blasius, Castos, Basolus, Deicola und Pelagius. Vgl. Wildhaber, Robert: *Kirke und die Schweine,* in: SAVk, Bd. 47, Basel 1951, S. 260 f.

[128] Lussi, Kurt: *Himmel und Hölle,* Willisau 1992, S. 54

[129] Sartori, Paul: *Sitte und Brauch,* Bd. 3, a.a.O., S. 18

[130] Im Zusammenhang mit dem «Schweineglück» ist auch die noch geläufige Redewendung «Schwein haben» zu verstehen.

[131] Vgl. Jahn, Ulrich: *Die deutschen Opfergebräuche bei Ackerbau und Viehzucht,* Breslau 1884, S. 265 f.

[132] Hoffmann-Kreyer, Eduard: *Feste und Bräuche des Schweizervolkes,* a.a.O., S. 109

[133] Suter Paul / Strübin Eduard: *Baselbieter Sagen,* Liestal 1976, S. 280, zit. n. Keckeis, Peter (Hrsg.): *Sagen der Schweiz. Basel / Baselland,* Zürich 1986, S. 200

[134] Stauber Emil: *Sitten und Gebräuche im Kanton Zürich,* in: *Neujahrsblatt der zürcherischen Hülfsgesellschaft,* Nr. 122, Zürich, 1922/24, S. 82

[135] Dass auch Schnitterinnen «Sau» genannt wurden, ist anzunehmen. Vgl. HDA, Bd. 8, Sp. 113

[136] Meuli, Karl: *Gesammelte Schriften,* Bd. 1, Basel 1975

[137] Die Linearbandkeramik (LBK) gehört zu frühesten Kultur des Neolithikums und erstreckte sich von 4500 bis 3900 v. Chr. von der heutigen Ukraine bis nach Westfrankreich.

[138] Gimbutas, Marija: *Die Zivilisation der Göttin,* Frankfurt a. M. 1996, S. 229

[139] Stauber, Emil: *Sitten und Gebräuche [...],* a.a.O., S. 83. Je nach Gegend konnte der beim Dreschen nochmals auftretende Korngeist – der durch jenen Mann verkörpert wurde, der das letzte Korn dreschte – auch eine Kuh oder ein Bulle sein. Vgl. auch Frazer, James Georg: *Der goldene Zweig. Das Geheimnis von Glauben und Sitten der Völker,* Hamburg 1989, S. 66 [Reprint der deutschspr. Ausg. Leipzig 1928]

[140] Vernaleken, Theodor: *Alpensagen,* a.a.O., S. 263 f.

[141] Hartmann, Hermann: *Berner Oberland in Sage und Geschichte,* Bümpliz 1919, S. 33, zit. n. Keckeis, Peter (Hrsg.): *Sagen der Schweiz. Bern,* Zürich 1986, S. 234

[142] Wildhaber, Robert: *Kirke und die Schweine,* a.a.O., S. 259

[143] Meuli, Karl: *Schweizer Maskenbräuche,* 1943, zit. n. Rickenbach, Judith: *Alte Masken aus der Innerschweiz,* Zürich 1986, S. 103

[144] Bronneer, F. J.: *Von deutscher Sitt' und Art,* München 1908, zit. n. Gattiker, Ernst und Luise: *Die Vögel im Volksglauben,* a.a.O., S. 503

[144] Mit diesen Aufführungen wurden die mittelalterlichen Tierprozesse auf der Bühne parodiert. Vgl. Künssberg, Eberhard Freiherr von: in: *Jahrbuch für historische Volkskunde,* Bd. 1, 1925, S. 126 – 135, zit. n. Laufs, Adolf: *Das Tier im deutschen Recht,* in: Carlen, Louis (Hrsg.): *Forschungen zur Rechtsarchäologie und Rechtlichen Volkskunde,* Bd. 7, Zürich 1985, S. 113

[146] Hoffmann-Krayer, E[duard]: *Tierquälerei im Volksaberglauben [...],* a.a.O., Sp. 154

[147] Stauber, Emil: *Sitten und Gebräuche [...],* a.a.O., S. 79

[148] Ebd., S. 83

[149] Filipetti, Hervé / Trotereau, Jeanine: *Zauber Riten und Symbole: mag. Brauchtum im Volksglauben,* Freiburg i. Br. 1979, S. 34

[150] In den USA gibt es derzeit etwa 2000 Sekten, die in ihren Ritualen Tieropfer erbringen. Anonym: *People for the Ethical Treatment of Animals,* Online, http://www.peta-online.org.

[151] Stamm, Hugo: *Schwarze Messe mit Tieropfern, Tages-Anzeiger,* Zürich, 2.11.99, S. 17

[152] Sampedro, Elías Valiña et al.: *Der Jakobsweg. Reiseführer für den Pilger,* León, 1990, S. 61, 63

[153] SAVk, Bd. 1, Basel, o.J. , S. 233, zit. n. Höfler, Max: *Die volksmedizinische Organtherapie und ihr Verhältnis zum Kultopfer,* a.a.O., S. 119

[154] Riser, Alfred: *Volksbrauch und Volksglauben aus dem Emmental,* in: SAVk, Bd. 24, H. 1, Basel 1922, S. 65

[155] Jühling, Johannes: *Die Geschichte der deutschen Volksmedizin,* Mittweida 1900, S. 203, zit. n. Höfler, Max: *Die volksmedizinische Organtherapie und ihr Verhältnis zum Kultopfer* , a.a.O., S. 119

[156] Rochholz, Ernst: *Alemannisches Kinderlied und Kinderspiel aus der Schweiz,* Leipzig 1857, S. 232

[157] Arnhorn, Bartholomeus: o.T., 1665, zit. n. Rocholz, Ernst L.: *Naturmythen,* a.a.O., S. 75

[158] Vgl. Müller, Josef [Bächtold-Stäubli Hanns, Hrsg.]: *Sagen aus Uri,* Bd. 1, Basel 1926

[159] Wohlfender, Ursula: *Josef Müller (1870-1929)*, in: Schenda, Rudolf / Doornkaat Hans ten (Hrsg.): *Sagenerzähler und Sagensammler der Schweiz,* Bern 1988, S. 451

[160] Daucourt, Albert: *Traditions populaires jurassiennes*, in: SAVk, 7. Jg., Basel 1903, S. 177

[161] Kuoni, J[akob]: *Sagen des Kantons St. Gallen,* a.a.O., S. 191

[162] Vgl. HDA, Bd. 6, Sp. 805 f. Eine präzise Differenzierung zwischen dem Wilden Jäger, dem Höllischen Jäger und dem Verdammten Jäger, die einen Gesamtkomplex bilden, liefert die ausgezeichnete Studie von: Lecouteux, Claude: *Das Reich der Nachtdämonen. Angst und Aberglaube im Mittelalter,* Düsseldorf / Zürich 2001, S. 96 ff.

[163] Die Haarflechte kann hier als Rest des Pferdeschweifs verstanden werden. Vgl. Brunner Ungricht, Gabriela: *Die Mensch-Tier-Verwandlung, Eine Motivgeschichte unter besonderer Berücksichtigung des deutschen Märchens in der ersten Hälfte des 19. Jahrhunderts,* Bern 1998, S. 249. (Der Hinweis auf die Votivgaben stammt aus der handschriftlichen Chronik von Visperterminen.) Vgl. ferner Preibisch, Marianne: *Johannes Jegerlehner (1871-1973)*, in: Schenda, Rudolf / Doornkaat Hans ten: *Sagenerzähler und Sagensammler der Schweiz,* a.a.O., S. 474 f

[164] Vgl. Jegerlehner, Johannes: *Sagen und Märchen aus dem Oberwallis,* Basel 1915, S. 283, zit. n. Petzold, Leander (Hrsg.): *Deutsche Volkssagen,* München 1970, S. 90 f., Nr. 151

[165] Rochholz, Ernst: *Naturmythen [...],* a.a.O, S. 71 ff., Nr. 14

[166] Holliger, Christian: *Aargau. Wanderungen durch Kultur und Geschichte,* Aarau 1986, S. 18

[167] Christinger, Raymond: *Mythologie de la Suisse ancienne,* Genève 1965, S. 20

[168] Maier, Bernhard: *Lexikon der keltischen Religion und Kultur,* Stuttgart 1994, S. 174

[169] Dante Alighieri (1265–1321) setzte Cangrande als edler Veltro an den Anfang der *Göttlichen Komödie.* Cangrandes Onkel, der erste mächtige Scaliger, hiess Mastino I († 1277). Mastino wird in Italien aber auch eine grossgewachsene Hirtenhunderasse genannt.

[170] Höfler, Otto: *Cangrande von Verona und das Hundesymbol der Langobarden,* in: *Kleine Schriften. Ausgewählte Arbeiten zur germanischen Altertumskunde und Religionsgeschichte, zur Literatur des Mittelalters, zur germanischen Sprachwissenschaft sowie zur Kulturphilosophie und Morphologie,* Hamburg 1992, S. 42 f.

[171] Lütolf, Alois: *Sagen, Bräuche, Legenden aus den fünf Orten Lucern, Uri, Schwiz, Unterwalden und Zug,* a.a.O., S. 346, Nr. 291. Vgl. auch Niderberger, Franz: *Sagen und Gebräuche aus Unterwalden,* Zürich 1978, S. 253 [Reprint Ausg. Sarnen 1924]

[172] Lütolf, Alois, Sagen: *Bräuche [...],* a.a.O., S. 347, Nr. 294 [Stil. Adapt. v. Verf.]

[173] Überliefert ist unter anderem, dass der Frankenkönig Theudebert 539 n.Chr. Menschenopfer erbrachte, als er mit seinem Heer über die alte Pobrücke zog. Damit erbrachte er ein «Erstlingsopfer des Krieges» und zugleich ein Opfer an den Flussgott.

[174] Hoffmann-Krayer, E[duard], *Tierquälerei [...],* a.a.O., Sp. 151. In der spanischen Ortschaft Manganeses de la Polvorosa (Prov. Zomora) haben die Bewohner zu Beginn des Jahres 2000 auf Druck von Tierschutzorganisationen mit der Tradition gebrochen, zum Dorffest eine lebende Ziege vom Kirchturm zu werfen. Vgl. SDA: *Glück für die Ziege,* in: *Tages-Anzeiger,* Zürich, 25.1.2000, S. 14

[175] Hoffmann-Kreyer erinnert daran, dass bei der Errichtung eines Bauwerks auch Menschen geopfert wurden. Vgl. Hoffmann-Krayer, E[duard]: *Tierquälerei [...],* a.a.O., Sp. 151

[176] Caminada, Christian: *Graubünden. Die verzauberten Täler,* Disentis 1992, S. 214 [Reprint Ausg. Olten 1961]

[177] Zu den neuesten, umfassendsten Untersuchungen über das paranormale Verhalten von Katzen gehört: Sheldrake, Rupert: *Der siebte Sinn der Tiere. Warum Ihre Katze weiss, wann Sie nach Hause kommen, und andere bisher unerklärte Fähigkeiten der Tiere,* Bern 1999

[178] Keckeis, Peter (Hrsg.): *Sagen der Schweiz. Uri,* Zürich 1986, S. 105

[179] Glaettli, K[arl] W[erner]: *Zürcher Sagen,* Zürich 1970, S. 144 (Teil V, Nr. 31)

[180] Glaettli, K[arl] W[erner]; *Zürcher Sagen,* a.a.O., S. 144 (Teil III, Nr. 3)

[181] Vgl. Barber, Gilles (Hrsg.): *Anecdotes typographiques où l'on voit la description des coutumes, mœurs et usages singuliers des compagnons imprimeurs,* Oxford 1980, S. 51 ff., zit. n. Darnton, Robert: *Das grosse Katzenmassaker,* München 1989, S. 120 ff.

[182] Vgl. Darnton, Robert: *Das grosse Katzenmassaker,* a.a.O., S. 91 ff.

[183] Hoffmann-Krayer, Eduard: *Feste und Bräuche des Schweizervolkes,* a.a.O., S. 97

[184] Höhn-Ochsner, Walter: *Tierwelt in Zürcher Mundart und Volksleben,* Zürich 1976, S. 80

[185] Vgl. HDA, Bd. 8, Sp. 1453 ff.

[186] Das Märchen stammt aus dem Kanton Zürich und wurde erstmals von Jakob Stutz in *Sieben mal sieben aus meinem Leben* 1853 veröffentlicht. Otto Sutermeister nahm es 1873 in seiner Sammlung *Kinder- und Hausmärchen aus der Schweiz* auf. Vgl. Englert-Faye, Curt: *Der Rabenstein*, in: *Alpensagen und Sennengeschichten aus der Schweiz,* Zürich 1941, S. 106 f.

[187] Anonym: *Der Physiologus. Tiere und ihre Symbolik,* Zürich 1995, S. 16 [Übertragen und erläutert von Otto Seel]

[188] Bestiarium, Handschr. Ms. Ashmole 1511: *Interpretationen ad codices,* Bd. 3, Graz 1982, S. 139 [Faksimile-Ausg. mit deutscher Textadapt. von Franz Unterkirchner]

[189] Rochholz, Ernst: *Alemannisches Kinderlied und Kinderspiel aus der Schweiz,* Leipzig 1857, zit. n. Gattiker, Ernst und Luise: *Die Vögel im Volksglauben, Eine volkskundliche Sammlung aus verschiedenen europäischen Ländern von der Antike bis heute,* Wiesbaden 1989, S. 269 f.

[190] Staub, Friedrich / Tobler, Ludwig (Hrsg.): *Schweizerisches Idiotikon, Wörterbuch der schweizerdeutschen Sprache,* Bd. 2, Frauenfeld 1885, Sp. 37

[191] Die Schwungfedern der Gänse wurden erst ab 700 n. Chr. zum Schreiben verwendet.

[192] EM, Bd. 5, Sp. 677 [Beitrag von Manfred Gräz]

[193] Ebd.

[194] Äsop, ein freigelassener Sklave aus Samos aus dem 6. Jh. v. Chr., war im antiken Griechenland ein berühmter Verfasser von Fabeln.

[195] EM, Bd. 5, Berlin 1999, Sp. 678 [Beitrag von Manfred Gräz]

[196] Kuoni, J[akob]: *Sagen des Kantons St. Gallen,* a.a.O., S. 81

[197] Gattiker, Ernst und Luise: *Die Vögel im Volksglauben,* a.a.O., S.495

[198] Kuoni, J[akob]: *Sagen des Kantons St. Gallen,* a.a.O., S. 81

[199] Meier, Pirmin: *Magisch Reisen, Schweiz,* München 1993, S. 173

[200] Gem. Birchler, Linus: *Vielfalt der Urschweiz,* Olten 1969, S. 12, bedeutet Etzel «Elsternberg» und hat somit nichts mit den Nibelungen zu tun.

[201] Charpentier, Louis: zit. n. Meier, Pirmin: *Magisch Reisen,* Schweiz, a.a.O., S. 173. Die Jakobsmuscheln *(Pecten jacobaeus)*, welche Wallfahrer seit jeher als Wahrzeichen auf der Schulter ihres Pilgermantels aufgenäht nach Santiago de Compostela (E) mittrugen, wurden vom Volk als «Gänsefüsse» gedeutet. Auf dem Zwingliplatz beim Grossmünster in Zürich wurden Pilgermuscheln ausgegraben, die ein Wallfahrer im 13. Jahrhundert mitgeführt hatte. Vgl. Scheidegger, Esther: *Kein Jahr ohne eine Pilgerreise*, in: *Tages-Anzeiger*, Zürich 30.10.1999, S. 17

Seelentiere auf der Wanderschaft

[1] Vgl. Wuttke, Adolf: *Der deutsche Volksaberglaube der Gegenwart,* Berlin 1900, S. 55

[2] Schumacher, Yves: *Steinkultbuch Schweiz. Ein Führer zu Kultsteinen und Steinkulten,* Bern 1998, S. 125 ff.

[3] Vgl. Hellbusch, Sigrid / Baumann, Hermann / Derungs, Kurt (Hrsg.): *Tier und Totem. Naturverbundenheit in archaischen Kulturen. Texte zum Totemismus,* Bern 1998

[4] Mannhardt, Wilhelm: *Wald- und Feldkulte,* Berlin 1904–1905, S. 42, zit. n. Caminada, Christian: *Graubünden. Die verzauberten Täler,* Disentis 1992, S. 177 [Reprint Ausg. Olten 1961]

[5] Caminada, Christian: *Gaubünden. Die verzauberten Täler,* a.a.O., S. S. 239

[6] Rudolph, Ebermut: *Das «Andere Ich» des Menschen im Tiere. Ein Beitrag zur Frage des «Lebensgleichlaufes» und anderer psychologischer wie paranormaler Phänomene in der Mensch-Tier-Beziehung,* in: *Zeitschrift für Ethnologie,* Bd. 57, H. 1, Berlin 1982, S. 23 ff.

[7] In jüngster Zeit machte vor allem der Franziskaner Pater Pio (1887–1968) von sich reden, der fast fünfzig Jahre die Stigmata trug, angeblich Mauern penetrierte und die Kunst der Bilokation beherrschte. Vgl. Bonin, Werner F.: *Lexikon der Parapsychologie und ihrer Grenzgebiete,* Bern/München 1988, Sp. 184 f.

[8] Für den Alp (auch Alb), den mythischen Verursacher des Alptraumes, gibt es verschiedene regionale Bezeichnungen. In der Schweiz wird der Alpdämon allgemein als «Dogge» (auch «Toggeli») bezeichnet. Mda: Doggi = mittelhochdeutsch: tocke (= Puppe, Mädchen, aber auch walzenförmiges Stück Holz, Bündel oder Büschel), zit. n. Petzoldt, Leander: *Deutsche Volkssagen,* München 1978, S. 367. In der Ostschweiz wird der Dämon vor allem «Schrättig» oder «Strättel» genannt. In der Westschweiz spricht man von *esprits follets* und

im Tessin von *folletti.* Vgl. Geiger, Paul / Weiss, Richard et al.: *Atlas der schweizerischen Volkskunde,* Teil II, H-Bd. 2, Basel 1959, Karten Nr. 261 ff.

[9] Petzoldt, Leander: *Deutsche Volkssagen,* a.a.O., S. 365

[10] HDA, Bd. 1, Sp. 286. Als Mittel gegen Doggi und Schrättig gilt in Graubünden ein in die Wand gestecktes Messer, eine Hechel oder Kartäsche, umgekehrt auf die Brust gelegt. Eine andere Abwehr war, eine schwarze Henne im Stall tot zu drücken. Vgl. Jecklin, Dietrich: *Volkstümliches aus Graubünden,* Zürich 1874, S. 84 [Reprint Ausg. Zürich 1986]

[11] Müller, Josef/[Bächtold-Stäubli, Hanns, (Hrsg.)]: *Sagen aus Uri,* Bd. 1, Basel 1926, S. 179, Nr. 262

[12] Lecouteux, Claude: *Fées, Sorcières et Loups-garous,* Paris 1992, S. 110

[13] *Historia Langobardorum,* in: *Monumenta germaniae historia,* SS Rer. Germ., Hannover 1978 (III, 34), zit. n. Lecouteux, Claude: *Fées, Sorcières et Loups-garous,* a.a.O., S. 109 [Adapt. der franz. Übersetzung v. Verf.]

[14] Lixfeld, Hannjost: *Die Guntramsage,* (AT 1645 A). *Volkserzählungen vom Alter Ego,* in: *Tiergestalt und ihre schamanistische Herkunft, Fabula 13,* Göttingen 1972, S. 60 ff.

[15] Büchli, Arnold: *Sagen aus Graubünden,* Bd. 2, Aarau 1935, S. 235

[16] Lecouteux, Claude: *Fées, Sorcières et Loups-garous,* a.a.O., S. 116

[17] Josef, Müller/[Bächtold-Stäubli, Hanns, Hrsg.]: *Sagen aus Uri,* Nr. 275, a.a.O., S. 184

[18] Vgl. Sooder, Melchior /Dauwalder, Hans: *Zelleni us em Haslital,* Meiringen 1984, S. 74

[19] Pers. Info. vom Walliser Bergführer Pater Jean-Blaise Fellay, Freiburg 1998

[20] Laincel, Louis de: *Avignon, le Comtat et la principauté d'Orange,* o.O., o.J., S. 406, zit. n. Sorel, Alexandre: *Procès contre les animaux et insectes suivis au moyen-âge dans la Picardie & le Valois,* Compiègne 1877, S. 22

[21] Wilhelm Grimm nannte den Wolf das böseste aller Tiere. Vgl. Grimm, Wilhelm: *Kleinere Schriften,* Bd. 4, Berlin 1864 ff., S. 404, zit. n. HDA, Bd. 9, Sp. 730

[22] Delort, Robert: *Der Elefant, die Biene und der heilige Wolf. Die wahre Geschichte der Tiere,* München 1987, S. 279

[23] Vgl. Benz, Ernst: *Die Klause Egg und das Ende des Eremitentums,* in: *Antaios,* Bd. 7, Nr. 5, Jan., Stuttgart 1971

[24] Vgl. Bultmann, Rudolf: *Jesus Christus und die Mythologie. Das Neue Testament im Lichte der Bibelkritik,* Gütersloh 1980

[25] Keller, Hiltgart L.: *Reclams Lexikon der Heiligen und der biblischen Gestalten,* Stuttgart 1968, S. 89

[26] Voragine, Jacobus de: *Legenda aurea,* Stuttgart 1988, S. 161 [Reprint]

[27] *Vita S. Columbani,* auct. Jona MG. SS. rer. Merov., Bd. 4, S. 104, Kap. 27 (um 639), zit. n. Junge, Liselotte: *Die Tierlegenden des hl. Franz von Assisi. Studien über ihre Voraussetzungen und ihre Eigenart,* Leipzig 1932, S. 65 f.

[28] Vgl. KHM, Nr. 33

[29] Derungs, Kurt: *Struktur des Zaubermärchens I,* Bern, Stuttgart, Wien 1994

[30] Sutermeister, Otto: *Kinder- und Hausmärchen aus der Schweiz,* Aarau 1869, S. 26. Der Sagensammler Sutermeister zeichnete diese Version der *Drei Sprachen* nach der Erzählung des Oberwalliser Notars Hans Truffer (1774–1839) auf.

[31] Bolte, Johannes /Polívka, Georg: *Anmerkungen zu den Kinder- und Hausmärchen der Brüder Grimm,* Bd. 2, Hildesheim 1994, S. 322 [Reprint Ausg. Leipzig 1913–1932]

[32] Einer anderen Überlieferung zufolge erhielt auch Papst Silvester II (999–1003) bei seiner Wahl eine Eingebung von einer Taube.

[33] Kurt Derungs weist in der *Struktur des Zaubermärchens I* (a.a.O.) auf die Tatsache hin, dass Joachim von Fiore, ein Gegenspieler des Papstes, Ende des 12. Jhs. ein Reich des Heiligen Geistes verkündet hatte.

[34] «Wiggle» ist die volkstümliche Bezeichnung (Kt. Zürich, Kt. Glarus) für das Weibchen des Steinkauzes *(Athene noctua)* oder Waldkauzes *(Strix aluco).* Dieser Dialektname ist vom Ruf der Eule («wig, wig, wig») abgeleitet. Hatte der Ruf einen jammernden Klang, glaubte man, dass jemand sterben würde. Ungekehrt hielt man seinen Ruf für die Ankündigung einer Geburt, wenn der Vogel in der Nähe eines Hauses war.

[35] Glaettli, K[arl] W[erner]: *Zürcher Sagen,* Teil III, Zürich 1970, S. 144, Nr. 21

[36] Vgl. Gattiker, Ernst und Luise: *Die Vögel im Volksglauben. Eine volkstümliche Sammlung aus verschiedenen europäischen Ländern von der Antike bis heute,* Wiesbaden 1989, S. 330

[37] Als Kinderschreck (franz.: *croque-mitaines*) in Tiergestalt werden neben der Eule auch die Fledermaus, der Fuchs und das Dorftier genannt. In der Westschweiz wurde auch mit dem Werwolf und dem Dahu gedroht. Vgl. Geiger, Paul / Weiss Richard et al.: *Atlas der schweizerischen Volkskunde,* Teil II, H-Bd. 1, Basel 1950, Karte 238

[38] Der Begriff «Habergeiss» scheint in diesem Zusammenhang keine Bewandtnis mit der gleichnamigen Schweizer Maske zu haben.

[39] Wuttke, Adolf: *Der deutsche Volksaberglaube der Gegenwart,* Berlin 1900, S. 53

[40] Deutsche Adaptation des Titels: «Verspotte die Nachttiere nicht!»

[41] AT 1187. Vgl. auch Pellandini, Vittore: *Credenze populari nel Canton Ticino,* in: SAVk, Basel 1898, S. 30 ff. In der Einleitung zur Erstfassung von Pellandini heisst es: *Gli animali notturni hanno il diritto di andare attorno di notte senza essere disturbati nè dillegiati* [Die Nachttiere haben das Recht, nachts herumzugehen ohne dabei gestört oder verspottet zu werden]. Vgl. auch: *Tradizioni popolari ticinesi,* Lugano 1911, S. 123 ff., zit. n.Wildhaber, Robert/Uffe, Leza (Hrsg.): *Verspotte die Nachttiere nicht,* in: *Schweizer Volksmärchen,* Augsburg 1988, S. 231

[42] Gering, Hugo (Übers.): *Das Lied von Fafnir (Fáfnismol),* in: *Islendsz Aeventyri,* Halle 1884, zit. n. HDA, Bd. 7, Sp. 1149 f.

[43] Vgl. Grimm, Jakob und Wilhelm: *Die Märchen der Brüder Grimm, «Die weisse Schlange»,* (KHM, Nr. 17)

[44] Glaettli, K[arl] W[erner]: *Zürcher Sagen,* Zürich 1970, S. 31 (Nr. 29) [Gekürzt und stil. adapt. vom Verf.]

[45] Lütolf, Alois: *Sagen, Bräuche, Legenden aus den fünf Orten Lucern, Uri Schwiz, Unterwalden und Zug,* Luzern 1862, S. 518 f.

[46] 4. Oktober. Der *St. Francis Day* wird heute vor allem in Nordamerika zelebriert.

[47] Celano, Thomas von: *Legenda Prima et Secunda Beati Francesci,* Rom 1906, s. S. 60 f., zit. n. Junge, Liselotte: *Die Tierlegenden des hl. Franz von Assisi, Studien über ihre Voraussetzungen und ihre Eigenart,* a.a.O., S. 65 f.

[48] Claudius Aelianus schrieb 17 Bücher *Über die Eigentümlichkeit der Tiere* in griechischer Sprache. Vgl. Aelian, Claudius: *De natura animalium, Variae historia, epistolae et fragmenta,* Paris 1858, zit. n. Junge, Liselotte: *Die Tierlegenden des hl. Franz von Assisi,* a.a.O, S. 54

[49] Junge, Liselotte: *Die Tierlegenden des hl. Franz von Assisi,* a.a.O., S. 72 f.

[50] Aristoteles: *de gen. anim.*, III 6, 756 b 13, zit. n. Seel, Otto: *Der Physiologus: Tiere und ihre Symbolik,* Zürich 1995, a.a.O., S. 110 [Übertragen und erläutert von Otto Seel]

[51] Anonym: *Der Physiologus [...],* a.a.O., S. 34

[52] Vgl. HDA, Bd. 9, Sp. 584 f.

[53] Als «Studenten» wurden früher ortsfremde, zauberkräftige Männer bezeichnet, die wie «Venediger» oder «fahrende Schüler» als Geheimnisträger im Bergbau (Gold!) galten.

[54] Lütolf, Alois: *Sagen, Bräuche, Legenden aus den fünf Orten Luzern, Uri, Schwiz, Unterwalden und Zug,* a.a.O., S. 350, Nr. 299

[55] Bardorff, Wilhelm (Bearb.): *Brehms Tierleben,* Berlin 1959, S. 232 [Reprint gek., 2. Originalausg., o.J.]

[56] Vgl. Wuttke, Adolf: *Der deutsche Volksaberglaube der Gegenwart,* Berlin 1900, zit. n. Bardorff, Wilhelm (Bearb.): *Brehms Tierleben,* a.a.O., S. 234

[57] Decurtins, Caspar: *Rätoromanische Chrestomathie,* Bd. 11, Erlangen 1888 ff., S. 217

[58] KHM, Nr. 105

[59] Pers. Information des Zoologen Dr. Caesar Claude, Zürich, 1999

[60] (Inventar-Nr. 10289). Eine weitere, 1895 vom Schweizerischen Landesmuseum erworbene Schlittenkummet aus Berneck (SG) zeigt zwischen zwei geschnitzten und bemalten Tierköpfen ein grosses imitiertes Steinbockgeweih (Inventar-Nr. 1656 b).

[61] Lutz, Albert: *Die Zürcher Jagd,* Zürich 1953, S. 236

[62] Vernaleken, Theodor: *Alpensagen,* a.a.O., S. 132

[63] Ebd., S. 236 f.

[64] Hediger, Heini: *Jagdtiere – auch für Nichtjäger,* Basel o.J., S. 101

[65] Ebd., S. 100 f.

[66] Anonym: *Der Physiologus. Tiere und ihre Symbolik,* Zürich 1995, [Übertragen und erläutert von Otto Seel], S. 38, Nr. 25

[67] Raff, Georg Christian: *Naturgeschichte für Kinder,* Wien 1791, zit. n. Schenda, Rudolf: *Who's who der Tiere. Märchen, Mythen und Geschichten,* München 1998, S. 246

[68] HDA, Bd. 2, Sp. 1570
[69] Ges[s]ner, Konrad: *Allgemeines Thier-Buch,* 3. Aufl., Nachdruck der Ausg. Frankfurt a. M., Berlin 1669, S. 346 [Reprint Hannover 1983]
[70] Höhn-Ochsner, Walter: *Tierwelt in Zürcher Mundart und Volksleben,* a.a.O., S. 92
[71] Franz, Adolf: *Die kirchlichen Benedktionen im Mittelalter,* Bd. 2, Freiburg i. Br. 1909, S. 172
[72] Vgl. Gebelein, Helmut: *Alchemie,* München 1991, S. 375
[73] Roob, Alexander: *Alchemie & Mystik,* Köln 1996, S. 404
[74] Eleazar, Abraham: *Donum Dei,* Erfurt 1735, zit. n. Roob, Alexander: *Alchemie & Mystik,* a.a.O., S. 403
[75] Vgl. Renker, Gustav: *Verkanntes Schlangenvolk,* Hannover 1966, S. 141 ff.
[76] Der Erfolgsnachweis dürfte den *Serpari* nicht schwer gefallen sein, zumal in Italien nur etwa zehn bis fünfzehn Prozent der Vipernbisse tödlich verlaufen.
[77] Das Volk der Marser wurde 304 v. Chr. von den Römern in den Samnitenkriegen geschlagen.
[78] Pers. Info. von Don Alfonso, Pfarrer von Cocullo, Mai 1983
[79] Vgl. Stadler, Joh., Evang. / Heim, Franz Joseph (Hrsg.): *Vollständiges Heiligen-Lexikon oder Lebensgeschichten,* Bd. 1, Augsburg 1858, S. 774 f.
[80] Höfler, Max: *Die volksmed. Organotherapie und ihr Verhältnis zum Kultopfer,* a.a.O., S. 223
[81] Die in der Schlangengalle enthaltene Taurocholsäure soll eine tatsächlich infektionshemmende Wirkung haben. Vgl. Blau, Ludwig: *Das altjüdische Zauberwesen,* Strassburg 1898, S. 80, zit. n. Höfler, Max: *Die volksmedizinische Organotherapie [...],* a.a.O., S. 224
[82] Warnecke, Heinz: *Der unbekannte christliche Schlangenkult auf der westgriechischen Insel Kephallenia,* in: *Geographia Religionum,* Bd. 7, Beiträge zur Religion /Umwelt-Forschung III, Berlin, 1989, S. 83 ff.
[83] Gitterberger, Edmund, o. A., zit. n. Warnecke, Heinz: *Der unbekannte christliche Schlangenkult [...],* a.a.O., S. 87
[84] Ein Pfarrer im Oberwallis konnte sich in den 80er Jahren vage daran erinnern, dass in Bergdörfern oberhalb von Brig ebenfalls Schlangenprozessionen abgehalten wurden. Pers. Info. an den Verf. [ohne Namens- und Ortsangabe]
[85] Die Votivhand mit der Schlange gehört zur ausgezeichneten Sammlung von römischen Kultgegenständen des Museums am Hospiz von Bourg-Saint-Pierre auf der Passhöhe des Grossen St. Bernhards (VS).
[86] Fellmann, Rudolf: *La Suisse Gallo-Romaine,* Lausanne 1992, S. 283 f.
[87] Bertholet, Alfred: *Lexikon der Religionen,* Stuttgart 1977, S. 509
[88] Vgl. Rageth, Jürg: *Spätrömischer Kultplatz in einer Höhle bei Zillis,* in: *helvetia archeologica,* Nr. 23, Basel 1992. Ders.: *Ein spätrömischer Kultplatz in einer Höhle bei Zillis,* in: *Zeitschrift für Archäologie und Kunstgeschichte,* Nr. 4, Zürich 1994, zit. n. Blanke, Huldrych: *Zillis – Evangelium in Bildern,* Zürich 1994, S. 14
[89] Fellmann, Rudolf: *La Suisse Gallo-Romaine,* Lausanne 1992, S. 284
[90] Vgl. Hahnloser, Hans R. (Hrsg.): *Kunstführer durch die Schweiz,* Bd. 1, Bern 1971, S. 485
[91] Lurker, Manfred: *Adler und Schlange,* Tübingen 1983, S. 39
[92] HDA, Bd. 8, Sp. 505
[93] Breukelaar, Adriaan / Bautz, Traugott (Hrsg.): *Biographisch-bibliographisches Kirchenlexikon,* Bd. 7, Herzberg 1994, Sp. 634 ff.
[94] Franz, Adolph: *Die kirchlichen Benediktionen im Mittelalter,* Bd. 2, a.a.O., S. 145
[95] AT: Markus 14.17
[96] Als Giftschlange kommt im Bodenseeraum nur die Kreuzotter *(Vipera berus berus)* in Frage. Vgl. Garms, Harry: *Fauna Europas. Bestimmungslexikon,* München 1982
[97] Vermutlich von einem Zurzacher Mönch vor dem Jahr 1000 verfasst [zit. n. Bildlegende eines Druckes aus der Stiftskirche Zurzach]
[98] 13-teiliger Verenazyklus, 1610–1607, vom Zurzacher Maler Johann M. Waldkirch geschaffen
[99] Vgl. Röhrich, Lutz: *Die Sage vom Schlangenbann,* in: *Volksüberlieferung,* Göttingen1968, S. 327
[100] Egli, Hans: *Das Schlangensymbol,* Olten 1982, S. 243
[101] Guntern, Josef: *Volkserzählungen aus dem Oberwallis. Sagen, Legenden, Märchen, Anekdoten aus dem deutschsprachigen Wallis,* Basel 1978, zit. n. Keckeis, Peter (Hrsg.): *Sagen der Schweiz. Wallis,* Zürich 1986, S. 171
[102] Müller, Josef: *Sagen aus Uri. Aus dem Volksmunde gesammelt,* Bd. 3, Basel 1945, S. 181, Nr. 1292–1293

[103] Schwarz verkörpert anderseits das Dämonische. (In den Hexenprozessen von Neuchâtel wurden 130 Angeklagte nach der Farbe des Teufels befragt. Die Mehrheit gab zu Protokoll, der Leibhaftige sei ihnen jeweils in Schwarz begegnet.)

[104] Vgl. Brunner Ungricht, Gabriela: *Die Mensch-Tier-Verwandlung, Eine Motivgeschichte unter besonderer Berücksichtigung des deutschen Märchens in der ersten Hälfte des 19. Jahrhunderts,* Bern 1998, S. 257

[105] Der Begriff «Witterung» bezeichnet Salben, die zum Fang von Tieren verwendet wurden.

[106] Anonym: *Ehrende Jäger-Compagnie,* Stein a. Rhein, 1776, zit. n. Kummer, Bernhard: *Schaffhauser Volks-Tierkunde,* Teil II, Schaffhausen 1950, S. 49

[107] Vgl. Höhn-Ochsner, Walter: *Tierwelt in Zürcher Mundart und Volksleben,* a.a.O., S. 53

[108] Brennwald, Heinrich: *Handschriftliche Chronik,* Bl. 23, zit. n. Rochholz, Ernst: *Naturmythen,* a.a.O., S. 198 ff., Nr. 7 [Behutsame Adapt. v. Verfasser]

[109] *Zürcher Neujahrsblätter,* Stadtbibliothek Zürich, 1842, zit. n. Rochholz, Ernst: *Naturmythen,* a.a.O., S. 198 f. [Behutsame stilistische Adapt. v. Verf.]

[110] Tryptamine

[111] Rätsch, Christian / Guhr Andreas: *Lexikon der Zaubersteine,* Graz 1989, S. 106

[112] Lütolf, Alois: *Sagen, Bräuche, Legenden aus den fünf Orten Luzern, Uri, Schwiz, Unterwalden und Zug,* a.a.O., S. 351, Nr. 302 b)

[113] HDA, Bd. 5, Sp. 635

[114] Megenberg, Konrad von: *Das Buch der Natur,* Stuttgart 1861 [Reprint Ausg. Augsburg 1409] Vgl. Rätsch, Christian /Guhr Andreas: *Lexikon der Zaubersteine,* a.a.O., S. 105 f. und Clair, Colin: *Unnatürliche Geschichten. Ein Bestiarium,* Zürich 1969, S. 147 f.

[115] KHM, Nr. 105

[116] Petzoldt, Leander: *Kleines Lexikon der Dämonen und Elementargeister,* München 1990, S. 165

[117] Die Gattung der Unken *(Bombina)* gehört mit der Geburtshelferkröte *(Alytes obstetricans)* zusammen zur Familie der Scheibenzüngler *(Discoglossidae)* und zählt neben den Krötenfröschen *(Pelobatidae)* und Kröten *(Bufonidae)* zur Ordnung der Froschlurchen *(Salientia).* Vgl. Garms, Harry: *Fauna Europas,* a.a.O.

[118] Sälzle, Karl: *Tier und Mensch. Gottheit und Dämon,* München 1965, S. 484

[119] Ebd., S. 385

[120] Ebd., S. 485

[121] Zaunert, Paul: *Schwarzwaldsagen,* Jena 1930, zit. n. Rudolph, Ebermut: *Das «Andere Ich» des Menschen im Tiere. Ein Beitrag zur Frage des «Lebensgleichlaufes» und anderer psychologischer wie paranormaler Phänomene in der Mensch-Tier-Beziehung,* in: *Zeitschrift für Ethnologie,* Bd. 57, H. 1, Berlin 1982, S. 65

[122] Herrmann, Paul: *Deutsche Mythologie,* Berlin 1996, S. 33 [Reprint Ausg. Leipzig 1898]

[123] Streich, Albert: *Brienzer Sagen, Tschuri, Gedichte,* Bern 1978, S. 31, zit. n. Keckeis, Peter: *Sagen der Schweiz. Bern,* Zürich 1986, S. 164 f.

[124] Vgl. Utzinger, W.: *Schaffhauser Sagen und Schwänke,* in: *Schaffhauser Jahrbuch I,* Thayngen 1926, zit. n. Englert-Faye, Curt: *Schweizer Märchen, Sagen und Fenggengeschichten,* Basel 1984, S. 163 ff.

[125] Rochholz, Ernst: Deutscher Unsterblichkeitsglaube, Berlin 1867, zit. n. Rudolph, Ebermut: *Das «Andere Ich» des Menschen im Tiere,* a.a.O., S. 23 ff.

[126] Haus- und Tempelschlangen werden in Indien häufig gehalten. Eine Mythe von einer Milch trinkenden und Gold gebenden Schlange enthält die indische Sagensammlung *Pantschatantra* (Übersetzt von S. Benfey, Teil II, Leipzig 1859, S. 244).

[127] *Janus XII,* 1907, S. 349, zit. n. Höfler, Max: *Die volksmedizinische Organotherapie und ihr Verhältnis zum Kultopfer,* a.a.O., S. 141

[128] HDA, Bd. 5, Sp. 628

[129] In der Offenbarung des Johannes (NT 16,13) nehmen die unreinen Geister Gestalt von Fröschen an.

[130] Vgl. Lütolf, Alois: *Sagen, Bräuche, Legenden aus den fünf Orten Luzern, Uri, Schwiz, Unterwalden und Zug,* a.a.O., S. 351, Nr. 301

[131] Schriftdeutsche Adaption durch den Verf.: «Unser Vater sagte oft, man solle keine Kröte, keinen Frosch, überhaupt kein Tier plagen; sie seien arme Seelen.» Vgl. Müller, Josef: *Sagen aus Uri. Aus dem Volksmunde gesammelt,* Bd. 2, Nr. 1090, Basel 1929, S. 47, Nr. 1090

[132] Höhn-Ochsner, Walter: *Tierwelt in Zürcher Mundart und Volksleben,* Zürich 1976, S. 49

[133] Anonym: *Thurgauische Beiträge zur vaterländischen Geschichte,* H. 23, S. 106, 108, 110, zit. n. Glaettli, K[arl] W[erner]: *Zürcher Sagen,* Zürich 1970, S. 256

[134] Glaettli, K[arl] W[erner]: *Zürcher Sagen,* a.a.O., S. 75 (Teil II, Nr. 8) [vom Verf. gekürzt und stil. adaptiert]. Vgl. auch Lüthi, Ursina: *Sagen aus dem Kanton Zürich,* Zürich 1987, S. 13 f.

[135] Ebd., S. 195 (Teil VI, Nr. 13), [vom Verf. gekürzt und stil. adaptiert]

[136] Vermutlich handelt es sich um Frösche und nicht um Kröten.

[137] *Les bats* ist der lokale Spitzname für Froschlurchen.

[138] Sébillot, Paul: *La Faune,* Paris 1984, S. 274 [Reprint der Ausg. Paris 1904–1906]

[139] *Antiquarische Mittheilungen,* Zürich 1846, [Nacherz. v. Verf.] n. Rochholz, Ernst: *Naturmythen [...],* a.a.O., S. 200, Nr. 8

[140] Megenberg, Konrad von: *Das Buch der Natur,* Stuttgart 1861, [Blatt C 4h, Reprint Ausg. Augsburg 1499]. Vgl. auch Rochholz, Ernst: *Naturmythen [...],* a.a.O., S. 201

[141] Ebd. [Blatt B 4]

[142] Vernaleken, Theodor: *Alpensagen,* Wien 1858, S. 247, Nr. 172

[143] HDA, Bd. 6, Sp. 458

[144] Rochholz, Ernst: *Schweizersagen aus dem Aargau,* Bd. 2, Aarau 1856, S. 41, Nr. 266

[145] Ebd., S. 42

[146] Hoffmann-Krayer, Eduard: *Unsere Vögel in Glaube und Poesie des Volkes,* in: *Ornithologischer Beobachter,* H. 9, Basel 1916, S. 7 [Separatdruck]

[147] Vgl. Gattiker, Ernst und Luise: *Die Vögel im Volksglauben. Eine volkskundliche Sammlung aus verschiedenen europäischen Ländern von der Antike bis heute,* Wiesbaden, 1989, S. 17

[148] Der *Hadschdschi Baba* (= alter Mekkapilger) genannte Storch gilt in der irakischen Volkstradition als ein wegen seiner Unsittlichkeit in einen Vogel verwandelter Mann. Vgl. Schimmel, Annemarie: *Die drei Versprechen des Sperlings. Die schönsten Tierlegenden aus der islamischen Welt,* München 1997, S. 146

[149] Paupert, A.: *Le conte de la cigogne dans les évangiles des quenouilles,* in: *Métamorphose et bestiaire fantastique au moyen age,* Paris 1985, S. 18 ff. Das Werk *Les évangiles [...]* stammt aus der zweiten Hälfte des 15. Jahrhunderts und fasst Volksüberlieferungen zusammen, die sich Frauen an langen Spinnabenden erzählten.

[150] Zwei schwarze Raben sind, zwischen goldenen Puten, auch im Abschlussbogen der Apsis in der Klosterkirche Einsiedeln zu sehen.

[151] Heute steht an dieser Stelle am Limmatquai das Café Raben.

[152] Vgl. Vernaleken, Theodor: *Alpensagen,* a.a.O., S. 234 f. [Reprint Ausg. Salzburg 1938]

[153] In einer anderen Legendenversion vermittelt ein Rabe zwischen Oswald und einer Königstocher, die Oswald nach schwerem Kampf mit ihrem Vater schliesslich heiratet. Zu diesem Zweck überbrachte der Rabe Oswald einen Ring und einen versiegelten Brief. Vgl. Keller, Hiltgart L.: *Reclams Lexikon der Heiligen und der biblischen Gestalten,* Stuttgart 1968, S.457 f.

[154] Vgl. Höhn-Ochsner, Walter: *Tierwelt in Zürcher Mundart und Volksleben,* a.a.O., S. 69

[155] Vgl. HDA, Bd. 7, Sp. 147

[156] Riser, Alfred: *Volksbrauch und Volksglauben aus dem Emmental,* in: SAVk, Bd. 24, H. 1, 1922, S. 65

[157] Forum der Schweizer Geschichte, Schwyz: *Schwyz: Aufstand der Dinge,* Schwyz 1999, o.S. [Katalog zur gleichnamigen Ausstellung, 28.10.1999–29.2.2000]

[158] HDA, Bd. 2, Sp. 797

[159] Rochholz, Ernst: *Alemannisches Kinderlied und Kinderspiel aus der Schweiz,* a.a.O., S. 75 f.

[160] HDA, Bd. 2, Sp. 800

[161] Zell, Th[eodor] Dr.: *Neue Tierbeobachtungen,* Stuttgart 1919, S. 70 (Theodor Zell ist das Pseudonym von Leopold Banke.)

[162] Stumpf, Johannes: *Gemeiner Eydgnossenschaft Stetten, Landen und Völkern chronikwürdiger Thaten,* Zürich 1548, zit. n. Höhn-Ochsner, Walter: *Tierwelt [...],* a.a.O., S. 69

[163] Ebd.

[164] Rochholz, Ernst: *Alemannisches Kinderlied und Kinderspiel aus der Schweiz,* a.a.O., S. 79

[165] Lütolf, Alois: *Sagen, Bräuche, Legenden aus den fünf Orten Luzern, Uri, Schwiz, Unterwalden und Zug,* a.a.O., S. 355, Nr. 310 [Behutsame Adapt. v. Verfasser]

[166] Ebd., Vgl. S. 354 f., Nr. 309

[167] Staub, Friedrich / Tobler, Ludwig (Hrsg.): *Schweizerisches Idiotikon. Wörterbuch der schweizerdeutschen Sprache,* Bd. 2, Frauenfeld 1885, Sp. 189 f.

168 Lütolf, Alois: *Sagen, Bräuche [...],* a.a.O., S. 354 f., Nr. 309. Vgl. auch Niderberger, Franz: *Sagen und Gebräuche aus Unterwalden,* Zürich 1978, S. 261 [Reprint Ausg. Sarnen 1924]

169 Reuterskiöld, Edgar: *Die Entstehung de Speisesakramente,* Heidelberg 1912, S. 109. Vgl. auch Jahn, Ulrich: *Die deutschen Opfergebräuche bei Ackerbau und Viehzucht, Germanistische Abhandlungen,* Breslau 1884, S. 187

170 Vgl. Höfler, Max: *Die volksmedizinische Organotherapie und ihr Verhältnis zum Kultopfer,* a.a.O, S. 132

171 Höhn-Ochsner, Walter: *Tierwelt in Zürcher Mundart und Volksleben,* a.a.O., S. 69. Vgl. auch Gattiker, Ernst und Luise: *Die Vögel im Volksglauben,* a.a.O, S. 22

172 *Compèr fiavrai* = Vetter Februar; *i tri di d' la merla* = die drei Tage der Amsel (heute noch gebräuchlich). Müller, Josef: *Märchen, Legenden und Schwänke aus der Levantina,* in: SfVk, 17. Jg., Basel 1927, zit. n. Waldmann, Richard: *Die Schweiz in ihren Märchen und Sennengeschichten,* Köln 1983, S. 279, Nr. 130

173 Die Spräggelennacht mit Schnabelgeissen ist auch in Knonau, Hedigen, Obfelden und Mettmenstetten (ZH) bekannt. Allerdings wurde der Brauch zeitweilig verboten, weil angeblich zu viel Unfug getrieben wurde.

174 Die Schnabelgeiss ist auch im Haslital bekannt. Sie führt zum Jahresende am «Ubersitz» in Meiringen (BE) den Umzug an, an dem auch der Uristier teilnimmt.

175 Vgl. Stauber, Emil: *Sitten und Gebräuche im Kanton Zürich,* in: *Neujahrsblatt der zürcherischen Hülfsgesellschaft,* Nr. 122, Zürich, 1924, S. 122

176 Staubers Erklärung, dass in der Spränggelennacht Geister vertrieben wurden, wird dem komplexen Hintergrund kaum gerecht. Stauber, Emil: *Sitten und Gebräuche [...],* a.a.O., S. 119 ff. Vgl. auch Sooder, Melchior / Dauwalder, Hans: *Zelleni us dem Haslital,* a.a.O., S. 51

177 Vgl. Meuli, Karl: *Gesammelte Schriften,* Bd. 1, a.a.O., S. 138

178 Die Katzenmaske stammt aus dem Jahre 1878 und wurde nie getragen. Pers. Info. von Judith Rickenbach, Konservatorin, Museum Rietberg, Zürich, 14.1.2000

179 Erinnerungen der Dorfbewohner an frühere Kamelfeste reichen bis etwa 1920 zurück. Pers. Info. von Stéfane Sandoz, Weinbauer in Concise (VD), Januar 2001, nach einem Hinweis von Bernard Schüle, Konservator, Schweizerisches Landesmuseum

Gottesgeschöpfe und Teufelswerk

1 Lixfeld, Hannjost: *Der dualistische Schöpfungsschwank von Gottes und des Teufels Herde (Thomson K 483),* in: Harkort, Fritz et al. [Hrsg.]: *Volksüberlieferung. Festschrift für Kurt Ranke zur Vollendung des 60. Lebensjahres,* Göttingen 1968, S. 165

2 Häuser am heutigen Limmatquai in Zürich

3 Corrodi-Sulzer, A[drian]: *Miszellen aus dem Zürcher Staatsarchiv,* in: *Zürcher Taschenbuch auf das Jahr 1924,* Zürich 1923, S. 249 f. [Vgl. auch Staatsarchiv B. V 14, Fol. 95]

4 Der Löwe, die häufigste Tierfigur der Heraldik, war im Mittelalter das Sinnbild der Welfen, der landesfürstlichen Gewalt. Der Adler symbolisierte indessen die kaiserliche Gewalt.

5 Ein schreitender, hersehender Löwe stellt einen Leoparden dar. Hebt dieser den Schwanz nicht in die Höhe, ist er ein «feiger Leopard».

6 Robert Lips, Urheber der Globi-Kinderbücher, soll sich tatsächlich in der Stephans-Kapelle aufgehalten haben und dort zur Kreation seiner Comic-Ikone inspiriert worden sein.

7 Vgl. Schobinger, Viktor: *Zürcher Wappenkunde,* Zürich 1993, S. 30 f.

8 Wackernagel, Hans Georg: *Altes Volkstum der Schweiz. Gesammelte Schriften zur historischen Volkskunde,* Basel 1956, S. 314 [Anmerkung]

9 Gattiker, Ernst und Luise: *Die Vögel im Volksglauben. Eine volkskundliche Sammlung aus verschiedenen europäischen Ländern von der Antike bis heute,* Wiesbaden 1989, S. 34 f.

10 Rey, Dr.: *Ornithologische Monatsschrift,* o.Nr., o.O., 1878, sowie Thienemann, J.: *Ornithologische Monatsschrift,* o.Nr., o.O., 1898, zit. n. Gattiker, Ernst und Luise: *Die Vögel im Volksglauben,* a.a.O, S. 36

11 Weiser, Lily: *Altgermanische Jünglingsweihen und Männerbünde. Ein Beitrag zur deutschen und nordischen Altertums- und Volkskunde,* Bühl (Baden) 1927, S. 49, 54

12 Die Kirche wurde 1114 eingeweiht.

13 Vgl. Blankenburg, Vera von: *Heilige und dämonische Tiere,* Köln 1975, S. 184 f.

14 Lütolf, Alois: *Sagen, Bräuche, Legenden aus den fünf Orten Lucern, Uri, Schwiz, Unterwalden und Zug,* Luzern 1862, S. 359, Nr. 317

15 HDA, Bd. 4, Sp. 341

16 SfVk 3.5.41, zit. n. HDA, Bd. 8, Sp. 505

17 SAVk 2. S. 222, zit. n. HDA, Bd. 8, Sp. 506

18 Messikomer, H[einrich]: *Aus alter Zeit. Sitten und Gebräuche im Zürcher Oberland,* Bd. 1, Zürich 1909, S. 171

19 Mannhardt, Wilhelm: *Die Götterwelt der deutschen und nordischen Völker,* Bd. 1, Berlin 1860, zit. n. Wuttke, Adolf: *Der Volksaberglaube der Gegenwart,* Berlin 1900, S. 26

20 Wuttke, Adolf: *Der Volksaberglaube der Gegenwart,* a.a.O., S. 114

21 Reinsch, R.: *Le bestiaire. Das Tierbuch des normannischen Dichters Guillaume le Clerc,* o.O. 1890, S. 71, zit. n. Blankenburg, Wera von: *Heilige und dämonische Tiere,* a.a.O., S. 149

22 Blankenburg, Wera von, *Heilige und dämonische Tiere,* a.a.O., S.149

23 Gotthelf, Jeremias: *Die schwarze Spinne,* Zürich 1944, S. 85 [Ausg. Büchergilde Gutenberg]

24 Bolte, Johannes / Palivka, Georg: *Anmerkungen zu den Kinder- und Hausmärchen der Brüder Grimm,* Bd. 2, Leipzig 1915, S. 414

25 Glaettli, K[arl] W[erner]: *Zürcher Sagen,* Zürich 1970, S. 90 f., Nr. 33

26 Ebd., S. 91

27 Vgl. HDA, Bd. 8, Sp. 270

28 Stauber, Emil: *Sagen und Aberglauben im Kanton Zürich,* in: *Neujahrsblatt der zürcherischen Hülfsgesellschaft,* Nr. 128, Zürich 1924, S. 35

29 Keller, Hiltgart L.: *Reclams Lexikon der Heiligen und [...],* Stuttgart 1987, S. 448

30 Höhn-Ochsner, Walter: *Tierwelt in Zürcher Mundart und Volksglauben,* a.a.O., S. 39

31 Feldspinnen bilden die Familie der *Liocranidae.* Davon gibt es in der Schweiz 14 Arten.

32 Wittich, Engelbert: *Zauber und Aberglauben der Zigeuner,* SAVk, 15. Jg., Basel 1911, S. 147 ff.

33 Lonicerus [Johann]: *Kräuterbuch,* o.O. 1564, zit. n. Höhn-Ochsner, Walter: *Tierwelt in Züricher Mundart und Volksglauben,* Zürich 1976, S. 38

34 Der Bock der Rasse *Nera Verzasca* ist im Widerrist 80 bis 90 cm hoch und wiegt über 70 kg. Vgl. Furger, Alex R. / Windlin, Marco et al.: *Der «römische» Haustierpark in Augusta Raurica,* in: *Augster Blätter zur Römerzeit 7,* Augst 1992

35 Sooder, Melchior: *Habkern,* S. 76, Nr. 6, zit. n. Waibel, Max / Loosli, Arthur: *Auf den Spuren der Zwerge,* Thun 1998, S. 144

36 Vgl. Bauer, Wolfgang et al.: *Lexikon der Symbole,* München 1987, S. 267 f.

37 Fournier, Denis: *La pierre druidique de Vérossaz,* in: *Cahiers Valaisans de folklore 32,* Sierre 1935, S. 6 ff., zit. n. Schumacher, Yves: *Steinkultbuch Schweiz. Ein Führer zu Kultsteinen und Steinkulten,* Bern 1998, S. 99 ff.

38 Informant von Fournier war Louis Barmann aus Vérolliez, dem die Erinnerung an den Kult von einem über 80-jährigen Dorfbewohner weitergegeben wurde. Die Zeremonie dürfte zwischen 1780 und 1790 stattgefunden haben.

39 Vgl. Zermatten, Maurice: *Les Fiancés de la Neige et autres contes et légendes,* Savièse 1989, S. 277

40 Schenda, Rudolf und Susanne: in: EM, Bd. 1, a.a.O., Sp. 138

41 Anonym: *Der Physiologus, Tiere und ihre Symbolik,* Zürich 1995, [Übertragen und erläutert von Otto Seel], S. 67 f.

42 Ferguson O'Mera, C.: *Saint Columba and the conversion of animals,* in: *Micrologus. Natura, scienze e società medievali,* Bd. 8, 1, *Il mondo animale,* Florenz 2000, S. 96

43 Vgl. Maier, Bernhard: *Lexikon der keltischen Religion und Kultur,* Stuttgart 1994, S. 74 f.

44 Vgl. Vogelsanger, Peter: *Zürich und sein Fraumünster,* Zürich 1994, S. 44

45 Vgl. Luginbühl, Rudolf (Hrsg.): *Brennwald, Heinrich,* in: *Helvetische Chronik. Quellen zur Schweizer Geschichte,* Bd. 1, Basel 1908

46 Die Kirche wurde im Jahr 811 erstmals erwähnt.

47 Vgl. Hahnloser, Hans R. (Hrsg.): *Kunstführer durch die Schweiz,* Bd. 1, Zürich 1971, S. 835

48 Pers. Info. von Pater Benno Schildknecht OSB, Kloster Fischingen, 1999

49 Vgl. Meyer, Bruno: *Die heilige Idda von Fischingen,* in: *Thurg. Beiträge zur vaterländischen Geschichte,* H. 112, S. 87 f., zit. n. Cavelti, Florin (Pater): *Idda von Toggenburg,* Fischingen 1989

50 Frauenfelder, Reinhard: *Sagen und Legenden aus dem Kanton Schaffhausen,* Schaffhausen 1933, S. 22

51 Vgl. Kuoni, J[akob]: *Sagen des Kantons St. Gallen,* St. Gallen 1902, S. 233

52 Schmidt, Heinrich und Margarethe: *Die vergessene Bildersprache der christlichen Kunst,* München 1981, S. 67

53 Vgl. Keller, Hiltgart L.: *Reclams Lexikon der Heiligen und [...],* a.a.O., S. 216 f.

54 Lorrain Claude, *Landschaft mit Ziegenherde,* Öl auf Leinwand

55 Vgl. Keller, Hiltgart L.: *Reclams Lexikon der Heiligen und [...],* a.a.O., S. 301

56 Ebd., S. 604

57 Rölleke, Heinz: *Das grosse deutsche Sagenbuch,* Düsseldorf / Zürich, 1996, S. 82, Nr. 929

58 Anonym: *Christl. Granatapfel I,* o.O., 1685, S. 467, zit. n. Höfler Max: *Die volksmedizinische Organotherapie und ihr Verhältnis zum Kultopfer,* Leipzig o.J.

59 Die Schale wiegt 910 Gramm und hat einen Durchmesser von 25 Zentimeter.

60 Die Zibben haben keinen Brunstzyklus, der Eisprung wird durch die Paarung ausgelöst. Deshalb können sie von den Rammlern jederzeit gedeckt werden.

61 Zweimal gedeckte Häsinnen, die isoliert wurden, brachten in einem Abstand von 38 oder 39 Tagen auch zweimal Junge zur Welt. Vgl. Hediger, Heini: *Jagdzoologie [...],* a.a.O., S. 63

62 Pers. Mitteilung von Dr. Frank Bienenfeld, München, Jan. 2000

63 Wuttke, Adolf: *Der Volksaberglaube der Gegenwart,* a.a.O., S. 200

64 Beuret-Frantz, J[oseph]: *Faune fantastique jurassienne,* SAVk, Bd. 25, Basel 1925, S. 183 f.

65 Der Hinweis entstammt einer Gesamtdarstellung von Eduard Hoffmann-Krayer der schweizerischen Feste und Bräuche aus dem Jahre 1913. Eine zeitliche Eingrenzung der Zürcher Osterbräuche («Osterhas jagen») fehlt leider. Vgl. auch Hoffmann-Krayer, Eduard: *Feste und Bräuche des [...],* Zürich 1992, S. 138 f. und Geiger, Paul / Weiss, Richard et al.: *Atlas der schweizerischen Volkskunde,* Teil II, H-Bd. 1, Basel 1962, Karten 178 ff.

66 Liebenau, Theodor: *Das Alte Luzern,* Luzern 1881, S. 206, zit. n. Wildhaber, Robert: *Der Osterhase und andere Eierbringer,* in: SAVk, 53. Jg., H. 1, Basel 1957, S. 110: «Zu Ostern regalierte im 15. Jh. der Staat die Ratherren [...] mit Ostereiern.»

67 Wildhaber, Robert: *Der Osterhase und andere Eierbringer,* a.a.O.

68 Geiger, Paul / Weiss, Richard et al.: *Atlas der schw. Volkskunde,* Teil II, a.a.O., Karten Nr. 178 ff.

69 Liebl, Elsbeth: *Osterspiele im Atlas der schweiz. Volkskunde,* in: SAVk, Basel 1953, S. 61 ff.

70 Gfeller, S.: Das *«Eiere»* im Emmental, in: SAVk, Basel 1902, S. 155

71 Bircher, Ralph: *Wirtschaft und Lebenshaltung im schweizerischen «Hirtenland» bis Ende des 18. Jahrhunderts,* Bern 1979, S. 104

72 Vgl. Sartori, Paul: *Sitte und Brauch,* Bd. 2, Leipzig 1911, S. 147

73 Pers. Mitteilung der Eltern des Verf., 1989

74 EM, Bd. 6, Sp. 1075 [Beitrag von Daniel Drasček und Siegfried Wagner]

75 Niderberger, Franz: *Sagen und Gebräuche aus Unterwalden,* S. 608, Zürich 1978 [Reprint Ausg. Sarnen 1924], S. 258

76 Kuoni, J[akob]: *Sagen des Kantons St. Gallen,* a.a.O., S. 371 f.

77 Keller, W[alter]: *Contes de l'Ajoie: Le loup qui voulait baptiser,* SAVk, zit. n. Waldmann, Richard (Hrsg.): *Die Schweiz in ihren Märchen und Sennengeschichten,* Köln 1983, S. 76, Nr. 28

78 Venzmer, Gerhard: *Giftige Tiere und tierische Gifte,* Stuttgart 1932, S. 60

79 Vgl. Müller, Josef: *Sagen aus Uri. Aus dem Volksmunde gesammelt,* Bd. 2, Basel 1929, S. 277 f., Nr. 910 – 913

80 Niderberger, Franz: *Sagen und Gebräuche aus Unterwalden,* Zürich 1978, S. 262 [Reprint Ausg. Sarnen 1924]

81 Ebd.

82 Lütolf, Alois: *Sagen, Bräuche, Legenden aus den fünf Orten Lucern, Uri, Schwiz, Unterwalden und Zug,* Luzern 1882, S. 332, Nr. 276 d). Die Meinung, dass der Hecht in seinen Kopfgräten die Werkzeuge des Leidens Christi habe, bestätigt auch Wuttke. Vgl. Wuttke, Adolf: *Der Volksaberglaube der Gegenwart,* a.a.O., S. 115

83 Marti, O[tto]: *Die Götter unserer Ahnen. Mythos, Kultur und Recht der Ur- und Frühzeit im Schweizerland,* Bern 1944, S. 64

84 Vgl. Schumacher, Yves: *Steinkultbuch Schweiz, Bern* 1998, S. 90 f.

85 Vgl. Rochholz, Ernst: *Schweizersagen aus dem Aargau,* Bd. 1, Aargau 1856, S. 14, Nr. 9

86 Vgl. Rochholz, Ernst: *Wassergöttin Verena,* in: Derungs, Kurt (Hrsg.): *Mythologische Landschaft Schweiz,* Bern 1997, S. 42 ff.

87 Sébillot Paul: *La Faune,* Paris 1984, S. 43 [Reprint Ausg. Paris 1904 – 1906]

88 Pers. Info. von Ernst Weidmann, Zürich, ca. 1957

[89] AT: Dtn. 14,16; Lev. 11,19; Jes. 2,20
[90] Apothéloz, Denis / Moeschler, Pascal: *L'enfant et la chauve-souris: enquête sur l'environnement psychologique des chiroptères,* in: Heinard, Jacques / Kaehr, Roland (Hrsg.): *Des animaux et des hommes,* Neuchâtel 1987, S.133 ff.
[91] Höhn-Ochsner, Walter: *Tierwelt in Zürcher Mundart und Volksleben,* a.a.O., S. 81
[92] HDA, Bd. 2, Sp. 1588
[93] HDA, Bd. 2, Sp. 1596
[94] Auf Französisch spricht man in diesem Zusammenhang nicht vom Sommer, sondern vom Frühling *(Une hirondelle ne fait pas le printemps).*
[95] Frick, R.-O.: *Quand l'hirondelle était toute blanche,* Sonderdruck aus: SAVk, Bd. 33, Basel 1934, S. 4
[96] Ebd., S. 5
[97] Kräutermann, Valentin: *Der Thüringische Theophrastus Paracelsus oder Zauberarzt,* Arnstadt 1730, zit. n. Höfler, Max: *Die volksmedizinische Organotherapie und ihr Verhältnis zum Kultopfer,* a.a.O., S. 180
[98] Sébillot, Paul: *La Faune,* a.a.O., S. 29
[99] *Korrespondenz-Blatt für Anthropologie,* 103, 1882, S. 113
[100] Jegerlehner, J[ohann]: *Sagen und Märchen aus dem Oberwallis,* Basel 1913, in: Keckeis, Peter (Hrsg.): *Sagen aus der Schweiz. Wallis,* Zürich 1986, S. 58
[101] Arm, Jean-Philippe / Grezet, Jean-J.: *Bodenständige Berufe,* Bd. 1, Lausanne 1985, S. 69 ff.
[102] Die Sage vom *Rattenfänger von Hameln* wurde literarisch unter anderem von Johann Wolfgang von Goethe, Robert Browning und Carl Zuckmayer verarbeitet. Vgl. Bulla, Gisela: *Die kluge Ratte, Porträt eines Aussenseiters,* Hamburg 1986, S. 85 ff.
[103] Decurtins, Caspar: *Rätoromanische Chrestomathie,* Bd. 2, Erlangen 1888 ff., zit. n. Büchli, Arnold: *Sagen aus Graubünden,* Bd. 2, Aarau / Leipzig, o.J., S. 177
[104] Wuttke, Adolf: *Der Volksaberglaube der Gegenwart,* a.a.O., S. 125 f.
[105] Vgl. Keller Hiltgart L.: *Reclams Lexikon der Heiligen und der bilischen Gestalten,* a.a.O., S. 261
[106] Sébillot Paul: *La Faune,* a.a.O., S. 52
[107] Tschudi, Friedrich von: *Das Thierleben der Alpenwelt,* Leipzig 1875, S. 276
[108] Vgl. Clair, Cloin: *Unnatürliche Geschichten. Ein Bestiarium,* Zürich 1969, S. 60 f.
[109] Arm, Jean-Philippe / Grezet, Jean-Jacques: *Bodenständige Berufe,* a.a.O., S. 75
[110] Lutz, Albert: *Die Zürcher Jagd,* Zürich 1963, S. 237
[111] Vgl. Schmidt, Heinrich und Margarethe: *Die vergessene Bildersprache christlicher Kunst,* a.a.O., S. 111 f.
[112] HDA, Bd. 8, Sp. 696
[113] Informant: Dr. med. J. J. Graf, Rafz, zit. n. Höhn-Ochsner, Walter: *Tierwelt in Zürcher Mundart und Volksleben,* a.a.O., S. 61
[114] Vernaleken, Theodor: *Alpensagen,* Wien 1858, S. 419
[115] Kuoni, J[akob]: *Sagen des Kantons St. Gallen,* a.a.O., S. 187, Nr. 335 [Behutsame sprachliche Adaptionen v. Verf.]
[116] Vgl. Brunner Ungricht, Gabriela: *Die Mensch-Tier-Verwandlung,* a.a.O., S. 151. Vgl. auch Hoffmann-Krayer, Eduard: *Feste und Bräuche des [...],* Zürich 1992, S. 138 f. sowie Stern, Bernhard: *Medizin, Aberglauben und Geschlechtsleben in der Türkei,* Bd. 2, Berlin 1903
[117] Brunner Ungricht, Gabriela: *Die Mensch-Tier-Verwandlung,* a.a.O., S. 249. Die Autorin weist darauf hin, dass in diesem Sagentypus, der das Zölibat des Priesters festigt, jeweils nur die weibliche Seite bestraft wird, während die Pfarrherren ungeschoren davonkommen.
[118] Edlibach, G[erold]: *Chronik aus dem Anfange des 16. Jh.,* zit. n. Vernaleken, Theodor: *Alpensagen,* a.a.O., S 269 f. Vgl.: *Zürcher Antiquarische Mittheilungen,* IV, Zürich 1874, S. 52, zit. n. Birlinger, Anton: *Sagen, Legenden, Volksaberglauben,* Bd. 1 , Wiesbaden 1874, S. 281 f.
[119] Voragine, Jacobus de: *De Legenda aurea,* Heidelberg 1984, zit. n. Brunner Ungricht, Gabriela: *Die Mensch-Tier-Verwandlung,* a.a.O., S. 158
[120] Vernaleken, Theodor: *Alpensagen,* a.a.O., S. 316 f.
[121] Haag-Wackernagel, Daniel: *Die Taube. Vom heiligen Vogel der Liebesgöttin zur Strassentaube,* Basel 1988, S. 114
[122] Ebd., S. 109. Das Motiv des Totenvogels verbindet sich mit jenem von Pferden (Seelenbegleiter), die im Halbrelief ein Fries auf dem Torsturz bilden. Vgl. Bahn, Paul (Hrsg.): *Collins dictionary of archaeology,* Glasgow 1992, S. 431

[123] Vgl. Chaix, Nathalie: *Le Papillon,* in: *Animaux d'Art et d'histoire. Bestiaire des collections genevoises,* Genève 2000, 134 [Katalog zur gleichnamigen Ausstellung im Musée d'art et d'histoire, Genf, 30.3.00–24.9.00]

[124] Wiss. Rat der Dudenredaktion: *Der Duden. Herkunfswörterbuch. Etymologie der deutschen Sprache,* Bd. 7, Mannheim, Wien, Zürich 1989, S. 641 [Bearbeitet von Günter Drosdowski]

[125] Vgl. Fiedler, Walter (Hrsg.): *Tiergarten Schönbrunn – Geschichte und Aufgabe,* Wien 1976, S. 25 f.

[126] Dass es sich bei diesem Geschenk tatsächlich um einen Eisbären gehandelt haben soll, ist ziemlich unwahrscheinlich. Möglicherweise war es ein weisser Braunbär. Vgl. Friedler, Walter: *Tiergarten im Altertum und Mittelalter,* in: *Tiergarten Schönbrunn – Geschichte und Aufgabe,* a.a.O., S. 26

[127] Der im Frühmittelalter in der Schweiz noch frei lebende Elch war 1579 bereits ausgestorben und dürfte deshalb der Bevölkerung fremd gewesen sein. Der dazumal in Basel umgebrachte Elch war ein Geschenk des Prinzen von Radziwil an Thurneysen, der als Leibarzt des Kurfürsten Johann Georg von Brandenburg grosses Ansehen genoss.

[128] Hediger, Heini: *Exotische Freunde im Zoo,* Basel [1949], S. 33 f. Weitere Ausführungen über dramatische Zwischenfälle mit Zirkus-Elefanten in der Schweiz gibt: Oettermann, Stephan: *Die Schaulust am Elefanten. Eine Elefantographis curiosa,* Frankfurt a.M. 1982

[129] Blaszkiewitz, B[ernhard]: *Erneut: Stirnhorntragendes Nashorn,* in: *Der zoologische Garten,* Bd. 64, Jena 1994, S. 11, sowie Dathe, Heinrich: *Ein weiteres «Dürer-Hörnlein» beim Breitmaulnashorn,* in: *Der zoologische Garten,* Bd. 60, Jena 1990, S. 322

[130] Emmerig, Hubert: *Das Rhinozeros in Europa 1741–1758 und seine Medaillen,* in: *money trend,* H. 5, 1978, S. 20 ff.

[131] Urs B. Leu vermerkt, dass die Eintrittspreise von 2, 4 und 8 Batzen erhebliche Auslagen darstellten, machten doch 2 Batzen doch immerhin ein Viertel des Taglohnes eines Zürcher Handwerkermeisters aus. Leu, Urs B.: *Streifzüge durch vier Jahrhunderte naturwissenschaftliche Buchillustration,* in: *Zeitschrift der schweizerischen bibliophilen Gesellschaft,* H. 2, Sept. 1999, S. 82 f.

[132] Hediger, Heini: *Exotische Freunde im Zoo,* a.a.O., S. 85 f.

[133] Ebd., S. 85 f.

[134] Schulthess, Hermann: *Zürcher Markt- und Schauspielbelustigungen im 18. Jahrhundert,* Zürich 1933, S. 118

[135] Plutarchus, [Konrad, Hrsg]: *Vermischte Schriften,* Bd. 1 , München 1911, S. 161, zit. n. Schmidt, Heinrich und Margarethe: *Die vergessene Bildersprache christlicher Kunst,* a.a.O., S. 78 f.

[136] Vgl. Pastoureau, Michel: *Pourquoi tant des lions dans l'occident médiéval?* in: *Micrologus. Natura, scienze e società medievali. Il mondo animale,* Bd. 8, 1, Florenz 2000, S. 11 ff.

[137] NT: Br. 1, Petr. 5,8

[138] Lutz, Albert: *Jünglings- und Gesellenverbände im alten Zürich und im alten Winterthur,* Affoltern a. Albis, 1957, S. 82 f.

[139] Blankenburg, Wera von: *Heilige und dämonische Tiere,* a.a.O., S. 224

[140] Anonym: *Der Physiologus. Tiere und ihre Symbolik,* Zürich 1995, S. 72 f. [Übertragen und erläutert von Otto Seel]

[141] Was *Aside* in diesem Zusammenhang bedeutet, ist unklar. Das Wort stammt aus dem Hebräischen und bedeutet «Storch». Die Wahl des Halb-Synonyms «Trappe», das ebenfalls für einen Laufvogel steht, erfolgte willkürlich.

[142] Vgl. Gerritzen, Christian (Hrsg.): *Lexikon der Bibel,* Wiesbaden 1990, S. 432

[143] Wackernagel, Hans Georg: *Altes Volkstum der Schweiz, Gesammelte Schriften zur historischen Volkskunde,* Basel 1956, S. 297

[144] Das Baldschidertal ist ein Seitental im Oberwallis.

[145] Vgl. Jegerlehner, J[ohann]: *Am Herdfeuer der Sennen,* a.a.O., S. 208 ff.

[146] HDA, Bd. 8, Sp. 522

[147] Schobinger, Viktor: *Zürcher Wappenkunde,* Zürich 1993, S. 57

[148] Wundt, Wilhelm: *Völkerpsychologie,* Bd. 7, Teil I, Leipzig 1917, S. 318

[149] Fontenay, Elisabeth de: *Le silence des bêtes. La philosophie à l'épreuve de l'animalité,* [Paris] 1998, S. 249

[150] Aquin, Thomas von, zit. n. Singer, Peter: *Animal Liberation – Die Befreiung der Tiere,* Reinbek b. Hamburg 1996, S. 312

[151] Vgl. Geschichte des Tierschutzes. Turner, E. S.: *All heaven in a range,* London 1964, S. 163

[152] Anonym [ap]: *21 Jahre Haft für Tötung einer Katze in den USA*, in: *Vermischte Meldungen, Neue Zürcher Zeitung,* 3.9.99

[153] Die entsprechende Verordnung wurde nach dem Referendum vom 20. August 1893 in die Bundesverfassung (Art. 25 bis) aufgenommen. Die Schweiz folgte dem Beispiel des Königreichs Sachsen, das 1892 verordnet hatte, dass das Schlachtvieh vor dem Aderlass zu betäuben sei. Vgl. Delacour, Albert: *Les animaux et la loi pénale,* Paris 1901, S. 89

[154] Ganzfried, Schlomo Rabbi: *Kizzur Schulchan Aruch,* Bd. 2, Basel 1978, S. 1018 f.

[155] Die *Halacha* ist eine durch jüdische Schriftgelehrten auf den Spezialfall zugeschnittene Interpretation des gesetzlichen Überlieferungsstoffes wie u. a. die schriftliche Tora.

[156] Vgl. Anonym: *Tiere in Gottesdienste miteinbeziehen,* in: *Tagblatt der Stadt Zürich,* 22.11.1995

Drachen, Basilisken und andere Fabeltiere

[1] Der Bericht von der Opfertat des Schweizer Nationalhelden Arnold Winkelried taucht erst um 1425 auf, das heisst rund 40 Jahre nach der Schlacht von Sempach (9. 7. 1386). In früheren Schlachtbeschreibungen werden andere Gründe für die Niederlage des österreichischen Heeres angegeben. Vgl. Gitermann, Valentin: *Geschichte der Schweiz,* Zürich 1949, S. 51

[2] Der Begriff «Lindwurm» (mittelhochdeutsch «lintwurm» oder auch «linttracke») ist eine Tautologie, zumal «lint» ebenfalls den Wurm oder die Schlange bezeichnet.

[3] Grimm, [Jakob und Wilhelm, Hrsg.]: *Deutsche Sagen,* 2 Bd., Berlin 1816/18, o.S., Nr. 217, zit. n. Rölleke, Heinz: *Das grosse Deutsche Sagenbuch,* Düsseldorf / Zürich 1996, S. 966, Nr. 1148

[4] Etterlin, [Petermann]: *Chronik,* Bl. VII b, o.O. [1507], zit. nach Lütolf, Alois: *Sagen, Bräuche, Legenden aus den fünf Orten Lucern, Uri, Schwiz, Unterwalden und Zug,* Luzern 1872, S. 312

[5] Lütolf, Alois: *Sagen, Bräuche, Legenden [...],* a.a.O., S. 313

[6] Grimm, [Jakob und Wilhelm Hrsg.]: *Deutsche Sagen,* a.a.O., o. S., Nr. 219, zit. n. Rölleke, Heinz: *Das grosse Deutsche Sagenbuch,* a.a.O., S. 971, Nr. 1154

[7] Vgl. Dübi, Heinrich: *Von Drachen und Stollenwürmern,* in: SAVk, Bd. 37, Basel 1939, S. 153 f.

[8] Lütolf, Alois, *Sagen, Bräuche [...],* a.a.O., S. 313

[9] Dübi, Heinrich: *Von Drachen und Stollenwürmern,* a.a.O., S. 151

[10] Die deutsche Ausgabe wurde 24 Jahre nach Gessners Tod bei Froschauer in Zürich verlegt.

[11] Rochholz, Ernst: *Schweizer Sagen aus dem Aargau,* Bd. 2, Aarau 1856, S. 4, Nr. 239 [Reprint Ausg. Zürich 1989]

[12] Zur Niesenkette gehört der Drunengalm. «Drunen» ist eine alte Bezeichnung für Drachen.

[13] Reisikus, Johann Jakob: *Dissertation de Cornu Hammonis,* Miscellan, Natur. corios., Dez. II Anno 7, zit. n. Rätsch, Christian / Guhr, Andreas: *Lexikon der Zaubersteine,* Graz 1989, S. 64

[14] Schumacher, Yves: *Steinkultbuch Schweiz,* Bern 1998, S. 169 ff.

[15] Vernaleken, Theodor: *Alpensagen,* Wien 1858, S. 204 ff. [Auszug aus der Sage *Der Stollenwurm*]

[16] Vernaleken, Theodor: *Alpensagen,* Salzburg / Leipzig 1938, S. 77 f. [Reprint Ausg. Wien 1858]

[17] Rochholz, Ernst: *Naturmythen. Neue Schweizersagen,* Leipzig 1862, S. 203, Nr. 9 [Anmerkung]

[18] Sooder, Melchior / Dauwalder, Hans: *Zelleni us em Haslital,* Meiringen 1984, S. 136

[19] Zell, Th[eodor]: *Straussenpolitik. Neue Tierfabeln,* Stuttgart o.J., S. 50 f. [17. Auflage, vor 1919]. (Theodor Zell ist das Pseudonym von Leopold Banke.)

[20] Vgl. Lussi, Kurt: *Himmel und Hölle,* Willisau 1992, S. 12

[21] Shuker, Karl: *Drachen. Mythologie – Symbolik – Geschichte,* Augsburg 1997, S. 56

[22] Magin, Ulrich: *Trolle, Yetis, Tatzelwürmer: rätselhafte Erscheinungen in Mitteleuropa,* München 1993, S. 79

[23] Lussi, Kurt, *Himmel und Hölle,* a.a.O., S. 14

[24] Bridel, Philippe Sirice: *Le conservateur Suisse,* Bd. 4, o.O., o.J., S. 163, zit. n. Lütolf, Alois: *Sagen [...],* a.a.O., S. 324

[25] Cappeller, Mo[ritz] Ant[on]: *Historia montis Pilati,* Basel 1767, S. 116, 118

[26] «Mondmilch» ist eine weissliche, schaumartige Masse in den Klüften der Kalkalpen. Die Mondmilch wurde gegen Entzündungen beim Vieh angewandt und soll in der Volksmeinung goldhaltig sein. Sie wurde dem Einfluss des Mondes zugeschrieben; man glaubte auch, sie werde aus dem Monde gemolken.

[27] Vgl. Tscheinen, Moritz / Ruppen, Peter Joseph: *Walliser-Sagen,* Zürich 1989, S. 127, Nr. 20 [Reprint Ausg. Sitten 1872]

[28] Vernaleken liess sich diese Sage von einem Bergführer in Saastal, Visp (VS), erzählen. Vernaleken, Theodor: *Alpensagen,* Salzburg / Leipzig 1938, S. 75 f.

[29] Vgl. Jegerlehner, Johannes: *Sagen und Märchen aus dem Oberwallis,* Basel 1913, o. S., Nr. 75, zit. n. Keckeis, Peter (Hrsg.): *Die Sagen der Schweiz. Wallis,* Zürich 1986, S. 262 f.

[30] Der drachengestaltige, bedrohliche Schatzhüter ist indessen kein Motiv der asiatischen Mythologie. So ist der chinesische Drache *lóng* ein gutartiges Wesen, ein Sinnbild der zeugenden Naturkraft und zugleich Symbol des Himmelssohnes. Vgl. Eberhard, Wolfram: *Lexikon chinesischer Symbole. Geheime Sinnbilder in Kunst und Literatur, Leben und Denken der Chinesen,* Köln 1983, S. 60 f.

[31] Schöpf, Hans: *Fabeltiere,* Wiesbaden 1988, S. 109

[32] EM, Bd. 3, Sp. 793 [Beitrag von Lutz Röhrich]

[33] Niderberger, Franz: *Sagen und Gebräuche aus Unterwalden,* Zürich 1978, S. 608 [Reprint Ausg. Sarnen 1924]

[34] Lütolf, Alois: *Sagen [...],* a.a.O, S. 315, Nr. 259. Eine verwünschte Jungfrau, die in einer Drachenhöhle lebt, wird ebenfalls in der Geltenfluh bei Engelberg und in Seeburg bei Luzern angesiedelt. Vgl. Lütolf, a.a.O., S. 315 f. Nr. 260

[35] Jegerlehner, Johannes: *Was die Sennen erzählen. Märchen und Sagen aus dem Wallis,* Bern 1921, S. 90 [wohl Reprint Ausg. Bern 1907], zit. n. Christinger, Raymond: *Mythologie de la Suisse ancienne,* Genf 1965, S. 100 und 161

[36] Ebd., S. 90, zit. a.a.O., S. 131

[37] Ebd., S. 320, zit. a.a.O., S. 131

[38] Rochholz, Ernst: *Schweizer Sagen aus dem Aargau,* Bd. II, a.a.O., S 1, Nr. 234

[39] Ebd., S. 131

[40] Das Werk ist im Besitz des Bernischen Historischen Museums (Inventar-Nr. 50724).

[41] Büchli, Arnold: *Schweizer Legenden,* Aarau 1977, S, 42 ff. [Reprint Ausg. Aarau 1943]

[42] Frauenfelder, Reinhard: *Sagen und Legenden aus dem Kanton Schaffhausen,* Schaffhausen 1933, S. 63. Die Gewässerbezeichnung «Egelsee» stammt vom vielerorts «Egli» genannten Flussbarsch *(Perca fluvialis)* und nicht von «Blutegel» ab.

[43] AT: Apok. 12,7; 12,8; 20,2; 20,3. Die Überwindung des Drachen durch den heiligen Georg ist eine christliche Umdeutung der altägyptischen Mythe von Horus, der Seth besiegte.

[44] Vgl. Birchler, Linus: *Vielfalt der Urschweiz,* Olten 1969, S. 33

[45] Abel, Othenio: *Die vorweltlichen Tiere in Märchen, Sage und Aberglaube,* Karlsruhe 1923, S. 39

[46] Der Wiener Paläobiologe Othenio Abel zeigte den Zusammenhang zwischen Funden von prähistorischen Tierskeletten und Mythen am Beispiel verschiedenere Höhlen in Österreich auf. So existiert der Kopf eines «Lindwurmes» heute noch, der in der «Drachengrube» bei Zollfelde (Kärnten) gefunden wurde und das Wahrzeichen von Klagenfurt bildet. Der Botaniker Franz Unger wies 1840 nach, dass es sich dabei um den Schädel eines wollhaarigen Nashorns *(Rhinoceros antiquitatis)* handelt. Abel, Othenio: *Die vorweltlichen Tiere [...],* a.a.O., S. 12

[47] EM, Bd. 3, Sp. 792 [Beitrag von Lutz Röhrich]

[48] Rochholz, Ernst: *Naturmythen [...],*, a.a.O., S. 193 [Anmerkung zur Sage Nr. 2, *Drache im Simmenthal*]

[49] Cérésole, Alfred: *Légendes des alpes vaudoises,* Genève 1999, S. 160 [Reprint Ausg. Lausanne 1885]

[50] Rochholz, Ernst: *Naturmythen,* a.a.O., S. 193 [Anmerkung zur Sage Nr. 2, *Drache im Simmenthal*]

[51] Vernaleken, Theodor: *Alpensagen,* Wien 1858, S. 261, Nr. 184 [Auszug aus *Über Schlangen und Drachen in der Schweiz*]

[52] Wagner, Johann Jakob: *Historia naturalis Helvetiae,* Zürich 1680, S. 360

[53] Petzoldt, Leander (Hrsg.): *Deutsche Volkssagen,* München 1978, S. 304, zit. n. Rölleke, Heinz: *Das grosse Deutsche Sagenbuch,* a.a.O., S. 985, Nr. 1175

[54] Ruppen, Walter: *Naters und «Natischer Berg»,* Bern 1984, S. 3

[55] Petzoldt, Leander (Hrsg.): *Deutsche Volkssagen,* a.a.O.

[56] Céresole, Alfred: *Légendes des alpes vaudoises,* Lausanne 1885, S. 155, zit. n. Treichler, Hans Peter: *Märchen und Sagen der Schweiz,* Zürich / Wiesbaden 1989, S. 47

[57] Tauxe, Henri-Charles: *Die unbekannte Schweiz: Ihre Stätten und ihre Geschichten,* Lausanne, o. J., S. 206

[58] In der ersten urkundlichen Erwähnung von Vouvry aus dem Jahre 516 ist der Name Vouregium aufgeführt. 912 schreibt sich der Name Vuoureia und seit dem 7. Jahrhundert Vuvriaum bzw. Vobreum ab 1017.

[59] Céresole, Alfred: *Légendes des alpes vaudoises,* a.a.O., S. 155 [siehe auch Fussnote]

[59] Beuret-Frantz, J[oseph]: *Faune fantastique jurassienne,* in: SAVk, Bd. 25, Basel 1925, S. 191 f.

[60] Die entsprechenden Bauernhäuser befinden sich in Dubach, Rain/Schwenden, Tiermatti, Walkenmatt, Züngegg, Wyler/Oey (alle Gem. Diemtigen); Fermel (Gem. St. Stephan); Unterbächen, Littisbach (Gem. Boltigen); Blankenburg, Altenried (Gem. Zweisimmen); Moos (Gem. Därstetten)

[61] Rubi, Chr[istian]: *Drachenköpfe am Simmentalerhaus,* in: SAVk, 37. Jg., H. 3, Basel 1947, S. 34 ff.

[62] Friedrich, Eberhard P. (Hrsg.): *Die Schriften des honigfliessenden Lehrers Bernhard von Clairvaux,* Wittlich 1932–1937, (13. Predigt über den 91. Psalm, 2,4; 2,5), zit. n. Blanke, Huldrych: *Zillis – Evangelium in Bildern,* Zürich 1994, S. 48

[63] Schöpf, Hans: *Fabeltiere,* Wiesbaden 1988, S. 18

[64] Shuker, Karl: *Drachen. Mythologie – Symbolik – Geschichte,* a.a.O., S. 96

[65] Gross, Johann: *Kurze Basler Chronik,* o. O. 1624, S. 120, zit. n. Keckeis, Peter (Hrsg.): *Sagen der Schweiz. Basel / Baselland,* Zürich 1986, S. 36

[66] Shuker, Karl: *Drachen,* a.a.O., S. 96

[67] Ebd., S. 96

[68] Abel, Othenio: *Die vorweltlichen Tiere,* a.a.O., S. 26 f.

[69] Beuret-Frantz, J[oseph]: *Faune fantastique jurassienne,* a.a.O., S. 189

[70] Jacquat, Marcel S.: *Le Dahu,* in: *Cahiers du Musée d'histoire naturelle,* H. 2, La Chaux-de-Fonds 1995 [Publikation zur Ausstellungseröffnung vom 1. April 1995]

[71] Ebd. Die Idee der einseitig kürzeren Beine lässt den Dahu im mythologischen Bedeutungskreis des Dachses ansiedeln.

[72] Keckeis, Peter: *Sagen der Schweiz. Bern,* Zürich 1986, S. 268 [Sprachl. Adaption v. Verf.]

[73] Rochholz, Ernst: *Naturmythen [...],* a.a.O., S. 82, Nr. 7 (Informant: Scheuermann Rudolf, Seminarist von Safenwil)

[74] Petzoldt: Leander (Hrsg.): *Deutsche Volkssagen,* München 1978, S. 309, zit. n. Rölleke, Heinz: *Das grosse Deutsche Sagenbuch,* S. 976, Nr. 1161

[75] Trümpy, Hans: *Vogel Gryff in Kleinbasel,* in: *Das Jahr der Schweiz in Fest und Brauchtum,* Zürich 1981, S. 90 f. Vgl. auch Meyer, Eugen A.: *Vogel Griff. Geschichte und Brauchtum der Drei Ehrengesellschaften Kleinbasels,* Basel 1986

[76] Sutermeister, Otto: *Kinder- und Hausmärchen der Schweiz,* Aarau 1869, S. 5. Vgl. auch Grimm, KHM, Nr. 165

[77] EM, Bd. 3, Sp. 1247 [Beitrag von Jürgen W. Einhorn]

[78] *Talmud:* Schabbath 28 b, zit. n. Schmidt, Trudy: *Zur Symbolik des Fabeltiers Einhorn,* in: *Sandoz Bulletin,* Nr. 84, Basel 1988, S. 21

[79] Schmidt, Trudy: *Zur Symbolik des Fabeltiers Einhorn,* a.a.O., S. 22

[80] Bingen, Hildegard von: *Subtilitatum diversarum naturarum creaturarum liber,* 7,5, in: *Patrologiae cursus completus [...],* Paris 1844, S. 155 ff., zit. n. Einhorn, Jürgen W[erinhard]: EM, a.a.O., Sp. 1250

[81] Polo, Marco: *Il Milione,* Florenz 1928 bzw. Lepszy, Hans-Joachim: *Die Reiseberichte des Mittelalters und der Reformationszeit,* Hamburg 1933 zit. n. Einhorn, Jürgen W[erinhard]: *Spiritalis unicornis. Das Einhorn als Bedeutungsträger in Literatur und Kunst des Mittelalters,* München 1976, S. 122

[82] Vgl. Sälzle, Karl: *Tier und Mensch. Gottheit und Dämon,* München 1965, S. 297

[83] Einhorn Jürgen W[erinhard], *Spiritalis unicornis. [...],* a.a.O., S. 262 f.

[84] Ebd., S. 291, 295

[85] Hahnloser, Hans R. (Hrsg.): *Kunstführer durch die Schweiz,* Bd. 1 , Bern 1971, S. 425

[86] Die der Stadt Zürich geschenkten Mammutzähne wurden 1700 in Seelberg bei Cannstatt (Baden-Württemberg, D) ausgegraben. Vgl. Abel, Othenio: *Die vorweltlichen Tiere [...],* a.a.O., S. 47

[87] Vgl. Claude, Cäsar: *Vom MeerEinhorn zum Narwal,* Zürich 1993, [Publikation des Zoologischen Museums der Universität Zürich]

[88] Sachsius, Paulus Ludovicus: *Monocerologia seu de genuinis unicornibus,* Raceburgi 1676. Vgl. Vater, Christianus M.: *De Unicornu,* Wittenberg 1679. Beide Werke zit. n. Abel, Othenio: *Die vorweltlichen Tiere [...],* a.a.O., S. 47. Während Abel Narwalzähne, im Gegensatz zum «gegrabenen Einhorn», als *Unicornu falsu* bezeichnet, liefern zeitgenössische Autoren eine umgekehrte Quelleninterpretation. Vgl. Rahm, Urs: *Dem Einhorn auf der Spur. Zur Zoologie des Einhorns,* in: Schmidt, Trudy: *Zur Symbolik des Fabeltiers Einhorn,* a.a.O., S. 27

[89] Das Gebäude befindet sich heute an der Marktgasse 40. Einhorn, Jürgen Werinhard: *Spiritalis unicornis [...],* München 1998, S. 345, 484

[90] Abel, Othenio: *Die vorweltlichen Tiere [...],* a.a.O., S. 47

[91] Blanke, Huldrych: *Zillis – Evangelium in Bildern,* Zürich 1994, S. 45 f.

[92] Ebd., S. 38

Menschen, die sich in Tiere verwandeln

[1] Das Kleinkunstwerk aus dem Magdalénien (ca. 10000 v.Chr.) ist im Museum zu Allerheiligen in Schaffhausen ausgestellt.

[2] Vgl. Bosinski, Gerhard et al.: *Der Löwenmensch: Tier und Mensch in der Kunst der Eiszeit,* Sigmaringen 1974, [Hrsg.: Ulmer Museum. Begleitpublikation zur Ausstellung «Der Löwenmensch – Tier und Mensch in der Kunst der Eiszeit», 11.9.1994–13.11.1994]

[3] Wehrenberger, Kurt: *Der Löwenmensch,* in: Bosinski Gerhard et al.: *Der Löwenmensch,* a.a.O., S. 29 ff.

[4] Hahn, Joachim: *Menschtier- und Phantasiewesen,* in: Bosinski, Gerhard et al.: *Der Löwenmensch,* a.a.O., S. 101 ff.

[5] Vgl. Tetzner, Liza: *Das Märchenjahr,* Nr. 1, München 1956, S. 50, zit. n. Scherf, Walter: *Die Herausforderung des Dämons. Form und Funktion grausiger Kindermärchen,* München 1987, S. 257 f. Walter Scherf ordnet dieses Kindermärchen unter AT 327 H ein.

[6] Sutermeister vermerkt, das Märchen von Senn J[akob], *Chelläländer Stückli,* Zürich 1861, S. 113 übernommen zu haben. Sutermeister, Otto: *Kinder- und Hausmärchen aus der Schweiz,* Nr. 25, Aarau 1869, S. 55

[7] Das Wort «Werwolf» bedeutet «Mannwolf». *Wer* [althochdeutsch] = «Mann».

[8] Golowin, Sergius: *Das Geheimnis des Tiermenschen,* München 1998, S. 143

[9] *Lykaios* = Wolfsberg. Höchster Berg Westarkadiens, auf dem ein Tempel stand, zu dem kein Sterblicher Zugang hatte.

[10] *Versipeller* = Wechselhäuter

[11] «Odin machte, dass seine Männer in der Schlacht in Brünnen kämpften und rasend *(galnir)* waren wie Hunde oder Wölfe, in ihre Schilde bissen und stark waren wie Bären oder Stiere; sie töteten die Männer, aber weder Feuer noch Eisen verletzte sie; das nannte man Berserkirgang.» Vgl. Duerr, Hans Peter: *Traumzeit. Über die Grenze zwischen Wildnis und Zivilisation,* Frankfurt a.M. 1984, S. 103 f. Anm. 14, S. 409

[12] Buschan, G[eorg]: *Die Sitten der Völker,* Bd. 1 , Leipzig 1914/1922, S. 64 f., zit. n. Neumann, Erich: *Die Grosse Mutter,* Olten 1986, S. 284 f.

[13] Diederichs, Ulf / Hinze, Christa (Hrsg.): *Sagen aus Niedersachsen,* Düsseldorf 1977, S. 249, zit. n. Rölleke, Heinz: *Das grosse deutsche Sagenbuch,* Düsseldorf / Zürich 1996, S. 292, Nr. 278

[14] Schambach, Georg / Müller, Wilhelm: *Niedersächsische Sagen und Märchen,* Stuttgart 1948, S. 184 f., Nr. 198. I, [Reprint], zit. n. Petzoldt, Leander: *Deutsche Volkssagen,* München 1978. Nach den beiden Autoren hatte der Wolfsgürtel nicht sieben Schnallen, sondern eine Schnalle mit sieben Zungen.

[15] Schwanold, H[einrich]: *Lippische Volkssagen,*in: *Zeitschrift des Vereins für rhein.-westfäl. Volkskunde,* 10, 1913, S. 125, zit. n. Petzoldt, Leander: *Deutsche Volkssagen,* a.a.O, Anm. 98, S. 369

[16] Wuttke, Adolf: *Der deutsche Volksaberglaube der Gegenwart,* Berlin 1900, S. 317

[17] Schambach und Müller, a.a.O., präzisieren: «Ein solcher Wolf heisst Werwolf (bêrwolf); er ist schwarz und von der Grösse eines mittelmässigen Kalbes.»

[18] Schaefer, August: *Die Verwandlung der menschlichen Gestalt [...],* Darmstadt 1905, S. 93

[19] Vgl. Davis, E. Wade: *Die Toten kommen zurück: die Erforschung der Voodoo-Kultur und ihrer geheimen Drogen,* München 1986

[20] Tafelinformation in der Ausstellung «Mythos Wolf», Naturmuseum Frauenfeld, 2000

[21] Petzoldt, Leander: *Deutsche Volkssagen*, a.a.O., S. 369, Anm. 104

[22] Tscheinen, Moritz /Ruppen, Joseph: *Walliser Sagen*, Nr. 99, Zürich 1989, S. 207. Erzähler: Ed. Meichtri, Student [Reprint Ausg. Sitten, 1872]

[23] Die Sage wurde Vernaleken schriftlich aus Chur mitgeteilt. Vernaleken, Theodor: *Alpensagen*, Salzburg, Leipzig 1938, S. 50 [Reprint Ausg. Wien, 1858]

[24] Abgeschiedene Kapuziner hatten im Volksglauben unter bösen Mächten zu leiden. Sie wurden vom Wilden Jäger gejagt, vom Wuotisheer verfolgt oder vom Schimmelreiter bedrängt. Vgl. HDA, Bd. 4, Sp. 982

[25] Reichhaltige Hinweise zur Dämonologie liefern: Müller, Ulrich / Wunderlich, Werner (Hrsg.): *Dämonen, Monster, Fabelwesen*, St. Gallen 1999

[26] Der Tod durch den Strang war im Mittelalter die schimpflichste aller Todesstrafen. Wollte man die Schmach des Missetäters noch steigern, wurden er zusammen mit einem Hund erhängt. Diese Rechtspraxis hat sich bis ins späte Mittelalter erhalten. Vgl. Bühler, Theodor: *Wargus – Friedlos – Wolf*, in: SAVk, Bd. 68/69, Basel 1972/73, S. 43 ff.

[27] Levack, Brian: *Hexenjagd. Die Geschichte der Hexenverfolgungen in Europa*, München 1995, S. 58

[28] Vgl. Andree, Richard: *Ethnographische Parallelen und Vergleiche*, Stuttgart 1987 sowie *Ethnographische Parallelen und Vergleiche*, Neue Folge, Stuttgart 1989

[29] Wuttke, Adolf: *Der Volksaberglaube der Gegenwart*, Berlin 1900, S. 278

[30] Holunder *(Sambucus)* schützt vor allem bösen Zauber. Wer in seinem Schatten schlief, war vor Schlangenbissen und Mückenstichen gefeit, hiess es in Westdeutschland. Vgl. Wuttke, Adolf: *Der Volksaberglaube der Gegenwart*, Berlin 1900, S. 108

[31] Schaefer, August: *Die Verwandlung der menschlichen Gestalt im Volksglauben*, Darmstadt 1905, S. 93

[32] Rudolph, Ebermut: *Das «Andere Ich» des Menschen im Tiere. Ein Beitrag zur Frage des «Lebensgleichlaufes» und anderer psychologischer wie paranormaler Phänomene in der Mensch-Tier-Beziehung*, in: *Zeitschrift für Ethnologie*, Bd. 62, H. 1, Berlin 1982, S. 46

[33] Hinter den Ohren, Halspartie, Schläfen, Achselhöhlen, linker Brust- und Lendenteil, Puls, Kniekehlen, Fusssohlen etc.

[34] Vgl. Lecouteux, Claude: *Fées, sorcières et loup-garous aus moyen age*, Paris 1992, S. 100 f.

[35] Augustin (Saint): *La Cité de Dieu*, Bruges 1960, (Bibl. Augustinienne), Kap. XVIII, S. 18, zit. n. Lecouteux, Claude: *Fées, sorcières et loups-garous au moyen age*, a.a.O., S. 124 f. [Deutsche Sprachadapt. v. Verfasser]

[36] Weiser, Lily: *Altgermanische Jünglingsweihen und Männerbünde. Ein Beitrag zur deutschen und nordischen Altertums- und Volkskunde*, Bühl (Baden) 1927, S. 48

[37] In der Mitte des 2. Jahrhunderts hat Marcellus von Lyon die *Lykantrophie* in einem medizischen Lehrbuch von 42 Bänden beschrieben (zit. n. Schaefer, August: *Die Verwandlung der menschlichen Gestalt im Volksglauben*, a.a.O., S. 95)

[38] *Lykorexie* = Wolfshunger bzw. Heisshunger

[39] Die meisten Wahnvorstellungen und Halluzinationen können als metaphorisch (insbes. der Verfolgungswahn) oder kompensatorisch (insbes. der Grössenwahn) betrachtet werden. Vgl. Arieti, Silvano: *Schizophrenie*, München 1983

[40] Lancre, P. de: *Wunderbahrliche Geheimnissen der Zaubery*, o.O., 1630, zit. nach Duerr, Hans Peter: *Traumzeit*, a.a.O., S. 366

[41] Rudin, Christoph: *Zoonosen*, in: Schaad Urs B. (Hrsg.): *Pädiatrische Infektiologie*, München 1997, S. 183 ff.

[42] Nach Walsenstrom (1937) und Vanotti (1954) soll eine bestimmte Form der *Porphyria* in einzelnen Gegenden und Tälern der Schweiz häufig vorkommen. Vgl. Illis, I.: *On porphyria and the aetiology of werwolves*, zit. n. [Otten, Charlotte F.]: *A Lycantrophy reader, werewolves in western culture*, New York 1986, S. 196

[43] Tafelinformation zur Ausstellung «Mythos Wolf», Naturmuseum Frauenfeld, 2000

[44] Elisabeth Hildebrand gestand, 1854 in der Gegend von Schüpfheim (LU) einen Wolf geritten zu haben. Vgl. Lussi, Kurt: *Luzerner Wölfe und Werwölfe*, Separatdruck aus der Heimatkunde des Wiggertals, o.O. 1990, S. 40

[45] Jecklin hatte diese Sage aus der Sammlung von Pfarrer Nicolin Sererhard aus Seewis (1689–1755) übernommen. Jecklin, Dietrich: *Volkstümliches aus Graubünden*, Bd. 1 , Zürich 1874, S. 55 [Reprint aller drei Bd. von 1874–1878 in einem Band, Zürich 1986]

[46] Ebd., S. 96

[47] Staatsarchiv Waadt, Lausanne, AC 2929/5-28, (Jacques de Pannissière), zit. n. Monter, William: *Witchcraft in France and Switzerland,* London 1976, S. 149

[48] Staatsarchiv Neuchâtel, P.C. du Val de Travers, Bd. 1 (O. Pag.), Procès Guyetta Bugnon (8.7. 1580), procès Michel Jacques (22.6.1590) zit. n. Monter, William: *Witchcraft in France and Switzerland,* a.a.O., S. 149

[49] Vgl. Otten, Charlotte F.: *A Lycantrophy reader, werewolves in western culture,* a.a.O., S. 51 f.

[50] Tauxe, Henri-Charles: *Die unbekannte Schweiz [...],* Lausanne, o. J., S. 198

[51] Cérésole, Alfred: *Légendes des alpes vaudoises,* Lausanne [1921], S. 128 f. [Reprint Ausgabe Lausanne 1885. Deutsche Sprachadapt. v. Verf.]

[52] Troll, Joh. Conrad: *Geschichte der Stadt Winterthur,* Teil VII, Winterthur 1848, S. 218 f.

[53] Glaettli, K[arl] W[erner]: *Zürcher Sagen,* Teil IV, Zürich 1970, S. 160, Nr.8

[54] *Un ours a été tué en ce lieu le 30 août 1761, un loup servié a été en ce lieu tué, le 13 décembre 1768.*

[55] Vgl. Schmid, Alfred A. (Hrsg.): *Kunstführer durch die Schweiz,* Bd. 3, Bern 1982, S. 50

[56] Vgl. Blankenburg, Wera von: *Heilige und dämonische Tiere,* Köln 1975, S. 149. Vgl. auch Scheftelowitz, I[sidor]: *Das Schlingen- und Netzmotiv im Glauben und Brauch der Völker,* Giessen 1912

[57] Luyet, Basile: *Contes de Savièse,* in: *Cahiers valaisans de folklore,* H. 7, Genève 1923, S. 32 ff.

[58] Ebd.

[59] Ebd.

[60] *An malefice operantur circa homines in bestiales formas prestigiosa arte illos transmutando.*

[61] Oates, C[aroline]: *Démonologues et lycanthropes. Les théories de la métamorphose au XVIe siècle,* in: Harf-Lancner, Laurence: *Métamorphose et bestiaire fantastique au Moyen Age,* Paris 1985, S. 77

[62] Der Begriff der «Doppelverletzung» wird hier erstmals vorgeschlagen. Das Wort «Doppel» bezieht sich hierbei sowohl auf die simultan entstehende Verletzung eines zweiten Wesens, als auch auf das Konzept des ätherischen Doppels des physischen Körpers, das auch Astralkörper genannt wird. (Nach der Drei-Körper-Theorie, die auch in fernöstlichen Religionen und Philosophien bekannt ist, hat der Mensch neben dem physischen Körper einen psychischen und geistigen Körper.)

[63] Decurtins, Caspar: *Rätoromanische Chrestomathie,* Bd. 2, Erlangen 1888 ff., S. 156

[64] Luyet, Basile: *Contes de Savièse,* a.a.O. S. 32 ff.

[65] Informantin: Iten, Anna; zit. nach Steinegger, Hans: *Schwyzer Sagen,* Bd. 2, Schwyz 1981, S. 59

[66] Astralleib = Doppelkörper (auch «feinstofflicher Körper», «Lichtkörper» oder «Geistkörper» genannt)

[67] Nach Peter Ringger ist die Ideoplastie eine dem Seelenbereich entspringende Kraft, die auch ausserhalb des Leibes wirksam werden kann, und zwar in form- und substanzgebender Weise. Vgl. Ringger, Peter: *Parapsychologie, die Wissenschaft des Okkulten,* Zürich 1972, S. 86

[68] Vgl. Brennich, Rolf Wilhelm: *Der in einen Hund verwandelte Edelmann,* in: *Presse und Geschichte II. Neue Beiträge zur Kommunikationsforschung,* München 1987, S. 159 ff.

[69] Ebd., S. 160

[70] Weiser, Lily: *Altgermanische Jünglingsweihen und Männerbünde,* a.a.O., S. 49

[71] Vgl. Tobler, Ludwig: *Die alten Jungfern im Glauben und Brauch des deutschen Volkes,* in: *Kleinere Schriften zur Volks- und Sprachkunde,* Frauenfeld 1897, S. 139 ff.

[72] Vgl. Wöllner, Hildegunde: *Die hilfreichen Tiere,* in: *Tiere und Tiergestaltige im Märchen,* Regensburg 1991, S. 151 f.

[73] KHM, Nr. 26

[74] Mezger, Werner: *Fastnacht – vitaler Brauch oder Pflegefall,* in: Gottfried, Korff et al.: *Wilde Masken,* Tübingen 1989, S. 29

[75] Hoffmann-Krayer, Eduard: *Neujahrsfeier im alten Basel und Verwandtes,* in: SAVk, 1, Basel 1897, S. 126 ff., zit. n. Christinger, Raymond / Borgeaud, Willy: *Mythologie de la Suisse ancienne,* Genève, 1963, S. 15

[76] Schaedler, Karl-Ferdinand: *Masken der Welt. Sammlerstücke* [...], München 1999, S. 318

[77] Rochholz, Ernst: *Schweizersagen aus dem Aargau,* Bd. 1 , Aarau 1856, S. 91 ff. , Nr. 80 – 166

[78] Ranke, Friederich: *Sage und Erlebnis,* in: *Kleinere Schriften,* Bibliotheca germ. 12, Bern 1971

[79] In der Position des in Wien lehrenden deutschen Germanisten Otto Höflers kommt eine politische Dimension zum Ausdruck, welche die Religionswissenschaften zwischen den Zwan-

ziger- und Vierzigerjahren schwer belastet hat. Höfler, Otto: *Verwandlungskulte, Volkssagen und Mythen*, Wien 1973, S. 286 ff.

[80] Lutz, Albert: *Jünglings- und Gesellenverbände im alten Zürich und im alten Winterthur*, 1957, S. 87, Anm. 213

[81] Lussi, Kurt: *Himmel und Hölle,* Willisau 1992, S. 64 f. Wackernagel spricht von einem Heischezug im grossen Stil, der von der soldatischen Elite der Burgunderkriege (1474–1477) gebildet wurde. Vgl. Wackernagel, Hans Georg: *Altes Volkstum der Schweiz. Gesammelte Schriften zur historischen Volkskunde,* Basel 1956, S. 253

[82] Türst bzw. Dürst heisst in verschiedenen Schweizer Landesgegenden auch «Gäut».

[83] Vgl. HDA, Bd. 8, Sp. 799

[84] Vgl. Fischer, Hans W.: *Götter und Helden. Germanisch-deutscher Sagenschatz aus einem Jahrtausend*, Berlin 1934, S. 13 ff.Vgl. auch Stamer, Barbara (Hrsg.): *Märchen von der Luft*, Frankfurt a. M. 1988

[85] Lutz, Albert: *Die Zürcher Jagd*, Zürich 1963, S. 248 f.

[86] Lütolf, Alois: *Sagen, Bräuche, Legenden aus den fünf Orten Lucern, Uri, Schwiz, Unterwalden und Zug*, Luzern 1862, zit. n. Lussi, Kurt: *Himmel und Hölle*, Willisau 1992, S. 65

[87] Wackernagel, Hans Georg: *Altes Volkstum der Schweiz. [...]*, a.a.O., S. 247 ff. Vgl. auch S. 252 und S. 257 [Anmerkungen]

[88] Rochholz liefert für den Spitznamen «Esel» die Erklärung, dass damit Anhänger der alten kirchlichen Bräuche verspottet wurden. Gewöhnlich sei diesen Neckereien eine Anekdote über den Palmesel beigefügt worden, dem die Verspotteten noch eine christliche Ehrfurcht geschenkt hätten. Rochholz, Ernst: *Schweizer Sagen aus dem Aargau*, Bd. 2, Aarau 1856, S. 268, Nr. 467 [Reprint Zürich 1989]

[89] Vgl. Meuli, Karl: *Gesammelte Schriften,* Bd. 1 , Basel 1975, S. 134

[90] Lemnius, [Simon]: *Raeteis, [9. Gesang]*, S. 726 f., zit. n. Wackernagel, Hans Georg: *Altes Volkstum der Schweiz,* a.a.O., S. 310 [Fussnote betr. «Schlachtlieder und freie Knechte»]

[91] Die Studentenverbindungen nennen ihre Novizen immer noch «Füchse». Vgl. Wackernagel, Hans Georg: *Altes Volkstum der Schweiz [...]*, a.a.O., S. 297

[92] Der Zusammenhang zwischen dem Schild des Reptils und den Wappenschildern der Gesellschaft dürfte zufällig sein. Schildkröten spielten im schweizerischen Volksglauben eine untergeordnete Rolle, zumal bei uns nur eine Art bekannt war. Es handelt sich um die Sumpfschildkröte *(Emys orbcularis)*, die bei uns mit grosser Wahrscheinlichkeit ausgestorben ist. In der Antike war die Schildkröte ein Symbol der Keuschheit und fand in der Heilkunst vielerlei Anwendungen. Ihre Bedeutung in der Geburtsheilkunde zeigt sich zum Beispiel darin, dass in Bayern noch im 18. Jahrhundert Wochenbettmahlzeiten mit Napfkuchen in Schildkrötenform zubereitet wurden. Vgl. Höfler, Max: *Die volksmedizinische Organotherapie und ihr Verhältnis zum Kultopfer*, Stuttgart o.J., S. 139. Aufschlussreiche Hinweise auf die magische Bedeutung der Schnecken gibt auch der Hamburger Augenarzt Dr. Siegfried Seligmann (1870–1926) in seinem enzyklopädischen Werk. Seligmann, Siegfried: *Die magischen Heil- und Schutzmittel aus der belebten Natur. Das Tierreich,* o.O. 1927 [Aus dem Nachlass bearb. von Jürgen Zwernemann, Berlin 1999, S. 262 ff.]

[93] Keller, Otto: *Die antike Tierwelt,* Bd. 2, Leipzig 1913, S. 519. Vgl. auch Jühling, Johannes: *Die Tiere in der deutschen Volksmedizin alter und neuer Zeit,* Mittweida [1900], S. 164 ff.

[94] Eine umfassende Arbeit über Weinbergschnecken *(Helix pomatia)* als Nahrungsmittel und Fastenspeise verfasste Wildhaber, Robert: *Schneckenzucht und Schneckenspeise*, in: SAVk, Bd. 46, Basel 1950, S. 119 ff.

[95] Meuli, Karl: *Gesammelte Schriften*, a.a.O., S. 236

[96] Rütimeyer, Ludwig: *Ur-Ethnographie der Schweiz,* Basel 1924, S. 359 ff.

[97] Träger der Masken aus Arvenholz. (Roi[ch] = Rauch, Tschäggetä = Gescheckte)

[98] Duerr, Hanspeter: *Traumzeit,* a.a.O. S. 68 f.

[99] Wackernagel, Hans Georg: *Altes Volkstum der Schweiz. [...]*, a.a.O., S. 225 f.

[100] Rütimeyer, Leopold: *Ur-Ethnographie der Schweiz,* a.a.O., S. 364

[101] Vgl. Bellwald, Werner: *Alte Masken aus dem Lötschental, Fastnachtsmasken aus der Sammlung des Rietbergmuseums,* Zürich 1999, S. 19

[102] Hervorhebungen vom Verf.

[103] Wackernagel, Hans Georg: *Altes Volkstum der Schweiz. [...]*, a.a.O., S. 225

1 Rochholz, Ernst: *Alemannisches Kinderlied und Kinderspiel aus der Schweiz,* Leipzig 1857, S. 231
2 Vgl. *Aurora consurgens,* Anfang 16. Jh., zit. n. Roob, Alexander: *Alchemie & Mystik,* Köln 1996, S. 369
3 Pastoureau, Michel: *Les procès intentés aux animaux (XIII-XVII siècle),* in: *Animaux d'art et d'histoire,* Genève 2000, S. 88 [Katalog zur gleichnamigen Ausstellung im Musée d'art et d'histoire, Genf, 30.3.00 – 24.9.00]
4 Ebd., S. 89 f. Diese Ansicht wird, zumindest was den Verdauungstrakt, das urinäre System sowie die Gewebe betrifft, von der modernen Biologie bestätigt.
5 AT: Mos. 21, 28
6 Pastoureau, Michel: *Les procès intentés aux animaux [...],* a.a.O., S. 88
7 Zit. n. Sorel, Alexandre: *Procès contre les animaux et insectes suivis au moyen age dans la Picardie & le Valois,* Compiègne 1877, S. 13
8 *Zeitschrift für schweizerisches Strafrecht,* Nr. 5, S. 368, zit. n. Tobler, G[ustav]: *Tierprozesse in der Schweiz,* Bern 1893, S. 7
9 Sorel, Alexandre: *Procès contre les animaux [...],* a.a.O., S. 8
10 Karl von Amira reformierte jenen in der Romantik aufgeblühten Zweig der historischen Volkskunde, der sich mit dem germanischen Recht befasst.
11 Vgl. Berkenhoff, Hans Albert: *Tierstrafe, Tierbannung und rechtsrituelle Tiertötung im Mittelalter,* Bühl in Baden, S. 152 ff.
12 Das Bild wurde 1820 übertüncht. Sorel, Alexandre: *Procès contre les animaux [...],* a.a.O., S. 7 Vgl. Pastoureau, Michel: *Les procès intentés aux animaux [...],* a.a.O., S. 85
13 Laufs, Adolf: *Das Tier im deutschen Recht,* in: Carlen, Louis (Hrsg.): *Forschungen zur Rechtsarchäologie und rechtlichen Volkskunde,* Bd. 7, Zürich 1985, S. 113
14 Junge, Liselotte: *Die Tierlegenden des hl. Franz von Assisi, Studien über ihre Voraussetzungen und ihre Eigenart,* Leipzig 1932, S. 62
15 Herrmann, Paul: *Deutsche Mythologie,* Berlin 1996, S. 342 [Reprint Ausg. Leipzig 1896]
16 Wuttke, Adolf: *Der Volksaberglaube der Gegenwart,* Berlin 1900, S. 113
17 Vgl. Delort, Robert: *Der Elefant, die Biene und der heilige Wolf. Die wahre Geschichte der Tiere,* München / Wien 1987, S. 191 ff.
18 Escher, Hans Erhard: *Beschreibung des Zürichsees sambt den daran gelegenen Orthen,* Zürich 1692, zit. n. Höhn-Ochsner, Walter: *Tierwelt in Zürcher Mundart [...],* Zürich 1976, S. 17
19 Tscheinen, Moritz / Ruppen, Peter Joseph: *Walliser-Sagen,* Zürich 1989, S. 134, Nr. 25 [Reprint Ausg. Sitten 1872]
20 Ebd.
21 Evans, E[dward] P[ayson]: *The criminal prosecution and capital punishment of animals,* London 1988, S. 124 f. [Reprint Ausg. London 1906]
22 Adolph, Franz: *Die kirchlichen Benediktionen im Mittelalter,* Bd. 2, Freiburg i. Br. 1909, S. 169
23 «Auf Allweg, gegen Stans, steht die Winkelriedkapelle mit dem Bilde des hl. Magnus, der ebenfalls bei Füssen einen Drachen vertrieben hat, wie St. Beat», zit. n. Lütolf, Alois: *Sagen, Bräuche, Legenden aus den fünf Orten Lucern, Uri, Schwiz, Unterwalden und Zug,* Luzern 1962, S. 313, Nr. 256
24 Tobler, G[ustav]: *Tierprozesse in der Schweiz,* a.a.O., S. 38 f.
25 Keller, Hiltgart L.: *Reclams Lexikon der Heiligen und der bibl. Gestalten,* Stuttgart 1987, S. 393
26 Vgl. Sorel, Alexandre: *Procès contre les animaux [...],* a.a.O., S. 19
27 Beuret-Frantz, J[osephe]: *Faune fantastique jurassienne,* SAVk, Bd. 25, Basel 1925, S 190
28 Franz, Adolph: *Die kirchlichen Benediktionen im Mittelalter,* a.a.O., S. 153 f.
29 Ges[s]ner Conrad: *Thierbuch,* Zürich, 1561, *Fischbuch,* S. 177 b
30 Nach einem alten Volksglauben sollen Blutegel gegen das Gespenstersehen helfen, sofern man sie am After ansetzt. Der Berliner Buchhändler Chr. Fr. Nikolai, der dieses Phänomen erlebt haben will, beschrieb 1799 den Erfolg seiner Kur auf sehr umständliche Weise in der *Berliner Monatsschrift.* Goethe verspottete ihn darauf als «Proktopansmist», das heisst als «Steiss-Gespensterseher». Vgl. Steiner, Carl J.: *Die Tierwelt [...],* Gotha 1891, S. 320
31 Vgl. HDA, Bd. 8, Sp. 934 sowie Sorel Alexandre, *Procès contre les animaux [...],* a.a.O., S. 19 und Feuilleton der *Basler Nationalzeitung,* 11. 5. 1917

[32] Als «Inger» wurden nicht nur die Larven des Maikäfers, also Engerlinge, sondern auch Hautdasselfliegen *(Hypodermatine)* bezeichnet. Vgl. Bodenheimer, F[ritz] S[imon]: *Materialien zur Entomologie bis Linné,* Bd. 2, Berlin 1928–29, S. 330 f.

[33] Anonym: *Der Katholik,* Bern 1879, zit. n. Steiner, Carl J.: *Die Tierwelt,* a.a.O., S. 299

[34] Möglicherweise handelt es sich hierbei auch um die in alten Zeiten *Bruchus* genannte Heuschreckenlarve oder um Vorratsschädlinge der Gattung *Bruchidae* (Hülsenfruchtkäfer). Vgl. Bodenheimer, F[ritz] S[imon]: *Materialien zur Entomologie bis Linné,* a.a.O.

[35] HDA, Bd. 8, Sp. 933

[36] Fehr, Hans: *Das Recht in Dichtung,* o.O. 1931, S. 356, zit. n. Laufs, Adolf: *Das Tier im deutschen Recht,* a.a.O., S. 115

[37] Tobler G[ustav]: *Tierprozesse in der Schweiz,* a.a.O., S. 9 f.

[38] Evans, E[dward] P[ayson]: *The criminal prosecution and capital punishment of animals. The lost history of Europe's animal trials,* a.a.O.

[38] *Bolletino storico della Svizzera italiana,* 4, S. 30, zit. n. Tobler, G[ustav]: *Tierprozesse in der Schweiz,* a.a.O., S. 27

[40] Amira, Karl von: *Thierstrafen und Thierprocesse,* Innsbruck 1891, S. 40

[41] *New York Herald* und *Echo de Paris,* 4. Mai 1906, zit. n. Evans E[dward] P[ayson]: *The criminal prosecution and capital punishment of animals,* a.a.O., S. 286 [Fussnote]

[42] Lindner, [Kurt]: *Deutsche Jagdtraktakte I,* Anm. 122, S. 148 ff., zit. n. Lutz, Albert: *Die Zürcher Jagd,* Zürich 1963, S. 113

[43] Höhn-Ochsner, Walter: *Tierwelt in Zürcher Mundart und Volksleben,* Zürich 1976, S. 92

[44] Steiner, Carl J.: *Die Tierwelt [...],* a.a.O., S. 46

[45] Darüber berichtete 1836 der Zürcher Altregierungsrat Ferdinand Maier. Lassberg, Frid. von: *Das Katzenrecht,* in: Mone, Franz Joseph (Hrsg.): *Anzeiger für Kunde der teutschen Vorzeit,* Karlsruhe 1836, S. 42 f.

[46] Die Kirche wurde 1892 abgebrochen.

[47] Pers. Info. von Karl Kuprecht, Erlenbach, 1999, Verf. der Dorfchronik von Erlenbach

[48] Vgl. Glaettli, K[arl] W[erner]: *Zürcher Sagen,* Zürich 1970, S. 48 f., Nr. 70

[49] Mörikofer, J[ohann] C.: *Johann Jacob Breitinger und Zürich,* Leipzig 1874, zit. n. Lutz, Albert: *Die Zürcher Jagd,* a.a.O., S. 111 f.

[50] Höhn-Ochsner, Walter: *Tierwelt in Zürcher Mundart und Volksleben,* a.a.O., S. 56

[51] Troll, Joh. Conrad: *Geschichte der Stadt Winterthur,* Bd. 7, Winterthur 1848, S. 193

[52] Ebd., S. 197

[53] Der Verein wurde später in «Tierschutzverein des Kantons Zürich» umbenannt.

[54] Escher, Hans Erhard: *Beschreibung des Zürichsees sambt den daran gelegenen Orthen,* Zürich 1692, zit. n. Höhn-Ochsner, Walter: *Tierwelt in Zürcher Mundart und Volksleben,* a.a.O., S. 94

[55] *Venner-Manuale,* Staatsarch. Bern, zit. n. Volmar, Friedrich A.: *Das Bärenbuch,* Bern 1940, S. 267

[56] Vgl. Hediger, Heini: *Exotische Freunde im Zoo,* Basel [1949], S. 101 f.

[57] Laufs, Adolf: *Das Tier im deutschen Recht,* a.a.O., S. 124 f.

[58] Delacour, Albert: *Les animaux et la loi pénale,* Paris 1901, S. 88 f.

[59] Bregenzer, Ignaz: *Tierethik,* o.O. 1994, S. 184. Vgl. auch Sellert, Wolfgang: *Das Tier in der abendl. Rechtsauffassung,* in: *Studium Generale. Vorträge zum Thema Mensch und Tier,* Hannover 1983, S. 66 ff, zit. n. Laufs, Adolf: *Das Tier im alten deutschen Recht,* a.a.O., S. 123 f.

[60] Agence Presse (CH-D), ap mb n, 16.12.1999

Tierregister

Dieses Register verweist auf die im Textteil erwähnten Tierarten. Stehen die deutschen Trivialnamen in Mehrzahl (z.B. Affen), bestimmen die wissenschaftlichen Namen entsprechende Ordnungen, Familen oder Gattungen. Handelt es sich um Fabeltiere oder tierartige Brauchtumsfiguren, ist der Vermerk FW angebracht.

Ortsregister

Yves Schumacher

Steinkultbuch Schweiz

Ein Führer zu Kultsteinen und Steinkulten

Stonehenge, Carnac oder die Tempelanlagen von Malta... Im Schatten dieser Monumente stehen eine Vielzahl faszinierender Kultstätten in der Schweiz. Zum Beispiel in Yverdon, in Falera oder auf dem Käferberg in Zürich.

Das Steinkultbuch Schweiz lädt zu einer mythologischen Entdeckungsreise ein und führt über sagenumwitterte Kultsteine zum Geheimnis der Zeichen- und Schalensteine. Yves Schumacher, der sich als guter Kenner der Steinplätze erweist, bietet ein anregendes Lesevergnügen, um die eigenen Kultplätze wieder zu entdecken.

ISBN 390558106X I edition amalia

Sigrid Hellbusch, Hermann Baumann, Kurt Derungs (Hg.)

Tier und Totem

Naturverbundenheit in archaischen Kulturen

Neben dem Schamanismus gehört der Totemismus zur ältesten Erscheinungsform der menschlichen Geschichte. Als seelenverwandt gelten Tiere, Steine, Bäume oder Landschaftshügel, die in einer engen Mensch-Natur-Beziehung stehen. Reste des Totemismus finden wir vor allem in aussereuropäischen Kulturen. Doch es besteht kein Zweifel, dass die heutigen sogenannten Hochreligionen sich zu schamanistisch-totemistischen Anfängen zurückverfolgen lassen.

In Europa haben totemistische Vorstellungen im Volksbrauchtum überlebt, besonders aber lebendig äussern sie sich in Märchen und Sagen, wo sie den eigentlichen Kern des «Numinosen» ausmachen.

Das Buch bietet eine einmalige Umschau zum Thema Totemismus, der von Ethnologen, Mythologen und Religionshistorikern beschrieben wird. Dabei geht es mehr um das Phänomen - z.B. Zweites Ich, Seelenverwandtschaft, Kinderherkunft etc. -, um dem facettenreichen Totemismus gerecht zu werden. Nicht zuletzt sind auch Gedanken enthalten, die für eine aufgeklärte und spirituelle Ökologie von aktuellem Wert sein können.

ISBN 3905581035 I edition amalia